AF666178

Lioba Tempel

Agency – Memory – Community: der Kranz in Festszenen auf attischer Keramik

Lioba Tempel

Agency – Memory – Community: der Kranz in Festszenen auf attischer Keramik

Eine bildwissenschaftliche Analyse unter Berücksichtigung phänomenologischer Prämissen

Hamburg University Press
Verlag der Staats- und Universitätsbibliothek Hamburg
Carl von Ossietzky

Zugl.: Dissertation, Universität Hamburg, 2018 u. d. T.
Der Kranz beim attischen Fest. Bedeutung und Funktion

BIBLIOGRAFISCHE INFORMATION DER DEUTSCHEN NATIONALBIBLIOTHEK
Die Deutsche Nationalbibliothek verzeichnet diese Publikation in der Deutschen Nationalbibliografie; detaillierte bibliografische Daten sind im Internet über https://portal.dnb.de abrufbar.

ONLINE-AUSGABE
Die Online-Ausgabe dieses Werkes ist eine Open-Access-Publikation und ist auf den Verlagswebseiten frei verfügbar. Die Deutsche Nationalbibliothek hat die Online-Ausgabe archiviert. Diese ist dauerhaft auf dem Archivserver der Deutschen Nationalbibliothek (https://portal.dnb.de) verfügbar.

DOI https://doi.org/10.15460/HUP.HHD.006.204

PRINTAUSGABE
ISBN 978-3-943423-77-8

LIZENZ Das Werk einschließlich aller seiner Teile ist urheberrechtlich geschützt. Das Werk steht unter der Creative-Commons-Lizenz Namensnennung 4.0 International (CC BY 4.0, https://creativecommons.org/licenses/by/4.0/legalcode.de). Ausgenommen von der oben genannten Lizenz sind Teile, Abbildungen und sonstiges Drittmaterial, wenn anders gekennzeichnet.

SCHRIFT Alegreya. Copyright 2011: The Alegreya Project Authors (https://github.com/huertatipografica/Alegreya). This Font Software is licensed under the SIL Open Font License, Version 1.1. This license is also available with a FAQ at: http://scripts.sil.org/OFL
DRUCK UND BINDUNG Books on Demand - Norderstedt

VERLAG Hamburg University Press, Verlag der Staats- und Universitätsbibliothek
Hamburg Carl von Ossietzky, Hamburg (Deutschland), 2020
http://hup.sub.uni-hamburg.de

Vorwort

Das vorliegende Buch entspricht der geringfügig bearbeiteten Version meiner im Februar 2018 an der *Universität Hamburg* im *Fachbereich für Kulturgeschichte und Kulturkunde* vorgelegten und von der Prüfungskommission angenommenen Dissertationsschrift. Gegenstand der Untersuchung bilden Darstellungen bekränzter Figuren auf attischer Keramik, die durch ausgewiesene Bildelemente den Ritualkontexten der Feste zu Ehren von Gottheiten in archaisch-klassischer Zeit zuzuordnen sind. Ziel der Arbeit ist anhand dieser Darstellungen die Bedeutung des Kranzes im Aktionsbereich der Götterfeste aufzuzeigen.

Zu Beginn wird in *Kapitel 1* der aktuelle Forschungsstand dargelegt und die genannte Zielsetzung entwickelt. Da die Fundlage der attischen Keramik eine enorme Menge an Materialgrundlage mit sich bringt, wird mithilfe verschiedener Kriterien eine Auswahl getroffen, die die Bandbreite der Darstellungen möglichst umfassend abbildet. Ausgehend von den zusammengestellten Darstellungen können im weiteren Verlauf allgemeingültige Aussagen zu den Bildinhalten getroffen werden. Eine intentionelle Beschreibung relevanter ikonografischer Merkmale der dargestellten Blattarten wird in *Kapitel 2* umfassend ausgearbeitet. Im weiteren Verlauf wird deutlich, wie wichtig eine solch gründliche ikonografische Analyse für eine bildwissenschaftliche Untersuchung ist, da letztendlich alle folgenden Argumentationsketten auf dieser basieren. Die botanische Bestimmung der verschiedenen Blattarten in den Darstellungen bildet mit *Kapitel 3* einen Schwerpunkt der vorliegenden Untersuchung, da auf Grundlage der in ihrer Botanik zu unterscheidenden Kränze Festkontexte ermittelt werden können. Mithilfe Theophrasts Überlieferungen zur Pflanzenkunde sowie aktuell gängiger botanischer Bestimmungen werden die Blattarten der Kränze in den untersuchten Darstellungen identifiziert. Ein repräsentativer Überblick zur Quantität der Kranzdarstellungen in *Kapitel 4* dient zur Einordung der Darstellungen in die verschiedenen Kontexte. In *Kapitel 5* wird der Zeichengehalt der Kränze mithilfe ikonologisch-hermeneutischer sowie semiotischer Methoden untersucht. Darüber hinaus werden die symbolische Bedeutung des Kranzes sowie Wahrnehmungsprozesse von Betrachtenden ritualisierter Handlungen in *Kapitel 6* auf Grundlage der Handlungs- und Ritualtheorien herausgearbeitet: Zuletzt folgt in *Kapitel 7* die Zusammenführung und abschließende Bewertung der Ergebnisse: Die Verbindung verschiedener methodischer Ansätze sowie die Kombination interdisziplinärer Inhalte offenbaren neue Perspektiven und regen zu weiteren Forschungsmöglichkeiten an. Demnach können die Ergebnisse der vorliegenden Untersuchung auf weitere Objekte übertragen werden. Dabei sind die Argumentationsketten im Einzelfall immer zu überprüfen und müssen gegebenenfalls angepasst werden.

Die Realisierung meines Promotionsvorhabens ist zunächst vor allem Martina Seifert zu verdanken. Ihre Lehrveranstaltungen eröffneten mir den bildwissenschaftlichen Zugang zur attischen Keramik. Anregende Gespräche und diverse Kolloquien brachten mir vor allem die theoretischen Ansätze näher und führten letztendlich zur vorliegenden Thematik. Für die Betreuung während meiner Promotionsphase und die Übernahme des Erstgutachtens bin ich ihr zu Dank verpflichtet. Für das Erstellen des Zweitgutachtens danke ich Prof. Dr. Inge Nielsen. An ihrem umfänglichen Wissen durfte ich während meiner gesamten Studienzeit teilhaben. Ferner möchte ich Daniela Hofmann für die Begutachtung meiner Arbeit als Mitglied der Prüfungskommission meinen Dank aussprechen. Konstruktive Kritik verdanke ich H. Alan Shapiro, der sich die Zeit nahm, mir im Rahmen eines Drittgutachtens wertvolle Hinweise und Empfehlungen zur Verfügung zu stellen.

Für die Finanzierung meiner Promotionszeit erhielt ich ein dreijähriges Stipendium der *Universität Hamburg* nach dem *HmbNFG*. Meinen Dank möchte ich vor allem den zuständigen Mitarbeiterinnen ausdrücken, die mich stets verständnisvoll und zeitnah bei den nötigen Formalitäten unterstützten. Weiterhin ermöglichten mir die Veranstaltenden der Tagungen in Edinburgh (*The Classical Association Annual Conference 2016*) und in Darmstadt (*Darmstädter Diskussionen 2016*) sowie der Ringvorlesung in Hamburg (*Wahrnehmungen der Antike 2016/17*) meine Thesen und Zwischenergebnisse zu präsentieren und somit anregende Diskussionsinhalte in meiner Forschung berücksichtigen zu können. Für die Aufnahme des Buches in ihr Verlagsprogramm danke ich der *Hamburg University Press*, insbesondere Tobias Buck für die Betreuung und Unterstützung bei der Erstellung der Druckvorlage.

Ein besonderer Dank gilt Simone Tempel, die sich der Erstkorrektur annahm. Für ihre akribische Durchsicht, ihre inhaltlichen und strukturellen Vorschläge, die Korrektur der Orthografie und Grammatik und vor allem für ihren exorbitanten Zeitaufwand bin ich ihr überaus dankbar. Für ein anschließendes umfassendes Lektorat geht ein großer Dank an Nathalie Möller-Titel. Sie hat meine Arbeit mit größter Sorgfalt sowohl inhaltlich als auch sprachlich optimiert, mir viele wertvolle Hinweise geliefert und mich in jeder Hinsicht unterstützt. Nicola Daumann stand mir vor allem in der Endphase zur Seite: Für unsere Diskussionen zur theoretischen Grundlage, die meine Arbeit weit voran gebracht haben, und vor allem auch für die vielen persönlichen Ratschläge danke ich ihr sehr. Für die Übersetzungshilfe und die semantische

Erschließung der spanischen Artikel möchte ich Leonie Leggewie meinen Dank aussprechen, hierdurch konnte ich eine Menge Zeit und Nerven sparen. Alle verbleibenden Fehler, Irrtümer und Unklarheiten sind auf mich zurückzuführen.

Ein weiterer Dank geht an meine Kommilitoneninnen Aylin, Lili, Mareke und Veronika für die vielen gemeinsamen Arbeitsstunden und anregenden Gespräche. Darüber hinaus danke ich ihnen für ihre moralische Unterstützung während meiner gesamten Promotionszeit, ohne die ich sicherlich nicht zum Abschluss gekommen wäre (Danke besonders auch an Fabian, Nils und Noushin). An dieser Stelle gilt mein Dank auch all jenen Kommilitonen*innen, Freunden*innen, Verwandten und Bekannten, die mich während dieser Zeit begleitet haben und sehr geduldig und nachsichtig mit mir waren.

Zuletzt und somit an besonderer Stelle möchte ich meiner Familie danken: meinen Eltern, Elisabeth und Helmut, für ihre Unterstützung, ihre Wertschätzung und ihre Güte, meiner Schwester Simone, für die vielen stärkenden Worte, für ihren Beistand und Zuspruch, meiner Schwägerin Ulrike, für ihr Verständnis und ihre Rücksicht. Überaus dankbar bin ich meinem Freund Andre für seine unglaubliche Lebensfreude, seine nicht endende Geduld, für seinen Rückhalt und seine Liebe.

Widmen möchte ich dieses Buch meiner lieben Mama, für ihre Zuneigung und Wärme, ihr bedingungsloses Vertrauen bin ich ihr unendlich dankbar. Sie hätte sich sicherlich sehr mit mir (vor allem über den botanischen Aspekt meiner Arbeit) gefreut. In tiefer Dankbarkeit und Verbundenheit

Lioba Tempel
Hamburg, im Mai 2020

Inhaltsverzeichnis

Abkürzungen

Die Abkürzungen der Literaturangaben richten sich nach dem Autor-Jahr-System der Richtlinien für Publikationen des Deutschen Archäologischen Institutes. Die vollständigen Literaturangaben sind im Literaturverzeichnis aufgelöst. Die Abkürzungen antiker Autoren sowie der Titel ihrer Werke sind dem Abkürzungsverzeichnis in DNP III (1997) 36–44 entnommen.

In den Fußnoten sowie in der Dokumentation der Objekte werden neben denen im Archäologischen Anzeiger aus dem Jahre 2005, Heft 2, auf der Seite 399 aufgeführten Abkürzungen folgende verwendet:

att.-rf.	attisch-rotfigurig
att.-sf.	attisch-schwarzfigurig
B.	Bauch
Bf.	Bildfeld
BOA	Beazley Online Archive
Dk.	Deckel
E.	Ende
F.	Fuß
ggl.	gegenüberliegend
Hk.	Henkel
Ht.	Hälfte
Ma.	Maler
Md.	Mündung
Mt.	Mitte
n. v.	nicht verfügbar
Sch.	Schulter
Sign.	Signatur
Vt.	Viertel
wgr.	weißgrundig

Abbildungsverzeichnis

1

Thematik und Methodik: der Kranz als ikonografisches Element

Zahlreiche materielle Hinterlassenschaften verschiedener Zeithorizonte und geografischer Zonen überliefern den Kranz als ikonografisches Element. Ein besonders breites Spektrum von Kranzdarstellungen bietet die attische Keramik: Bekränzte Figuren werden vor allem in den sogenannten Mythosdarstellungen sowie in Szenen von Festen zu Ehren der Gottheiten wiedergegeben.

Die große Anzahl an attisch-schwarz- und rotfiguriger Keramik, die in weite Gebiete des Mittelmeerraumes exportiert wurde, gibt durch ihre visuelle Aussagekraft eine unmittelbare Auskunft über die Lebensweise in archaisch-klassischer Zeit: Die Interpretation der Darstellungen und ihrer Kontexte ermöglicht eine Annäherung an Habitus, Struktur und Intention der Gesellschaft sowie ihrer Individuen.

1.1 Forschungsstand

Carl Bötticher bespricht Ende des 19. Jh. den Kranz in archaisch-klassischer Zeit erstmals in seinem Aufsatz „Bild der Hippodameia im Hippodrom zu Olympia“: Er deutet den Kranz sowie die Binde als gleichwertige Siegessymbole – die Binde als stetige, den Kranz als vergängliche Ehrung.[1] Seine Untersuchungen stützen sich auf schriftliche Überlieferungen sowie auf einige Keramikdarstellungen. Im Anschluss trägt Harald Othmar Lenz in seiner Publikation „Botanik der alten Griechen und Römer“ umfassend Schriftquellen unter anderem zu verschiedenen Blattkränzen zusammen und leistet hiermit Grundlagenarbeit.[2]

Julius Jüthner veröffentlicht 1898 einen Aufsatz zur Darstellung von Kranz und Binde als Siegessymbol auf attischer Keramik und bringt diese mit der *phyllobolia* in Verbindung: Der Sieger eines Wettkampfes wird im Anschluss an die offizielle Siegerehrung mit Kränzen und Binden durch Freunde und Verwandte geschmückt.[3] In diesem Zusammenhang diente laut Jüthner die Binde lediglich zur Befestigung des Kranzes am Kopf: Nachdem der Kranz verwelkt war, trug der Sieger die Binde als Zeichen des Sieges.[4]

Georg Hock beschäftigt sich Anfang des 20. Jh. in seiner Dissertation zu griechischen Weiheritualen mit der Nutzung von Kranz und Binde: Anhand der Themenbe-

---

1 Vgl. Bötticher 1853, bes. 11 f.

2 Vgl. Lenz 1859, bes. 154–177.

3 Vgl. Jüthner 1898.

4 Jüthner 1898, 48. Weiterhin setzt Jüthner (1898, 46 f. 93) die Verwendung der Binde in den Kontext der Palästra und schlägt eine mögliche Funktion der Binde als Liebesgeschenk vor.

reiche Opfer, Prozession und Sieg erläutert er die Bedeutung des Kranzes als „heiliges“ Objekt, das Schutz und Segen brachte.[5] Die Grundlage seiner Untersuchungen bilden schriftliche Quellen, vergleichend zieht er Darstellungen auf Gefäßen und Reliefs heran.

Die Nutzung des Kranzes aus religionsgeschichtlicher Sicht zeigt Jakob Klein auf: Er deutet den Kranz als Zeichen der „Sühne“ und „Reinheit“ sowie der „Heiligkeit“ und „Frömmigkeit“.[6] Weiterhin beschreibt er den Kranz als Zeichen des Festes und als Symbol für „Religiosität“.[7] Jüthner folgend bestehe auch nach Klein die einzige Funktion der Binde in der Befestigung des Kranzes am Kopf.[8] Kleins Schwerpunkt liegt erstmals auf der Bearbeitung des archäologischen Materials. Grundlage seiner Untersuchungen bilden die Dissertationen von Alexandros Karikulas und Dirk Christiaan Hessling, die sich Ende des 19. Jh. mit den schriftlichen Quellen befassen.[9]

Anschließend bespricht Ludwig Deubner mithilfe schriftlicher Quellen die Herkunft des Kranzes sowie seine Bedeutung und Funktion bei Hochzeit, Mysterienkult, Sieg, Götterverehrung und Symposion: Die „schützende“ Funktion sowie die „religiös-magische“ Bedeutung werden thematisiert.[10] Im Zuge dessen deutet Deubner den Kranz als allgemeingültiges Symbol des Festes.[11] Weiterhin ordnet er dem Kranz erstmals eine Bedeutung außerhalb religiöser Sichtweisen zu – den Ausdruck von Freude.[12]

Karl Baus veröffentlicht 1940 eine Untersuchung zu den römischen Schriftquellen in Bezug zur Auseinandersetzung des Christentums mit den Ritualen und Kulten der Griechen mit Blick auf die Funktion und die Verwendung des Kranzes bei Opfer, Symposion, Hochzeit, Totenkult und Sieg: Die Gründe der Ablehnung des Kranzes durch das frühe Christentum sowie dessen Verwendung in christlichen Kontexten werden

---

5 Die Binde hingegen verstärkt die „sakrale“ Bedeutung des Kranzes, vgl. Hock 1905, bes. 9. 115. Vgl. Aristoph. (Plut. 21), der die Funktion des Kranzes als Schutz vor Angreifern beschreibt.

6 Vgl. Klein 1912, bes. 7. 24.

7 Die Ausrichter eines Festes agierten durch den Kranz im Sinne der Gottheit, Klein 1912, 59. Bei der Darstellung mehrerer Kränze geht Klein (1912, 70) im Gegensatz zu Jüthner nicht von einer Verbindung mit der *phyllobolia* aus, da ein Wettkämpfer ebenso mehrere Siegerkränze am Tag erhalten konnte.

8 Klein 1912, 32. Weiterhin bezeichnet Klein (1912, 9 f.) die Binde als Vorläuferin des Kranzes, die von diesem im Laufe der Zeit verdrängt wurde: Der Kranz entwickelte sich zu einem „Symbol der Weihung und Heiligung desjenigen Gegenstandes, an welchem er sich befand“.

9 Vgl. A. Karikulas, Oliga tina peri Arches kai Chreseos tu Stephanu para tois Palaiois Hellesin (Erlangen 1880); D. C. Hessling, De usu Coronarum apud Graecos. Capita Selecta (Leiden 1886). Beide Arbeiten lagen der Verf. zur Einsicht nicht vor. Die erweiterte Dissertation J. Köchlings (vgl. 1914, bes. 4–32), in der er dem Kranz aufgrund der kreisrunden Form analog zu Hock eine Schutzfunktion zuweist, schließt an diese beiden Arbeiten an.

10 Vgl. Deubner 1933, bes. 103.

11 Über den Kranz waren die Opfernden mit den Gottheiten verbunden, Deubner 1933, 90. 93. Im Rahmen von Agonen schreibt Deubner (1933, 78) dem Kranz die Bedeutung eines Glücksbringers zu.

12 Deubner 1933, 103.

diskutiert.[13] Den Kranz als ikonografisches Element auf attischer Keramik bespricht Giulio Quirino Giglioli im Jahr 1950: Jüthners Überlegungen zum Kranz als Siegessymbol folgend, deutet Giglioli die Darstellung der Bekränzung als *phyllobolia*.[14]

Neben den Untersuchungen zur Bedeutung des Kranzes erscheinen in den 1960er und -70er Jahren eine Reihe typologischer Analysen zu verschiedenen Kopfbinden. Zum Diadem als Herrschaftsabzeichen hellenistischer Könige legt Hans-Werner Ritter eine Analyse auf Grundlage schriftlicher Quellen vor und verweist auf die Übernahme des Diadems von persischen Großkönigen und deren Angehörigen.[15] Hugo Brandenburg untersucht anhand von Schriftquellen und Darstellungen die *mitra* – er schlussfolgert, dass es sich um ein Kopftuch handelte, das um den Kopf zu einer Haube gelegt wurde.[16]

Im Anschluss ordnet Antje Krug unterschiedliche Binden-Typen ihren möglichen Kontexten zu, wie beispielsweise Dionysos, König, Kult, Götter und Heroen sowie Männer- und Frauentrachten.[17] Anhand attisch-rotfiguriger Keramik arbeitet sie unterschiedliche Binden-Formen heraus, bestimmt ihren Kontext und zieht vergleichend Schriftquellen hinzu. Die Darstellungen von Kränzen werden ausgelassen, da diese aufgrund ihrer eigenen Form und Bedeutung gesondert zu behandeln sind.[18] Renate Tölle-Kastenbein beschreibt in ihrem Aufsatz „Zur Mitra in klassischer Zeit" diese anhand schriftlicher Quellen und Darstellungen auf Gefäßen – ähnlich zu Brandenburgs Deutung – als ein breites Band, das um den Kopf geknotet wurde und vor allem in dionysischen Bereichen Verwendung fand.[19]

Mit der Untersuchung „Studien zum Kranz bei den Griechen" aus dem Jahr 1982 wird dem Kranz durch Michael Blech in der archäologischen Objektforschung er-

---

13 Vgl. Baus 1940.

14 Vgl. Giglioli 1950.

15 Vgl. Ritter 1965, bes. 6 f. Die *tiara* hingegen war allein dem Großkönig vorbehalten und wurde zusammen mit dem Diadem getragen, Ritter 1965, 7–18. In der Folge behandelt A. Alföldi (1985, 105–160) in einem Kapitel seiner „Studien zu Caesars Monarchie und ihre Wurzeln" die Binde in Bezug zum hellenistischen Diadem: Anhand schriftlicher Quellen legt er dar, wie sich die Stoffbinde des siegreichen Athleten zur Herrscherbinde in römischer Zeit entwickelte. U. Kron (vgl. 1989) schließt eine Untersuchung zu Götterkronen und Priesterdiademen an, in der sie Diademe und Kränze mit Greifen-Protomen als Ursprung der sog. Büsten-Kronen aus hellenistischer Zeit herausarbeitet.

16 Vgl. Brandenburg 1966. Die Herkunft dieser Art von Binden vermutet Brandenburg (1966, 179) ebenso bei orientalischen Herrschern.

17 Vgl. Krug 1968.

18 Krug 1968, 5.

19 Vgl. Tölle-Kastenbein 1977, bes. 36. Ebenso als *mitra* bezeichnet A. Frickenhaus (1912, 15) eine breite Kopfbinde. Diod. (4, 4, 4) beschreibt die Verwendung der *mitra* bei Dionysos als Schutz gegen Kopfschmerz. Darüber hinaus bespricht G. Blum (vgl. 1913) in einem Artikel der „Revue Archéologique" die gleiche Art von Binde anhand einiger Porträtköpfe im Vergleich zu einer rotfigurigen Keramik-Darstellung.

neute Aufmerksamkeit gewährt: Der Versuch einer Verbindung der bisher vorwiegend untersuchten Schriftquellen mit dem archäologischen Material liegt bei dieser Forschungsarbeit im Vordergrund.[20] Blech befasst sich mit der Nutzung unterschiedlicher Kränze bei Symposion, Hochzeit, Totenkult und Wettkampf sowie in mythischen Überlieferungen. Hierbei spricht er dem Kranz unter anderem „kathartische", „segenbringende" und „apotropäische" Wirkungen zu.[21] Kränze (aber auch Zweige und Blumen) symbolisierten die „heile Welt" und betonten den „festlichen Charakter".[22] Weiterhin interpretiert Blech die Bekränzung als Zeichen für die „Teilnahme an den privaten und öffentlichen Festen und der Bestätigung der Zugehörigkeit zur Polis".[23]

Im Anschluss bespricht David Sansone in seiner Monografie „Greek Athletics and the Genesis of Sport" den Kranz und ebenso die Binde als Symbol der Verbindung zwischen Göttern und Sterblichen.[24] Sansone vermutet eine Funktion des Kranzes über die Konsekration hinaus, da beispielsweise Opfertiere mit Binden und eben nicht mit Kränzen geschmückt wurden.[25] Jörg Gebauer beschreibt in seiner Publikation zu attischen Tieropferdarstellungen den Kranz als „übergeordnetes Zeichen des Festes und der Festfreude": Bei Prozession und Opfer war der Kranz Teil der festlichen Kleidung, ein äußeres Zeichen für die Teilnahme an einer religiösen Handlung.[26] Die Bedeutung des Kranzes erläutert Gebauer an dieser Stelle nicht weiter, da diese seiner Ansicht nach zu „facettenreich" ist. Marina Heilmeyer legt im Jahr 2002 einen kurzen Aufsatz mit dem Titel „Kränze für das griechische Symposion in klassischer Zeit" vor: Sie listet unterschiedliche Kränze, die in schriftlichen Quellen für das Symposion überliefert sind, auf.[27]

In zwei Aufsätzen des Katalogs zur Ausstellung „Lockender Lorbeer – Sport und Spiele in der Antike" der Staatlichen Antikensammlung und Glyptothek in München befassen sich Martin Bentz und Bert Kaeser mit dem Kranz als Siegessymbol auf Keramikdarstellungen: Bentz stellt Szenen von Siegerehrungen zusammen, Kaeser arbeitet anhand einiger Darstellungen Nike als Überbringerin des Kranzes heraus.[28] Im Anschluss wagt Angelos Chaniotis erstmals eine Deutung der Bekränzung abseits der gängigen Funktionszuweisungen: Er interpretiert diese

---

20 Vgl. Blech 1982.

21 Radke 1983, 253 in Bezug zu Blech 1982.

22 Blech 1982, 405.

23 Blech 1982, 303. Die Kränze wurden von Kultvereinen oder der *polis* bereitgestellt, Blech 1982, 348.

24 Vgl. Sansone 1988, bes. 81.

25 Sansone 1988, 84 f.

26 Vgl. Gebauer 2002, bes. 21 vgl. ebenso bereits Blech 1982, 302–307. Auch F. van Straten (1995, 161 f.) bespricht in einem kurzen Abschnitt seiner Abhandlung zu Darstellungen von Tieropfern den Kranz.

27 Vgl. Heilmeyer 2002.

28 Vgl. Bentz 2004b; Kaeser 2004b.

mithilfe schriftlicher Überlieferungen als Zeichen des gehobenen Status einer reichen Elite.[29] Weiterhin deutet er „die Bekränzung von Menschen" als Markierung von dem „Ende des Alltags und den Beginn der Feier".[30]

Zum Kranz in römischer Zeit legt Birgit Bergmann im Jahr 2010 eine umfassende Untersuchung vor: Kult, Triumph sowie militärischer Kontext werden anhand literarischer und materieller Quellen betrachtet.[31] Darüber hinaus beschäftigen sich Torben Schreiber und Stephan Lehmann in dem Tagungsband „Das Diadem der hellenistischen Herrscher" mit den Vorläufern der hellenistischen Herrscherdiademe. Schreiber untersucht die Funktionalität von Binden auf Grundlage der Typologie Krugs: Er benennt solche Binden, die ausschließlich als Nutzobjekte, beispielsweise zur Befestigung der Haare, verwendet wurden und demnach keine weitere semantische Bedeutungsebene mit sich bringen.[32] Lehmann befasst sich anhand verschiedener Objektgruppen mit der Binde als Siegessymbol und ihrer Entwicklung zu einem Herrscherabzeichen in hellenistischer Zeit: Die Binde und ebenso der Kranz kennzeichnen und heben nach Lehmann den Sieger hervor.[33]

Die vorerst aktuellsten Beiträge zur Erforschung des Kranzes liefern Mireille Lee und Eurydice Kefalidou. Lee widmete sich in ihrer Monografie „Body, Dress and Identity in Ancient Greece" dem Kranz in kurzen Absätzen und bringt mithilfe phänomenologischer Ansätze neue Gedanken ein: Neben der klaren Zuweisung als Hochzeitssymbol ist auch die Funktion des Kranzes im Ritual von Bedeutung – dieser war durch die Anbringung am Kopf gut sichtbar und kennzeichnete somit das Individuum als Teilnehmer eines Rituals.[34] Kefalidou untersucht in verschiedenen Publikationen den Kranz sowie die Binde wiederum als Zeichen von Sieg und bespricht darüber hinaus die Bedeutung der *phyllobolia* als Übergangsritus und damit zusammenhängend den Kranz als Symbol der Statusveränderung.[35]

---

29 Chaniotis 2005a, 57.

30 Chaniotis 2005b, 194. Bereits S. Schmidt (2001, 284) deutet zumindest für den musischen Agon den Kranz als Hinweis auf einen festlichen Anlass.

31 Vgl. Bergmann 2010. Weiterhin führt sie einen ausführlichen Forschungsstand zum Kranz in römischer Zeit auf, Bergmann 2010, 1–4. Bereits M. Bergmann (vgl. 1998) befasst sich mit der Strahlenkrone und ihrer Bedeutung als Herrscherinsignie in hellenistisch-römischer Zeit.

32 Schreiber 2012, 233.

33 Lehmann 2012, 183. Dabei folgt Lehmann (2012, 182. 195) Alföldis (vgl. 1985) Argumentation. K.-M. Meyer (2012, 219) beschäftigt sich an gleicher Stelle mit der dionysischen Binde als Vorbild für das Herrscherdiadem und stellt fest, dass in der Dionysos-Ikonografie Kranz und Binde sich in der 2. Ht. des 5. Jh. v. Chr. miteinander verbinden.

34 Lee 2015, 142. 144 f. 221.

35 Vgl. Kefalidou 1999, bes. 99–102; Kefalidou 2009b; Kefalidou 2015, bes. 130 f. – mit Bezug zu A. van Genneps (vgl. 1909) Theorem der *rite de passage*.

1.2 Zielsetzung

Die Darlegung des Forschungsstandes zeigt auf, dass der Kranz als Untersuchungsgegenstand eine wiederkehrende Thematik bildet und in der Vergangenheit vor allem mithilfe schriftlicher, aber auch bildlicher Quellen untersucht wurde. Wissenschaftliche Arbeiten zur Untersuchung des Kranzes in hellenistisch-römischer Zeit sind weitreichend verfügbar: Besonders Bergmann legt mit ihrer Monografie zur Bedeutung des Kranzes als römische Insignie eine umfassende Studie vor. Jedoch wird – wie auch in den weiteren Abhandlungen über den Kranz in römischer Zeit – auf eine Diskussion der Entwicklung des Kranzes und seine Bedeutung in archaisch-klassischer Zeit weitestgehend verzichtet.

Der Schwerpunkt der Untersuchung des Kranzes in archaisch-klassischer Zeit liegt in der Zuweisung unterschiedlicher Funktionen, wie die Abwehr von Zorn und Übel sowie der Symbolgehalt für Sieg, Schutz und Segen. Demnach arbeiten beispielsweise Bötticher, Jüthner und Giglioli sowie auch Bentz und Kaeser den Kranz in den Darstellungen als Siegeszeichen heraus. Eine weitere Deutungsebene beziehungsweise ein gesellschaftlicher Kontext wird hingegen nicht besprochen.

Weiterhin wird der Kranz bei Hochzeitsfesten oder Begräbnisfeiern sowie in Bezug zu einzelnen Gottheiten und auch bei Prozession, Opfer, Symposion und Wettkampf untersucht und gedeutet. Darüber hinaus sprechen Deubner, Klein, Blech und Gebauer den Kranz als Zeichen oder Symbol von Festlichkeit an, erläutern dies jedoch oftmals unzureichend und stellen keine übergreifende Verbindung einzelner Handlungsbereiche im Kontext von Festen zu Ehren verschiedener Gottheiten hinsichtlich des Kranzes her. Blech befasst sich zwar mit der Verwendung von Kränzen in den verschiedenen Bereichen, doch liegt sein Fokus auf den sogenannten Mythosdarstellungen. Die Kontextualisierung der Bedeutung des Kranzes sowie die Zusammenführung einzelner Themenbereiche als übergeordnete Perspektive werden nicht angestrebt.

Das grundlegende Desiderat bildet jedoch die unzureichende Bestimmung einzelner Blattarten der Kränze in den Darstellungen. Während Blech für die florale Ornamentik unter anderem auf attischer Keramik die verschiedenen Blattarten herausarbeitet und sich auf Grundlage von Beschreibungen in schriftlichen Quellen auf Pflanzen wie Lorbeer, Olive, Myrte und Efeu festlegt, erfolgt die botanische Bestimmung der Blattarten in den Darstellungen hingegen sporadisch und oftmals ohne einheitliches Schema.[36]

36 Blech 1982, 54–62. Blech (1982, 35–53) erstellt Zeichnungen verschiedener Kränze anhand von Darstellungen auf geometrischer bis att.-rf. Keramik unterschiedlichster Produktionszentren: Innerhalb der Darstellungen unterscheidet er Hand-, Blüten-, Wulst-, und Blattkränze.

Erst Hilde Rühfel veröffentlicht im Jahr 2003 eine Untersuchung zu Bäumen und Sträuchern auf Darstellungen attischer Keramik: Sie unterteilt ihre Analyse unter anderem in Themen wie Götter, Heroen oder Alltag und verbindet die dargestellte Vegetation mit verschiedenen Pflanzenarten.[37] An ihre Untersuchung angehängt findet sich eine botanische Beschreibung der von Rühfel benannten Pflanzenarten durch Christian Eichberger.[38] Den Zugang zur botanischen Zuordnung der Pflanzenart in den Darstellungen findet Rühfel über mythische Erzählungen, weniger über die Art und Weise der Darstellung von Blattarten. Nach der Kontextualisierung der Darstellung verbindet sie – wenn möglich – die dargestellte Blattform mit der botanischen Beschreibung Eichbergers. Daraus folgt, dass die Verbindung der botanischen Bestimmung Eichbergers mit den dargestellten Pflanzen nicht ausreichend herausgearbeitet ist und somit oftmals ungenau bleibt.

Wenig später untersucht Erika Kunze-Götte im Jahr 2006 die Darstellungsweise von Myrte auf attischer Keramik: Sie diskutiert diese in unterschiedlichen Handlungskontexten und mythischen Erzählungen als Bestandteil von Kränzen sowie als florales Ornament.[39] Ihre Untersuchung der Myrte ist ausführlich, jedoch dienen die Ergebnisse lediglich zur Unterscheidung der Myrte von anderen Pflanzen. Weitere Arten werden nicht besprochen.

Die Praxis zumeist beliebiger Zuschreibungen von Blattarten, die sich aus der unzureichenden – beziehungsweise wenig angewendeten – botanischen Bestimmung ergibt, ist problematisch, da dies die Deutung der Bildthematik maßgeblich beeinflusst und oftmals irreführende Interpretationen zur Folge hat. Hauptanliegen der vorliegenden Arbeit ist eben diese Problematik mithilfe einer botanischen Bestimmung der Blattarten in den Darstellungen aufzulösen, sodass diese über die verschiedenen Kränze in einen möglichen Festkontext gesetzt werden können. Darüber hinaus soll entsprechend der aufgezeigten Desiderate die Bedeutung des Kranzes im Aktionsbereich der Götterfeste anhand der Darstellungen bekränzter Figuren auf attischer Keramik herausgearbeitet werden.

Weiterhin zeigt die Darlegung des Forschungsstandes auf, dass Kranz und Binde häufig vergleichend betrachtet und – beispielsweise von Jüthner und Sansone – in ihrer Bedeutung einander gleich gesetzt werden. Vor allem als Siegeszeichen werden die beiden Elemente zusammen diskutiert: Krug unterscheidet demnach zwischen dem „Kranz als Siegpreis bei panhellenischen Agonen" und der „Binde als persönliche

37 Vgl. Rühfel 2003.

38 Vgl. Eichberger 2003.

39 Vgl. Kunze-Götte 2006. N. Himmelmann (vgl. 2005) lässt in seiner Untersuchung zu den griechischen Pflanzendarstellungen die botanische Zuweisung von Blattarten zu verschiedenen Kranzdarstellungen aus.

Gabe der Freunde des Siegers".[40] Die Verbindung der beiden Elemente wird vor allem in der Darstellung ihrer Kombination deutlich: Ab Mitte des 5. Jh. v. Chr. wird die sogenannte Blätterbinde regelmäßig dargestellt.[41] Demzufolge werden für die vorliegende Untersuchung die Darstellungen Binden tragender Figuren hinzugezogen.

Darüber hinaus fällt bei der Durchsicht der Forschungsarbeiten auf, dass kein Konsens über die ursprünglichen Begriffe von Kranz und Binde in den Darstellungen besteht: Für die Binde sind in den altgriechischen Schriftquellen verschiedene Begriffe überliefert, wie beispielsweise *mitra*, *tainia*, *diadema* oder *stemma*.[42] In ihren Bedeutungen sind diese nicht immer klar voneinander abzugrenzen. Beispielsweise beschreibt der Begriff *mitra* laut Hock und August Frickenhaus eine breite Binde, nach Brandenburg jedoch eine Haube, die aus einem großen Tuch um den Kopf gelegt wurde.[43] Tölle-Kastenbein definiert die *mitra* als ein um den Kopf geknotetes breites Band.[44] Dem Begriff *stemma* ordnet Baus eine breite Wollbinde zu, mit dem das Opfertier geschmückt wurde.[45] Andreas Alföldi nennt für die Siegerbinde die Begriffe *diadema*, *stemma* und *tainia*.[46]

Für den Kranz ist in den Schriftquellen zumeist das Wort *stephanos* überliefert,[47] das auf die Bedeutungen „dicht" und „fest" sowie auf „umgeben" und „umschließen" zurückzuführen ist.[48] *Diadema* und *stephanos* werden oftmals gleichwertig bei der Beschreibung von Kronen, Kränzen und verschiedenen Arten von Kopfbinden aus unterschiedlichen Materialien genutzt.[49]

---

40 Die Siegerbinde als allgemeingültiges Zeichen des siegreichen Athleten existierte demnach nicht, Krug 1968, 127 f. Laut Lehmann (2012, 194) gibt es hingegen keinen Hinweis, dass die Binde als Zeichen des Sieges dem Kranz untergeordnet war. Vgl. ebenso Kefalidou (2015, 127 f.) sowie bereits Hock (1905, 117), die zwischen den beiden Elementen in ihrer Bedeutung als Siegeszeichen ebenso nicht unterscheidet. Zu den verschiedenen Binden und ihre Kennzeichnung bestimmter Personengruppen und mythologischer Figuren vgl. Krug 1968, 133–135.

41 Meyer 2012, 219.

42 Für weitere Begrifflichkeiten vgl. Krug 1968, 136–140.

43 Hock 1905, 11; Frickenhaus 1912, 15; Brandenburg 1966, 179.

44 Tölle-Kastenbein 1977, 36.

45 Baus 1940, 12, ebenso van Straten 1995, 162. Bereits Hock (1905, 10) beschreibt *stemma* als Wollbinde in Bezug zu Hom. (Il. 1, 14). Das Material der Binde, die Wolle, wurde seit langer Zeit beim Opfer verwendet: Wolle nimmt Blut auf, dies erklärt nach Hock (1905, 10 f.) auch die oftmals rote Farbe der Binden. Krug (1968, 126) beschreibt demnach die Binde als Zeichen für das Schlachtopfer. Die rote Farbe der Binde symbolisierte laut M. Pentazou (1977, 134) Stärke.

46 Alföldi 1985, 105–131.

47 Vgl. für die vorliegende Arbeit bspw. Ael., Aristoph., Athen., Eur., Plat., Plut., Sappho, Theophr., Thuk., Xen. In den lateinischen Schriften wird größtenteils das Wort *corona* genutzt, vgl. bspw. Iuv. und Verg.

48 Blech 1982, 27 mit Anm. 3. Im weiteren Verlauf beschreibt Blech (1982, 27–35) die Herkunft des Wortes *stephanos* ausführlich.

49 Lee 2015, 142. Nach Ritter (1965, 6 f. mit Bezug zu Xen. Kyr. 8, 3, 1) bezeichnet der Begriff *diadema* explizit eine Königsbinde.

Ursache für diese inkongruente Verwendung der Begrifflichkeiten in der Sekundärliteratur ist möglicherweise die bereits in den altgriechischen und in der Folge lateinischen Schriftquellen nicht einheitliche Nutzung der Begriffe: Beispielsweise führt Athenaios auf, dass *mitra* und *tainia* gleichermaßen ein Band beschreiben.[50] Weiterhin konnten bestimmte Verwendungskontexte der Begriffe oder die bevorzugte Nutzung dieser in spezifischen literarischen Gattungen in den für die vorliegende Arbeit genutzten Quellen nicht ermittelt werden. Demnach wird im Folgenden der Begriff Kranz (*stephanos*) für das aus verschiedenen Blätterarten ringförmig gebundene Element – die Begriffe Binde oder Tänie (*tainia*) für die langen schmalen Stoffbänder, die um den Kopf oder auch um andere Körperteile gebunden wurden, verwendet.

1.3 Vorarbeiten

1.3.1 Feste in archaisch-klassischer Zeit

Das Fest als solches ist Teil diverser kulturwissenschaftlicher Untersuchungen: Ablauf und Funktion werden anhand unterschiedlicher Quellengrundlagen erforscht.[51] Beispielsweise beschreiben der Philosoph Josef Pieper sowie der Philologe und Religionswissenschaftler Karl Kerényi die Besinnung jedes Einzelnen auf sich selbst als elementare Eigenschaft eines Festes.[52] Der Soziologe und Ethnologe Emil Durkheim sowie in der Folge der Psychologe Sigmund Freud erklären das Fest als einen lebenswichtigen Bestandteil der Gesellschaft, als Rückzugsort aus der Wirklichkeit und Verbindung zum Göttlichen.[53]

Den Sinngehalt eines Festes bestimmen die Theologen Harvey Cox und Gerhard Martin in der Erwartung einer besseren Welt durch die Verschiebung von

---

50 Athen. deipn. 12, 50. Weitere lateinische Begriffe in römischer Zeit liefert Plin. (nat. 21, 2, 3): *struppus, strophiolum, corona* und *sertum* wurden demnach erst in späterer Zeit für Kränze beim Opfer und als Ehrenkranz im Krieg verwendet. *Corona* kann beispielsweise laut Athen. (deipn. 15, 26) auf die Kränze tragenden Sänger im Theaterchor zurückgeführt werden, demnach lässt sich *corona* von *chorus* (dt.: Reigen) ableiten.

51 Bspw. befassen sich die Fachbereiche der Soziologie, Ethnologie und der Völkerkunde mit dem Fest in verschiedenen Kulturen der Gegenwart und der Vergangenheit (vgl. u. a. Samter 1910; Eliade 1957, bes. 50–55; Gebhardt 1987; Hugger 1987; Schultz 1988; Haug – Warning 1989), sodass interdisziplinäres Forschen möglich ist. Eine umfassende Forschungsgeschichte der verschiedenen Fachbereiche zum Themengebiet Fest bietet M. Maurer (vgl. 1991).

52 Vgl. Pieper 1963a; Pieper 1963b; Kerényi 1971.

53 Vgl. Durkheim 1912; Freud 1972, bes. 157.

Hierarchien und die Flucht aus der Alltagswelt.[54] Die Literaturwissenschaftler Reinhold Grimm und Jost Hermand sowie die Sozialphilosophen Max Horkheimer und Theodor Adorno vertreten den marxistischen Ansatz des Festes als ein „Herrschaftsinstrument der politisch und ökonomisch Mächtigen".[55] Der Ägyptologe und Religionswissenschaftler Jan Assmann untersucht in einem Aufsatz „Das Fest als Medium des kollektiven Gedächtnisses" und beschreibt dieses als Ort der Erinnerung und Gemeinschaft.[56]

Für die archäologische Erforschung der Feste zu Ehren von Gottheiten in archaisch-klassischer Zeit – im Besonderen der attischen Festen – ist als frühes Werk die Publikation „Heortologie. Antiquarische Untersuchungen über die städtischen Feste der Athener" von August Mommsen aus dem Jahr 1864 zu nennen, in der vor allem die schriftlichen Quellen untersucht werden.[57] Martin Persson Nilsson schließt an die Untersuchungen von Mommsen an und beschreibt den Ablauf verschiedener Feste für unterschiedliche Gottheiten, wie beispielsweise Zeus, Kronos und Athena.[58]

Nachdem zunächst der Fokus auf der Untersuchung der schriftlichen Quellen lag, beschäftigt sich Frickenhaus erstmals mit den sogenannten Lenäenvasen als mögliche Darstellung der *lenaia* zu Ehren des Dionysos.[59] Im Anschluss bezieht Deubner in seine Untersuchungen zu den attischen Festen ebenfalls vermehrt Darstellungen auf Keramik als Quellengrundlage ein.[60] German van Hoorn forscht zu den *anthesteria* und nimmt die Darstellungen der sogenannten Choenkännchen zur Hilfe.[61]

54 Vgl. Cox 1970, bes. 102 f.; Martin 1973.

55 Maurer 1991, 103 vgl. Grimm – Hermand 1977; Horkheimer – Adorno 1988.

56 Assmann 1991, 13. Zum Kollektivgedächtnis religiöser Gruppen vgl. Halbwachs 1966, 243–296.

57 Vgl. Mommsen 1864. Im Folgenden sind eine Auswahl der Kernthesen zur Erforschung der Feste in archaisch-klassischer Zeit dargelegt, ausführlich vgl. u. a. Laxander 2000, 3; Seifert 2011, 19 f. mit Anm. 11. Speziell für Feste in hellenistischer Zeit vgl. Wiemer 2009, bes. 83. Vgl. ebenso das achtbändige Nachschlagewerk „Thesaurus Cultus et Rituum Antiquorum", in dem verschiedenen Stichworte, wie Prozession, Opfer, Kultpersonal etc., ausführlich erläutert werden. Allgemein zum Religionsbegriff in archaisch-klassischer Zeit vgl. u. a. Bremmer 1998, 10–14; Evans 2004, 1 mit Anm. 1. Vgl. weiterführend u. a. van Gennep 1909, 13 f; Eliade 1957; Burkert 1977, 402–406; Connor 1988, 162–184; Bremmer 1998, 24–32; Malina 2000, 30–32. Speziell zur Bedeutung und zum Verhältnis der Begriffe heilig und profan resümiert A. Evans (2004, 24 mit Anm. 75) zutreffend: „Participation in the cultic democracy defined the citizen (male and female), and reinforced a citizen's identity as a member of a family, of a phratry, of a deme, and of the polis. [...] there is a strict ‚homology' between the political and the religious spheres of life in Greek culture assumes we can actually detect a separation between sacred and secular in ancient world that does not reflect our own modern categories. [...] It was the job of the state – the polis, the demos, and the phratry – to keep human affairs and divine affairs in their proper balance."

58 Vgl. Nilsson 1906.

59 Vgl. Frickenhaus 1912.

60 Vgl. Deubner 1932.

61 Vgl. van Hoorn 1951.

In der Folge erscheinen einige Überblickswerke: Herbert William Parke veröffentlicht im Jahr 1977 eine Zusammenstellung athenischer Feste, geordnet nach attischen Monaten.[62] Im Jahr 1983 publiziert Erika Simon eine weitere zusammenfassende Publikation zu den attischen Festen – systematisiert hinsichtlich der Gottheiten.[63] Walter Burkert befasst sich im Jahr 1987 mit der Entwicklung von Festen sowie mit ihrer Funktion anhand archäologischer und schriftlicher Quellen am Beispiel der *panathenaia* und der sogenannten Großen Dionysien.[64] Die Funktion der Feste in Athen im 5. Jh. v. Chr. sowie die Rolle der Wettkämpfe bespricht Christian Meier anhand schriftlicher Überlieferungen ausführlich.[65] Die Entwicklung von regionalen zu überregionalen Festen, den sogenannten panhellenischen Festen, legt Christoph Ulf dar und erklärt die Funktion des Festes als Stärkung der Gemeinschaften hinsichtlich sozialer und ökonomischer Komponenten.[66]

Anhand einer umfassenden Bildanalyse attischer Keramik im Hinblick auf das attische Festwesen leistet Heike Laxander schließlich mit ihrem Werk aus dem Jahr 2000 einen Beitrag zur „Mentalitäts- und Sozialgeschichte der Polis“: Sie betrachtet das Festgeschehen als „Ausdruck von Gemeinschaft“, bei dem das „Rollenverhalten des Individuums“ sichtbar wird.[67]

Durch die ausführliche Beschäftigung mit den schriftlichen und archäologischen Quellen der Feste zu Ehren verschiedener Gottheiten in archaisch-klassischer Zeit sind Ablauf und Entwicklung dieser weitestgehend erforscht.[68] Prozessionen und Opfer waren eng miteinander verknüpfte Handlungen: Die Prozession, bei der die Beteiligten die entsprechenden Opfergeräte trugen, führte in Richtung der Opferstätte.[69] Die Teilnehmenden waren in verschiedenen Gruppen nach Alter, Geschlecht, Beruf oder Verein gegliedert – bestimmte Familien stellten die Priester,

62 Vgl. Parke 1977.

63 Feste folgender Gottheiten werden besprochen: Zeus, Demeter, Athena, Aphrodite, Hephaistos, Apollon, Artemis und Dionysos, vgl. Simon 1983.

64 Vgl. Burkert 1987.

65 Vgl. Meier 1989.

66 Vgl. Ulf 1997, bes. 43.

67 Vgl. Laxander 2000, bes. 4 f. Sie bezieht neben den Festen zu Ehren von Gottheiten ebenso Feste wie Hochzeiten und Begräbnisse mit ein. Zahlreiche weitere Forschungsarbeiten bedienen unterschiedlichste Fragestellungen zu den Festen in archaisch-klassischer Zeit, wie z. B. M. Seiferts (vgl. 2011) Untersuchung zu Kindern als Festteilnehmende.

68 Für einen Überblick vgl. u. a. Burkert 1977, 163–175; Price 1999, 25–46. Feste zu Ehren von Gottheiten wurden bereits seit der Bronzezeit gefeiert – um 1000 v. Chr. wurde erstmals ein Kalender mit Monaten niedergeschrieben, Burkert 1987, 28.

69 Durand – Schnapp 1984, 73. Zum griechischen Begriff *pompe* vgl. RE XXI (1952) 1878–1994 s. v. Pompa (F. Bömer); Lehnstaedt 1970, 1–16; Graf 1996, 55–65. Zum Ablauf von Prozessionen vgl. ebenso Gebauer 2002, 23 f.; Kubatzki 2012, 43–46. Die Abgrenzung der *theoria* zur *pompe* bespricht Nilsson 1916, 310–323.

Beamte organisierten den Ablauf und kontrollierten den Verlauf der Veranstaltung.[70] Nach jeder Opfergabe richteten die Teilnehmenden ein Symposion aus, um das Fleisch des Opfertieres zu verzehren.[71] Den Verlauf eines Symposion beschreibt Jean-Marie André beginnend „mit einer gemeinsamen Mahlzeit, auf die ein Umtrunk" folgte.[72] Im Jahr 776 v. Chr. wurden vermutlich erstmals Agone[73] in Olympia abgehalten: Dort entwickelten sich die gymnischen – mit verschiedenen Lauf-, Spring- und Wurfdisziplinen – sowie die hippischen Agone.[74] In Delphi entstanden hingegen die musischen Agone.[75] Die Wettkämpfer traten in Altersklassen (*paides/andres/ageneioi*) getrennt an.[76] Nach den Wettkämpfen wurden die Sieger ausge-

---

70 Burkert 1987, 29.

71 Klein 1912, 26. Den Ablauf eines Opfers beschreibt Aristoph. (eir. 922–1126). Zur Entwicklung und zum Ablauf vgl. ebenso Burkert 1972, 10–14; Himmelmann 1997, 10; Gebauer 2002, 3–8. Zu den schriftlichen Quellen vgl. Gebauer 2002, 8–12. Herkunft und Vorläufer des Opfers sind umstritten: K. Meuli (1946, 223) sieht die Jagd als Ausgangspunkt, da die Jäger durch das Opfer die Verantwortung für die Tötung abzulegen versuchten, und bezeichnet das Opfern als rituelles Schlachten. Bereits Theophr. (fr. 584 A) gibt an, dass das Opfer als Ritual zelebriert wurde, um das Fleisch der Opfertiere verzehren zu können. Laut J. N. Bremmer (1966, 47) waren Rinder die wertvolleren Opfer, jedoch wurden zumeist Schafe und Ziegen als Opfertiere genutzt. Burkert (1980, 110) merkt an, dass das blutige Opfer aus dem „paläolithischen Kannibalismus" herzuleiten sei.

72 André 1994, 60.

73 Zur Bedeutung des griechischen Begriffs *agon* und seine Prägung durch J. Burckhardt vgl. Blech 1982, 148 f. mit Anm. 203; Scanlon 1983. Zum griechischen Wettkampfgedanken vgl. u. a. Andronicos 1977a, 41–43; Fallani 2009. Bereits aus minoischer Zeit sind Agone beispielsweise durch Gefäße und Wandmalereien aus den kretischen Palästen überliefert, vgl. das sog. Stiersprungfresko aus Knossos, Heraklion, Archaiologikó Museío Inv.-Nr. n. v. (Marinatos 1973, Taf. XVII) – weiterführend vgl. Younger 1967. Vgl. darüber hinaus die Darstellung von Stiersprung und Faustkampf auf einem Rython aus Hagia Triada, Heraklion, Archaiologikó Museío 342.498.676 (Marinatos 1973, Taf. 106). Ebenso das sog. Boxer-Fresko aus Thera, Athen, Etnikó Archaiologikó Museío BE 1974.26 (Marinatos 1973, Taf. XXXVIII). Zur Entstehung der Agone vgl. ebenso Bignasca 2009. Die Entwicklung der Agone sieht I. Weiler (1981, 92. 95) im engen Zusammenhang mit der Entstehung der gymnasia. Weiterhin werden als Vorbild der Agone die homerischen Leichenspiele des Patroklos (Hom. Il. 23) diskutiert, vgl. bspw. Blech 1982, 146 f. Allgemein zum Sport in nachhomerischer Zeit vgl. die Bibliografie bei Weiler 1981, 99–102.

74 Zur Entstehung und Entwicklung der Olympischen Spiele vgl. u. a. Christopoulous – Douskou 1977; Raschke 1984; Coulsen – Kyrieleis 1992.

75 Schmölder – Veit 2004, 226, vgl. Paus. 10, 7, 2–5. Für die Anfänge der musischen Agone in Delphi vgl. von Scheliha 1987, 8–28; Bundrick 2005, 7. F. Knauß (2004a, 52) betont, dass in Olympia keine musischen Agone stattfanden. Zur Einführung und Entwicklung der musischen Agone vgl. u. a. West 1992, 19. Zum Begriff der *mousike* vgl. u. a. Kubatzki 2012, 22 mit Anm. 43 und weiteren Literaturangaben – zur Funktion der *mousike* und ihre Ausübung im 6. und 5. Jh. v. Chr. vgl. Bundrick 2005, 49–102; Kubatzki 2012, 164–192.

76 Seit dem 3. Jh. v. Chr. wurden die *paides* nach ihrer körperlichen Entwicklung in weitere Stufen eingeteilt, Frisch 1988, 179. 181 – ausführlich vgl. Petermandl 1997. Zur Funktion der Altersklassen vgl. u. a. Price 1999, 137–146.

rufen (*anakeryxis*), mit Geldpreisen und Wertgegenständen geehrt (*epidosis ton athlon*) sowie von einem Offiziellen bekränzt (*stepsis*).[77] Dem folgte die *phyllobolia* sowie eine Ehrenrunde (*periagermos*).[78]

1.3.2 Festszenen auf attischer Keramik

Darstellungen auf attischer Keramik aus dem Handlungsbereich der Feste zu Ehren von Gottheiten beginnen mit Prozessionsszenen, die sich aus den Reigendarstellungen spätgeometrischer Zeit entwickeln.[79] Seit früharchaischer Zeit werden Szenen mit hintereinander laufenden Figuren, die Zweige in den Händen halten, dargestellt.[80] Im späten 7. Jh. v. Chr. können diese Szenen einem räumlichen Kontext zugeordnet werden: Darstellungen von Säulen weisen fortan explizit auf einen Heiligtumsbereich hin.[81] Anschließend zeigen schwarzfigurige Gefäße des 6. Jh. v. Chr. mehrfigurige Reihungen in einer Ordnung nach bestimmten Gruppen und Einheiten, die zusammen eine Prozession ergeben.[82] Zur gleichen Zeit werden erstmals Tiere, Altäre und Gottheiten dargestellt, sodass die Szenen einem Opferkontext zugeordnet

---

77 Blech 1982, 109. Die Reihenfolge ist in den antiken Schriftquellen divergent überliefert, Bentz 2004b, 316. Für die Bekränzung nach dem Sieg vgl. bereits Thuk. 4, 121, 1; 5, 50, 4; Paus. 6, 1, 7; 6, 20, 19. Die sog. Helden Homers erwarteten hingegen materielle Preise, sodass sich der Kranz erst später als symbolischer Wert durchsetzen konnte, Knauß 2004c, 289. Zum Ablauf der Siegerehrung in Olympia vgl. u. a. Gardiner 1910, 206 f.; Pentazou 1977, 134. 136 f.

78 Jüthner 1898, 42 f.; Klein 1912, 71; Knauß 2004c, 289. Im Anschluss brachten die Athleten am heimischen Tempel ein Opfer dar und weihten den Gottheiten den Siegerkranz, Knauß 2004c, 290. Zur Weihung von Siegerkränzen vgl. Neumann-Hartmann 2009. Blech (1982, 111–113) beschreibt die Entwicklung der *phyllobolia* aus den noch preislosen Wettkämpfen: Der Sieger wurde von den Zuschauern mit wertvollen Gegenständen, Blättern, Blumen und Kleidungsstücke beschenkt oder bekränzt und beworfen – mit Zunahme der Einzeldisziplinen verschwanden die reichen Geschenke, bis lediglich die *phyllobolia* übrig blieb, vgl. Eratosth. (fr. 241 F14). Zu weiteren Anlässen der *phyllobolia* vgl. u. a. Kefalidou 1999, 102–105.

79 Haug 2012, 174; Kubatzki 2012, 17 mit Anm. 28. Vgl. bspw. die Darstellung tanzender Frauen auf einer spätgeometrischen Hydria, Athen, Etnikó Archaiologikó Museío 17470 (CVA Athen, Musée National [2] III Hd Taf. 13). Zur ausführlichen Beschreibung der Entwicklung von Prozessionsszenen vgl. Lehnstaedt 1970, 17–24. Zu Reigendarstellungen vgl. u. a. Tölle 1964; Kleine 2005. Bereits im minoischen Knossos sind Prozessionsszenen durch Wandmalereien überliefert, vgl. Boulotis 1987, Abb. 1.

80 Vgl. bspw. eine Hydria in Athen, Museío tes Archaías Agorás P26411 (Haug 2012, Abb. 113). Bereits K. Lehnstaedt (1970, vii) bezeichnet die Reihung der Figuren hintereinander als wichtigstes Merkmal von Prozessionsszenen.

81 Haug 2012, 149. Vgl. bspw. die Darstellung auf einem Skyphos-Krater, Athen, Etnikó Archaiologikó Museío 16284 (vgl. *P1*).

82 Mylonopoulos 2006, 72 f.; Gebauer 2002, 207. Männer und Frauen werden (mit Ausnahme der Musizierenden) bei Prozessionsszenen getrennt dargestellt, Haug 2012, 148.

werden können.[83] Mitte des 6. Jh. v. Chr. kommen weitere Elemente hinzu: Zweige, Opferkörbe, Gefäße, Messer, Bratspieße und Musikinstrumente werden dargestellt.[84] Zu Beginn des 5. Jh. v. Chr. nehmen die Prozessionsszenen deutlich ab: Nur wenige Darstellungen sind in rotfiguriger Technik erhalten.[85]

Ab der zweiten Hälfte des 5. Jh. v. Chr. werden vermehrt Darstellungen mit Figuren an einem Altar produziert:[86] In rotfiguriger Technik wird oftmals eine verkürzte Darstellung mit einem Korbträger oder einem Opfertier verwendet, während auf den schwarzfigurigen Gefäßen die Darstellungen noch ausformulierter sind.[87] Folkert van Straten unterteilt in seinen Untersuchungen zum griechischen Tieropfer die Darstellungen von Opferhandlungen in den Moment vor dem Opfer (als der Tötungsakt noch nicht angefangen hat),[88] in den Moment des Tötens[89] sowie in den Moment nach der Tötung (bei dem das Opfer verbrannt wird).[90]

---

83 Haug 2012, 150; Borgers 2008, 76. Durch die Darstellung eines Altars ist in den Szenen ein Ziel und somit auch eine Bewegungsrichtung angegeben, Lehnstaedt 1970, 52. Als erste Prozessionsdarstellung anlässlich eines Opfers wird die Schale, Paris, Slg. Stavros S. Niarchos A031 (vgl. P6) angesehen, Kubatzki 2012, 88; Brand 2000, 99; Laxander 2000, 7.

84 Gebauer 2002, 207 f. Zu den einzelnen Musikinstrumenten sowie darüber hinaus zum Gesang im Kult vgl. Kubatzki 2012, 142–157.

85 Gebauer 2002, 209; Laxander 2000, 155 f.

86 Kubatzki 2012, 18. 106; Roumpi 2011, 31; Bundrick 2005, 152 f.; Bérard 1984, 155.

87 Neils 1996, 180. Viele Opferszenen sind einfigurig und im Innenbf. von Schalen oder auf Lekythen erhalten: Zumeist steht ein junger Mann oder eine Frau am Altar, Webster 1972, 145. Für die Verkürzung der Darstellung führt Gebauer (2002, 2) zwei Lösungen an: Zum einen die „Reduzierung der Figurengröße, die eine Vermehrung des Personals der Darstellung erlaubt" und zum anderen „die Reduktion des Dargestellten selbst, das heißt, die Beschränkung auf das Wesentliche, das zur Bestimmung des Bildinhalts nötig ist", vgl. ebenso Bundrick 2005, 158. Die Darstellung einzelner bzw. weniger Figuren provozieren „als *pars pro toto* die Assoziation mehrfiguriger Szenen", Wannagat 2001, 70 mit Anm. 75. J. B. Connelly (2007, 170) verweist auf eine Oinochoe in London, British Museum 1905.0711.1 (vgl. *P12*) als treffendes Bsp. für wenige Teilnehmer, die für viele stehen. Letztendlich ist diese Entwicklung ebenso auf den unterschiedlichen Umgang mit den gestalterischen Mitteln in schwarzfiguriger Technik im Gegensatz zur rotfigurigen Technik zurückzuführen, vgl. u. a. Mannack 2002, 136; Boardman 1975, 11–15.

88 Vgl. van Straten 1995, 13–102.

89 Vgl. van Straten 1995, 103–114. Der Tod wird – parallel zur Tragödie – in den Darstellungen kaum (mit Ausnahme des sphagion) gezeigt, Mylonopoulos – Roeder 2006, 19 vgl. ebenso Peirce 1993, 200 mit Anm. 3 und dem Verweis auf die sog. Pariser Schule. Lediglich sechs Darstellungen zeigen die Tötung, jedoch ist nie genau der Moment zu sehen, in der das Opfertier durch das Messer getötet wird, van Straten 1988, 56.

90 Vgl. van Straten 1995, 115–160. Van Straten (1988, 55 f.) gibt insgesamt 136 Darstellungen und folgende Verteilung an: 55,5 % Vor-Opfer, 4,5 % Opfer und 40 % Nach-Opfer; die sog. mythischen Darstellungen berücksichtigt er nicht. Darüber hinaus ordnet K. W. Berger (vgl. 1998) in seiner Dissertation die Darstellungen auf att.-sf. und -rf. Keramik nach Handlungsabläufen des Opfers wie etwa Vor-Opfer oder das Zerlegen des Fleisches. Er stellt fest, dass Darstellungen des Opferbeginns seltener als das Braten des Fleisches an einem Altar oder auch als die Opferprozessionen überliefert sind, Berger 1998, 7 vgl. ebenso Mylonopoulos – Roeder 2006, 19; Bundrick 2005, 153. Ausführlich zur Forschungsgeschichte der Opferdarstellungen vgl. Gebauer 2002, 12–15. Eine Liste von Opferdarstellungen am Altar legt T. B. L. Webster (1972, 145–148) vor.

Letztendlich treten Prozessionsszenen hauptsächlich in der schwarzfigurigen Malerei auf, während reine Opferszenen zumeist durch rotfigurige Darstellungen überliefert sind.[91] Dabei unterscheiden sich die beiden Bereiche in der Darstellung durch die Reihung von Figuren in Bewegung zu einem Altar, von den nicht in Reihung dargestellten Figuren an einem Altar, die durch Libation, Handwaschung oder Fleischbraten als Opfernde gekennzeichnet sind.[92]

Die ersten Darstellungen von Symposionszenen auf attischen Gefäßen sind ab dem ersten Viertel des 6. Jh. v. Chr. erhalten.[93] Anfang des zweiten Viertels des 6. Jh. v. Chr. steigt die Anzahl der Symposiondarstellungen an.[94] Beiwerk sind laut Burkhard Fehr oftmals Trinkhörner[95], *lyrai*[96] und Tänien[97]. Sind zunächst „fast schon stereotyp wirkende Bildtypen für Zecherrunden" dargestellt, werden im späten 6. Jh. v. Chr. die Symposionteilnehmenden „in immer neuen Aktionen, Stellungen, Ansichten und Gruppierungen" gezeigt.[98] Um 500 v. Chr. sind Symposiondarstellungen in großer Anzahl vor allem auf Trinkschalen erhalten.[99]

Agonale Szenen setzen vereinzelt bereits im späten 8. Jh. v. Chr. ein.[100] Spätestens seit der Überlieferung der Agone auf den sogenannten Panathenäischen Preisamphoren werden die Darstellungen zunehmend produziert.[101] Die Panathenäischen Preisamphoren, die als Siegpreis bei den *panathenaia* vergeben wurden, zeigen ein kanonisches Bildschema: Auf der Vorderseite ist Athena dargestellt – durch erhobenen

91 Berger 1998, 47 f.; Lehnstaedt 1970, 200.

92 Kubatzki 2012, 42; Borgers 2008, 77.

93 Die Darstellungen folgen dem korinthischen Vorbild, Schäfer 1997, 25; Fehr 1971, 53.

94 Fehr 1971, 54.

95 Vgl. bspw. Schale, Kassel, Hessisches Landesmus. T387 (CVA Kassel, Staatliche Kunstsammlungen [1] Taf. 30, 1; Fehr 1971, Nr. 60).

96 Vgl. bspw. Krater, Paris, Musée du Louvre E623 (CVA Paris, Musée du Louvre [12] Taf. 160, 1; Fehr 1971, Nr. 68).

97 Vgl. bspw. Amphora, Kassel, Hessisches Landesmus. T674 (CVA Kassel, Staatliche Kunstsammlungen [1] Taf. 21, 2; Fehr 1971, Nr. 84). Wohl ebenfalls als Tänien zu deuten, sind laut Fehr die in Form eines Ovals an der Wand hängenden Gebilde, vgl. bspw. Amphora, Paris, Musée du Louvre F2 (CVA Paris, Musée du Louvre [3] Taf. 10, 1; Fehr 1971, Nr. 87).

98 Fehr 2000, 147. Fehr (1971, 105): „Die um 520/10 beginnenden rf. Gelageszenen aus dem Alltagsleben waren durch das Fehlen dionysisch-mythischer Bildelemente und den Wirklichkeitscharakter der Szenen gekennzeichnet, der sich sowohl aus den Darstellungen selbst wie aus den beigeschriebenen Namen von Zechern oder Hetären ergibt."

99 Zinserling 1977, 49.

100 Haug 2012, 365. Vgl. bspw. den Boxkampf auf einem spätgeometrischen Kantharos, Kopenhagen, Nationalmuseet 727 (CVA Kopenhagen, Musée National [2] Taf. 73, 5 a. b; 74, 2–6). Agonale Szenen sind laut A. Haug (2012, 369) im Gegensatz zu bspw. Tanz-, oder Kriegsszenen durch die Nacktheit der Akteure gekennzeichnet. Ausführlich zur Entwicklung von Agondarstellungen vgl. Haug 2012, 364–376. Zu den einzelnen Disziplinen vgl. u. a. Knauß 2009. Zu den Darstellungen von Athleten vgl. u. a. Dozio 2009.

101 Zu den Panathenäischen Preisamphoren vgl. u. a. Bentz 1998; Gardiner 1912; Frel 1973; Bentz – Eschbach 2001. Listen von Gefäßdarstellungen zu Lauf-, Sprung-, Box-, und Wurfwettbewerben legt Webster (1972, 196–215) vor.

Schild und Lanze, in Anlehnung an das Kultbild auf der Athener Akropolis, gekennzeichnet.[102] Auf der gegenüberliegenden Bildfeldseite ist der jeweilige Wettkampf beziehungsweise der Sieger oder auch Trainer dargestellt.[103] Die gymnischen und auch die hippischen Agone erreichen als Bildthema nach der Neuordnung der panathenäischen Spiele in Athen ihren Höhepunkt.[104] Die Darstellungen der musischen Agone sind ab dem 6. Jh. v. Chr. überliefert: Dargestellt werden unter anderem Aulodie und Auletik, Kitharodie und Kitharistik sowie die Rhapsodie.[105]

Darstellungen von Siegerehrungen mit Bekränzung und Preisübergabe durch Kampfrichter und Unterlegene sowie möglicherweise auch die *phyllobolia* sind ab dem 6. Jh. v. Chr. in einer Vielzahl erhalten.[106] Diese Darstellungen wurden vor allem in

---

102 Dieses sog. Promachos-Schema (Athena mit Helm, Lanze, Schild) tritt ab 530 v. Chr. vermehrt auf, Bentz 1998, 41. Flankiert wird Athena von zwei dorischen Säulen, auf denen jeweils ein Hahn sitzt – die Inschrift *ton athenethen athlon* (dt. einer der Preise Athens) ist vertikal vor Athena angebracht, Neils 1992b, 29. Als direkter Vorgänger der Panathenäischen Preisamphoren werden die sog. Pferdekopfamphoren diskutiert, vgl. hierzu u. a. Kreuzer 1998, 95–114; Scheibler 1987, 57–118; Birchall 1972. Die Gefäßform ist von der geometrischen Transportamphora abzuleiten und entspricht einer Sonderform der Halsamphora, Bentz 1998, 19. Zu den Transportamphoren vgl. u. a. Gras 1987, 46; Johnston – Jones 1978. Eine „offizielle" Bedeutung Panathenäischer Preisamphoren erwähnt auch Blech 1982, 115.

103 Bentz 1998, 82.

104 Haug 2012, 370 f. vgl. ebenso Filser 2017, 284; Kefalidou 2015, 125. Paus. (8, 2, 1) und Plut. (Thes. 24, 3) berichten, dass Theseus nach der Gründung Athens durch den *synoikismos* der umliegenden Länder ein Fest für alle Athener einrichtete. In verschiedenen Schriftquellen ist die Einführung der gymnischen Agone unter dem Archontat des Hippokleides im Jahre 566/565 v. Chr. und die damit verbundene Gründung der sog. Großen Panathenäen, die alle vier Jahre im Monat *hekatombaion* stattfanden, überliefert, vgl. u. a. Marcellin. vit. Thuc. 3. Hdt. (6, 126–130) berichtet von dreizehn Verehrern, die um die Hand der Agariste, Tochter des Kleisthenes – Herrscher von Sikyon im frühen 6. Jh. v. Chr. – anhielten: Athletische und musische Wettkämpfe wurden ausgetragen. Der *archon* Hippokleides entschied den Wettkampf für sich und begründete als Dank die *panathenaia*. Der früheste inschriftliche Hinweis für die sog. Großen Panathenäen findet sich auf einem Siegesmonument auf der Akropolis aus dem 5. Jh. v. Chr.: Dort sind die Siege des Athener Kallias festgehalten, Neils 1992a, 14 vgl. Raubitschek 1949. Die sog. Kleinen Panathenäen – ohne die Austragung von Agonen – wurden weiterhin jährlich veranstaltet, Boardman 1977, 181 f. Im *ekklesiasterion* und auch im *bouleuterion* fanden in den letzten acht Tagen des *hekatombaion* keine Sitzungen statt, sodass davon ausgegangen wird, dass die sog. Großen Panathenäen inklusive der Agone vom 23. bis zum 30. Tag des *hekatombaion* gefeiert wurden, Neils 1992a, 15. Weitere Überlegungen zur Dauer und zum genauen Zeitpunkt liefert bereits Mommsen (1898, 47–60). Für die Entstehung, die Entwicklung und den Ablauf der *panathenaia* vgl. mit Bezug zu den Siegerlisten IG II^2 2311 und IG II^2 2312 u. a. Mommsen 1898, 41–149; Deubner 1932, 22–35; Andronicos 1977a, 64 f.; Simon 1983, 55–72; Parke 1987, 40–71; Zaidman –Schmitt Pantel 1994, 102–111; Stansbury-O'Donnell 2006, 93–96.

105 Kotsidu 1991, 104–138. 301–315. Musizierende sind bereits seit spätgeometrischer Zeit überliefert, vgl. bspw. die musizierenden Frauen auf dem Bf. einer Kanne, Paris, Musée du Louvre CA1940 (CVA Paris, Musée du Louvre [16] Taf. 24, 2) vgl. ebenso Brand 2000, 40. Zur Entwicklung der Darstellung von Musik im 5. Jh. v. Chr. vgl. Bundrick 2005, 1–12. Die einzelnen musischen Wettkämpfe beschreibt A. Zschätzsch (vgl. 2002) in ihrer Untersuchung zur „Verwendung und Bedeutung griechischer Musikinstrumente in Mythos und Kult": Hierbei führt sie literarische, epigrafische sowie einige archäologische Quellen zusammen. Für die Untersuchung einzelner Darstellungen vgl. bspw. Schmidt 2001; Schmölder-Veit 2004.

106 Bentz – Mann 2001, 226; Kefalidou 1999, 95 f. Laut Berger (1998, 101) wird die *phyllobolia* hingegen selten dargestellt. Ob die Szenen der *phyllobolia* in den Bereich der Palästra einzuordnen sind oder Agone anlässlich eines

rotfiguriger Zeit produziert, dennoch sind bereits seit spätgeometrischer Zeit Szenen überliefert, in denen Männer mit Kränzen oder aber Zweigen geschmückt werden.[107] Die Rekonstruktion des genauen Ablaufes einer Siegerehrung ist anhand der bildlichen und auch schriftlichen Quellen nur schwer zu tätigen, doch stellt sich heraus, dass die Verkündigung des Siegers sowie die Bekränzung eng miteinander verbunden sind.[108] Mit Beginn des 4. Jh. v. Chr. endet die Darstellung der Siegerehrung.[109] Zur gleichen Zeit nehmen auch die gesamten Darstellungen der Festszenen ab.[110]

1.4 Grundlagen

1.4.1 Bildwissenschaftliche Methoden

Für die Untersuchung und Interpretation von Darstellungen sind in der Vergangenheit verschiedene Ansätze entwickelt worden. Eine wegweisende Methode legt Erwin Panofsky vor, der die Analyse von Darstellungen in drei Ebenen unterteilt: die vorikonografische Beschreibung, die ikonografische Analyse und die ikonologische Interpretation – demnach folgt nach der Benennung und dem Erkennen einzelner Bildinhalte die Verbindung dieser zu ganzheitlichen Bildthemen und in der Folge die Einbindung in den Gesamtkontext.[111] Der ikonologische Sinngehalt von Darstellungen kann zum einen anhand der „abbildenden" und zum anderen anhand der „abgebildeten" Bildproduzierenden erläutert werden.[112]

In diesem Zusammenhang ist die hermeneutisch orientierte Bildanalyse zielführend: Durch die Interpretation der vorhandenen Bildelemente in Verbindung mit der

---

Festes zeigen, mag Jüthner (1898, 46 f.) nicht beurteilen – er tendiert jedoch zum Kontext der Palästra. Zur Darstellung der *phyllobolia* vgl. ebenso Kefalidou 2015, 130; Kefalidou 1996, 52–59; Giglioli 1950.

107 Blech 1982, 170 f.

108 Bentz 2004b, 316; Blech 1982, 126. Zur Rekonstruktion des Ablaufes der Siegerehrung vgl. Kefalidou 1996, 52–80; Kefalidou 1999; Kefalidou 2009b; Kefalidou 2015, 125.

109 Blech 1982, 126.

110 Brand 2000, 9.

111 Panofsky 1955, 26–54. Seine Methodik basiert auf A. Warburgs Forschungen der späten 1890er Jahre, der erstmals ikonologische Ansätze für seine Dissertation „Sandro Botticellis ‚Geburt der Venus' und ‚Frühling'. Eine Untersuchung über die Vorstellungen von der Antike in der italienischen Frührenaissance" verwendet. Weiterführend vgl. Kämmerling 1979; Schmidt 2003. Für eine kritische Auseinandersetzung mit ikonologischen Methoden vgl. Arrouye 1992; Lavin 1992.

112 Beide Handlungsgruppen sind zumeist kollektiv und kooperativ sowie selten individuell: Bilder sind demnach handlungsleitend, Bohnsack 2003, 248.

schriftlichen Überlieferung wird sich den Gedanken und dem Leben der Urheber genähert.[113] Die Darstellungen werden demnach in einen historischen Kontext gestellt, sodass Abläufe und Veränderungen von Bräuchen sowie soziale und kulturelle Einstellungen untersucht werden können: Die Darstellungen festigen und bestätigen oftmals die Schriftquellen, legen hingegen ebenso Informationen frei, die auf keine andere Weise überliefert sind.[114] Darüber hinaus können für die Entschlüsselung eines Zeichengehaltes von Darstellungen die Semiotiktheorien aus den Sprachwissenschaften hinzugezogen werden: Demnach besitzen Bilder ebenso wie Sprache durch die Zusammenstellung verschiedener Zeichen einen Syntax sowie eine Semantik, da die Zeichen auf einen bestimmten Sachverhalt verweisen.[115]

Die sogenannten bildwissenschaftlichen Wenden der 1990er Jahre thematisieren schließlich die Verbindung der verschiedenen Methoden der Bildanalyse sowie die Gleichsetzung von Darstellungen als Materialgrundlage für den Erkenntnisgewinn gegenüber den Schriftquellen: Dies legitimiert die Untersuchung der Darstellungen hinsichtlich unterschiedlichster Fragestellungen für die archäologische Forschung.[116]

Für die vorliegende Untersuchung können mithilfe der bildwissenschaftlichen Methoden folgende Fragen für die Entschlüsselung eines Zeichengehaltes des Kranzes formuliert werden: Welche Figuren sind zu was für einem Anlass mit welcher Art von Kranz dargestellt? Lassen sich über die botanische Differenzierung der Kränze Aussagen über Bedeutung unterschiedlicher Kränze zu verschiedenen Anlässen formulieren? Verweisen demnach die Kränze in den Darstellungen möglich-

---

113 Grundlegend vgl. Dilthey 1900; Robert 1919. Weiterführend vgl. u. a. Meyer 1999, 19–55; Schmidt 2009. Zur Entwicklung der Hermeneutik in den archäologischen Disziplinen vgl. Johnsen – Olsen 1992.

114 Matheson 2009, 374.

115 Sachs-Hombach 2003, 73. „Jedes ikonographische Element erhält seine syntaktische Bedeutung in seiner Beziehung zu den anderen Elementen in einer Szene.“, Seifert 2011, 292 f. Dabei benötigen Bilder als Zeichen einen Träger, einen Inhalt und einen Referenten, Sachs-Hombach 2003, 86. Die Disziplin der Semiotik ist u. a. auf die Zeichentheorien von C. S. Peirce (vgl. 1865–1913) und F. de Saussure (vgl. 1916) von Beginn des 20. Jh. zurückzuführen: Peirce beschreibt Zeichen in drei Abstufungen: *icon* (stellt Beziehung zu einem Objekt her), *index* (gibt Hinweis auf ein Objekt) und *symbol* (hat Bedeutung), vgl. Knappett 2002, 102 f.; Csordas 1994, 96. Ebenso befasst sich C. W. Morris (1938–1939, 99 f.) mit Kunstwerken als Zeichenprozess. Weiterführend zur Semiotik vgl. u. a. Eco 1972; Meyer 1988, 22–26; Eco 1992; Keller 1995; Meyer 1999, 120–138. Vgl. ebenso den *linguistic turn* der Geisteswissenschaften in den 1970er Jahren, im Zuge dessen die Untersuchung von kulturellen Systemen als regelhafte Zeichensysteme ermöglicht wird, Fischer-Lichte 2006, 15.

116 Demnach schlagen auch I. Mylonopoulos und H. Roeder (2006, 17 f.) vor, die Untersuchung der Darstellungen in den Vordergrund zu stellen, jedoch zur Unterstützung Schriftquellen heranzuziehen. Für den *pictorial turn*, im Zuge dessen das Bild als Quelle dient, um soziale und bzw. oder politische Sachverhalte zu ergründen, vgl. Mitchell 1992 – für den *iconic turn*, bei dem das Bild als sinnstiftend zu betrachten ist, vgl. Böhm 1994 – für den *visualistic turn* vgl. Sachs-Hombach (2003), der letztendlich versucht, eine allgemeine Bildwissenschaft zu etablieren. Einen aktuellen Überblick gibt K. Lorenz (vgl. 2016) zur Ikonologie (S. 17–36), zur Semiotik (S. 101–117), zu den Bildwissenschaften (S. 167–183). Zur Bildanalyse vgl. ebenso Seifert 2011, 24–27. Zur Nutzung von Gefäßdarstellungen als Quellen vgl. u. a. Gebauer 2002, 1–3.

erweise auf bestimmte, im Besonderen auf attische, Feste? Warum werden bei gleicher Bildkomposition Binden anstatt von Kränzen dargestellt und mit welchem Grund werden einige Figuren ohne Kranz oder Binde wiedergegeben?

1.4.2 Handlungs- und Ritualtheorien

Für eine über den Zeichengehalt hinausreichende symbolische Bedeutung des Kranzes in den Darstellungen – hinsichtlich der Absichten der Keramikproduzierenden, ihrer Rezipierenden oder auch der Kranztragenden selbst – liefern die Handlungstheorien mögliche neue Ansätze: Ihre Prämissen wurden in den 1980er Jahren aus der Soziologie vor allem von amerikanischen und britischen Forschenden unter dem Begriff *agency* in die archäologischen Wissenschaften übertragen.[117]

Das den Handlungstheorien zugrundeliegende Modell des Soziologen Pierre Bourdieu beschreibt die Handlung beziehungsweise die soziale Praxis als von Habitus und Struktur konditioniertes Konzept.[118] Der Soziologe und Religionswissenschaftler Oliver Krüger, der Anthropologe Michael Nijhawan sowie die Althistorikerin Eftychia Stavrianopoulou erklären Bourdieus Untersuchung als Versuch, das Problem der durch Kultur und Gesellschaft beeinflussten individuellen Handlungsmöglichkeiten und ihre Beschränkungen zu lösen, indem die Individuen mit ihren Handlungen auf die soziale Praxis Einfluss üben können.[119] Die Frage nach der Absicht von Handlungen ist somit unabdingbar,[120] da hierdurch die Intention des han-

---

117 Grundlage hierfür bildet die *cognitive archaeology*, in der das menschliche Denken und Fühlen mit Handlungen und deren materiellem Niederschlag gleichgesetzt werden kann, vgl. Renfrew 1982; Renfrew – Zubrow 1994, sowie die *social archaeology*, welche die Zusammenhänge zwischen sozialen Organisationsformen, demografischem Wandel und wirtschaftlichen Grundlagen einer Gesellschaft untersucht, vgl. Renfrew 1984. I. Hodder (vgl. 1986) begründet daraufhin die *contextual archaeology* und plädiert für die Schaffung einer Verbindung zwischen dem Kontext der Vergangenheit und dem Kontext der Gegenwart. Soziologische Ansätze und ihre Umsetzung in der deutsch- und englischsprachigen Forschung erläutert K. Petzold (2007, 15–56) ausführlich. Für die Geschichte und Entwicklung der *agency* in der Archäologie vgl. Johnson 1989, 191–193. Für eine umfangreiche Auseinandersetzung zum Umgang mit Handlungstheorien in der Archäologie vgl. Dobres – Robb 2000.

118 Die Struktur bestimmt durch Normen, Institutionen und Sozialisationen das Handeln – das Handeln selbst hingegen verändert die Struktur, vgl. Bourdieu 1976, 139–202. *Agency* und Struktur sind nicht miteinander verbunden, beides ist für sich ein Produkt des anderen, Johnson 1989, 207 f.

119 Krüger u. a. 2005, 7. 12. Die Verbindung von Kultur und Handlung sowie die damit einhergehenden symbolischen Ausdrucksformen legt A. Swidler (vgl. 1986) dar. Vgl. v. a. ihre Ausführungen zum Kulturbegriff, der das Leben einer Gesellschaft mit ihren Technologien und materiellen Artefakten sowie ihre rituellen Praktiken beschreibt, Swidler 1986, 273. Zur Entwicklung und Bedeutung des Kulturbegriffs vgl. ebenso u. a. Geertz 1983; Masuzawa 1998. Speziell zur *material culture* vgl. u. a. Hodder 1982, 1–12; Hodder 1986, 2–8; DeMarris 2004, 12 f.; Knappett 2005; Lucas 2012.

120 Burkert 1979, 161; Burkert 1980, 93 f.

delnden Individuums oder der ausführenden Gruppe sowie ihre Wirkung in der Gesellschaft untersucht werden können.[121] Ein Individuum ist somit der Agent einer Handlung, wenn dieses Handeln eine Absicht hat.[122] Krüger beschreibt *agency* als sozialtheoretisches Konzept und fasst den englischen Begriff im Deutschen mit den Begriffen Handlungsmacht, -kompetenz und -instanz zusammen.[123]

Mit den Handlungstheorien eng verbunden sind die Ritualtheorien, die bereits um die Wende zum 20. Jh. mit der Entstehung der Soziologie, der Ethnologie und der Religionswissenschaft an Bedeutung gewinnen.[124] Innerhalb dieser Fachrichtungen wird das Ritual mit verschiedenen Schwerpunkten und Methoden untersucht: Beispielsweise unterscheidet der Religionswissenschaftler Jan Snoek zwischen Ritus, als die Vorstellung von Ritualverhalten einer Gruppe, sowie dem Ritual, als eine Folge von mehreren Riten.[125] Der Literatur- und Kulturwissenschaftler Dietrich Harth sowie der Indologe und Kulturwissenschaftler Axel Michaels beschreiben das Ritual als „regelgerechtes, symbolisch gestaltetes Handlungsgefüge“ und unterscheiden dieses vom rituellen Handeln, als theoretisches Konstrukt – weiterhin führen sie den Begriff Ritualisierung auf, der solche Handlungen zusammenfasst, die „auf der Grenze zum Rituellen vollzogen werden“.[126] Laut des Germanisten Burckhard Dücker bezeichnet die Ritualisierung „die Gesamtheit jener vorrituellen dynamisch-kreativen Hand-

---

121 Pochat 2001, 93. Vgl. R. Bernbecks (2003) Aufsatz „Zur Identifikation von intentionellem Handeln in archäologischen Kontexten“.

122 Davidson 1980, 46.

123 Demnach verbindet das Konzept deterministische und rationale Ansichten, Krüger u. a. 2005, 3 f. Ferner fügt W. S. Sax den Begriff der Handlungspotenz hinzu – hierbei relevant ist die Frage nach der Verfolgung individueller Interessen, Sax 2013, 25.

124 Brosius u. a. 2013, 11. Grundlegend vgl. van Gennep 1909; Durkheim 1912. Weiterführend vgl. Bell 1992; Podemann Sørensen 1993; Belliger – Krieger 1998; Caduff 2001; Stansbury-O'Donnell 2006, 96–102. Die Zeitschriften „Journal of Ritual Studie“s (seit 1987) und „Oxford Ritual Studies“ (seit 2010) ermöglichen die intensive Einarbeitung in die Ritualtheorien. Für eine ausführliche Forschungsgeschichte vgl. Michaels 2003, 2 f.; Kreinath u. a. 2006; Elsner 2012; Brosius u. a. 2013. Zur Entstehung der sog. Religionsarchäologie und ihren Inhalten vgl. u. a. Eliade 1957, 127–135; Hansen 2003. Zur Anwendung der Ritualtheorien in der Archäologie vgl. u. a. Nilsson Stutz 2003, 18–55.

125 Snoek 2006, 13 f.

126 Harth – Michaels 2003, 15. Michaels (2003, 2) beschreibt das Wort Ritual aus dem Sanskrit *rta* (dt. Ordnung, Wahrheit) sowie dem indogermanischen Begriff *ri*, (dt. fließen) entstammend und zieht die Verbindung zur lateinischen Vokabel *ritus* (dt. Vorschrift, Zeremonie, Brauch, Sitte, Gewohnheit), die die Nutzung für feierlich-religiöse Bräuche umschreibt. Weiterhin schildert er die Problematik hinsichtlich der nicht vorhandenen Unterscheidung von rituellen Alltagshandlungen und Ritualen, die zur Abgrenzung einer Gruppe von anderen gedacht sind, sodass er für Letzteres die Wortschöpfung „Ritualkomplex“ vorschlägt, Michaels 2003, 5. Darüber hinaus vergleicht er diesen Begriff mit dem Strukturbegriff Bourdieus und benennt Ritualkomplexe als kulturell geschaffene Handlung, „die soziale Beziehungen widerspiegeln“, Michaels 2003, 5 f. Zum Ritualbegriff und seine Bedeutungen vgl. ebenso Burkert 1972, 31–38; Bremmer 1998, 14–24.

lungsprozesse, die interessengeleitet sind und von einem beliebigen, nicht markierten Segment des gesellschaftlichen Alltags zu einer programmatisch markierten Ordnung überleiten sollen".[127]

In der archäologisch-objektorientierten Forschung basiert die Untersuchung des Rituals auf der materiellen Kultur – den Überresten ritueller Handlungen.[128] Das archäologische Material ist immer das Ergebnis einer menschlichen Handlung, die wiederum auf Entscheidungen basiert, aus denen Objekte entstehen, die letztendlich bewusst und intentionell zu betrachten sind.[129] In diesem Zusammenhang liefern vor allem Darstellungen auf Keramik Informationen hinsichtlich der Rituale, da bereits die Auswahl der Szene durch den Maler eine bewusste Entscheidung ist.[130]

Unter diesen interdisziplinären Voraussetzungen können mithilfe der Handlungs- und Ritualtheorien die Akteure auf den Darstellungen der attischen Gefäße in einen erweiterten Deutungskontext gesetzt werden: Sind die Figuren bekränzt dargestellt, weil die Maler ihrem eigenen individuellen Handeln einen bestimmten Ausdruck verleihen wollten oder weil die Gesellschaft die Darstellung von bekränzten Figuren vorgab? Wie ist das Verhältnis von Darstellung und Realität zu bewerten und welche Bedeutung hat dies für die Interpretation der Darstellungen? War das Tragen eines Kranzes festgelegt oder war dies eine mit einer bestimmten Aussage verbundene, individuelle Entscheidung? Wurde der Kranz als Symbol in jeder Lebenssituation dargestellt, obwohl dieser in bestimmten Kontexten möglicherweise nicht genutzt wurde? Kann dem Kranz demnach möglicherweise ein Symbolgehalt zugeschrieben werden, der sich im Laufe der Zeit verselbstständigte?

1.4.3 Materialbasis

Die Auswahl der für die Zielsetzung der vorliegenden Untersuchung relevanten Darstellungen erfolgt über die Datierung in archaisch-klassische Zeit, die Herstellung in attischen Werkstätten sowie folgende Kriterien:

---

127 Dücker 2013, 151. Darüber hinaus stellt A. Michaels (2003, 4 f.) fünf Merkmale eines Rituals zusammen, die für die Untersuchung der Rituale von Bedeutung sind: Verkörperung (intentionell), Förmlichkeit (wiederholbar, nachahmbar, veränderbar), Rahmung (Abgrenzung von Alltags- und Ritualwelt), Transformation und Wirksamkeit (bspw. des Status) sowie Überhöhung.

128 Warden 2009, 109.

129 Petzold 2007, 87.

130 Mylonopoulos – Roeder 2006, 11. 19, vgl. ebenso Osborne 2011, 216. Die Untersuchung von Ritualen in ihrer Bedeutung fokussiert sich demnach auf ein System von Zeichen, Stansbury-O'Donnell 2006, 97.

Das Bildthema

a) Die Auswahl des Materials beruht auf der Durchsicht der Forschungsliteratur mit Materialsammlungen zu den Themengebieten Prozession, Opfer, Symposion, Wettkampf und Siegerehrung als Bestandteile attischer Feste.[131]

Die Ikonografie

b) Bei der Durchsicht der Darstellungen werden diejenigen ausgewählt, in denen die Figuren einen Kranz auf dem Kopf tragen beziehungsweise bekränzt werden. Um die Bedeutung des Kranztragens im Hinblick auf das Nichttragen eines Kranzes zu erörtern, werden weiterhin solche Szenen aufgenommen, die in ihrer Bildkomposition den Darstellungen mit den bekränzten Figuren ähneln, in denen die Figuren jedoch eine Binde oder aber keinen Kranz tragen.
c) Darüber hinaus sind die Prozessions- und Opferdarstellungen durch Heiligtumsarchitektur, wie Altar, Säule, Herme und weitere kontextnahe Objekte, wie Opfertiere, Fackeln, Körbe, Gefäße und Musikinstrumente, gekennzeichnet, sodass eine Einordnung dieser Szenen in den Bereich attischer Feste möglich ist.[132] Bei der Sichtung von Symposionszenen stellt sich heraus, dass Heiligtumsarchitektur oder andere Marker, die auf ein Fest zu Ehren von Gottheiten verweisen könnten, nicht dargestellt sind, sodass das Bildthema Symposion vorerst nicht mit in die Untersuchung einbezogen wird.
d) Weiterhin geht aus der Durchsicht von Wettkampfszenen hervor, dass die Ausführenden von Fackel- und Waffenläufen sowie von musischen Agonen weitaus häufiger mit Kränzen dargestellt werden als in Szenen anderer Wettkämpfe, sodass

---

131 Vgl. bspw. für Prozession: Lehnstaedt 1970; van Straten 1995; Neils 1996; Laxander 2000; Gebauer 2002 / für Opfer: van Straten 1987; van Straten 1988; van Straten 1995; Himmelmann 1997; Berger 1998; Laxander 2000; Gebauer 2002 / für Symposion: Fehr 1971; Vickers 1978; Dentzer 1982; Lissarrague 1987; Peschel 1987; Schmitt Pantel 1992; Schäfer 1997; Topper 2012 / für gymnischen Agon: Jüthner 1968; Bentz 1998; Bentz 2004a / für musischen Agon: Wegner 1970; Kotsidu 1991; Brand 2000; Schmidt 2001; Zschätzsch 2002; Schmölder – Veit 2004 / für Siegerehrung: Jüthner 1898; Giglioli 1950; Neils 1994; Kefalidou 1996; Bentz 2004b; Knauß 2004c; Kefalidou 1999.

132 C. Sourvinou-Inwood (vgl. 1985) identifiziert bspw. Altäre mit Palmen als Heiligtümer. Die Unterscheidung zwischen sog. öffentlichen und sog. privaten Anlässen ist in den Darstellungen oftmals schwer zu tätigen, da keine direkten ikonografischen Merkmale zur Abgrenzung vorhanden sind, vgl. ebenso Borgers 2008, 83; Gebauer 2002, 486–488. Heiligtumsarchitektur sowie Gottheiten und Opfertiere sprechen tendenziell für ein offizielles Fest, sind jedoch nicht als Beweis für dieses zu deuten, Blok 2009, 97 vgl. ebenso Lehnstaedt 1970, 17. Auch J. Kubatzki (2012, 41) unterscheidet beispielsweise zwischen „kultischen" und „privaten" Prozessionen: Kultisch benennt die Verehrung einer Gottheit im Gegensatz zu privaten Festen wie bspw. Hochzeit und Bestattung. Hierbei definiert Kubatzki kultische Prozessionen innerhalb der Darstellungen ebenso anhand von Heiligtumsarchitektur und kontextnahen Objekten.

diese drei Agone ein zielorientiertes Untersuchungsmaterial ergeben.[133] Für die Zusammenstellung der Fackellauf- und Waffenlaufszenen werden solche Darstellungen ausgewählt, auf denen sich die Athleten im Lauf oder an einem Start-, beziehungsweise Zielpunkt, wie Altar oder Säule, befinden, sodass eine Verbindung der Darstellung mit einem Wettkampf anlässlich eines Festes möglich ist. Bei den Waffenlaufszenen wurden solche Darstellungen bevorzugt, in denen die Athleten ihren Helm abgelegt haben, um einen Kranz oder eine Binde erkennen zu können. Die Szenen musischer Agons richtet sich nach der Darstellung eines *bema*, als mögliche Bühne, und beziehungsweise oder von beistehenden Figuren, als mögliche Kampfrichter oder Trainer beziehungsweise Zuschauer. Durch diese Bildelemente kann eine Verbindung zu einem Wettkampf im Rahmen eines Festes hergestellt werden.

e) Die Auswahl der Siegerehrungsszenen basiert auf der Darstellung von Athleten, die bekränzt werden beziehungsweise bereits bekränzt sind, und sich nicht in der Ausübung eines Wettkampfes befinden, sodass die Szenen den Kontext einer Ehrung nach einem gewonnenen Agon und somit die Einordnung in den Festkontext ermöglichen.

Der Handlungsrahmen

f) Um möglichst nah an die Lebensweise der Individuen in archaisch-klassischer Zeit heranzutreten, wurden bei der Zusammenstellung der Gefäße die Darstellungen mit eindeutig mythischen Erzählstrukturen nicht berücksichtigt.[134] Hierbei ist die Abgrenzung zwischen mythischen und nichtmythischen Darstellungen problematisch, da die beiden Bereiche in den Darstellungen nicht klar voneinander zu trennen sind: Die Gottheiten werden oftmals in die Handlungen der Sterblichen einbezogen.[135] In diesem Zusammenhang sind die Darstellungen immer auch als Konstruktion von Realitäten zu verstehen, welche

133 Vgl. für die Fackellaufdarstellungen die Zusammenstellung bei Webster 1972, 200 f. O. Gottwalds Dissertation „Der Fackellauf in der Antike" aus dem Jahr 1927 lag der Verf. zur Einsicht nicht vor. Für die Waffenlaufdarstellungen vgl. die Auflistung bei Webster 1972, 198–200.

134 Vgl. ebenso O. Borgers (2008, 74), der die sog. mythischen Darstellungen aufgrund der geringen Relevanz für das rituelle Verhalten der athenischen Bürger ausschließt. Darstellungen ohne Mythos, die sog. Alltagsszenen, spiegeln laut S. B. Matheson (2009, 373 f.) besonders in att.-rf. Zeit durch Gesten, Haltung und Komposition die Handlungen, Gedanken und Emotionen der Individuen wider. Die Befreiung dieser sog. Alltagsdarstellungen vom Mythos zum E. der archaischen Zeit entwickelte sich parallel zu den kulturpolitischen Ereignissen Athens, v. a. zur Zeit der Tyrannen, Schindler – Rößler 1997, 965. Zum Alltagsbegriff vgl. Schindler – Rößler 1997, 958–960.

135 „The mortal and divine realms intersect so frequently in fifth-century Athenian iconography that it is often difficult to tell where the mythical world ends and the human one begins.", Bundrick 2005, 158, vgl. ebenso Borgers 2008, 74. 92. Zur Unterscheidung der sterblichen und göttlichen Sphäre in der griechischen Kulturgeschichte vgl. auf Grundlage schriftlicher Quellen u. a. die Ausführungen J.-P. Vernants (1991, 27–49).

wiederum je nach Kontext neu geschaffen werden, sodass die Frage nach eben diesen Kontexten und nach der Intention der Bildinhalte unabdingbar ist.[136]

Die für diese Untersuchung auf Grundlage der aufgeführten Kriterien zusammengestellten 184 Gefäße zeigen 26 Prozessions-, 52 Opfer-, 63 Wettkampf- und 43 Siegerehrungsszenen. Die 63 Darstellungen von Wettkämpfen teilen sich in 21 Fackellauf- und neun Waffenlaufszenen sowie 33 Szenen musischer Agone auf. Die vorliegende Auswahl liefert einen Überblick verschiedener Darstellungsweisen der genannten Bildthemen und bildet somit eine zuverlässige Grundlage für die vorliegende Analyse. Die Untersuchung aller Darstellungen zu den einzelnen Themengebieten ist im Rahmen dieser Arbeit aufgrund ihrer Vielzahl nicht möglich und ebenso nicht erforderlich, da die Auswahl der Objekte stellvertretend für eine größere Anzahl ähnlicher Darstellungen stehen können.[137] Demzufolge gestaltet sich diese Untersuchung durch die Selektion der Darstellungen rein repräsentativ.

136 Seifert 2011, 292 f. in Bezug zu von den Hoff – Schmidt 2001. „Reality is a point of reference but not an absolute.“, Bundrick 2005, 158 vgl. ebenso Bundrick 2005, 3. 6.

137 Allein die Suchergebnisse beispielhafter Stichworte im BOA (Stand: 08.10.2019) ergeben für die attisch-schwarz- und attisch-rotfigurige Keramik folgende Anzahl an Objekten: *athlete/s* (3967); *contest* (99); *hoplitodromoi* (64); *music* (125); *procession* (176); *sacrifice* (305); *torch/es* (1330); *victor* (94); *wreath/es* (4401).

2

Intentionelle Beschreibung: der Kranz in attischen Festszenen

Die Grundlage der vorliegenden Untersuchung bildet die intentionelle Beschreibung relevanter ikonografischer Merkmale der dargestellten Kränze. Die Charakterisierung der Blattgrößen nimmt hierbei Bezug auf- und steht im Verhältnis zueinander. Darüber hinaus wird der Kranz von weiteren Elementen, wie Binden, abgegrenzt.[138] Die Darstellungen werden nach den jeweiligen Bildthemen getrennt untersucht, innerhalb dieser chronologisch besprochen und bei gleicher Zeitstufe nach Gefäßformen zusammengefasst.[139] Dabei richtet sich die Zusammenstellung der Objekte nach den Kriterien der Materialbasis.

2.1 Prozession

625–575 v. Chr.

Das Bildfeld auf einem schwarzfigurigen Ständer eines Skyphos-Kraters *P1* des Nettos-Malers aus Vari zeigt von links nach rechts vier mit Peplos bekleidete, weibliche Figuren: Sie tragen verschiedene Blüten in den Händen und jeweils eine – teilweise gepunktete – Binde im Haar. Die Szene wird von zwei dorischen Säulen gerahmt.

575–525 v. Chr.

Die Darstellung einer schwarzfigurigen Amphora *P2* (Abb. 1) des Amasis-Malers aus Etrurien schließt in ihrem Bildaufbau an die Darstellung von *P1* an: Zu sehen ist von links nach rechts eine Prozession von fünf mit verzierten Gewändern bekleideten Figuren im Profil. Der Kopf der Figur am linken Bildfeldrand ist aufgrund einer Fehlstelle nicht erhalten. Diese Figur trägt eine Oinochoe in der rechten Hand und hält

---

138 Im Folgenden werden bei Gefäßen mit mehr als einem Bf. die den Bildthemen entsprechenden Darstellungen besprochen. Ornamentale Verzierungen werden erwähnt, wenn sie das Bf. durch ihre Anordnung oder Größe beeinflussen. Auf eine ausführliche vorikonografische Beschreibung der Gesamtszenen nach Panofsky wird verzichtet, da die einzelnen Gefäße umfassend publiziert wurden, vgl. die Literaturverweise der Dokumentation der Objekte. Ebenso sind dort etwaige Informationen bezüglich Technik, Gefäßform, Aufstellungsort, Fundort, Maße, Datierung und Malerzuweisung aufgeführt.

139 Die chronologische Einteilung sowie die Bezeichnung der Gefäßformen und ebenso die Malerzuweisung richten sich – wenn in den Fußnoten nicht anderweitig gekennzeichnet – nach J. D. Beazley, vgl. für die einzelnen Objekte die Verweise ABV; ARV; ARV²; Beazley Addenda²; Beazley, Para. der Dokumentation der Objekte. Zur traditionellen Datierung und Chronologie attischer Keramik in Abschnitten von 50 Jahren auf Grundlage der stilistischen Entwicklung vgl. Beazley 1949 sowie u. a. Boardman 1974, 9–14; Scheibler 1995, 107–120 bes. 113; Mannack 2002, 53–61. Für eine kleinteiligere Einteilung der Zeitabschnitte hingegen plädiert U. Kenzler (2007, bes. 206 f.).

weitere Gegenstände[140] mit der linken Hand über ihre Schulter. Die beiden folgenden Figuren tragen Zweige aus kleinen, rundlichen Blättern in den Händen. Die unmittelbar anschließende Figur hält vor der Brust ein Ferkel in den Armen. Auf den Köpfen dieser drei Figuren in der Mitte sind jeweils Kränze mit kleinen, rundlichen Blättern zu erkennen.[141] Die Figur am rechten Bildfeldrand trägt einen Opferkorb auf dem mit einer Binde umwundenen Kopf.[142]

Die gegenüberliegende Seite des Gefäßes *P2* (Abb. 2) zeigt eine ähnliche Darstellung: In der Bildmitte sind drei bärtige, mit verzierten Gewändern bekleidete Figuren zu sehen. Die linke Figur hält einen Doppelaulos und trägt eine Binde um den Kopf, die beiden ihr gegenüberstehenden Figuren tragen hingegen Kränze aus großen, herzförmigen Blättern auf dem Kopf. Gerahmt wird die Szene von zwei unbekleideten, bärtigen Figuren, die ebenfalls herzförmige Blattkränze auf ihren Köpfen tragen. Alle Figuren sind im Profil dargestellt.

Das Bildfeld einer schwarzfigurigen Hydria *P3* aus Etrurien zeigt von links nach rechts eine Prozession mit neun Figuren im Profil, die mit einer Kuh[143] auf einen Altar zuschreiten. Die Figuren sind mit verzierten Gewändern oder Himatien bekleidet und tragen teilweise Binden um den Kopf. Einige halten Kränze aus kleinen, rundlichen Blättern in den Händen. Rechts des Altars stehen eine Figur mit einem Doppelaulos sowie eine weitere Figur. Links des Altars ist eine halbhohe Figur, die in Richtung der Prozession schaut, zu sehen. Sie hält Zweige mit kleinen Blättern in den Händen. Blattkränze sind auf den Köpfen nicht zu erkennen.

Die Darstellung einer schwarzfigurigen Oinochoe *P4* des Amasis-Malers aus Orvieto zeigt im Profil drei nach rechts schreitende Figuren, die jeweils einen Kranz aus kleinen, rundlichen Blättern tragen. Die bärtige Figur links ist mit einem Himation bekleidet und trägt eine Leier, eine weitere bärtige Figur folgt: Ihre Körpermitte ist durch einen Ziegenbock in weißer Farbe verdeckt, sodass ein Gewand nicht zu erkennen ist.[144] In der linken Hand trägt die Figur kleinblättrige Zweige. Die kurze Prozession wird von einer vermutlich bartlosen[145] Figur in einem verzierten Gewand angeführt.

140 A. Furtwängler (1885, 227 f.) benennt die Gegenstände als Korb und Aulos-Futteral; Gebauer (2002, 37) als Geräte; Lehnstaedt (1970, 105 f.) als Bratspieße, Weinschlauch und weiteres Objekt; I. Scheibler (1987, 64 Anm. 30) als Kiepe.

141 Gebauer (2002, 37) sieht hingegen Binden.

142 Gebauer (2002, 37) spricht diese Figur als Kore an. Das Geschlecht ist jedoch nicht eindeutig zu verifizieren, da die Figur nicht mit der typisch weißen Deckfarbe gefüllt, allerdings auch kein Bart erkennbar ist.

143 Vgl. Gebauer 2002, 27 mit Anm. 124.

144 Gebauer (2002, 39) deutet einen kurzen Schurz, der bis auf den oberen Rand von dem Ziegenbock verdeckt wird.

145 Ein Bruch an dieser Stelle lässt eine eindeutige Beschreibung nicht zu, vgl. Gebauer 2002, 39 Anm. 188.

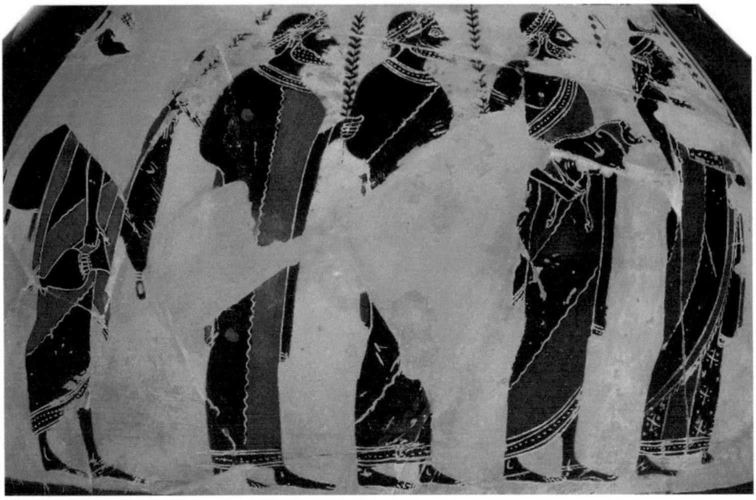

Abb. 1: *P2* att.-sf. Amphora, Berlin, Antikensammlung F1690

Die Darstellung auf den Fragmenten eines schwarzfigurigen Dinos *P5* des Lydos von der Athener Akropolis zeigt eine ähnliche Figurenanordnung: Hintereinander sind von links nach rechts drei Figuren im Profil mit Zweigen aus kleinen, rundlichen Blättern in den Händen, die Opfertiere (Schaf, Sau und Stier) führen, zu sehen. Die Figur am linken Bildfeldrand ist bärtig, trägt ein Himation um die Hüften sowie eine Messerscheide, aus der ein Messer, ragt unter dem linken Arm. Ihr Kopf ist über die rechte Schulter nach hinten gedreht, der Blick zu einer weiteren Figur gerichtet, von der lediglich Teile des Oberkörpers sowie Arme und Beine erhalten sind. Die Körpermitte der dritten Figur am rechten Bildfeldrand ist durch ein Opfertier verdeckt, sodass die Bekleidung nicht zu bestimmen ist. Die mittlere Figur ist ebenfalls bärtig. Keine der Figuren trägt einen Kranz oder eine Binde um den Kopf. Ein zugehöriges kleines Fragment zeigt die Hände einer weiteren Figur sowie mit Rosetten geschmückte Gewandteile.

Auf dem Bildfeld einer schwarzfigurigen Schale *P6* ist ein Prozessionszug – weitaus länger wie bereits von *P3* bekannt – mit von rechts nach links aufgereihten Figuren zu sehen, die Tiere (Rinder und Schweine) führen. Der Zug endet an einem Altar. Dieser wird von zwei Opfernden flankiert, rechts daneben ist eine korbtragende Figur dargestellt. Links des Altars ist Athena mit Schild zu sehen. Ihr Oberkörper und Kopf ist aufgrund einer Fehlstelle nur zu Teilen sichtbar, jedoch sind *aigis* und Helm gut zu erkennen. Alle Figuren sind mit langen Gewändern und Himatien bekleidet, tragen

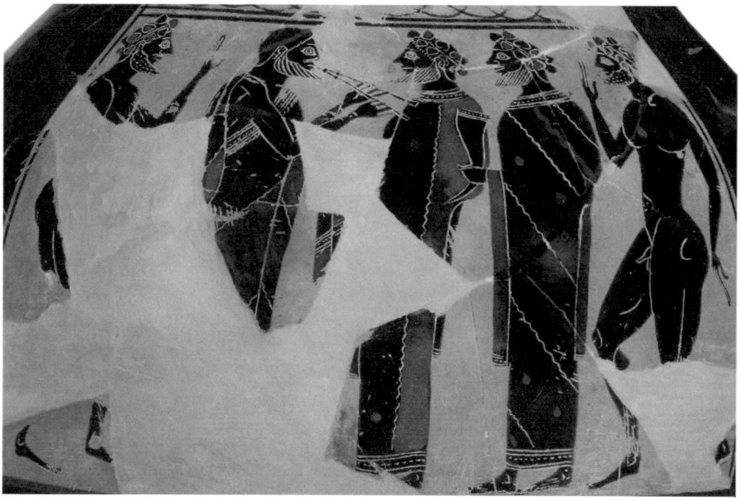

Abb. 2: *P2* att.-sf. Amphora, Berlin, Antikensammlung F1690

weder Binde noch Kranz um den Kopf, jedoch Zweige aus kleinen, rundlichen Blättern in den Händen. Die Prozessionsszene wird auf der gegenüberliegenden Gefäßseite weitergeführt: Dort sind Musizierende und *hoplitai* zu sehen. Die Darstellung einer weiteren schwarzfigurigen Schale *P7* des C-Malers aus Tarent zeigt von rechts nach links ebenso einen langen Prozessionszug aus sieben Teilnehmern, der an einem Altar endet. Über diesen sind ein Vogel sowie dahinter eine weitere Figur mit Trinkhorn zu erkennen. Die Figur direkt rechts des Altars führt ein Opfertier. Alle Teilnehmer sind im Profil dargestellt und mit langen Gewändern und Himatien bekleidet. Keine der Figuren trägt einen Kranz oder eine Binde um den Kopf.

550–500 v. Chr.

Die Darstellung einer schwarzfigurigen Amphora *P8* des Malers von Berlin 1686 aus Vulci zeigt auf zwei gegenüberliegenden Bildfeldern einen langen aus insgesamt acht im Profil dargestellten Figuren bestehenden Prozessionszug. Auf der einen Gefäßseite sind von links nach rechts zwei bärtige Figuren mit Kithara und zwei Figuren mit Doppelaulos in reich verzierten Gewändern und Binden um den Kopf zu sehen. Die Darstellung auf dem gegenüberliegenden Bildfeld zeigt von links nach rechts zwei bartlose Figuren und einen Bärtigen mit einem Opfertier[146]. Die Prozession führt eine mit weißer Deckfarbe ausgefüllte Figur mit kleinblättrigen Zweigen in beiden Händen an. Auch hierbei tragen alle dargestellten Figuren eine Binde im Haar. Die Prozession endet an einem Steinaltar. Am rechten Bildfeldrand ist Athena mit Helm, Schild, und Lanze in Richtung Bildmitte gewandt dargestellt.

Das Bildfeld einer schwarzfigurigen Halsamphora *P9* des Affecter-Malers ebenfalls aus Vulci zeigt eine Prozession von links nach rechts mit sechs bärtigen Figuren im Profil, die Kränze und Zweige aus kleinen, rundlichen Blättern, einen Doppelaulos, einen Opferkorb sowie Oinochoen und ein Opfertier[147] mit sich führen. Sie sind jeweils mit Chiton und beziehungsweise oder Himation bekleidet und tragen Binden im Haar. Am rechten Bildfeldrand ist ein kleiner Altar dargestellt, daneben steht eine mit weißer Deckfarbe ausgefüllte Figur nach links gewandt. Sie erhebt ihre linke Hand über den Altar.

Das Bildfeld einer stark fragmentierten schwarzfigurigen Amphora *P10* des Antimenes-Malers beziehungsweise des Malers von München 1416 von der Athener Akropolis zeigt – ähnlich zu den Darstellungen *P4* und *P5* – eine Prozession von links nach rechts. Die im Profil dargestellten Figuren sind mit Himatien bekleidet und tragen Kränze aus kleinen, rundlichen Blättern, zwischen denen jeweils eine kleine Frucht oder Knospe zu sehen ist, auf den Köpfen. Zusätzlich tragen sie Zweige aus mittelgroßen Blättern sowie Musikinstrumente in den Händen. In der Mitte dieser Szene ist ein Opfertier[148] dargestellt. Die Fragmente einer Panathenäischen Amphora *P11* der Leagros-Gruppe von der Athener Akropolis zeigt eine ähnliche Figurenanordnung: Von links nach rechts ist eine Prozession mit sechs teilweise unbekleideten, teilweise mit Himatien bekleideten Figuren im Profil zu sehen. Sie tragen kleinblättrige Zweige in den Händen. Die vorderste Figur am rechten Bildfeldrand führt eine Ziege und trägt eine Amphora[149] auf der Schulter. In der Mitte der Darstellung ist ein Kopf mit einer Binde zu sehen. Alle anderen Köpfe sind nicht oder schlecht erhalten, sodass keine weiteren Binden oder Kränze zu erkennen sind.

Auf dem Bildfeld einer schwarzfigurigen, flachmundigen Oinochoe *P12* des Gela-Malers aus Brauron sind drei Figuren im Profil in einer Prozession von links nach rechts vor einem Altar zu sehen. Die Figuren tragen jeweils ein Himation sowie eine Binde im Haar. Die linke Figur ist bärtig und führt ein Stier als Opfertier. Die

---

146 Nicht ganz sicher ist die Zuweisung als Stier, vgl. bspw. van Straten 1995, 197; Webster 1972, 129 – oder als Kuh, vgl. bspw. Shapiro 1989, 30; Blech 1982, 446; Rotroff 1977, 382; Lehnstaedt 1970, 25; Furtwängler 1885, 225.

147 S. Pfisterer-Haas (1990, 429) spricht das Tier als Widder an, vgl. ebenso CVA München (7) 42 (E. Kunze-Götte). Gebauer (2002, 42) sieht hingegen ein Schaf.

148 B. Graef und E. Langlotz (1925, 99) sehen einen Stier, Gebauer (2002, 64) ein Rind.

149 Webster (1972, 129 f.) sowie van Straten (1995, 25) deuten eine Panathenäische Preisamphora. Lehnstaedt (1970, 38.104 f.) und Himmelmann (1997, 53 Anm. 109) beschreiben das Gefäß hingegen als Spitzamphora.

mittlere, ebenfalls bärtige Figur hält eine Oinochoe in ihrer rechten Hand. Die rechte Figur trägt unter dem Himation ein verziertes Untergewand sowie einen Opferkorb auf dem Kopf.[150] Ähnlich zur Darstellung *P8* ist rechts des Altars – allerdings sitzend – Athena im Profil mit Helm und *aigis* sowie mit einer Opferschale in der rechten Hand, die sie über den Altar hält, dargestellt. Das Bildfeld wird von zwei dorischen Säulen gerahmt.

Auf dem Halsbildfeld einer rotfigurigen Loutrophoros *P13* des Phintias[151] von der Athener Akropolis ist eine Prozession mit sechs Figuren dargestellt – wie bereits ähnlich von den Bildfeldern *P4*, *P5*, *P10* und *P11* bekannt: Mittig ist eine mit herzförmigen Blättern bekränzte, bärtige sowie mit Himation bekleidete Figur im Profil nach rechts zu sehen. Rechts daneben sind drei weitere, mit Himatien bekleidete Figuren hintereinander ebenfalls im Profil nach rechts wiedergegeben. Lediglich der mit einer Binde umwundene Kopf der mittleren, bartlosen Figur ist erhalten. Sie führt ein Opfertier[152]. Die rechts anschließende Figur trägt eine Kanne in ihrer rechten Hand. Auf der linken Bildseite schließen zwei weitere Figuren an, jeweils mit einem langen Chiton und Himation bekleidet. Beide Figuren tragen Binden, die in Höhe der Stirn breiter werden,[153] um den Kopf. Ihre Gesichter sind einander zugewandt. Alle Figuren tragen Zweige aus kleinen, rundlichen Blättern in den Händen.

Ein weiteres in Fragmenten erhaltenes Gefäß des Phintias ebenfalls von der Athener Akropolis, ein schwarzfiguriger Skyphos *P14*, zeigt eine ähnliche Darstellung von zwei bärtigen Figuren mit Kränzen aus mittelgroßen, leicht spitz zulaufenden Blättern auf ihren Köpfen. Die Figur rechts trägt Zweige aus kleinen, rundlichen Blättern in den Händen, eine Fehlstelle verdeckt ihren Körper. Die Figur links hält einen Doppelaulos, trägt eine *phorbeia*[154] um den Kopf und ist mit einem Himation bekleidet. Eine weitere mit Himation bekleidete Figur ist in der Mitte mit einer Messerscheide, aus der drei Messer ragen, ausgestattet. Diese führt ein Opfertier[155]. Ihr Kopf ist nicht erhalten. Am linken Bildfeldrand schließt eine weitere Figur an, von der lediglich die Hände erhalten sind. Ein weiteres zugehöriges Fragment zeigt Teile eines Kopfes mit einem Kranz aus mittelgroßen, leicht spitz zulaufenden Blättern sowie Zweige aus kleinen, rundlichen Blättern.

---

150 Diese Figur wird häufig als Frau bzw. Kanephore angesprochen, vgl. Connelly 2007, 169; Gebauer 2002, 57; Walters 1911, 8. Dies ist jedoch nicht eindeutig zu belegen, da die typisch weiße Deckfarbe fehlt.

151 J. Neils (1996, 194 Anm. 6) hingegen ordnet das Gefäß dem Berliner-Ma. zu.

152 Gebauer (2002, 55), Neils (1996, 179) und Graef – Langlotz (1933, 59) beschreiben dieses als Sau.

153 Graef – Langlotz (1933, 59) benennt diese als „Diadema“, vgl. ebenso Kaltsas – Shapiro 2008, 256 (G. Kavvadias); Gebauer 2002, 55.

154 Zur Nutzung der *phorbeia* vgl. u. a. Kubatzki 2012, 159 f.; Brand 2002.

155 Gebauer (2002, 46) beschreibt ein Schwein.

Die Darstellung einer schwarzfigurigen Lekythos *P15* des Elbows-Out-Malers aus Eleusis zeigt eine Prozession von rechts nach links in Richtung eines Altars mit vier Figuren im Profil, die runde, kleinblättrige Zweige in den Händen halten und mit verzierten Gewänder bekleidet sind. Die vorderste Figur trägt einen Opferkorb auf dem Kopf. Die Figuren sind alternierend in weiß oder schwarz gefüllt. Den Altar flankieren zwei mit weißer Deckfarbe gefüllte, sitzende Figuren mit Kränzen ohne erkennbare Blätter in den Händen. Sowohl diese als auch die beiden in weiß dargestellten Figuren der Prozession tragen Binden, die in Höhe der Stirn breiter werden, um den Kopf. Links des Altars ist eine weitere Figur zu sehen, die ein Stier als Opfertier führt.

Das Bildfeld einer fragmentierten schwarzfigurigen Lekythos *P16* von der Athener Akropolis zeigt eine Prozession von links nach rechts mit fünf Figuren im Profil mit Zweigen aus kleinen, rundlichen Blättern, die zu Kränzen um ihre Köpfe gelegt sind, sowie mit weiteren Zweigen in den Händen. Drei der Figuren sind bärtig und stehen hintereinander vor einem Altar. Die hinterste Figur hält einen Doppelaulos, die folgende führt vermutlich einen Stier als Opfertier. Die vorderste Figur verdeckt fast vollständig eine weitere Figur, lediglich ihre Füße sind in weißer Deckfarbe zu sehen. Sie trägt einen Opferkorb. Am rechten Bildfeldrand steht eine weitere Figur, aufgrund einer Fehlstelle ist ihr Kopf nicht erhalten. Ihr gegenüber ist stehend Athena dargestellt – mit weißer Deckfarbe gefüllt sowie mit Schild, Helm und Lanze ausgestattet.

Das Bildfeld einer rotfigurigen Lekythos *P17* des Gales-Malers aus Gela zeigt eine Prozession bestehend aus zwei Figuren im Profil. Diese sind mit Himatien bekleidet, tragen kleinblättrige Kränze auf ihren Köpfen und führen jeweils eine Kuh. Beide tragen Zweige aus kleinen, rundlichen Blättern in ihren Händen. Ihnen voran gestellt ist eine weitere mit langem Chiton und Himation bekleidete Figur mit einem Opferkorb und einer Binde im Haar. Am rechten Bildfeldrand ist eine ionische Säule dargestellt.

525–475 v. Chr.

Auf einem schwarzfigurigen Halsfragment einer Loutrophoros *P18* aus Eleusis ist eine Prozession von links nach rechts mit neun Figuren im Profil zu sehen. Einige halten eine Fackel in der Hand, alle tragen reich verzierte Gewänder. Lediglich ein Kopf ist vollständig erhalten, dieser ist mit einem Kranz aus mittelgroßen, leicht spitz zulaufenden Blättern versehen. Die dritte Figur von links ist bärtig.

Die Darstellung eines schwarzfigurigen Skyphos *P19* des Theseus-Malers zeigt rundherum unbekleidete, teilweise bärtige Figuren im Profil mit kleinblättrigen Zweigen in den Händen beziehungsweise an ihren Köpfen. Eine Figur hält einen Doppelaulos. Die Prozessionsteilnehmenden führen Rinder als Opfertiere und tragen eine

Amphora sowie ein weiteres Objekt[156]. Keine der Figuren trägt einen Kranz oder eine Binde. Das Bildfeld eines weiteren schwarzfigurigen Skyphos *P20* des Acheloos-Malers zeigt eine Prozession mit vier, teilweise mit Himation bekleideten Figuren im Profil an einem Altar, der zwischen zwei Hermen auf einer Basis mit Stufenvorbau steht. Die Figuren tragen verschiedene Opfergegenstände[157] und führen ein Opfertier[158]. Keine der Figuren trägt eine Binde oder Kranz um den Kopf.

Das Bildfeld einer schwarzfigurigen Lekythos *P21* zeigt eine Prozession mit vier bärtigen und mit Himatien bekleideten Figuren im Profil von links nach rechts. Sie führen einen Stier als Opfertier. Die dritte Figur von links hält einen Doppelaulos und trägt kleinblättrige, zu einem Kranz gelegte Zweige im Haar – ebenso die Figur[159] rechts daneben. Die zweite Figur von links trägt hingegen einen Kranz aus mittelgroßen, leicht spitz zulaufenden Blättern[160], die Figur am linken Bildfeldrand trägt keinen Kranz auf dem Kopf. Mit Ausnahme der Figur mit dem Doppelaulos tragen alle Zweige aus kleinen, rundlichen Blättern in den Händen. Die Darstellung auf einer schwarzfigurigen Lekythos *P22* der Klasse von Athen 581 aus Kameiros zeigt eine ähnliche Figurenanordnung: Im Profil nach rechts ist eine mit weißer Deckfarbe gefüllte Figur im Gewand mit einer Binde um den Kopf, die einen Stier führt, zu sehen. Links schließt eine Figur mit einer Kithara im Himation an, rechts ein weiterer Prozessionsteilnehmer. Bei beiden ist weder Binde noch Kranz zu erkennen.

500–450 v. Chr.

Auf dem Bildfeld einer schwarzfigurigen Lekythos *P23* des Beldam-Malers aus Athen ist eine mit Himation und langem Chiton bekleidete Figur im Profil nach rechts, die einen Stier führt und Zweige aus kleinen, rundlichen Blättern in den Händen hält sowie eine Binde um den Kopf trägt, zu sehen. Rechts schließen zwei weitere Figuren im Profil mit *thymiaterion* und Opferkorb an. Sie sind mit einem langen Chiton sowie einem Himation bekleidet. Weder ein Kranz noch eine Binde sind auf den Köpfen zu erkennen. Die Prozession führt eine weitere Figur in einem kurzen Gewand an. Sie hält eine *salpinx* und trägt ebenfalls eine Binde um den Kopf. Im Hintergrund sind weitere Zweige aus kleinen, rundlichen Blättern zu sehen. Die

---

156 Kunze-Götte beschreibt dieses als „große Last", vgl. CVA Stuttgart (1) 26.

157 Wie z. B. eine Messerscheide beim Tierführer (Gebauer 2002, 91) sowie ein Dreifuß bei der Figur rechts (Aktseli 1996, 38; Shapiro 1989, 131; Lehnstaedt 1970, 125 f.) und ein Opferkorb bei der Figur auf der linken Seite (van Straten 1995, 30; Malagardis 1985, 80 f.).

158 Gebauer (2002, 91) sieht einen Ziegenbock, vgl. für die Deutung als Ziege CVA Athen, National Museum (4) 40 (M. Pipili).

159 H. A. Shapiro (1981, 106) erkennt eine Binde.

160 Shapiro (1981, 106) beschreibt die Blätter als „eingeschnitten".

Darstellung einer schwarzfigurigen Lekythos *P24* des Diosphos-Malers[161] ähnelt den Szenen *P21* und *P22*: Dargestellt ist von links nach rechts eine Prozession, bestehend aus drei mit weißer Deckfarbe gefüllten Figuren, die einen Stier führen. Sie tragen jeweils eine Binde um den Kopf und sind mit einem langen Chiton und einem Himation bekleidet. Im Hintergrund und teilweise in den Händen sind Zweige aus kleinen, rundlichen Blättern zu sehen.

475–425 v. Chr.

Die Darstellung auf einem rotfigurigen Stamnos *P25* der Polygnot-Gruppe aus Eleusis zeigt hintereinander im Profil nach rechts zwei Figuren mit Fackeln in der Hand sowie eine weitere Figur am linken Bildfeldrand. Die mittlere Figur trägt ein Himation und einen Kranz aus großen, länglichen, an der Spitze abgerundeten Blättern. Die rechte Figur trägt ein verziertes Gewand und einen Kranz mit gleicher Blattart – darüber zusätzlich eine Binde. Die linke Figur trägt wiederum ein Himation und hält in ihrer rechten Hand einen Stab senkrecht in Richtung Boden. Sie trägt eine Binde ohne Kranz um den Kopf. Ihr Körper ist in Dreiviertelansicht, zum linken Bildfeldrand geöffnet. Ihr Blick ist über ihre linke Schulter zurück auf die beiden Fackelträger gerichtet.

450–400 v. Chr.

Das Bildfeld eines rotfigurigen Volutenkraters *P26* (Abb. 3) des Kleophon-Malers aus Spina zeigt eine Prozession von links nach rechts mit sechs bartlosen Figuren in Himatien, die zwei Stiere führen. Sie tragen Kränze aus großen, länglichen, an der Spitze abgerundeten Blättern. Im Hintergrund ist ein *thymiaterion* dargestellt. Ihnen voran geht eine Figur mit einem verzierten langen Chiton und einem Himation bekleidet sowie einer Binde um den Kopf. Mit ihren Händen trägt sie über ihren Kopf einen Opferkorb. Eine bärtige, ebenfalls mit großen, länglichen, an der Spitze abgerundeten Blättern bekränzte Figur steht auf einen Stab gestützt vor einem durch zwei Säulen angedeuteten Tempelbau, in dessen Mitte eine bartlose, mit Himation bekleidete und ebenso bekränzte Figur auf einem Stuhl sitzt. Diese hält Zweige mit der gleichen Blattart wie die Kränze in den Händen. Im Hintergrund ist ein weiterer ebensolcher Zweig sowie Köcher und Bogen zu sehen.

---

161 C. H. E. Haspels (1936, 247) hingegen schreibt das Gefäß dem Haimon-Ma. zu.

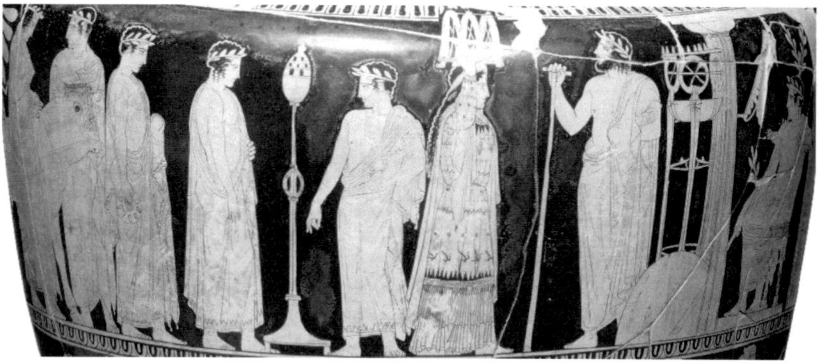

Abb. 3: *P26* att.-rf. Volutenkrater, Ferrara, Museo Archeologico Nazionale T57CVP

2.2 Opfer

550–500 v. Chr.

Die Darstellung einer schwarzfigurigen Amphora *O1* des Malers von Würzburg 252 zeigt vier, mit kurzen Gewändern bekleidete Figuren, die paarweise einen Altar flankieren und Bratspieße über diesen halten. Keine der Figuren trägt einen Kranz oder eine Binde auf dem Kopf.

525–475 v. Chr.

Die beiden Bildfelder einer schwarzfigurigen Halsamphora *O2* des Edinburgh-Malers aus Gela zeigen jeweils eine Figur im Profil, mit Himation bekleidet, vor einem Altar, neben dem eine Herme zu sehen ist. Ein Bildfeld zeigt den Opfernden mit einer Oinochoe in der Hand, während die Figur auf dem gegenüberliegenden Bildfeld Zweige mit kleinen, rundlichen Blättern sowie eine Schale in den Händen hält. Auf beiden Seiten ist sowohl der Opfernde als auch die Herme mit Zweigen aus kleinen, rundlichen Blättern, die zu einem Kranz um den Kopf gelegt sind, dargestellt.

Das Bildfeld einer schwarzfigurigen Oinochoe *O3* des Athena-Malers zeigt im Profil zwei Figuren im Chiton und Himation, die einen Altar mit einer Herme flankieren. Die linke Figur hält eine Oinochoe in der rechten Hand. Sie hat ihren linken

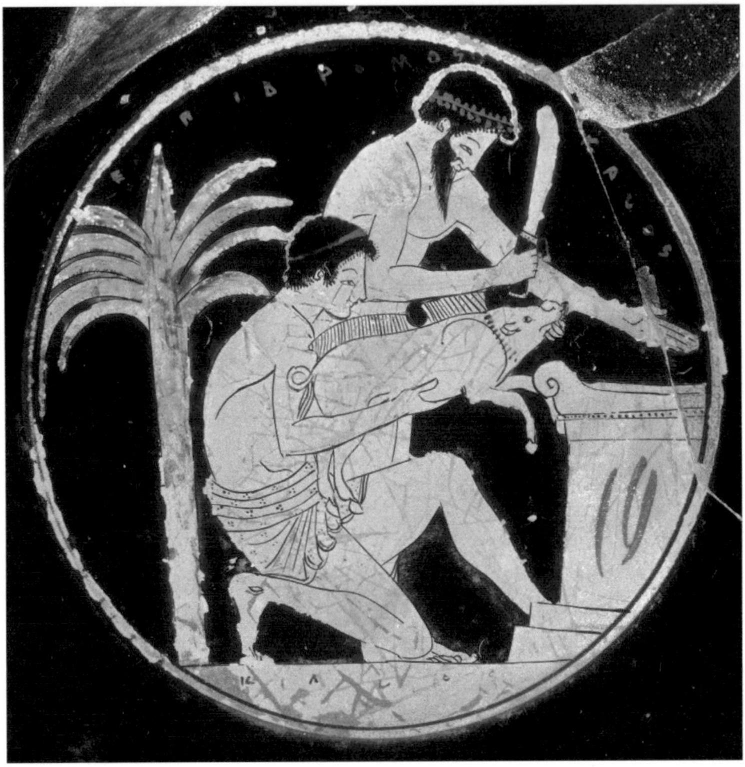

Abb. 4: O7 att.-rf. Schale, Paris, Musée du Louvre C112

Arm erhoben. Die rechte Figur trägt einen mit Früchten[162] gefüllten Korb. Beide tragen eine Binde um den Kopf. Im Hintergrund sind Zweige aus kleinen, rundlichen Blättern zu sehen.

Eine weitere schwarzfigurige Darstellung ist auf dem Kolonettenkrater O4 aus Vulci erhalten: Zu sehen sind zwei Figuren mit kurzen Gewändern im Profil nach links hintereinander vor einem Altar. Sie halten Bratspieße und Messer in den Händen. Die linke Figur trägt einen Kranz aus mittelgroßen Blättern im Haar. Im Hintergrund sind ein Tisch, ein Opferkorb und weitere Fleischstücke[163] zu sehen. Am linken Bildfeldrand ist wie auf O2 und O3 eine Herme im Profil dargestellt.

---

162 Vgl. CVA Frankfurt am Main (1) 32 (K. Deppert).

163 Van Straten (1988, 61) interpretiert einen Ziegenkopf.

Das Bildfeld einer rotfigurigen Schale O5 des Ambrosios-Malers aus Vulci zeigt insgesamt fünf Figuren im Profil, die einen Altar flankieren. Alle tragen Kränze aus kleinen, rundlichen Blättern auf ihren Köpfen. Sie halten verschiedene Trinkgefäße in den Händen. Die Figur am rechten Bildfeldrand ist bärtig und stützt sich auf einen Stab. Die ebenfalls bärtige Figur links des Altars hält einen mit kleinblättrigen Zweigen geschmückten Opferkorb über diesen. Diese Figur ist unbekleidet, während die restlichen Figuren mit einem Himation dargestellt sind.

Die Darstellung eines rotfigurigen Schaleninnenbildfeldes O6 des Malers von London E2, ebenfalls aus Vulci, zeigt eine mit Himation bekleidete Figur vor einem Alter. Sie hält einen Bratspieß mit ihrer rechten Hand über den Altar sowie einen weiteren Bratspieß in ihrer linken Hand. Auf dem Kopf ist ein Kranz aus kleinen, rundlichen Blättern zu sehen. Das rotfigurige Schaleninnenbildfeld O7 (Abb. 4) des Epidromos-Malers zeigt einen ähnlichen Bildaufbau: Zwei männliche, mit Himatien bekleidete Figuren stehen beziehungsweise hocken vor einem Altar. Die hockende Figur, mit einer Binde um den Kopf, hält ein Schwein in Richtung des Altars. Die stehende, bärtige Figur, mit einem Kranz aus kleinen, rundlichen Blättern, trägt ein Messer in ihrer rechten Hand. Der linke Arm ist über den Altar ausgestreckt.

500–450 v. Chr.

Das Bildfeld einer rotfigurigen Amphora panathenäischer Form O8 des Tyszkiewicz-Malers zeigt einen Bärtigen im Himation, der eine Schale über einen Altar hält. Ihm gegenüber steht eine weitere Figur im Peplos und Himation, die aus einer Oinochoe Flüssigkeit in die Schale gießt. Beide Figuren sind im Profil dargestellt. Weder ein Kranz noch eine Binde sind zu erkennen.

Eine rotfigurige Pelike O9 des Argos-Malers zeigt eine ähnliche Darstellung: Ein mit Himation bekleideter Bärtiger im Profil hält eine Schale über einen Altar. Im Gegensatz zu O8 trägt dieser jedoch einen Kranz mit kleinen, rundlichen Blättern auf dem Kopf. Ihm gegenüber ist eine weitere Figur im Profil mit einem langen Chiton und Himation zu sehen, die eine Flüssigkeit aus einer Oinochoe in die Schale gießt. Ihr Haar ist mit einem Tuch bedeckt.

Die drei Figuren auf dem Bildfeld eines rotfigurigen Kolonettenkraters O10 des Pan-Malers aus Cumae tragen ebenfalls jeweils einen Kranz aus kleinen, rundlichen Blättern. Links hält ein Bärtiger mit Himation und Stab eine Schale über einen Altar, rechts daneben stehen zwei weitere Figuren in Himatien, mit Opferkorb und Bratspieß. Im Hintergrund ist eine mit Binden geschmückte Herme sowie am rechten Bildfeldrand ein weiterer Bratspieß und oben rechts ein Tierschädel mit Hörnern[164] zu sehen.

---

164 Vgl. Price 1999, 35; van Straten 1988, 62. Gebauer (2002, 374) beschreibt ein „Ziegengehörn".

Die Darstellung auf den Fragmenten einer rotfigurigen Schale O11 des Onesimos aus Falerii zeigt ähnlich zu den Bildfeldern O6 und O7 einen Bärtigen mit Himation im Profil. Er steht mit Stab und Opferschale vor einem Altar. Am linken Bildfeldrand sowie hinter dem Altar ist ein Baum zu sehen. Weder ein Kranz noch eine Binde sind zu erkennen. Auf einer ebenfalls fragmentierten rotfigurigen Schale O12 des Douris ist eine ähnliche Bildkomposition erhalten: Ein Bärtiger im Profil ist an einem Altar zu sehen, mit einer Opferschale in den Händen sowie einem Schild, auf dem eine Figur abgebildet ist. An dem Schild hängt ein kariertes Tuch[165]. Der Opfernde trägt ein Chiton sowie ein Himation, auf dem Kopf befindet sich ein Helm. Ikonografisch anschließen lässt sich das Innenbild einer rotfigurigen Schale O13 des Makron, auf dem eine Figur im Profil nach rechts mit einer Binde im Haar dargestellt ist. Die Figur trägt einen langen Chiton und ein Himation am Körper sowie einen Opferkorb im linken Arm, mit der rechten Hand gießt die Figur aus einer Oinochoe eine Flüssigkeit in das Altarfeuer. Am rechten Bildfeldrand ist ein *thymiaterion* zu sehen.

Die Bildkomposition auf den Fragmenten einer ebenfalls rotfigurigen Schale O14 des Makron aus Chiusi ist mit O7 vergleichbar: Zwei Figuren im Profil nach rechts befinden sich vor einem Altar. Die stehende, bärtige Figur ist mit einem mit Quadraten geschmückten Gewand bekleidet und hält einen Kantharos in der Hand. Sie trägt einen Kranz aus mittelgroßen, leicht spitz zulaufenden Blättern auf dem Kopf. Die weitere hockende Figur ist mit einem einfachen Himation bekleidet, hält einen Bratspieß über den Altar und trägt weder einen Kranz noch eine Binde auf dem Kopf. Eine Darstellung des Pan-Malers auf einer rotfigurigen Schale O15 aus Cerveteri zeigt auf der Außenseite ähnlich zu O5 vier bekleidete Figuren mit verschiedenen Trinkgefäßen in den Händen an einem Altar. Mit Ausnahme der Figur im langen Gewand, deren Kopf aufgrund einer Fehlstelle nicht erhalten ist – sind alle Figuren mit einem Himation und einem Kranz aus kleinen, rundlichen Blättern im Haar dargestellt. Lediglich die Figur am rechten Bildfeldrand ist bärtig.

475–425 v. Chr.

Das Bildfeld einer rotfigurigen Halsamphora O16 des Niobiden-Malers aus Vulci zeigt rechts eine bärtige Figur im Profil nach links mit Himation, die einen Kantharos, aus dem eine Flüssigkeit fließt, über einen Altar hält. In der Hand hält sie kleine, rundliche Objekte[166]. Auf dem Kopf trägt sie einen Kranz aus großen, an der Spitze abgerundeten Blättern. Ihr gegenüber ist eine weitere Figur ohne Bart und ebenfalls im Himation dargestellt. Die Figur hält in ihrer rechten Hand eine Oinochoe, ihr linker

[165] Vgl. Pottier 1897–1922, 168.

[166] Diese sind möglicherweise als Trauben zu deuten, Neils – Oakley 2003, 292.

Arm ist in Richtung des Altars gestreckt. Sie trägt einen Kranz aus mittelgroßen, leicht spitz zulaufenden Blättern auf dem Kopf.

Die Darstellungen dreier rotfiguriger Stamnoi O17 bis O19, die alle der Polygnot-Gruppe zuzuordnen sind, zeigen jeweils drei teilweise mit Himation bekleidete Figuren mit Bratspießen und Opferschalen an einem Altar. Die Figur am rechten Bildfeldrand von O17 hält eine Leier und ein *plektron* in den Händen – die von O18 hingegen einen Doppelaulos. O19 ist in Fragmenten erhalten, sodass lediglich die Unterkörper der Figuren auf der rechten Bildseite zu erkennen sind. Die Figuren auf O17 und O18 tragen Kränze aus mittelgroßen, leicht spitz zulaufenden Blättern. Die Figur links des Altars von O19 trägt eine Binde. Über dem Altar ist jeweils eine Binde tragende Nike mit einer Oinochoe (O17. O19) oder einem Tuch (O18) in der Hand dargestellt.

Die Darstellung einer rotfigurigen Oinochoe O20 des Thomson-Malers zeigt zwei Figuren, die einen Altar flankieren: Die linke Figur ist unbekleidet, trägt eine Binde um den Kopf und hält einen Bratspieß über den Altar. Die rechte Figur ist bärtig, trägt ein Himation und eine Binde sowie einen Kranz aus kleinen, rundlichen Blättern um den Kopf. Sie hält eine Schale über den Altar. Rechts daneben ist eine weitere Figur im Himation dargestellt, die eine Oinochoe in der einen und weitere Gegenstände[167] in der anderen Hand hält. Weder ein Kranz noch eine Binde sind erkennbar. Im Hintergrund ist ein Tierschädel zu sehen.[168]

Auf einem fragmentierten rotfigurigen Glockenkrater O21 des Malers von London E494 sind an einem Steinaltar ein Bärtiger im Himation und eine kleinere, unbekleidete Figur mit einem Bratspieß in der Hand bei einem Opfer zu sehen. Beide Figuren tragen einen Kranz aus mittelgroßen, leicht spitz zulaufenden Blättern auf dem Kopf. Im Hintergrund sind ein Baum mit ebensolchen Blättern sowie eine Säule dargestellt. Weitere Opferteilnehmende, die aufgrund von Fehlstellen nicht in Gänze zu erkennen sind, vervollständigen das Bild: Der Rest eines Bratspießes sowie eine Hand und Gewandteile sind erhalten.

Auf dem Bildfeld eines rotfigurigen Glockenkraters O22 (Abb. 5) aus Agrigent sind vier Figuren in Himatien mit Doppelaulos, Opfertier[169] und Schalen an einem Altar dargestellt. Alle Figuren tragen Kränze aus mittelgroßen, leicht spitz zulaufenden Blättern auf dem Kopf. An der rechten Bildfeldseite ist eine sitzende Figur[170] zu sehen. Diese wird von dorischen Säulen, die mit einem Architrav verbunden sind, gerahmt. Die Figur trägt einen Kranz aus großen, an der Spitze abgerundeten Blättern auf dem

167 Gebauer (2002, 292) beschreibt diese als „rundliche Objekte“, van Straten (1995, V196) interpretiert Perlen.

168 Vgl. Gebauer 2002, 392.

169 Gebauer (2002, 217) deutet einen Ziegenbock.

170 Gebauer (2002, 218) interpretiert Apollon.

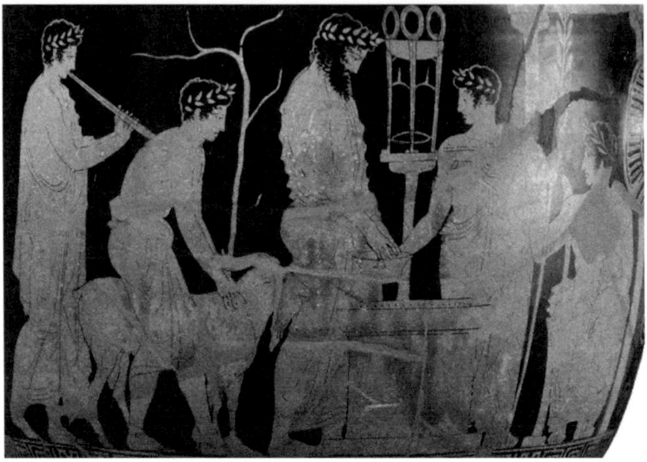

Abb. 5: O22 att.-rf. Glockenkrater, Agrigent, Museo Archeologico Regionale 4688

Kopf. In der rechten Hand hält sie senkrecht in Richtung Boden einen langen Zweig mit ebensolchen Blättern. Die Figur in der Mitte der Bildkomposition trägt einen Bart und hält die Hände in eine Schale, die die Figur rechts des Altars reicht. Im Hintergrund sind ein Dreifuß sowie ein blätterloser Baum dargestellt.

Die Darstellung eines rotfigurigen Glockenkraters O23 des Hephaistos-Malers aus Nola zeigt stehend hintereinander von links nach rechts vier Figuren vor einem Altar, die jeweils einen Kranz aus großen, an der Spitze abgerundeten Blättern auf dem Kopf tragen. Drei der Figuren sind mit einem Himation bekleidet, zwei sind bärtig. Sie tragen Bratspieß und Doppelaulos. Direkt vor dem Altar ist eine weitere unbekleidete, halbhohe Figur dargestellt, die dem Opfernden eine Schale reicht. Auch diese Figur trägt einen Kranz, jedoch aus kleinen, rundlichen Blättern. Am rechten Bildfeldrand ist neben dem Altar eine kleine, mit großen, an der Spitze abgerundeten Blättern bekränzte Apollon-Statue[171], die zusätzlich mit Zweigen geschmückt ist, auf einer Säule zu sehen.

Die Fragmente eines rotfigurigen Glockenkraters O24 des Niobiden-Malers aus Samaria zeigt links eines Altars zwei bärtige, mit Himatien bekleidete Figuren sowie ein Schaf. Ihnen gegenüber hält eine bartlose, ebenfalls mit Himation bekleidete Figur eine Schale sowie einen Opferkorb mit Zweigen aus an der Spitze leicht abgerundeten Blättern über einen Altar. An der rechten Seite ist, wie auch auf dem

171 Vgl. CVA Frankfurt am Main (2) 30 (K. Deppert); Gebauer 2002, 383.

Bildfeld O22, eine sitzende Figur dem Geschehen zugewandt. Diese hält einen langen Zweig mit mittelgroßen, leicht abgerundeten Blättern sowie einen Bogen und einen Köcher.[172] Alle Figuren tragen einen Kranz aus mittelgroßen, leicht spitz zulaufenden Blättern auf dem Kopf.

Das Bildfeld eines rotfigurigen Skyphos O25 des Euaion-Malers zeigt ähnlich zu O16 einen Bärtigen im Profil, der eine Schale über einen Altar hält. Ihm gegenüber steht eine bartlose Figur mit einem Bratspieß. Beide tragen Himatien und Kränze aus mittelgroßen, leicht spitz zulaufenden Blättern auf dem Kopf.

Das Bildfeld einer weißgrundigen Lekythos O26 zeigt ein von der Darstellung O11 bereits bekanntes Bildschema: eine bärtige Figur im Himation, die eine Schale mit der rechten Hand über ein Altarfeuer hält. Ihr linker Arm ist auf einen Stab gestützt, in der Hand hält sie einen Zweig aus kleinen Blättern. Auf dem Kopf trägt sie einen Kranz aus mittelgroßen, leicht spitz zulaufenden Blättern.

450–400 v. Chr.

Das Bildfeld einer rotfigurigen Amphora O27 panathenäischer Form des Kleophon-Malers aus Nola zeigt eine Bildkomposition, wie sie ähnlich bereits von O16 und O25, bekannt ist: Ein Bärtiger in einem verzierten Gewand mit einem Kantharos und kleinen, runden Gegenständen in den Händen[173] sowie eine bartlose Figur mit Opferkorb und Oinochoe flankieren einen Altar. Beide Figuren tragen einen Kranz aus mittelgroßen, leicht spitz zulaufenden Blättern.

Auf den Bildfeldern zweier rotfiguriger Peliken O28 und O29 des Akademie-Malers sind ebenfalls jeweils ein mit Himation bekleideter Bärtiger mit Schale sowie eine bartlose Figur (unbekleidet auf O28, mit Himation auf O29) mit Bratspieß zu sehen. Mittig ist jeweils ein Altar und im Hintergrund ein Busch mit großen, an der Spitze abgerundeten Blättern an den Zweigen dargestellt. Die Figuren auf dem Bildfeld O28 tragen Kränze mit großen, abgerundeten Blättern, auf dem Bildfeld O29 hingegen Kränze mit mittelgroßen, leicht spitz zulaufenden Blättern auf den Köpfen.

Die Darstellung auf dem Halsbildfeld eines rotfigurigen Volutenkraters O30 des Kadmos-Malers aus Ruvo zeigt ein Opfer mit insgesamt sieben teilweise bärtigen, teilweise unbekleideten oder aber mit Himatien bekleideten Figuren mit Bratspießen an einem Altar. Sie tragen jeweils einen Kranz aus mittelgroßen, leicht spitz zulaufenden Blättern. Zusätzlich ist ein ebensolcher Kranz im Hintergrund über dem Altar zu sehen. Am linken Bildfeldrand ist eine Herme dargestellt. Die davor stehende Figur hält einen Doppelaulos.

---

172 Vgl. Gebauer 2002, 214.

173 Vgl. Gebauer 2002, 395.

Auf der Darstellung eines rotfigurigen Kelchkraters O31 des Kleophon-Malers ist ein Opfer mit vier Bärtigen in Himatien vor einem Altar zu sehen. Mit Ausnahme des Bärtigen direkt an einem Altar, der ein nicht bestimmbares Objekt[174] in den Händen hält, stützen sich die Figuren jeweils auf einen Stab. Ihnen gegenüber stehen zwei bartlose, nicht bekleidete Figuren mit einem Bratspieß und einem Opferkorb, der mit Zweigen aus mittelgroßen, leicht spitz zulaufenden Blättern geschmückt ist. Die vordere der beiden Figuren ist wie auf Bildfeld O23 deutlich kleiner dargestellt. Alle Figuren tragen eine schmale Binde im Haar.

Das Bildfeld eines rotfigurigen Kelchkraters O32 zeigt drei bartlose, unbekleidete beziehungsweise lediglich mit einem Himation bekleidete Figuren mit Bratspießen an einem Altar sowie zwei ebenfalls bartlose in den Hintergrund versetzte Figuren. Zusätzlich sind in dieser Darstellung zwei Dreifüße (mittig oben) und eine Lekythos (unten rechts) im Hintergrund zu erkennen. Alle Figuren tragen einen Kranz aus mittelgroßen, leicht spitz zulaufenden Blättern auf dem Kopf. Die Figur am rechten Bildfeldrand hält eine Leier sowie einen Zweig mit großen, an der Spitze abgerundeten Blättern in der Hand. Zusätzlich sind am rechten Bildfeldrand Teile einer Figur mit einem Doppelaulos in der Hand zu sehen.

Vier rotfigurige Glockenkratere O33 bis O36 des Pothos-Malers sowie fünf weitere rotfigurige Glockenkratere O37 bis O41 verschiedener Malerwerkstätten zeigen ähnliche Figurenkonstellationen: Mindestens drei unbekleidete oder mit einem Himation bekleidete Opferteilnehmer flankieren einen Altar und tragen verschiedene Opfergeräte wie Schalen, Bratspieße und Körbe. Auf den Darstellungen der Gefäße O38, O39 und O41 führen die Opferteilnehmer jeweils ein Tier (Schaf oder Stier) mit. Zwei Bildfelder zeigen zusätzlich einen Zweig (O35. O37) und beziehungsweise oder einen Baum (O35) mit großen, an der Spitze abgerundeten Blättern. Mit Ausnahme der Nike und der Figur am linken Bildfeldrand von O41, die jeweils eine Binde um den Kopf tragen, sind alle Figuren mit Kränzen aus mittelgroßen, leicht spitz zulaufenden Blättern dargestellt.

Auf einem weiteren rotfigurigen Glockenkrater O42 des Chrysis- beziehungsweise Dinos-Malers aus Capua sind zwei Bäume mit ebensolchen großen, an der Spitze abgerundeten Blättern im Hintergrund zu sehen. Die ähnlich zu O32 aufgebaute Bildkomposition zeigt fünf Figuren ohne Bart sowie einen Bärtigen. Sie tragen jeweils ein Himation sowie einen Kranz mit mittelgroßen, leicht spitz zulaufenden Blättern auf dem Kopf. Mittig ist ein niedriger Steinaltar zu sehen, links des Altars führt einer der Figuren ein Opfertier[175], rechts hält eine Figur einen Opferkorb sowie eine Opferschale in den Händen.

---

174 Van Straten (1995, 142) sieht ein Stück Fleisch, vgl. ebenso die Diskussion bei Gebauer 2002, 394.

175 Gebauer (2002, 222) interpretiert ein Schaf oder einen Widder.

Das Fragment eines rotfigurigen Choenkännchens O43 des Kleophon-Malers sowie eine rotfigurige Choenkanne O44 des Kraipale-Malers aus Vulci zeigen – wie schon die Objekte O27 bis O29 – einen mit Himation bekleideten Bärtigen (O43) beziehungsweise eine Figur im Himation ohne Bart (O44), jeweils mit einer Schale in der Hand, sowie jeweils eine bartlose, unbekleidete Figur mit Bratspieß an einem Altar. Am linken Bildfeldrand von O44 ist eine weitere bartlose Figur im Himation auf einen Stab gestützt zu sehen. Alle Figuren tragen einen Kranz aus mittelgroßen, leicht spitz zulaufenden Blättern.

425–375 v. Chr.

Die Bildfelder zweier rotfiguriger Glockenkratere O45 (Abb. 6) und O46 des Nikias-Malers zeigen ähnliche Bildkompositionen wie sie von den Gefäßen O37 bis O41 bereits bekannt sind: Dargestellt sind bartlose, mit Himatien bekleidete Figuren mit Bratspießen und Opferschale (O45) beziehungsweise Opferkorb (O46) an einem Altar. Das Bildfeld O45 zeigt die Figuren mit Kränzen auf den Köpfen, die aus großen, an der Spitze abgerundeten Blättern, zwischen denen kleine, runde Früchte zu erkennen sind, bestehen. Die Figuren auf dem Gefäß O46 hingegen tragen Kränze aus mittelgroßen, leicht spitz zulaufenden Blättern. Auf dem Bildfeld O45 ist zusätzlich im Hintergrund ein Baum mit gleicher Belaubung wie die Kränze der Figuren zu sehen.

Eine weitere Darstellung des Nikias-Malers auf einem rotfigurigen Glockenkrater O47 aus Athen zeigt drei bartlose Figuren, teilweise mit Himation bekleidet, an einem Altar. Die beiden Figuren links des Altars tragen eine Binde über einen Kranz aus herzförmigen Blättern. Die Figur rechts trägt einen solchen Kranz hingegen ohne Binde. Am rechten Bildfeldrand ist eine Herme im Profil nach links in einem kleinen *naiskos* dargestellt.

Auch ein weiterer rotfiguriger Glockenkrater O48 des Nikias-Malers[176] aus Rudiae zeigt einen Altar, der von zwei, mit Himatien und verzierten Gewändern bekleideten Figuren flankiert wird. Sie tragen eine Schale beziehungsweise einen Opferkorb in ihren Händen sowie Kränze aus mittelgroßen, leicht spitz zulaufenden Blättern mit einer Binde darüber im Haar. Eine ebenso bekränzte, jedoch unbekleidete Figur ist am linken Bildfeldrand mit einem Bratspieß in der Hand dargestellt. Am rechten Bildfeldrand ist links neben einer dorischen Säule eine Figur mit einem

---

176 Beazley (ARV² 1334, 13; Beazley, Para. 480, 13) ordnet das Gefäß einer attischen Werkstatt zu – P. Romanelli (vgl. CVA Lecce [2] 7) hingegen führt das Gefäß unter „apulischer Stil“ auf. Gebauer (2002, B61) geht ebenfalls von einem attischen Fabrikat aus, sodass – der aktuellen Forschungsmeinung folgend – das Gefäß in der vorliegenden Arbeit als attisch deklariert wird.

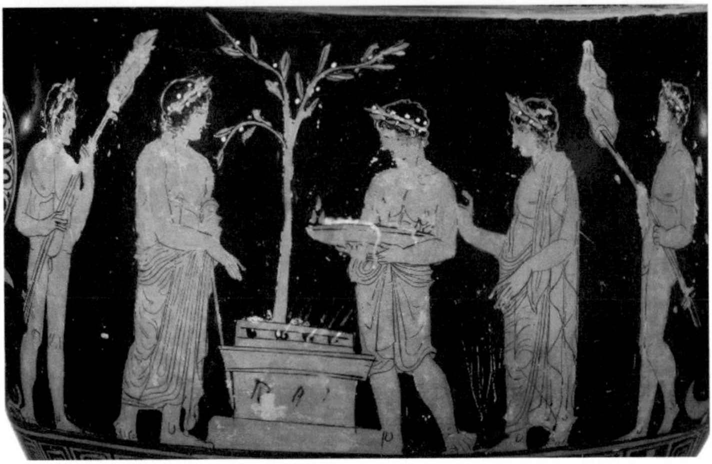

Abb. 6: O45 att.-rf. Glockenkrater, New York, The Metropolitan Museum of Art 41.162.4

Doppelaulos im Profil zu erkennen, ebenfalls mit einer Binde und einem Kranz aus mittelgroßen, leicht spitz zulaufenden Blättern im Haar. Links daneben ist ein weiterer unbekleideter Bratspießträger mit einem Kranz aus ebensolchen Blättern zu sehen – eine zusätzliche Binde ist nicht dargestellt. Hinter dem Altar ragt ein Baum ebenfalls mit mittelgroßen, leicht spitz zulaufenden Blättern hervor. Oben rechts im Hintergrund ist zusätzlich ein Kranz mit gleicher Blattart wiedergegeben.

Ein rotfiguriger Glockenkrater O49 aus Limenas zeigt wiederum fünf bartlose Figuren in Himatien mit Kränzen aus mittelgroßen, leicht spitz zulaufenden Blättern an einem Altar. Im Hintergrund ist ein Baum mit großen, muschelförmigen Blättern zu erkennen. Die Figur rechts des Altars hält eine Schale sowie einen Opferkorb in den Händen. Am linken Bildfeldrand ist eine Figur mit einem Doppelaulos zu erkennen. Die rechts anschließende Figur ist kleiner als die übrigen Figuren und trägt ein Tier[177] auf dem Arm. Die Figur am rechten Bildfeldrand lehnt an einen Zweig mit großen, an der Spitze abgerundeten Blättern.

Das Bildfeld eines verschollenen rotfigurigen Glockenkraters O50 zeigt vier Figuren mit Bratspieß, Opferkorb und Schale an einem Altar sowie Binden, mit vermutlich mittelgroßen, leicht spitz zulaufenden eingesteckten Blättern. Die Figuren tragen – mit Ausnahme der unbekleideten Figur am linken Bildfeldrand – jeweils

177 Berger (1998, 15) sieht einen Ziegenbock. Gebauer (2002, 224) legt sich aufgrund der weniger gut erhaltenen Darstellung nicht fest.

ein Himation. Die Figur links des Altars ist bärtig. Die Figur am rechten Bildfeldrand sitzt auf einem großen, aufgrund der Umzeichnung nicht näher zu bestimmenden Objekt.

Die Darstellung eines rotfigurigen Glockenkraters O51 der Gruppe von Wien 1025 aus Alcácer do Sal zeigt drei bartlose, teilweise mit Himatien und verzierten Gewändern bekleidete Figuren mit Bratspießen an einem Altar sowie an beiden Bildfeldrändern jeweils eine leicht in den Hintergrund versetzte Figur. Alle Opferteilnehmer tragen Kränze aus großen, an der Spitze abgerundeten Blättern auf dem Kopf. Im Hintergrund sind ein Baum mit ebensolchen Blättern sowie ein Tierschädel[178] dargestellt.

400–300 v. Chr.

Die Darstellung eines rotfigurigen Kelchkraters O52 zeigt vier Figuren an einem Altar mit Kränzen aus mittelgroßen, leicht spitz zulaufenden Blättern, über die jeweils eine Binde gelegt ist, auf den Köpfen. Die beiden Figuren, die den Altar flankieren, sind bärtig und tragen Himatien. Die Figur am linken Bildfeldrand ist unbekleidet und kleiner als die übrigen. Sie trägt einen Opferkorb in den Händen. Die hockende Figur am rechten Bildfeldrand trägt ein Himation und führt ein Schwein[179] als Opfertier. Im Hintergrund sind eine Stele auf einer Säule, Tierschädel und Teile weiterer Figuren zu sehen,[180] die ähnlich zu O32 und O42 in den Hintergrund versetzt sind.

2.3 Wettkampf

2.3.1 Fackellauf

475–425 v. Chr.

Das Bildfeld eines rotfigurigen Glockenkraters F1 der Polygnot-Gruppe aus Gela zeigt zwei unbekleidete, männliche Figuren in weitem Ausfallschritt nach rechts. Beide tragen vor ihren Körpern eine Fackel in ihrer linken Hand sowie eine Binde mit eingesteckten, spitz zulaufenden Objekten auf ihren Köpfen. Am rechten Bildfeldrand

---

178 Gebauer (2002, 425) beschreibt ein *boukranion*.

179 Vgl. Gebauer 2002, 226.

180 Vgl. ebenso Gebauer 2002, 226 f.

steht eine bekleidete Figur mit einem Kranz aus mittelgroßen, leicht spitz zulaufenden Blättern im Haar an einem Altar, vor dem eine Hydria steht. Rechts hinter dem Altar ist ein Zweig mit größeren, an der Spitze abgerundeten Blättern zu sehen.

Im Innenbildfeld einer rotfigurigen Schale *F2* aus Orvieto ist ebenfalls eine unbekleidete, männliche Figur mit einer Fackel in ihrer linken Hand dargestellt. Die Füße setzen geschlossen auf, die Knie sind leicht gebeugt, der linke Arm ist nach vorne Richtung Boden gestreckt. Weder ein Kranz noch eine Binde sind zu erkennen.[181] Am linken Bildfeldrand ist ein Pfeiler auf einer Basis zu sehen.

Die Darstellung einer rotfigurigen Schale *F3* des Niobiden-Malers zeigt eine unbekleidete, männliche Figur in weitem Ausfallschritt nach links. Sie trägt eine Fackel in ihrer rechten, nach vorne gestreckten Hand. Um den Kopf trägt sie eine Binde mit eingesteckten, länglichen Objekten. Getrennt durch ein Ornament ist links eine weitere Figur, ebenfalls in weitem Ausfallschritt nach links, zu sehen. Ihr Kopf ist nach hinten über die linke Schulter gedreht, der Blick geht in Richtung der Fackel tragenden Figur. Ihre rechte Hand ist nach vorne, die linke nach hinten gestreckt. Auf dem Kopf trägt auch diese Figur eine Binde mit eingesteckten, länglichen Objekten.

Das Bildfeld eines rotfigurigen Choenkännchens *F4* des Bowdoin-Malers zeigt eine unbekleidete, männliche Figur in weitem Ausfallschritt nach rechts. In der linken Hand trägt sie eine Fackel vor dem Körper, ihr rechter Arm zeigt in entgegengesetzte Richtung nach hinten. Weder ein Kranz noch eine Binde sind auf dem Kopf zu erkennen.

450–400 v. Chr.

Das Bildfeld einer rotfigurigen Pelike *F5* des Kraipale-Malers aus Nola zeigt zwei unbekleidete, männliche Figuren, die eine Säule flankieren. Die rechte Figur trägt eine Fackel in ihrer rechten Hand und einen Kranz mit kleinen, rundlichen Blättern auf dem Kopf. Die linke Figur erhebt ihr linkes, angewinkeltes Bein und stützt sich mit dem linken Ellbogen auf diesem ab. Ihre rechte Hand zeigt in Richtung der ihr gegenüberstehenden Figur. Ein Kranz oder eine Binde ist nicht zu erkennen.

Die Darstellung eines rotfigurigen Volutenkraters *F6* des Polion aus Spina zeigt einen ähnlichen Bildfeldaufbau wie *F1*, jedoch mit deutlich mehr Figuren: Hintereinander sind elf unbekleidete, männliche Figuren im Ausfallschritt nach rechts dargestellt. Jede zweite Figur trägt eine Fackel in der Hand. Alle tragen eine Binde, in die große, an der Spitze abgerundete Blätter, bei denen die Mittelrippe zu sehen ist, gesteckt sind. Am rechten Bildfeldrand ist ein Bärtiger in einem ornamentverzierten Gewand und einem Kranz aus mittelgroßen, leicht spitz zulaufenden Blättern im Haar vor einem Altar zu sehen. Der Bärtige ist den Fackelläufern zugewandt.

---

181 Pfisterer-Haas (vgl. CVA Leipzig [3] 124) beschreibt einen „roten Zackenkranz".

Die Fragmente eines rotfigurigen Glockenkraters *F7* zeigen ähnlich zu *F5* eine unbekleidete, männliche Figur mit einer Fackel in der linken Hand an einer Säule, auf der ein Himation abgelegt ist. Um den Kopf trägt die Figur eine Binde mit eingesteckten, spitzen Objekten. Am linken Bildfeldrand ist eine weitere unbekleidete, männliche Figur mit Binde, aus der spitze Objekte ragen, zu sehen. Rechts der Säule ist ein Unterkörper im Himation einer weiteren Figur zu erkennen sowie ihr rechter Arm, der in Richtung Säule ausgestreckt ist.

Eine rotfigurige Schale *F8* des Fauvel-Malers aus Spina zeigt auf den beiden Außenbildern insgesamt acht unbekleidete, männliche Figuren mit Binden, aus denen spitz zulaufende Objekte ragen, um den Kopf. Fünf der Figuren halten eine Fackel in der Hand, zwei eine *stlengis*. Eine Figur sitzt mit angezogenem Bein auf einem nicht zu identifizierenden Gegenstand.

Die beiden rotfigurigen Choenkännchen *F9* und *F10* zeigen jeweils zwei unbekleidete, männliche Figuren hintereinander in weitem Ausfallschritt nach rechts. Die Figuren auf der rechten Bildfeldseite blicken über ihre rechte Schulter nach hinten und nehmen jeweils eine Fackel entgegen, die die beiden anderen Figuren mit ihrem jeweils linken Arm nach vorne reichen. Auf *F9* tragen beide Figuren eine breite Binde im Haar. Bei *F10* ist lediglich der Kopf der rechten Figur erhalten, auf dem eine Binde mit eingesteckten, mittelgroßen, leicht spitz zulaufenden Objekten zu erkennen ist. Ein weiteres rotfiguriges Choenkännchen *F11* zeigt hingegen ähnlich zu *F4* nur einen Fackelläufer: Dieser trägt ein Gewand am Körper und eine schmale Binde um den Kopf, eingesteckte Objekte sind nicht zu erkennen. Am linken Bildfeldrand ist ein Gefäß, am rechten ein Ball dargestellt.[182]

425–375 v. Chr.

Die Darstellung einer rotfigurigen Pelike *F12* des Malers von Louvre G 539 zeigt hintereinander zwei unbekleidete, männliche Figuren in weitem Ausfallschritt nach rechts, mit jeweils einer Fackel in der linken Hand. Rechts ist eine weitere unbekleidete, männliche Figur im Ausfallschritt nach rechts zu sehen. Ihr Blick geht nach hinten über die rechte Schulter in Richtung der anderen beiden Figuren. Alle Figuren tragen eine Binde mit eingesteckten, großen, spitz zulaufenden Objekten.

Auf den Bildfeldern zweier rotfiguriger Peliken *F13* und *F14* sind vergleichbare Szenen zu sehen, wie sie schon von den Choenkännchen *F9* und *F10* bekannt sind: Dargestellt sind zwei unbekleidete, männliche Figuren in großem Ausfallschritt nach rechts. Die Köpfe der Figuren auf den jeweiligen rechten Bildfeldseiten sind über ihre rechten Schultern zu den ihnen folgenden Figuren gewandt. Die Arme

---

182 Das Gefäß scheint bekränzt zu sein, vgl. – ebenso für den Ball – CVA München (2) 23 (R. Lullies); van Hoorn 1951, 153.

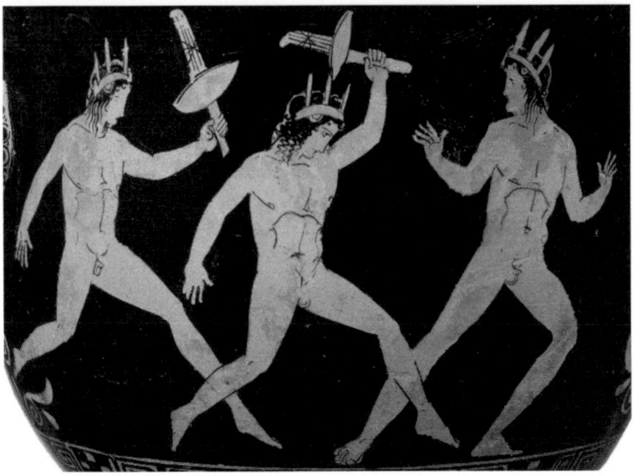

Abb. 7: *F17* att.-rf. Glockenkrater, New York, The Metropolitan Museum of Art 56.171.49

sind nach vorne und hinten ausgestreckt. Die Figuren auf den jeweiligen linken Bildfeldseiten halten in ihren rechten nach vorne gestreckten Händen jeweils eine Fackel. Auf keinem der beiden Gefäße sind Kränze oder Binden auf den Köpfen der Figuren zu erkennen.

Die Darstellung einer rotfigurigen Oinochoe *F15* der Fat-Boy-Gruppe zeigt ebenfalls eine ähnliche Szene. Auf diesem Gefäß schließt – im Gegensatz zu den vorherigen Beispielen – an der rechten Seite eine weitere unbekleidete, männliche Figur mit einer Fackel in der linken Hand in weitem Ausfallschritt nach rechts an. Keine der Figuren tragen Kränze oder Binden auf den Köpfen.

Das Bildfeld eines rotfigurigen Glockenkraters *F16* zeigt zwei Fackel tragende, unbekleidete, männliche Figuren in weitem Ausfallschritt nach rechts. Auf den Köpfen sind weder ein Kranz noch eine Binde zu erkennen. Im Gegensatz zur bereits bekannten Bildkomposition von *F3*, *F6*, *F9*, *F10* und *F13* bis *F15* sind auf *F16* die beiden Fackelläufer nicht einander zugewandt. Ebenso sind zwei Fackel tragende, unbekleidete, männliche Figuren in weitem Ausfallschritt nach rechts auf einem weiteren rotfigurigen Glockenkrater *F17* (Abb. 7) des Kekrops-Malers aus Spina zu sehen. Rechts schließt wie auf Bildfeld *F12* eine dritte unbekleidete, männliche Figur ohne Fackel an. Ihr Kopf ist über die rechte Schulter nach hinten in Richtung der beiden anderen Figuren gewandt. Alle Figuren tragen eine Binde mit eingesteckten, großen, spitz zulaufenden Objekten.

Die Darstellung auf einem rotfigurigen Glockenkrater *F18* des Nikias-Malers zeigt drei unbekleidete, männliche Figuren an einem Altar mit Binden im Haar, in die große, spitz zulaufende Objekte gesteckt sind. Die Figur am linken Bildfeldrand ist mit einem Ausfallschritt nach links, mit dem Rücken zu den weiteren Figuren gewandt, dargestellt. Die Figur am rechten Bildfeldrand schaut in Richtung des Altarfeuers, vor dem die dritte Figur mit einer brennenden Fackel steht. Diesem Fackelträger wird von einer schwebenden Nike[183] eine lange Binde an den Arm gebunden. Die Nike trägt eine Binde, die in Höhe der Stirn breiter wird und in die große, an der Spitze abgerundete Blätter gesteckt sind. Rechts des Altars steht eine weitere bärtige Figur im Himation mit einem Kranz aus großen, an der Spitze abgerundeten Blättern um den Kopf. Mit der rechten Hand stützt sich diese Figur auf einen Stab.

Das Bildfeld eines weiteren rotfigurigen Glockenkraters *F19* des Suessula-Malers zeigt eine ähnliche Szene: Eine unbekleidete, männliche Figur steht mit einer Fackel in der linken Hand vor einem Altar. Um den Kopf trägt die Figur eine Binde mit eingesteckten, großen, spitz zulaufenden Objekten. Ihr gegenüber ist eine Nike zu sehen. Gerahmt wird die Szene links von einer weiteren männlichen Figur im Himation auf einen Stab gestützt und mit einer Binde im Haar sowie rechts von einer unbekleideten, männlichen Figur mit einer Binde, in die große, spitz zulaufende Objekte eingesteckt sind, um den Kopf.

Ein rotfiguriger Skyphos *F20* zeigt beidseitig jeweils eine unbekleidete, männliche Figur mit einer Fackel in der linken Hand und einer Binde mit eingesteckten, großen, spitz zulaufenden Objekten im Haar. Auf der einen Gefäßseite steht der Figur Nike, auf der anderen Gefäßseite hingegen ein Bärtiger im Himation mit einem Stab sowie einem Kranz aus großen, an der Spitze abgerundeten Blättern auf dem Kopf, gegenüber. Im Hintergrund sind auf beiden Bildfeldern *diskoi* sowie ein Aryballos zu sehen.[184]

400–300 v. Chr.

Das Innenbildfeld einer rotfigurigen Schale *F21* zeigt ähnlich zur Darstellung *F2* eine einzelne unbekleidete, männliche Figur mit einer Fackel in der linken Hand. Auf diesem Gefäß ist die Figur in weitem Ausfallschritt nach rechts vor einem Altar dargestellt, statt der gebeugten Haltung vor einem Pfeiler. Kranz oder Binde sind nicht zu erkennen.

---

183 Gebauer (2002, 417) beschreibt einen Gewandbausch, der sich zu Flügeln formt.

184 Vgl. CVA Braunschweig (1) 34 (A. Greifenhagen).

2.3.2 Waffenlauf

525–475 v. Chr.

Die Darstellung einer rotfigurigen Pelike *W1* zeigt in der Mitte links neben einer Säule in einem weiten Ausfallschritt nach links eine unbekleidete, männliche Figur mit Beinschienen – in der linken Hand hält diese einen Schild[185], in der rechten Hand einen Helm. Auf dem Boden liegen ein weiterer Schild sowie ein korinthischer[186] Helm. Auf der linken Seite ist ein Bärtiger im Himation mit einem blattlosen Zweig in der rechten Hand dargestellt. Die Figuren tragen weder Kranz noch Binde.

Das Bildfeld einer rotfigurigen Schale *W2* (Abb. 8) des Epeleios- beziehungsweise Euergides-Malers aus Vulci zeigt mittig eine nach vorne gebeugte, unbekleidete, männliche Figur. Zwischen den herabhängenden Armen hält sie einen Schild. Auf dem Kopf trägt sie einen Kranz aus herzförmigen Blättern. Gerahmt wird die Figur auf der linken Seite von einer unbekleideten, männlichen Figur, die einen Helm auf dem Kopf trägt sowie einen weiteren Helm mit ausgestreckter rechter Hand nach vorne hält. Weiterhin befindet sich ein Schild im linken Arm. Die Figur im Himation auf der rechten Seite streckt einen Helm mit der rechten Hand in Richtung der mittleren Figur und hält ebenfalls einen Schild in ihrem linken Arm. Auf dem Kopf trägt diese Figur einen Kranz mit kleinen, rundlichen Blättern.

Das Innenbildfeld einer weiteren rotfigurigen Schale *W3* des Skythes, ebenfalls aus Vulci, zeigt eine unbekleidete, männliche Figur mit angelegten Beinschienen und einem Schild[187] in der linken sowie einem Helm in der vorgestreckten rechten Hand. Auf dem Kopf trägt diese Figur einen Kranz aus kleinen, rundlichen Blättern. Eine rotfigurige Schale *W4* des Poseidon-Malers aus Vulci zeigt auf der Außenseite fünf unbekleidete, männliche Figuren von links nach rechts alternierend im Lauf oder mit einem Schild leicht hockend in Richtung des jeweiligen Läufers gewandt. Bis auf die mittlere Figur mit einer Binde im Haar tragen alle einen Helm auf dem Kopf.

Die Darstellung einer rotfigurigen Schale *W5* des Pistoxenos-Malers aus Vari zeigt mittig eine männliche Figur mit einem den Oberkörper verdeckenden Schild[188] in der linken sowie einem Helm in der rechten Hand. Der mit einer Binde umwickelte Kopf ist über die linke Schulter nach hinten gewandt. Rechts schließt – getrennt durch ein Objekt, das durch eine große Fehlstelle nicht näher zu

---

185 Das Schildzeichen ist möglicherweise als Hundekopf zu beschreiben, vgl. CVA Wien (2) 18 (F. Eichler).

186 Vgl. CVA Wien (2) 18 (F. Eichler).

187 Ein Fuchs mit Trauben wird als Schildzeichen vorgeschlagen, vgl. CVA Cambridge (1) 29 (W. Lamb).

188 Möglicherweise sind Lupinenblätter als Schildzeichen zu benennen, vgl. CVA Baltimore, The Robinson Collection (2) 19 (D. M. Robinson).

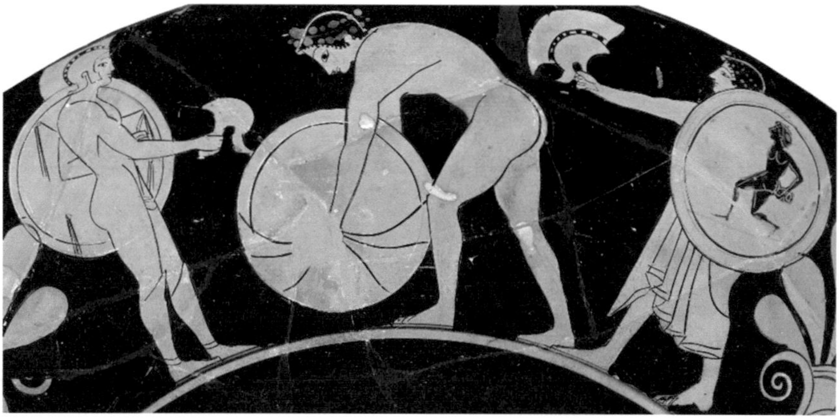

Abb. 8: *W2* att.-rf. Schale, London, British Museum 1837.0609.74

definieren ist – eine weitere männliche Figur an, mit einem Schild[189] vor dem Oberkörper, einem Helm auf dem Kopf sowie angelegten Beinschienen. Ihr rechter Arm ist nach vorne gestreckt. Am linken Bildfeldrand ist eine weitere Figur im Himation dargestellt, auch ihr Kopf ist über die linke Schulter nach hinten gewandt. Ein Kranz oder eine Binde sind nicht zu erkennen.

500–450 v. Chr.

Das Bildfeld einer rotfigurigen Schale *W6* des Triptolemos-Malers zeigt von rechts nach links eine unbekleidete, männliche Figur neben einer Säule mit einem Schild in der linken und einem Helm in der rechten Hand. In der Mitte ist eine männliche Figur, mit einem Himation bekleidet und einem blattlosen Zweig in der rechten Hand, zu sehen. Links ist eine weitere unbekleidete Figur leicht nach vorne gebeugt dargestellt. Auf dem Boden liegen ein Schild und ein Helm. Keine der Figuren ist mit einem Kranz oder einer Binde auf dem Kopf dargestellt.

Die Darstellung einer rotfigurigen Schale *W7* des Dokimasia-Malers aus Vulci zeigt mittig eine unbekleidete, männliche Figur in weitem Ausfallschritt nach links mit einem Schild[190] in der linken und einem Helm in der rechten Hand sowie ange-

189 Ein Wagenkasten als Schildzeichen wird bei dieser Figur beschrieben, vgl. CVA Baltimore, The Robinson Collection (2) 19 (D. M. Robinson).

190 J. Swaddling (1999, 59) beschreibt das Schildzeichen mit „may be some kind of plant". Auf *W5* und *W6* sind ähnliche Zeichen dargestellt.

legten Beinschienen und einer Binde im Haar. Rechts schließt eine weitere unbekleidete, männliche Figur mit angelegten Beinschienen sowie einem Helm auf dem Kopf in weitem Ausfallschritt nach links an. Im Hintergrund ist am rechten Bildfeldrand eine Säule, an die ein weiterer Schild gelehnt ist, zu sehen. Am linken Bildfeldrand steht den anderen beiden Figuren zugewandt eine Figur im Himation mit der rechten Hand auf einen Stab gestützt. Kranz oder Binde sind nicht zu erkennen.

475–425 v. Chr.

Die Darstellung eines rotfigurigen Kolonettenkraters *W8* des Eupolis- beziehungsweise des Villa Giulia-Malers aus Bologna zeigt eine Figur in weitem Ausfallschritt nach links vor einer Säule. Sie hält einen großen Schild[191] mit der linken Hand seitlich vor ihrem Körper, der rechte Arm ist nach vorne gestreckt. Um den Kopf trägt die Figur eine Binde.

400–300 v. Chr.

Das Bildfeld einer Panathenäischen Amphora *W9* aus Athen zeigt nebeneinander zwei unbekleidete, männliche Figuren, die jeweils einen Schild mit ihrem linken Arm halten. Am rechten Bildfeldrand ist eine weitere Figur zu sehen. Weder ein Kranz noch eine Binde sind auf den Köpfen der Figuren zu erkennen.

2.3.3 Musischer Agon

550–500 v. Chr.

Die Darstellung einer rotfigurigen Amphora M1 des Andokides-Malers aus Vulci zeigt mittig eine bartlose Figur in einem verzierten Gewand[192]. Sie trägt eine Kithara im Arm und ist im Profil nach rechts auf einem *bema* zu sehen. Auf dem Kopf ist ein Kranz aus mittelgroßen, leicht spitz zulaufenden Blättern zu erkennen. Zwei weitere Figuren in Himatien, die sich jeweils auf einen Stab stützen, flankieren das *bema*. Die rechte Figur hält eine Blüte mit ihrer rechten Hand unter ihre Nase und trägt einen Kranz aus herzförmigen Blättern auf dem Kopf. Die linke Figur hat ihren Kopf mit ihrem Manteltuch umhüllt, sodass weder ein Kranz noch eine Binde zu erkennen sind.

Das Bildfeld einer schwarzfigurigen Halsamphora *M2* der Leagros-Gruppe zeigt eine ähnliche Darstellung: Mittig ist eine bärtige Figur im Profil mit einem

---

191 Ein unbekleideter Läufer ziert diesen Schild, vgl. CVA Bologna (1) 20 (L. Laurinsich).

192 M. Wegner (1970, 66) interpretiert einen Chiton.

weißen Gewand und einem Himation zu sehen. Ihr linker Fuß setzt auf einem *bema* auf, der rechte Fuß steht auf dem Boden. In ihren Armen trägt die Figur eine Kithara. Auf dem Kopf ist ein Kranz aus herzförmigen Blättern zu erkennen, in den zusätzlich Zweige mit kleinen, rundlichen Blättern gesteckt sind. Rechts des *bema* sitzt eine weitere bärtige Figur im Himation auf einem Stuhl mit einem Stab in der rechten Hand. Rechts anschließend befindet sich eine weitere bärtige, jedoch stehende Figur im Himation. Am linken Bildfeldrand ist ein vierter Bärtiger im Himation dargestellt, der sich mit der linken Hand auf einen Stab stützt. Diese Figuren tragen jeweils zu einem Kranz gesteckte Zweige mit kleinen, rundlichen Blättern auf dem Kopf.

Auf dem Bildfeld einer schwarzfigurigen Bauchamphora M3 des Malers von München 1410 aus Orvieto ist mittig eine stehende Figur in einem langen Gewand im Profil nach rechts zu sehen. Sie hält einen Doppelaulos mit beiden Händen vor ihrem Mund. Ein Kranz oder eine Binde sind nicht zu erkennen. Ihr gegenüber steht eine weitere Figur: Eine große Fehlstelle verdeckt fast den gesamten Körper. Füße und Gewandteile sowie ein Kopf – ebenfalls ohne Kranz oder Binde – sind jedoch zu erkennen. Am linken Bildfeldrand ist dem Geschehen zugewandt eine sitzende Figur mit einer Binde im Haar dargestellt. Am rechten Bildfeldrand sind ein Arm, ein Kopf mit einer Binde sowie ein Fuß einer weiteren Figur zu erkennen.

Das Bildfeld einer schwarzfigurigen Bauchamphora M4 aus Vulci – ebenfalls dem Maler von München 1410 zugeschrieben – zeigt mittig im Profil eine Figur mit einem Doppelaulos in den Händen und mit einem Himation bekleidet. Sie trägt einen Kranz aus kleinen, rundlichen Blättern auf dem Kopf. Am linken Bildfeldrand sind zwei weitere im Profil leicht hintereinander versetzte Figuren in Himatien dargestellt. Kranz oder Binde sind nicht zu erkennen, die hintere der beiden Figuren stützt sich auf einen Stab. Der Figur mit dem Doppelaulos gegenüber steht eine weitere Figur im Himation auf einen Stab gestützt, der Kopf ist aufgrund einer Fehlstelle nicht erhalten. Am rechten Bildfeldrand sind eine auf einem Hocker sitzende Figur sowie eine stehende Figur im Profil nach rechts, jeweils mit einem Himation bekleidet, dargestellt. Aufgrund der Fehlstelle ist auch ihr Kopf nicht erhalten. Die sitzende Figur trägt keinen Kranz oder Binde.

Das Fragment einer rotfigurigen Bauchamphora M5 des Andokides-Malers zeigt zwei Figuren leicht hintereinander versetzt auf einem *bema*. Beide tragen jeweils ein ornamentverziertes Himation. Die vordere Figur hält mit beiden Händen einen Doppelaulos vor ihrem Mund und trägt eine Binde im Haar. Die hintere Figur ist bärtig, aufgrund einer Fehlstelle ist ihre Stirn und ihr Haar nicht erhalten. Am rechten Bildfeldrand sitzt, den beiden Figuren in der Mitte zugewandt, eine weitere Figur auf einem Stuhl mit einem Stab in der Hand in einem ebenfalls ornamentverzierten Gewand. Am linken Bildfeldrand steht eine vierte Figur im Profil nach rechts auf einen

Stab gestützt, diese trägt wiederum ein ornamentverziertes Himation um die Hüften. Die Köpfe der beiden Figuren sind aufgrund von Fehlstellen nicht erhalten.

Eine Reihe Pseudo-Panathenäischer Amphoren *M6* bis *M10* verschiedener Maler zeigen ähnliche Darstellungen: In der Mitte sind ein (*M6*. *M10*) oder zwei (*M7–M9*) Figuren, mit Gewändern bekleidet, auf einem *bema* dargestellt. *M6* bis *M9* zeigen jeweils eine Figur mit einem Doppelaulos, *M7*, *M8* und *M9* zusätzlich eine weitere Figur ohne Instrument. Auf *M10* ist lediglich eine Figur ohne Doppelaulos dargestellt. Alle Darstellungen werden von jeweils zwei sitzenden oder stehenden Figuren in Himatien, oftmals mit Stäben in den Händen gerahmt. Die Figuren der Gefäße *M6* bis *M9* sind ohne Kranz dargestellt. Die Figuren auf *M6* tragen jeweils eine Binde, ebenso die Figur mit dem Doppelaulos auf *M8*. Die linke Figur auf *M8* trägt einen Zweig aus kleinen, runden Blättern in den Händen. Auf *M10* tragen die Figur auf dem *bema* sowie die Figur rechts davor Zweige aus kleinen, rundlichen Blättern zu einem Kranz gelegt auf dem Kopf. Die Figuren am rechten Bildfeldrand von *M6* und *M7* sind bärtig, ebenso die beiden, das *bema* flankierende Figuren von *M8* und *M9*. Auf *M10* hingegen tragen alle Figuren einen Bart.

Das Bildfeld eines rotfigurigen Kelchkraters *M11* des Euphronios aus Cerveteri zeigt eine männliche Figur mit einem Himation um die Hüften geschlungen. Ihr linker Fuß setzt auf ein *bema* auf, in der linken Hand hält sie einen Doppelaulos. Die Szene wird von drei sitzenden Figuren in Himatien mit Stäben in den Händen gerahmt. Alle Figuren tragen Kränze mit kleinen, rundlichen Blättern auf den Köpfen.

525–475 v. Chr.

Das Bildfeld einer schwarzfigurigen Halsamphora *M12* des Edinburgh-Malers aus Nola zeigt – wie bereits von *M5* bekannt – zwei bekleidete Figuren im Profil nach links auf einem *bema*, die vordere Figur hält mit beiden Händen einen Doppelaulos vor ihrem Mund. Eine weitere bärtige Figur im Himation mit einem Stab steht ihnen gegenüber. Auf den Köpfen sind Zweige aus kleinen, rundlichen Blättern und Binden zu sehen.

Die Darstellung einer schwarzfigurigen Pelike *M13* zeigt hintereinander im Profil zwei Figuren, mit Himatien bekleidet, auf einem *bema*. Die vordere Figur hält mit beiden Händen einen Doppelaulos vor ihrem Mund. Ihnen zugewandt sitzt eine weitere Figur im Himation auf einem Stuhl, mit einem Stab in ihrer rechten Hand. Alle drei Figuren sind bärtig und tragen Zweige als Kränze aus kleinen, rundlichen Blättern auf den Köpfen. Das Bildfeld einer weiteren schwarzfigurigen Pelike *M14* aus Bari zeigt eine ähnliche Figurenanordnung: Zwei Figuren in Himatien stehen hintereinander im Profil nach rechts auf einem *bema*. Die bärtige Figur rechts hält mit beiden Händen einen Doppelaulos. Die Figur links hat ihren Kopf in den Nacken gelegt, der Mund ist leicht geöffnet. Sie tragen keine Kränze oder Binden auf ihren Köpfen.

Die Bildkomposition einer schwarzfigurigen Kalpis *M15* des Acheloos-Malers aus Vulci ist mit *M6* vergleichbar: In der Mitte ist eine Figur mit einem Doppelaulos in einem weißen Gewand im Profil nach rechts auf einem *bema* dargestellt, gerahmt von zwei sitzenden Bärtigen in Himatien und mit jeweils einem Stab. Weder ein Kranz noch eine Binde sind zu erkennen.

Ganz ähnlich zeigt die Darstellung einer schwarzfigurigen Lekythos *M16* der Klasse von Athen 581 aus Vulci eine Figur mit einem Doppelaulos und einem langen Gewand im Profil nach rechts. Links sitzt eine weitere Figur im Himation auf einem Hocker, mit einem Stab in der rechten Hand. Gerahmt wird die Szene von zwei weiteren Figuren in Himatien, jeweils auf einen Stab gestützt. Die linke der beiden Figuren sowie die sitzende Figur tragen jeweils eine Binde im Haar. Alle Figuren sind bärtig.

500–450 v. Chr.

Das Bildfeld einer rotfigurigen Amphora *M17* des Pan-Malers zeigt – wie bei *M5* und *M12* – mittig nebeneinander leicht versetzt zwei bärtige Figuren auf einem *bema*. Sie tragen ornamentverzierte Gewänder und im Gegensatz zu *M5* und *M12* jeweils mit beiden Händen einen Doppelaulos vor ihrem Mund sowie eine *phorbeia*. Gerahmt werden diese auf *M17* von zwei weiteren Figuren in Himatien mit Stäben in den Händen. Weder ein Kranz noch eine Binde sind auf ihren Köpfen zu erkennen. Die Darstellung einer rotfigurigen Strickhenkelamphora *M18* des Kleophrades-Malers aus Vulci zeigt eine Figur auf einem *bema* in einem langen Gewand im Profil nach rechts mit einem Doppelaulos und einer *phorbeia*. Auf dem gegenüberliegenden Bildfeld ist eine bärtige Figur im Himation mit einem Stab ebenfalls auf einem *bema* zu sehen. Beide Figuren tragen einen Kranz aus kleinen, rundlichen Blättern auf dem Kopf.

Die Darstellung einer Panathenäischen Preisamphora *M19* der Robinson-Gruppe aus Tanais zeigt – ähnlich zu *M1* und *M2* – in der Mitte eine Figur im Profil nach rechts in einem langen Gewand auf einem *bema* mit einer Kithara in der Hand. Am linken Bildfeldrand ist eine weitere Figur im Himation mit einem Stab zu sehen. Eine sitzende Figur im Himation auf einem Stuhl am rechten Bildfeldrand vervollständigt die Szene. Die Figuren tragen Kränze aus großen, länglichen, an der Spitze abgerundeten Blättern auf ihren Köpfen.

475–425 v. Chr.

Die Darstellung einer rotfigurigen Pelike *M20* des Malers von Oxford 529 aus Kameiros zeigt – wie auf *M3*, *M4* und *M7* bis *M9* – eine Figur mit einem Doppelaulos und eine weitere Figur ohne Instrument einander gegenüberstehend auf einem *bema*. Beide tragen jeweils ein Himation sowie einen Kranz aus mittelgroßen, leicht spitz zulaufenden Blättern im Haar. Zwischen den beiden Figuren ist eine dorische

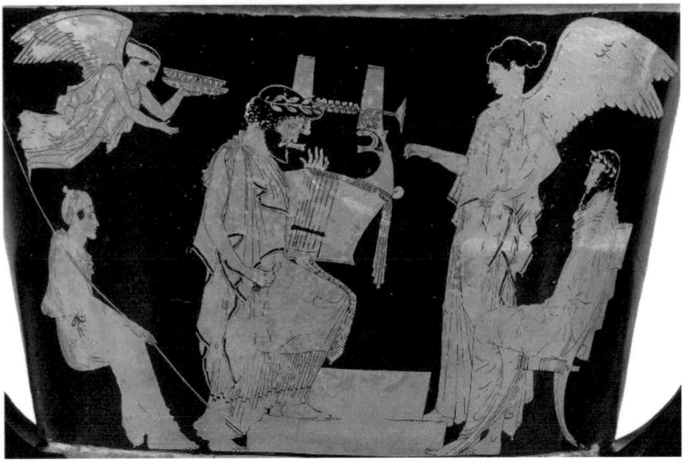

Abb. 9: *M24* att.-rf. Kelchkrater, London, British Museum 1772.0320.26

Säule zu erkennen. Am rechten Bildfeldrand steht ein Bärtiger mit Stab, der einen Kranz mit gleicher Blattart auf seinem Kopf trägt. Die Darstellung einer rotfigurigen Pelike *M21* zeigt eine einzelne bärtige Figur im Profil nach rechts in einem langen Gewand mit einer Kithara in der Hand. Ihr linker Fuß setzt auf einem *bema* auf, der rechte Fuß berührt den Boden. Auf dem Kopf trägt die Figur einen Kranz aus kleinen, rundlichen Blättern.

Die Darstellung auf einem rotfigurigen Stamnos *M22* der Polygnot-Gruppe zeigt wiederum mehrere Figuren: Mittig im Profil nach rechts steht eine männliche Figur ohne Bart im Himation auf einem *bema*. Im linken Arm hält sie eine Kithara, auf dem Kopf ist ein Kranz aus mittelgroßen, leicht spitz zulaufenden Blättern zu erkennen. Ihr gegenüber ist eine sitzende, mit Himation bekleidete, männliche Figur mit Bart im Profil nach links dargestellt. In der rechten Hand hält diese einen Stab, auf dem Kopf ist ebenfalls ein Kranz aus mittelgroßen, leicht spitz zulaufenden Blättern zu erkennen. Gerahmt wird die Szene von zwei schwebenden Siegesgöttinnen mit Binden in den vorgestreckten Händen.

Das Bildfeld eines rotfigurigen Kolonettenkraters *M23* des Orpheus-Malers aus Spina zeigt in der Mitte ähnlich zu *M13* und *M14* zwei Figuren hintereinander im Profil nach rechts in Himatien auf einem *bema*. Bei dieser Darstellung hält die hintere Figur mit beiden Händen einen Doppelaulos vor ihrem Mund. Der Mund der vorderen Figur ist hingegen leicht geöffnet. Beide Figuren tragen Binden um den Kopf. Am linken Bildfeldrand ist eine weitere Figur mit einem Stab sowie einer

Binde im Haar zu sehen. Von rechts schwebt Nike heran. Ihre rechte Hand ist über den Kopf der vorderen Figur auf dem *bema* erhoben.

Das Bildfeld eines rotfigurigen Kelchkraters *M24* (Abb. 9) der Polygnot-Gruppe aus Gela zeigt wiederum eine bärtige, mit Himation und Chiton bekleidete Figur mit einer Kithara im Profil nach rechts. Ihr linker Fuß setzt auf einem *bema* auf, der rechte Fuß berührt den Boden. Auf dem Kopf trägt die Figur einen Kranz aus großen, an der Spitze abgerundeten Blättern. Ihr gegenüber im Profil nach links schwebt Nike, ihr rechter Arm ist nach vorne gestreckt. Oben links ist eine weitere Nike mit einer Binde um den Kopf zu sehen. Sie hält eine Opferschale vor ihrem Körper. Gerahmt wird die Szene von zwei sitzenden Figuren in Himatien. Die rechte Figur trägt einen Kranz aus mittelgroßen, leicht spitz zulaufenden Blättern auf dem Kopf.

Die Darstellung eines rotfigurigen Glockenkraters *M25* des Phiale-Malers zeigt mittig ebenfalls eine Himation tragende Figur mit einer Kithara im Profil nach rechts gewandt mit einem Kranz aus mittelgroßen, leicht spitz zulaufenden Blättern im Haar. Ihr gegenüber ist Nike mit einer Binde um den Kopf im Profil nach links dargestellt. Auf der linken Bildfeldseite ist ein Bärtiger im Himation mit einem Stab in der rechten Hand zu sehen. Um den Kopf trägt dieser einen Kranz aus kleinen, rundlichen Blättern.

450–400 v. Chr.

Die Darstellung einer rotfigurigen Pelike *M26* des Kassel- beziehungsweise Klio-Malers aus Athen zeigt ähnlich zu *M13*, *M14* und *M23* hintereinander zwei Figuren im Profil nach rechts mit Himatien auf einem *bema*. Die hintere Figur hält mit beiden Händen einen Doppelaulos vor ihrem Mund und trägt eine *phorbeia* um den Kopf. Rechts der beiden Figuren steht ein Bärtiger mit einem Stab in der Hand im Himation. Alle drei Figuren tragen eine Binde um den Kopf. Am linken Bildfeldrand ist Nike[193] im Profil nach rechts zu sehen. Das Bildfeld einer rotfigurigen Pelike *M27* des Malers von Athen 1183 zeigt eine Figur mit einer Kithara auf einem *bema*. Diese trägt einen Chiton, darüber ein Himation sowie einen Kranz aus mittelgroßen, leicht spitz zulaufenden Blättern um den Kopf. Von links und rechts schweben zwei Siegesgöttinnen heran, die Binden und Gefäße mit sich führen. Sie tragen jeweils eine Binde mit eingesteckten Objekten um den Kopf. Im Hintergrund ist eine Lekythos auf einer Säule zu sehen.

Auf dem Bildfeld einer rotfigurigen Pelike *M28*, ebenfalls dem Maler von Athen 1183 zugeschrieben, ist eine ähnliche Szene dargestellt: Mittig sind zwei Figuren in langen Gewändern zu sehen. Sie halten jeweils mit beiden Händen einen Doppelaulos vor ihrem Mund und tragen eine *phorbeia*. Die rechte Figur steht auf einem *bema*, die

193 In der Hand hält sie ein Objekt, möglicherweise eine Schale, vgl. CVA Leiden (3) 23 (M. F. Vos).

linke Figur setzt ihren linken Fuß auf das Podest. Beide Figuren tragen jeweils einen Kranz mit mittelgroßen, leicht spitz zulaufenden Blättern auf dem Kopf. Gerahmt wird die Szene von zwei Siegesgöttinnen, wobei die rechte eine Binde, die in Höhe der Stirn breiter wird, mit eingesteckten Objekten trägt. Das Bildfeld einer rotfigurigen Pelike *M29* des Kassel- beziehungsweise Klio-Malers zeigt wiederum eine Figur mit einer Kithara auf einem *bema*. Diese trägt ein ornamentverziertes Gewand sowie eine Binde im Haar. Von links schwebt Nike heran. Rechts ist ein sitzender Bärtiger im Himation mit Stab dargestellt. Dieser trägt ebenfalls eine Binde im Haar.

Auch die Darstellungen zweier rotfiguriger Peliken *M30* des Meidias-Malers und *M31* zeigen in der Mitte jeweils eine Figur mit einer Kithara auf einem *bema* (*M30*) beziehungsweise ohne einem *bema* (*M31*). Gerahmt werden diese jeweils von zwei weiteren Figuren: Das Bildfeld auf *M30* zeigt rechts Nike auf einem Gefäß sitzend und mit einem Stab in der Hand. Links ist eine unbekleidete, männliche Figur, die einen Zweig aus großen, an der Spitze abgerundeten Blättern hält, zu sehen. Mit ihrem rechten Fuß stützt sie sich auf einem Gefäß ab. Die Darstellung von *M31* hingegen zeigt zwei bärtige, sitzende Figuren in ornamentverzierten Himatien mit Stäben unter ihren Armen. Die Figuren auf *M31* tragen jeweils eine Binde um den Kopf, auf *M30* tragen die Figuren – ausgenommen Nike – einen Kranz aus großen, an der Spitze abgerundeten Blättern.

Eine ähnliche Darstellung zeigt eine rotfigurige Oinochoe *M32* des Alexandre- beziehungsweise Schuwalow-Malers aus Narce: Mittig ist eine Figur mit einer Kithara im Profil nach rechts mit Himation und einem Kranz aus mittelgroßen, leicht spitz zulaufenden Blättern um den Kopf zu sehen. Ihr linker Fuß setzt auf einem *bema* auf, der rechte Fuß berührt den Boden. Gegenüber sitzt eine weitere Figur im Himation auf einem Gefäß, um den Kopf ist ein Kranz mit ebenfalls mittelgroßen, leicht spitz zulaufenden Blättern, über den eine Binde gelegt ist, zu sehen. Am linken Bildfeldrand ist im Profil nach rechts eine Figur in einem Peplos dargestellt. Diese hält zwei Opferschalen in ihren Händen und trägt ebenso einen Kranz aus mittelgroßen, leicht spitz zulaufenden Blättern.

Die Darstellung eines rotfigurigen Kolonettenkraters *M33* des Orestes-Malers zeigt hintereinander im Profil nach rechts – ähnlich zu *M13*, *M14*, *M23* und *M26* – zwei Figuren in Himatien auf einem *bema*. Die hintere Figur hält mit beiden Händen einen Doppelaulos vor ihrem Mund. Am linken Bildfeldrand steht eine weitere Figur im Himation mit einem Stab. Alle drei Figuren tragen einen Kranz aus mittelgroßen, leicht spitz zulaufenden Blättern. Am rechten Bildfeldrand ist Nike mit einer Binde um den Kopf und einem Zweig mit großen, abgerundeten Blättern in den Händen im Profil nach links dargestellt.

2.4 Siegerehrung

550–500 v. Chr.

Das Bildfeld einer rotfigurigen Amphora *S1* des Phintias aus Vulci zeigt nebeneinander drei unbekleidete, männliche Figuren sowie links eine bärtige, mit Himation bekleidete Figur mit einem Stab in der Hand. Die Figur am rechten Bildfeldrand ist ebenfalls bärtig. Sie trägt, ebenso wie die Figur links von ihr, einen Stab. Die zweite Figur von links trägt einen *diskos* mit den Händen über ihrer linken Schulter. Alle Figuren tragen Kränze auf den Köpfen: Die Kränze des bärtigen Unbekleideten sowie des Diskusträgers bestehen aus herzförmigen Blättern. Die Kränze der anderen beiden Figuren sind hingegen aus volutenartigen Zweigen gestaltet.

Die Darstellung einer schwarzfigurigen Halsamphora *S2* der Leagros-Gruppe beziehungsweise des Rote-Linie-Malers aus Orvieto zeigt mittig einen Boxkampf zweier Athleten. Links ist ein Bärtiger mit einem Stab zu erkennen. Aufgrund einer Fehlstelle ist sein Oberkörper nicht erhalten, sodass nicht nachvollzogen werden kann, ob dieser bekleidet ist. Weder ein Kranz noch eine Binde sind zu erkennen. Am rechten Bildfeldrand ist ein weiterer Bärtiger im Profil nach rechts dargestellt, der mit Binden an den Armen geschmückt ist und Früchte sowie Zweige mit kleinen, rundlichen Blättern in den Armen hält. Auf dem Kopf trägt er ebensolche zu einem Kranz gelegt.

Das Bildfeld einer Panathenäischen Preisamphora *S3* des Lysippides- beziehungsweise Mastos-Malers zeigt mittig einen unbekleideten Reiter auf einem Pferd mit Zweigen aus kleinen, rundlichen Blättern in den Händen. Neben diesem ist ein Bärtiger im Himation, der eine Binde in der rechten Hand hält, dargestellt. Am linken Bildfeldrand ist eine weitere Figur im Profil nach rechts im Himation mit Zweigen aus kleinen, rundlichen Blättern in der rechten Hand zu sehen. Auf der rechten Bildfeldseite befindet sich ein Bärtiger im Profil nach links, der seine Hände über den mit einem Kranz aus kleinen, rundlichen Blättern geschmückten Kopf des Pferdes, erhoben hat. Der Bärtige trägt eine Binde um den Kopf.

525–475 v. Chr.

Das Bildfeld einer rotfigurigen Hydria *S4* der Pezzino-Gruppe aus Vulci zeigt links zwei unbekleidete, männliche Figuren im Profil nach rechts. Die linke Figur trägt einen *diskos* in den Händen sowie eine Binde im Haar. Die rechte Figur befindet sich in einem weiten Ausfallschritt nach rechts. Ihr Hinterkopf ist nicht erhalten, sodass weder ein Kranz noch eine Binde zu erkennen sind. Auf der Bildfeldmitte ist im Profil nach links ein Bärtiger im Himation dargestellt, der einen Kranz aus kleinen, rundlichen Blättern trägt. Sein Kopf ist leicht in den Nacken gelegt. Rechts schließt

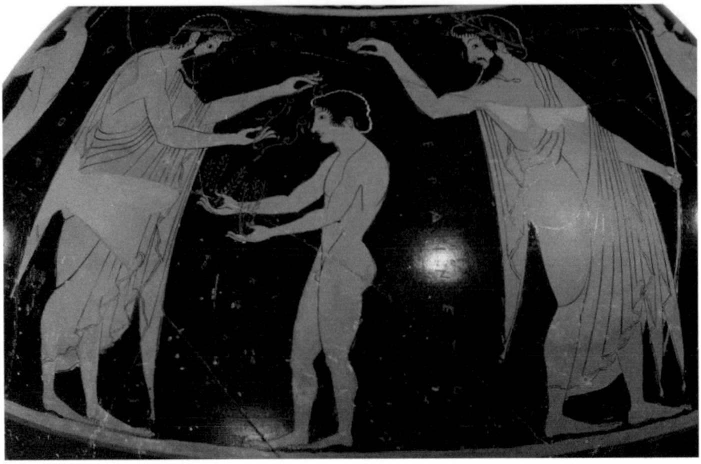

Abb. 10: *S7* att.-rf. Psykter, New York, The Metropolitan Museum of Art 10.210.18

ein weiterer Bärtiger im Himation an, der ebenfalls einen Kranz aus kleinen, rundlichen Blättern trägt. Er hält eine Binde in seiner erhobenen rechten Hand, seine linke Hand liegt auf der Schulter einer weiteren ihm gegenüber stehenden, unbekleideten, männlichen Figur. Diese hält Zweige mit kleinen, rundlichen Blättern in den Händen.[194] Weiterhin trägt sie Binden um ihren linken Oberarm und Oberschenkel sowie ein Objekt[195] um den Hals.

Das Bildfeld einer schwarzfigurigen Oinochoe *S5* des Athena-Malers aus Kameiros zeigt auf der rechten Bildfeldseite eine Figur mit einem großen Schild im Profil nach links auf einem *bema*. Diese trägt Beinschienen, Helm und ein kurzes Gewand. Ihr gegenüber ist ein Bärtiger im Profil nach rechts, mit einem Himation bekleidet, zu sehen. In der linken Hand und auf dem Kopf trägt der Bärtige zu einem Kranz gelegte Zweige mit kleinen, rundlichen Blättern. Der rechte Arm ist vor seinem Körper erhoben.

Die Darstellung einer rotfigurigen Oinochoe *S6* des Berliner-Malers zeigt rechts im Profil nach links eine männliche Figur im Himation mit einem Stab in der linken Hand und einem Kranz aus kleinen, rundlichen Blättern auf dem Kopf. Von links schwebt Nike mit einer Binde um den Kopf heran. In den Händen hält sie einen Kranz mit vermutlich kleinen, rundlichen Blättern.

194 Giglioli (1950, 44) sieht zusätzlich einen dünnen, roten Kranz.

195 C. Blümel (1936, 37) deutet eine Schnur mit Kügelchen – Kaeser (vgl. Tzachou-Alexandri 1988, 311) hingegen einen Kranz.

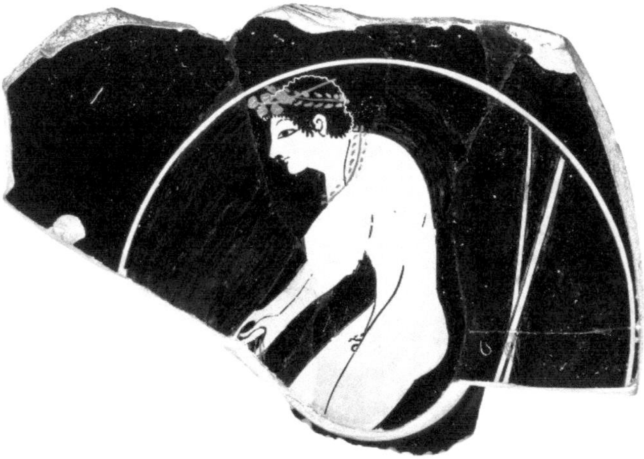

Abb. 11: *S10* att.-rf. Schale (Frgt.), München, Staatliche Antikensammlung 8956

Die Darstellung eines rotfigurigen Psykter *S7* (Abb. 10) des Oltos aus Campagnano zeigt eine ähnliche Figurenkonstellation wie sie bereits von *S4* bekannt ist: eine kleine, unbekleidete, männliche Figur im Profil nach links mit Zweigen aus kleinen, rundlichen Blättern in den Händen. Rechts daneben ist ein größerer Bärtiger im Profil nach rechts, mit einem Himation bekleidet, dargestellt. Er trägt einen Kranz aus mittelgroßen, leicht spitz zulaufenden Blättern auf dem Kopf, der über seine rechte Schulter in Richtung der unbekleideten Figur gedreht ist. Seine rechte Hand ist über dem Kopf der unbekleideten Figur erhoben. In seiner linken leicht nach vorne gestreckten Hand hält er einen Stab. Auf der linken Bildfeldseite ist eine weitere ebenso große, bärtige Figur im Himation und mit einem Kranz aus etwas kleineren, aber dennoch leicht spitz zulaufenden Blättern auf dem Kopf dargestellt. In den Händen hält der Bärtige einen Kranz mit volutenartigen Zweigen und vereinzelt mit mittelgroßen, leicht spitz zulaufenden Blättern.

Das Innenbildfeld einer rotfigurigen Schale *S8* des Euergides-Malers aus Etrurien zeigt eine unbekleidete, männliche Figur im Profil nach rechts mit Blüten in den vorgestreckten Händen. Auf dem Kopf trägt sie einen Kranz aus kleinen, rundlichen Blättern. Eine Figur in ähnlicher Haltung zeigt eine weitere rotfigurige Schale *S9* des Oltos aus Orvieto: Die unbekleidete, männliche Figur ist zusätzlich mit Binden an Armen und Beinen geschmückt. Sie trägt einen Kranz mit mittelgroßen, leicht spitz zulaufenden Blättern auf dem Kopf.

Das Fragment einer weiteren rotfigurigen Schale *S10* (Abb. 11) des Oltos zeigt ebenfalls eine unbekleidete, männliche Figur im Profil nach links. Auf dem Kopf ist ein Kranz aus mittelgroßen, leicht spitz zulaufenden sowie über der Stirn aus herzförmigen Blättern zu erkennen. Um den Hals trägt die Figur einen Kranz aus kleinen, rundlichen Blättern und sowie Zweige mit ebensolchen Blättern in den Händen. Eine rotfigurige Schale S11 des Epeleios-Malers aus Vulci zeigt eine ähnliche Bildkomposition: eine unbekleidete, männliche Figur im Profil nach rechts mit nach vorne gestreckten Händen. Um den Kopf trägt sie einen Kranz aus großen, leicht herzförmigen Blättern.

Das Innenbild eines rotfigurigen Tellers S12 des Epiktetos ebenso aus Vulci zeigt – wie auf den Bildfeldern S4 und S7 – zwei sich gegenüberstehende, männliche Figuren im Profil. Die linke Figur ist unbekleidet und hält Zweige mit kleinen, rundlichen Blättern in den Händen, um ihren rechten Arm ist eine Binde gebunden. Die rechte Figur trägt ein Himation sowie einen Ast in ihrer linken Hand. Beide Figuren sind jeweils mit einem Kranz aus kleinen, rundlichen Blättern auf dem Kopf dargestellt.

500–450 v. Chr.

Das Bildfeld einer rotfigurigen Halsamphora S13 des Douris aus Capua zeigt eine unbekleidete, männliche Figur im Profil nach links mit nach vorne gestreckten Händen, die Zweige mit kleinen, rundlichen Blättern sowie Blüten halten. Am linken Oberschenkel und Oberarm ist jeweils eine Binde befestigt. Auf dem Kopf trägt die Figur einen Helm mit einer langen Spitze, an die eine weitere Binde befestigt ist.

Eine Panathenäische Preisamphora S14 des Aigisthos-Malers aus Ruvo zeigt mittig zwei unbekleidete, männliche Figuren mit Faustriemen in den Händen. Die Figuren werden von zwei mit Himatien bekleideten Bärtigen flankiert. Der linke Bärtige hält einen Stab in seiner rechten Hand. Der rechte Bärtige hat seine rechte Hand über den Kopf der vor ihm stehenden, unbekleideten, männlichen Figur erhoben. Beide tragen zu einem Kranz gelegte Zweige mit kleinen, rundlichen Blättern auf ihren Köpfen.[196] Bei den beiden Figuren in der Mitte sind weder ein Kranz noch eine Binde auf den Köpfen zu erkennen. Die rechte Figur hält jedoch in ihrer rechten erhobenen Hand einen Kranz. Die Blattform und -größe des Kranzes ist aufgrund des wenig gut erhaltenen Gefäßes nicht zu erkennen.

Eine Panathenäische Preisamphora S15 des Achilleus-Malers aus Bologna zeigt zwei unbekleidete Läufer im Profil nach links sowie in der Mitte eine unbekleidete, männliche Figur in Vorderansicht. Der Kopf dieser Figur ist im Profil zu ihrer Linken gewandt, sie hält Zweige aus kleinen, rundlichen Blättern in ihren Händen. Rechts ist – deutlich größer – ein Bärtiger mit einem Himation und einem Stab

---

196 C. Smets (vgl. CVA Neapel [1] 4) beschreibt hingegen l. einen Blätterkranz und r. eine Binde.

dargestellt. Der Zweigträger und der Bärtige tragen Kränze vermutlich aus mittelgroßen, leicht spitz zulaufenden Blättern im Haar.

Die Darstellung einer weiteren Panathenäischen Preisamphora *S16* zeigt auf der linken Bildfeldseite eine unbekleidete, männliche Figur im Profil nach links, die Hände vor den Körper gestreckt. Um beide Arme sowie um den Kopf, der nach unten geneigt ist, sind Binden geknotet. Links ist ein Bärtiger mit Himation bekleidet im Profil nach rechts, sitzend auf einem Stuhl zu sehen. Dieser legt dem Unbekleideten Zweige, deren Blätter nicht zu erkennen sind, auf den Kopf. Auf der rechten Bildfeldseite ist ein weiterer Bärtiger im Profil nach rechts, mit einem Himation bekleidet, dargestellt. Mit der rechten Hand stützt dieser sich auf einen Stab. Rechts daneben ist eine unbekleidete, männliche Figur im Profil nach rechts zu sehen. Ihr Kopf ist über ihre rechte Schulter nach hinten gedreht. Ein Kranz oder eine Binde sind auf den Köpfen der beiden Figuren nicht zu erkennen.

Auf dem Bildfeld einer rotfigurigen Amphora *S17* panathenäischer Form des Kleophrades-Malers ist eine männliche Figur im Himation im Profil nach rechts dargestellt. Die Arme sind nach vorne gestreckt, in den Händen hält die Figur einen Kranz mit kleinen, rundlichen Blättern. Zusätzlich ist auf dem gegenüberliegenden Bildfeld eine unbekleidete, männliche Figur im Profil nach links dargestellt. Ihr linker Oberschenkel und Oberarm sind mit Binden geschmückt. Der rechte Arm ist nach vorne gestreckt, am Unterarm hängt ein Hase herab. Am linken Unterarm ist ein kleines Gefäß befestigt, im Arm hält die Figur einen Stab. Ein Kranz aus kleinen, rundlichen Blättern ist auf dem Kopf zu erkennen.

Das Bildfeld einer rotfigurigen Amphora *S18* panathenäischer Form des Malers von Palermo 1108 aus Vulci zeigt eine männliche Figur im Profil nach links, mit einem Himation bekleidet. Ihr rechter Arm ist nach vorne gestreckt, in der linken Hand hält die Figur eine Tafel, auf die eine Figur[197] gezeichnet ist. Weiterhin hält sie Zweige mit kleinen, rundlichen Blättern in dieser Hand. Um den Kopf ist eine Binde gelegt. Die Darstellung einer rotfigurigen Amphora *S19* panathenäischer Form, ebenfalls aus Vulci, zeigt eine unbekleidete, männliche Figur in Frontalansicht. Der Kopf ist zu ihrer Linken gedreht. Ihr linker Arm ist in die Hüfte gestemmt, die rechte Hand hält einen Stab. Ein Kranz oder eine Binde sind nicht zu erkennen.

Das Innenbild einer rotfigurigen Schale *S20* des Ashby-Malers zeigt, ähnlich zu *S4*, *S7* und *S12*, einen Bärtigen mit Himation im Profil nach rechts und eine ihm gegenüberstehende, kleinere Figur. Um den Kopf trägt der Bärtige einen Kranz mit kleinen, rundlichen Blättern. Seine Hände sind nach vorne gestreckt und halten eine Binde über den Kopf der vor ihm im Profil nach links stehenden Figur. Diese ist unbekleidet, männlich und trägt einen Helm mit einem großen Greifen auf dem

197 Zur Deutung als Sieger bzw. – aufgrund der Keule – als Herakles vgl. Valavanis 1991, 491 Anm. 28.

Kopf. Die nach vorne gestreckten Hände halten Zweige und einen Kranz mit kleinen, rundlichen Blättern. Am Greifen sowie am linken Oberarm und Oberschenkel sind weitere Binden befestigt.

Ganz ähnlich zeigt das Bildfeld einer rotfigurigen Schale *S21* des Douris aus Vulci zwei sich gegenüberstehende Figurenpaare. Auf der linken Seite ist eine mit einem Himation bekleidete, männliche Figur im Profil nach rechts dargestellt. In den nach vorne gestreckten Händen hält diese eine zu einem Kreis gelegte Binde. Ebenso trägt sie eine Binde um den Kopf. Die ihr gegenüberstehende Figur ist unbekleidet und ebenfalls männlich. In ihren Händen sind Zweige mit kleinen, rundlichen Blättern zu sehen. Um den Kopf ist eine Binde gebunden, dessen Enden bis zum Boden herabhängen. Rechts schließt das zweite Figurenpaar an: Die linke Figur ist bärtig, trägt ein Himation und ist im Profil nach rechts mit einem Stab dargestellt. Um den Kopf trägt diese Figur ebenfalls eine Binde. Der rechte Arm ist nach vorne gestreckt, sodass in der Hand Blüten zu erkennen sind. Die ihr gegenüberstehende Figur hält in der rechten vorgestreckten Hand ebensolche Blüten. Diese Figur ist männlich, trägt ein Himation sowie eine Binde um den Kopf. Rechts schließt eine weitere bärtige Figur im Profil nach links auf einen Stab gestützt an. Sie trägt ebenso eine Binde um den Kopf und ein Himation um die Hüften. In der rechten Hand hält sie eine Blüte.

Das Fragment einer rotfigurigen Schale *S22* des Onesimos zeigt eine Darstellung wie bereits ähnlich von *S8* bis *S11* bekannt: Zu sehen ist eine unbekleidete, männliche Figur im Profil nach rechts mit nach vorne gestreckten Händen, in denen Zweige aus kleinen, rundlichen Blättern zu erkennen sind. Ebensolche Zweige liegen vor der Figur auf einem Altar. Um ihren rechten Oberarm und Oberschenkel sind Binden gebunden. Weiterhin ist ein Stab sichtbar. Aufgrund der Bruchkante der Scherbe ist der Hinterkopf der Figur nicht erhalten, sodass weder ein Kranz noch eine Binde zu erkennen sind.

Die Darstellung einer rotfigurigen Lekythos *S23* des Douris aus Etrurien zeigt auf der linken Bildfeldseite – ähnlich zu *S6* – Nike im Profil nach rechts. In den nach vorne gestreckten Händen hält sie eine Schale und eine Oinochoe. Um den Kopf trägt sie eine breite, verzierte Binde. Ihr gegenüber steht eine unbekleidete, männliche Figur im Profil nach links. In der linken Hand trägt diese einen kurzen Stab mit einer lanzenartigen Spitze, die rechte Hand ist erhoben. Um den Kopf ist ein Kranz aus mittelgroßen, leicht spitz zulaufenden Blättern gelegt.

475–425 v. Chr.

Die Darstellung einer Panathenäischen Preisamphora *S24* zeigt eine ähnliche Figurenkonstellation zu *S15*: Mittig ist eine unbekleidete, männliche Figur in Vorderansicht dargestellt, der Kopf befindet sich im Profil zu ihrer Linken. Um den Kopf trägt sie einen Kranz aus mittelgroßen, leicht spitz zulaufenden Blättern. In den Händen hält sie eine Binde und einen Zweig mit länglichen Blättern. Rechts schließt eine bärtige, mit Himation bekleidete Figur im Profil nach links an. Ihr rechter Arm ist auf einen Stab gestützt. Um den Kopf trägt auch sie einen Kranz aus mittelgroßen, leicht spitz zulaufenden Blättern. Eine dritte Figur ist am linken Bildfeldrand im Profil nach links zu sehen. Sie ist unbekleidet, männlich und hält eine Binde[198] in den Händen.

Das Bildfeld einer rotfigurigen Pelike *S25* zeigt wiederum zwei sich gegenüberstehende Figuren: Die linke unbekleidete, männliche Figur ist in Vorderansicht dargestellt. Die Hände und der Kopf sind in Richtung der anderen Figur gestreckt. Diese ist bärtig und mit einem Himation bekleidet. Vor ihrem Körper hält sie eine Binde in den Händen. Weder ein Kranz noch eine Binde sind auf den Köpfen zu erkennen.

Die Darstellung einer weiteren rotfigurigen Pelike *S26* der Polygnot-Gruppe aus Tarent zeigt links eine unbekleidete, männliche Figur in Dreiviertelansicht. Ihr Kopf ist mit einem Kranz aus mittelgroßen, leicht spitz zulaufenden Blättern zu ihrer Linken gedreht. Ihr gegenüber steht, ebenfalls in Dreiviertelansicht, ein Bärtiger im Himation auf einen Stab gestützt, den Kopf zu seiner Rechten gedreht. Ein Kranz oder eine Binde sind nicht zu erkennen. Am rechten Bildfeldrand sind Teile einer weiteren unbekleideten Figur im Profil nach rechts zu sehen. Am linken Bildfeldrand ist Nike auf einer Säule im Profil nach links dargestellt. Ihre Arme sind nach vorne über den Kopf des Kranzträgers ausgestreckt.

Das Bildfeld einer rotfigurigen Schale *S27* des Villa Giulia-Malers aus Corchiano zeigt mittig eine unbekleidete, männliche Figur im Profil nach rechts. Ihr linker Oberarm und ihr rechter Oberschenkel sowie ihr Kopf sind mit Binden geschmückt. Die Arme sind nach vorne gestreckt. Im Hintergrund sind ein Stab sowie eine Stele zu erkennen. Am rechten Bildfeldrand ist eine weitere unbekleidete, männliche Figur in Vorderansicht, mit einem Stab in den Händen, zu sehen. Ihr Kopf ist über die rechte Schulter in Richtung Bildfeldmitte gedreht. Weder ein Kranz noch eine Binde sind zu erkennen. Am linken Bildfeldrand ist eine männliche Figur, mit Himation, im Profil nach rechts dargestellt. Die Arme sind nach vorne gestreckt, in der linken Hand ist eine Binde zu erkennen. Im Hintergrund sind eine dorische Säule und weitere Gegenstände zu sehen.

Die Darstellung einer rotfigurigen Schale *S28* des Malers von München 2660 aus Vulci zeigt nochmals zwei sich gegenüberstehende, männliche Figuren: Die linke Figur ist unbekleidet und im Profil nach rechts dargestellt. An ihrem rechten Ober-

198 Bentz (1998, 154) erkennt einen Faustriemen, wie auch bei der mittleren Figur.

arm und um den Kopf ist eine Binde gebunden. Ihre Arme sind nach vorne gestreckt. Die rechte Figur ist bärtig, trägt ein Himation und hält eine Binde in ihrer rechten Hand. Um den Kopf ist ebenfalls eine Binde gebunden.

Das Innenbild einer rotfigurigen Schale S29 des Tarquinia-Malers zeigt wiederum eine Darstellung wie sie ähnlich bereits von den Gefäßen S8 bis S11 und ebenso von S22 bekannt ist: Zu sehen ist eine unbekleidete, männliche Figur im Profil nach rechts mit Binden an ihrem linken Oberarm und um den Kopf. Der Oberkörper ist nach vorne gebeugt. In den vorgestreckten Händen sind Zweige mit mittelgroßen, leicht spitz zulaufenden Blättern zu erkennen.

Die Außenbildfelder einer rotfigurigen Schale S30 des Klinik-Malers aus Nola zeigen insgesamt sechs Figuren: Auf der einen Gefäßseite ist mittig eine unbekleidete, männliche Figur in Vorderansicht zu sehen. Sie trägt Zweige und einen Kranz mit kleinen, rundlichen Blättern in den Händen und einen Kranz mit gleicher Blattart auf dem zu ihrer Rechten gedrehten Kopf. Zwei männliche Figuren in Himatien flankieren die bekränzte Figur: Die rechte Figur ist bärtig und stützt sich mit ihrem rechten Arm auf einen Stab. Ein Kranz oder eine Binde sind nicht zu erkennen. Ebenso ist bei der linken Figur weder ein Kranz noch eine Binde aufgrund einer Fehlstelle nachweisbar. Auf der gegenüberliegenden Gefäßseite ist links eine unbekleidete, männliche Figur im Profil nach rechts dargestellt. In den nach vorne gestreckten Händen hält sie Kränze mit kleinen, rundlichen Blättern. Um den Kopf trägt sie eine Binde. Rechts schließen zwei weitere männliche Figuren im Profil nach links, mit Himatien bekleidet, an. Bei der Figur in der Mitte ist weder ein Kranz noch eine Binde zu erkennen, die Figur rechts hält eine Binde in der Hand und trägt eine weitere um den Kopf.

Das Bildfeld eines weißgrundigen Tellers S31 des Penthesilea-Malers aus Athen zeigt – ähnlich zu den Bildfeldern S6 und S23 – Nike im Profil nach rechts, die eine Binde in ihren nach vorne gestreckten Händen hält. Ihr gegenüber ist eine bis auf ein Himation – das um den Rücken geschlungen ist, jedoch kaum ein Körperteil bedeckt – unbekleidete, männliche Figur im Profil nach links in weitem Ausfallschritt dargestellt. Diese hält in ihrer linken Hand einen Zweig aus herzförmigen Blättern, um den Kopf ist eine Binde gebunden.

Das Bildfeld einer rotfigurigen Lekythos S32 des Bowdoin-Malers zeigt eine ähnliche Darstellung wie sie bereits von S13 bekannt ist: eine unbekleidete, männliche Figur mit nach vorne gestreckten Armen im Profil nach rechts. Um ihren rechten Unter- und Oberarm sowie um den Kopf sind Binden gebunden. In die Kopfbinde sind zusätzlich Zweige aus kleinen, rundlichen Blättern gesteckt. Am linken Bildfeldrand ist eine Säule zu sehen. Die Darstellung einer weiteren rotfigurigen

Lekythos S33 zeigt mit einer unbekleideten, männlichen, geflügelten Figur Eros[199] im Profil nach rechts. Die nach vorne gestreckten Hände halten eine Binde. Auf dem Kopf ist ein Kranz aus mittelgroßen, leicht spitz zulaufenden Blättern zu sehen, deren Mittelrippen gut zu erkennen sind. Gegenüber ist eine weitere unbekleidete, männliche Figur in Dreiviertelansicht mit einer *stlengis* in der rechten und einem Aryballos in der linken Hand dargestellt. Um den Kopf trägt die Figur einen Kranz mit gleicher Blattform wie der Kranz des Eros. Über dem Kranz ist zusätzlich eine Binde gebunden.

425–375 v. Chr.

Die Darstellung einer Panathenäischen Preisamphora S34 der Kuban-Gruppe zeigt eine Figurenkonstellation wie sie ähnlich bereits von S15 und S24 bekannt ist: Mittig ist eine unbekleidete, männliche Figur im Profil nach links zu sehen. Ihr linker Arm ist erhoben, der rechte nach vorne gestreckt. In den Händen trägt sie einen *diskos*.[200] Weder ein Kranz noch eine Binde sind auf den Köpfen zu erkennen. Ihr gegenüber ist ein Bärtiger im Himation dargestellt. Im linken Arm hält er einen Stab, in der rechten Hand einen weiteren Gegenstand.[201] Um den Kopf trägt er einen Kranz aus mittelgroßen, leicht spitz zulaufenden Blättern. Am rechten Bildfeldrand ist eine weitere unbekleidete, männliche Figur im Profil nach links zu sehen. In der linken Hand hält diese eine *stlengis*. Ein Kranz oder eine Binde sind nicht zu erkennen.

Das Bildfeld eines rotfigurigen Glockenkraters S35 zeigt – wie bereits S6, S23 und S31, hier allerdings auf der rechten Bildfeldseite – Nike, im Profil nach links mit nach vorne gestreckten Händen, in denen sie eine Binde hält. Ihr gegenüber ist eine unbekleidete, männliche Figur im Profil nach rechts dargestellt. Die Knie sind gebeugt, die Hände nach vorne in Richtung Boden gestreckt. Um den Kopf ist eine Binde gebunden. Mittig ist eine Säule und im Hintergrund eine *stlengis* zu sehen.

Die Darstellung eines rotfigurigen Glockenkraters S36 (Abb. 12) des Nikias-Malers aus Locri zeigt insgesamt fünf Figuren: Mittig ist ein Bärtiger im Profil nach links, mit einem Himation bekleidet, dargestellt. Um den Kopf trägt er einen Kranz aus mittelgroßen, leicht spitz zulaufenden Blättern. In seiner rechten Hand hält er einen langen Zweig, an dessen Enden ebensolche Blätter zu sehen sind. Links schließen zwei unbekleidete, männliche Figuren im Profil nach rechts an. Die linke

199 Vgl. ebenso Knauß 2004c, 287.

200 Vgl. CVA Kopenhagen, Musée National (8) Taf. 318, 1 (K. F. Johansen); Bentz 1998, 156.

201 Bentz (1998, 156) sieht eine Messmarke für den Weitsprung.

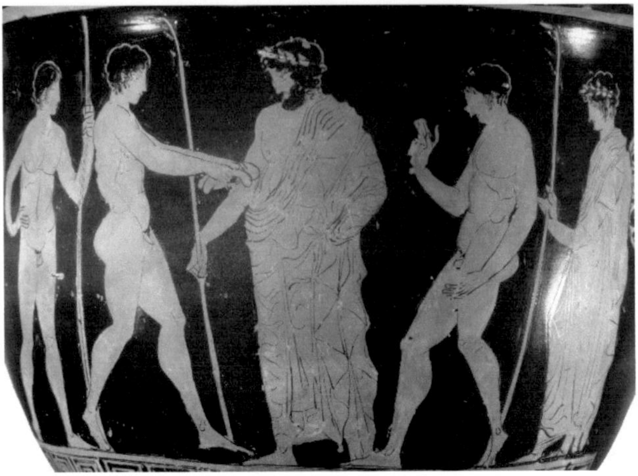

Abb. 12: *S36* att.-rf. Glockenkrater, Wien, Kunsthistorisches Museum 1034

Figur hält einen Stab, die rechte Gewichte in den Händen. Rechts des Bärtigen folgen zwei weitere männliche Figuren im Profil nach links. Die linke der beiden Figuren ist unbekleidet und trägt eine Binde um den Kopf. Die rechte Figur ist mit einem Himation bekleidet und trägt einen Kranz, mit gleicher Blattart wie der Bärtige, auf dem Kopf. Auch diese Figur hält in ihrer rechten Hand einen langen Zweig mit ebensolchen Blättern.

Das Bildfeld eines rotfigurigen Glockenkraters *S37* zeigt links wiederum im Profil nach rechts Nike mit nach vorne gestreckten Händen, in denen sie ein Binde hält. Um den Kopf trägt sie eine gepunktete Binde. Ihr gegenüber im Profil nach links ist eine unbekleidete, männliche Figur dargestellt, die ebenfalls eine Binde um den Kopf trägt. Zusätzlich sind Binden an ihrem linken Oberarm und rechten Unterarm befestigt. In der rechten Hand hält die Figur einen Kranz mit kleinen, rundlichen Blättern über den Kopf einer bärtigen Herme, die in der Bildmitte zu sehen ist.

400–300 v. Chr.

Die Darstellung auf einer Panathenäischen Preisamphora *S38* der Asteios-Gruppe aus Benghasi zeigt mittig eine unbekleidete, männliche Figur mit Zweigen aus kleinen, runden Blättern in den Händen. Der mit einer breiten Binde umwundene Kopf ist nach rechts gewandt. Am rechten Bildfeldrand ist eine Figur im Profil nach links, mit einem Himation bekleidet, dargestellt. Zwischen den beiden Figuren ist eine Säule zu erkennen. Am linken Bildfeldrand ist eine weitere Figur zu sehen, die lange

Binden in den Händen hält. Weder ein Kranz noch eine Binde sind auf den Köpfen der beiden außenstehenden Figuren zu erkennen.

Die Darstellung einer weiteren Panathenäischen Preisamphora S39 des Pourtalès-Malers aus Eretria zeigt links Nike im Profil nach rechts mit nach vorne gestreckten Händen, in denen sie eine Binde hält. Rechts davon sind zwei unbekleidete, männliche Figuren im Profil nach rechts dargestellt. Die linke Figur umgreift mit beiden Armen von hinten den Oberkörper der rechten, leicht nach vorne gebeugten Figur. Am rechten und linken Bildfeldrand ist jeweils eine männliche Figur im Himation zu sehen. Die rechte Figur ist auf einen Stab gestützt. Weder ein Kranz noch eine Binde sind auf den Köpfen zu erkennen.

Das Bildfeld einer Panathenäischen Preisamphora S40 der Nikomachos-Serie aus Benghasi zeigt mittig eine unbekleidete, männliche Figur mit einem langen Zweig, an dessen Ende längliche Blätter zu sehen sind. Auf dem Kopf ist ein Kranz mit kleinen, rundlichen Blättern zu erkennen. Über der linken Schulter liegt eine lange Binde. Rechts davon im Profil nach links ist ein Bärtiger im Himation zu sehen, er trägt einen Kranz aus mittelgroßen, leicht spitz zulaufenden Blättern auf dem Kopf. Rechts daneben ist ein weiterer Bärtiger im Himation zu sehen, in der rechten Hand hält dieser ein langes Objekt.[202] Am linken Bildfeldrand ist eine unbekleidete, männliche Figur im großen Ausfallschritt nach links dargestellt.

Das Bildfeld einer weiteren Panathenäischen Preisamphora S41 der Nikomachos-Serie aus Capua zeigt mittig zwei unbekleidete, männliche Figuren in Vorderansicht. Weder ein Kranz noch eine Binde sind zu erkennen. Rechts ist ein Bärtiger im Profil nach links, mit einem Himation bekleidet, zu sehen. Die rechte Hand ist leicht erhoben, auf dem Kopf ist ein Kranz aus mittelgroßen, leicht spitz zulaufenden Blättern zu erkennen. Links lehnt eine Figur im Peplos an ein Objekt.[203]

Die Darstellungen der Panathenäischen Preisamphoren S42 der Nikomachos-Serie sowie S43 des Malers von Athen 12592 zeigen ähnliche Figurenkonstellationen zu S40 und S41: Dargestellt sind jeweils drei männliche Figuren, von denen eine (S42) oder zwei Figuren (S43) mit Himatien bekleidet sind. Auf S42 ist die Figur links bärtig und im Profil nach rechts dargestellt. Sie trägt eine Binde um den Kopf und einen Zweig mit langen, schmalen Blättern in der linken Hand. Die mittige Figur in Vorderansicht hält ein ovales Objekt[204] in ihrer linken Hand und ist frontal zu sehen. Der Kopf ist leicht zu ihrer Linken geneigt. Ein Kranz oder eine Binde sind nicht zu

202 A. Schmölder-Veit (2004, 241) und Lehmann (2012, 191) beschreiben eine Trompete – Bentz (2004b, 316) eine *salpinx*.

203 P. Moreno (1995, 89) deutet einen Pfeiler. Weiterhin interpretieren J. C. Hoppin und A. Gallatin (vgl. CVA Hoppin and Gallatin Collections [1] 6) eine (dorische) Säule, vgl. ebenso Smith 2011, 174.

204 Das Objekt wird als *diskos* (vgl. Jüthner 1965, Taf. 78) oder als Kranz (vgl. CVA Paris, Musée du Louvre [1] 7 [E. Pottier]) gedeutet.

erkennen. Die Figur am rechten Bildfeldrand ist im Profil nach links dargestellt. Um den Kopf ist eine Binde gelegt. Auf S43 trägt die Figur in der Mitte einen Zweig mit langen, schmalen Blättern. Die Figuren rechts und links sind bärtig. Die linke Figur hält ein langes Objekt[205] vor ihrem Mund und wendet sich nach links. Die Figur auf der rechten Seite ist ebenso wie die Figur in der Mitte in Vorderansicht dargestellt. Keine der Figuren trägt einen Kranz oder eine Binde auf dem Kopf.

205 Auch hierbei geht Bentz (1998, 196) von einer *salpinx* aus.

3

Botanische Bestimmung: die Identifikation der Blattarten

Die intentionelle Beschreibung legt dar, dass auf attischer Keramik seit Beginn des 6. Jh. v. Chr. Figuren in unterschiedlichen Funktionen und Handlungsabläufen in Festszenen bekränzt dargestellt werden. Diese Beobachtung stimmt mit den schriftlichen Quellen überein, die den Beginn der Bekränzung von Festteilnehmern ebenfalls für das 6. Jh. v. Chr. überliefern.[206]

Die frühsten Darstellungen von Kränzen sind hingegen auf spätgeometrischen Gefäßen – im Rahmen von Prothesisszenen oder im Reigen als Handkranz – erhalten.[207] Diese Kranzdarstellungen sind in ihrer Blattart nicht bestimmbar, da das geometrische Formenrepertoire eine differenzierte Darstellung nicht vorsieht – möglicherweise sind als Vorläufer konzentrische Kreise der frühgeometrischen Zeit in Betracht zu ziehen. Ab dem 7. Jh. v. Chr. werden die Darstellungen des Kranzes häufiger und entwickeln sich vor allem als Ausstattungselement von Figuren zu einem festen Bildbestand.[208]

Diese Kränze können im Folgenden mithilfe der in der intentionellen Beschreibung herausgearbeiteten Blattarten botanisch bestimmt und in den Darstellungen identifiziert werden.

3.1 Botanische Differenzierung

Bereits Blech ordnet den Blattdarstellungen innerhalb der floralen Ornamentik auf attischer Keramik verschiedene Pflanzenarten zu: Demnach stellt die Ornamentik konkrete Gewächse dar, welche die botanischen Merkmale der einzelnen Pflanzen veranschaulichen.[209] Auf der Basis von Theophrasts Überlieferung zur „Naturgeschichte der Gewächse" unterscheidet Blech Lorbeer, Olive, Myrte und Efeu anhand

206 Vgl. Hock 1905, bes. 9 mit Anm. 3.

207 Blech 1982, 35 f. 330. 391. Der Handkranz wird in dieser Zeit nur bei weiblichen Figuren dargestellt, Zweige hingegen auch bei männlichen, Blech 1982, 330 f. 394. Haug (2012, 175) beschreibt Zweige und Kränze für Darstellungen des 8. Jh. v. Chr. als typisch weiblich, im frühen 7. Jh. v. Chr. sind diese dann bei männlichen Tänzern zu sehen. Bereits bei Hom. (Il. 18, 590–606) gilt der Kranz als Attribut von Frauen, vgl. Haug 2012, 175 f.

208 Blech 1982, 391. Demnach beginnen bspw. die Darstellungen von Kränzen beim *thiasos* im 2. Vt. des 6. Jh. v. Chr., Blech 1982, 394 f. Dass aus spätgeometrischer Zeit keine Köpfe bekränzt überliefert sind – obwohl bereits in Schriftquellen erwähnt – ist laut Blech (1982, 36) der Kunstfertigkeit der Ma. zuzuschreiben. Haug (2012, 173) bemerkt, dass in früh-schwarzfiguriger Zeit Kränze und Blüten als Zeichen der *charis* anstelle von Zweigen dargestellt werden.

209 Blech 1982, 54–62 mit Abb. 15–18. Himmelmann (2005, 17–19) geht davon aus, dass die meisten geometrischen Ornamente auf pflanzliche Bildelemente mykenischer Zeit zurückzuführen sind und in archaischer Zeit weitergeführt werden. Die mykenischen Pflanzenornamente sind zumeist von ägyptischen und assyrischen Vorbildern (u. a. Lotus, Palme, Ähre) abzuleiten – einige hingegen neu entwickelt worden (u. a. Lorbeer, Myrte), Himmelmann 2005, 75 f.

ihrer Blattformen: Demzufolge sind Olivenblätter[210] schmal, Myrtenblätter[211] ebenso schmal jedoch eirund sowie Efeublätter[212] rundlich und ungeteilt. Der Lorbeer[213] ist allein anhand seiner Früchte zu erkennen.

Diese Charakterisierungen der verschiedenen Blattformen können im Folgenden mit botanischen Beschreibungen der einzelnen Gewächse bestätigt und ergänzt werden.[214]

Laurus nobilis

> Die Blätter des Echten Lorbeer sind länglich-lanzettlich, an beiden Enden zugespitzt, gestielt und wechselständig am Stiel angeordnet sowie etwa 10 cm lang. Annähernd 2 cm große ovale Steinfrüchte entwickeln sich aus den Blütenständen.[215]

Olea europaea

> Die Blätter des Echten Ölbaumes sind länglich-lanzettlich, schmal, setzen kurz gestielt sowie gegenständig am Stiel an und sind zumeist über 3 cm bis hin zu 8 cm lang. Etwa 1 cm bis 3,5 cm große Steinfrüchte bilden sich aus den Blütenständen.[216]

Myrtus communis

> Die Blätter der Echten Myrte sind ei-lanzettlich, zugespitzt, kurz gestielt, gegenständig am Stiel angeordnet sowie 1 cm bis 5 cm lang. Etwa 1 cm große Beeren mit kleinen Kelchzipfeln entfalten sich aus den Fruchtknoten.[217]

---

210 Theophr. hist. plant. 1, 10, 4.

211 Theophr. hist. plant. 1, 10, 4; 3, 12, 4; 3, 16, 4.

212 Theophr. hist. plant. 3, 10, 5; 3, 14, 2; 9, 13, 6.

213 Theophr. hist. plant. 3, 7, 3.

214 Die weit auseinander liegende Zeitstellung der unterschiedlichen Quellen (Theophrast: 4.–3. Jh. v. Chr. / Sekundärliteratur: 20.–21. Jh. n. Chr.) ist an dieser Stelle von geringer Bedeutung, da die jeweilige Pflanzenart in ihrer jetzigen Form während des gesamten Zeitraumes im Mittelmeerraum vorhanden war und ist. Demnach ist auch die im Folgenden herausgearbeitete botanische Differenzierung der Blattarten problemlos auf die Darstellungen der attischen Keramik des 6.–4. Jh. v. Chr. übertragbar. Eine Auflistung unterschiedlicher Blattformen und die zugehörigen, beschreibenden Adjektive findet sich bspw. bei Schönfelder – Schönfelder 2014, 16 f.

215 Schönfelder – Schönfelder 2014, 68; Götz 1975, Nr. 417; Grandjot 1965, 101 f. Vgl. ebenso Eichberger 2003, 123.

216 Schönfelder – Schönfelder 2014, 24; Lippert – Podlech 1989, 19; Götz 1975, Nr. 246; Grandjot 1965, 12–17. Vgl. ebenso Eichberger 2003, 125–127.

217 Schönfelder – Schönfelder 2014, 34; Lippert – Podlech 1989, 182; Götz 1975, Nr. 259; Grandjot 1965, 117 f. Vgl. ebenso Eichberger 2003, 124 f.

Hedera helix

> Die Blätter des Gemeinen Efeus sind drei- bis fünflappig und um die 5 bis 6 cm lang, wenn dieser zumeist im Schatten auf einem Untergrund wächst. Steht der Gemeine Efeu hingegen frei, in der Sonne und trägt Blüten, sind die Blätter oval und mit 2 bis 3 cm Länge deutlich kleiner. Aus den Blütenständen entstehen erbsengroße Früchte.[218]

Die mithilfe der intentionellen Beschreibung herausgearbeiteten Blattformen ergeben vier verschiedene Blattarten: kleine, eher rundliche Blätter; mittelgroße, leicht spitz zulaufende Blätter; große, längliche, an der Spitze leicht abgerundete Blätter sowie herzförmige Blätter. Blechs Bestimmung der Pflanzenornamentik lassen sich mithilfe der botanischen Bestimmung und den Überlieferungen des Theophrast auf diese Blattarten übertragen: die großen, länglichen und an der Spitze leicht abgerundeten Blätter können als Lorbeer[219] (vgl. bspw. *P26*, Abb. 3. *O45*, Abb. 6.), die mittelgroßen, leicht spitz zulaufenden Blätter als Olive (vgl. bspw. *S7*, Abb. 10. *S36*, Abb. 12), die kleinen, eher rundlichen Blätter als Myrte[220] (vgl. bspw. *P2*, Abb. 1. *O7*, Abb. 4) sowie die herzförmigen Blätter als das kleinere, ovale Efeublatt im Blütenstand[221] identifiziert werden (vgl. bspw. *P2*, Abb. 2).

---

218 Götz 1975, Nr. 6; Grandjot 1965, 142 f. Vgl. ebenso Eichberger 2003, 121.

219 Blech (1982, 318) hingegen merkt an, dass es für den Lorbeerkranz kein kanonisches Schema gebe und dieser allein durch den Träger als solcher bestimmt werden könne. Himmelmann (2005, 75) unterscheidet das Lorbeerblatt hingegen vom Olivenblatt durch die gegeneinander verschobene Anordnung der Blätter. Rühfel (2003, 11. 33) stellt fest, dass der Lorbeer ab Mt. des 5. Jh. „mit naturgetreu gemalten Blättern" auf attischer Keramik dargestellt wird – der Ma. Myson bildet eine Ausnahme, da dieser bereits Anfang des 5. Jh. Lorbeerkränze mit lanzettlichen, wechselständig angeordneten Blättern darstellt.

220 Die Myrte und auch der Ölbaum sind nach Rühfel (2003, 12) „in den Darstellungen oft nicht als solche zu erkennen" und lediglich aufgrund einer mythischen Darstellung bestimmbar. Weiterhin merkt sie an, dass die Blätter des Ölbaumes in den Darstellungen gegenständig angeordnet sind und beschreibt diese als „schmal-lanzettlich" sowie „zur Spitze hin leicht verbreitert", Rühfel 2003, 36.

221 Vgl. ebenso Kunze-Götte 2006, 8; Rühfel 2003, 44; Blech 1982, 318. Dass in den Darstellungen das kleinere, herzförmige und eben nicht das große drei- bis fünflappige Efeublatt dargestellt wird, zeigt ein makedonischer Bronzekrater, Thessaloniki, Archaiologikó Museío Inv.-Nr. n. v., 3. Jh. v. Chr., aus Derveni (Baumann 1982, Abb. 167): Auf diesem sind – dem großen drei- bis fünflappigen Efeublatt ähnlich – Weinranken sowie, in Abgrenzung zu diesen, Efeuranken mit herzförmigen Blättern dargestellt. Vgl. weiterhin den att.-sf. Kolonettenkrater, New York, The Metropolitan Museum of Art 31.11.11, 560/550 v. Chr., Lydos (ABV 108,5; Rühfel 2003, Abb. 20) auf dem ebenso Efeu- und Weinranken dargestellt sind. Die Blätter der Echten Weinrebe (*Vitis vinifera*) sind, wie das große Efeublatt, drei- bis fünflappig mit gezähntem Rand und ca. 6 cm lang; etwa 1 cm bis 2 cm große Beeren entwickeln sich aus den Fruchtknoten, Götz 1975, Nr. 2; Grandjot 1965, 57–60. Rühfel (2003, 11) beschreibt die Darstellung des Efeu und auch der Weinranke „in natürlichem Aussehen". Darüber hinaus schlägt Rühfel (2003, 44 f. mit Anm. 220) vor, dass die Darstellungen aufgrund ihrer herzförmigen Blattform die *Hedera poetarum*, eine Efeuart, die in Thessalien und auf Kreta wächst, zeige, vgl. auch Eichberger 2003, 121. Da wie oben angeführt jedoch auch die *Hedera helix* ein solches Blatt trägt, ist diese Unterscheidung m. E. nicht notwendig.

Trotz der unterschiedlichen Strichführung der einzelnen Maler sind die Blattarten vor allem am Größenverhältnis[222] sowie an ihrer Blattform voneinander zu unterscheiden: Das Myrtenblatt ist das kleinste Blatt und im Vergleich zum Oliven- und Lorbeerblatt eher rundlich. Das Olivenblatt ist etwas größer als das Myrtenblatt und länglich-lanzettlich. Das Lorbeerblatt ist ebenso länglich-lanzettlich jedoch um einiges länger als das Olivenblatt. Von diesen drei ähnlich geformten Blättern kann das herzförmige Efeublatt abgegrenzt werden. Darüber hinaus ist die Myrte in den Darstellungen gelegentlich mit Beeren, an denen teilweise die Kelchzipfel zu erkennen sind, versehen. Ebenso werden Olive und Lorbeer vereinzelt mit Früchten dargestellt, die jedoch im Gegensatz zu den Beeren der Myrte keine Kelchzipfel aufweisen.[223] Da die kleinen Früchte zumeist erst nach dem Brand der Gefäße aufgemalt wurden, sind diese oftmals nicht beziehungsweise nur schlecht erhalten, sodass die Zuordnung anhand der Früchte lediglich bei gut erhaltenen Darstellungen möglich ist.[224]

Vergleichend können die wenigen – da selten und zumeist in makedonischen Gräbern erhaltenen – Kränze aus Gold herangezogen werden: Ein goldener Lorbeerkranz[225], ein goldener Olivenkranz[226], ein goldener Myrtenkranz[227] sowie ein goldener Efeukranz[228] bestätigen und veranschaulichen die herausgearbeiteten Formen und Größen der verschiedenen Blattarten.[229]

3.2 Zuweisung in den Darstellungen

Mithilfe der botanischen Differenzierung können die Kränze in den Prozessions-, Opfer-, Wettkampf- und Siegerehrungsszenen identifiziert werden. Die Benennung der Kranztragenden erfolgt anhand ihrer Handlungs- und Aktionsbereiche: Prozessions-, beziehungsweise Opferteilnehmende wird als übergeordneter Begriff für Ak-

---

222 Vgl. für das Größenverhältnis von Lorbeer-, Oliven- und Myrtenblatt ebenso Kunze-Götte 2006, 10 f. mit Abb. 1 b.

223 Kunze-Götte (2006, 10 f.) differenziert die Kränze aus Myrte in den Darstellungen seit spätarchaischer Zeit an eben diesen Kelchzipfeln von den Oliven- und Lorbeerkränzen, die demnach glatte Früchte tragen.

224 Vgl. ebenso Kunze-Götte 2006, 10 f.

225 Mannheim, Reiss-Engelhorn-Museen Inv.-Nr. n. v., vermutlich aus Zypern, 4.–3. Jh. v. Chr., vgl. http://www.rem-mannheim.de/ausstellungen/bildergalerien/antikensammlung-bildergalerie/ (08.01.2018).

226 Thessaloniki, Archaiologiko Museio MF 17242, aus Lete, frühes 3. Jh. v. Chr., vgl. Ignatiadou – Tsigarida 2011, Nr. 10.

227 Thessaloniki, Archaiologiko Museio B138, aus Derveni, 4. Jh. v. Chr., vgl. Ignatiadou – Tsigarida 2011, Nr. 5.

228 Thessaloniki, Archaiologiko Museio APO 662, aus Apollonia, 4. Jh. v. Chr., vgl. Ignatiadou – Tsigarida 2011, Nr. 2.

229 Ein goldener Eichenkranz, Thessaloniki, Archaiologikó Museío MF 5151, 3. Jh. v. Chr., aus Potidaea (Ignatiadou – Tsigarida 2011, Nr. 11) bestätigt hingegen, dass es sich in den Darstellungen aufgrund der Blattformen beispielsweise nicht um einen Eichenkranz handeln kann.

teure der entsprechenden Handlung genutzt, wenn sie durch keine weiteren Elemente eine bestimmte Funktion einnehmen. Als Opfernde wird eine solche Figur bezeichnet, die aktiv das Opfer – beispielsweise durch Halten der Opferschale über dem Altarfeuer – gestaltet.[230] Mit Kampfrichter oder Trainer beziehungsweise Zuschauer werden Figuren beschrieben, die einem Wettkampf oder einer Siegerehrung passiv beiwohnen und zumeist mit einem Himation bekleidet sowie auf einen Stab gestützt neben der zentralen Handlung stehen. Die Ikonografie von Kampfrichter, Trainer und Zuschauer sind bisweilen identisch – Kampfrichter können tendenziell an einer gegabelten Rute von Trainern beziehungsweise Zuschauern unterschieden werden.[231] Athleten bezeichnen diejenigen Figuren, die aktiv oder auch passiv an einem Wettkampf oder Siegerehrung teilnehmen. Sie sind durch keinerlei Elemente näher gekennzeichnet, jedoch durch ihre Nacktheit eindeutig als Athleten zu identifizieren.[232] Als Sänger werden solche Figuren benannt, die innerhalb einer musischen Wettkampfszene mit leicht geöffnetem Mund auf einem *bema* stehen.[233] Alle übrigen Kranztragenden werden nach ihren Attributen benannt.

Prozessionsszenen

Die beiden bärtigen Zweigträger sowie der Tierträger auf dem Bildfeld von *P2* (Abb. 1) sind mit jeweils einem Myrtenkranz auf dem Kopf dargestellt. Auf der gegenüberliegenden Bildseite (Abb. 2) tragen alle Prozessionsteilnehmer, bis auf den Aulosspieler, einen Efeukranz auf dem Kopf.[234] Der Kitharaspieler, der Tierführer und Zweigträger sowie der weitere Prozessionsteilnehmer von Objekt *P4* tragen jeweils einen Myrtenkranz, ebenso der Aulos-, und der Kitharaspieler sowie der Tierführer und der Zweigträger auf *P10*. Die Darstellung auf *P13* zeigt hingegen in der Mitte einen Zweigträger mit einem Efeukranz. Auf dem Objekt *P14* sind erstmals sowohl beim Aulosspieler als auch beim Zweigträger Olivenkränze zu identifizieren.

---

230 Diese Figuren werden oftmals als Priester bezeichnet: Demnach waren Priester die Ausführenden einer Opferhandlung, die von der *polis* für diesen Akt ausgewählt wurden – auch „Privatpersonen" konnten diese Handlungen als Priester durchführen, Rasmussen 2008, 72–79. Nach Mylonopoulos (2006, 75 f.) werden Priester zumeist mit einem Opfermesser dargestellt. Weiterhin sind Priester nach A. Rumpf (1928, 9–11) an einem ungegürteten Chiton sowie an einem typischen Gebetsgestus, dem ausgestreckten r. Arm mit geöffneter Handfläche, zu erkennen – Priesterinnen hingegen sind durch einen Tempelschlüssel gekennzeichnet, vgl. ebenso Chaniotis 2005a, 49 mit Anm. 19. Vgl. für die Darstellung weiblicher Priester Connelly 2008.

231 Schmidt 2001, 285.

232 Vgl. Haug 2012, 367. 369. Nacktheit als Kennzeichen von Athleten ist u. a. bei Hdt. (1, 10, 3) und Thuk. (1, 5–6) überliefert. Zur Entwicklung der Darstellung von Nacktheit und ihre Bedeutung vgl. u. a. Himmelmann 1990; Bonfante 1989.

233 Vgl. u. a. Kubatzki 2012, 149; Schmölder-Veit 2004, 233 mit Abb. 24, 13; West 1992, 44.

234 Vgl. ebenso Gebauer 2002, 37 f.; van Straten 1995, 19; Lehnstaedt 1970, 105 f.

P16 zeigt den Aulosspieler und den Tierführer auf der linken Bildfeldseite mit zu Kränzen gelegten Myrtenzweige auf den Köpfen. Auf dem Bildfeld *P17* tragen die beiden Zweigträger beziehungsweise Tierführer ebenso Myrtenkränze. Das Objekt *P18* zeigt eine Fackelträgerin mit einem Olivenkranz.[235] Der Zweigträger von *P21* trägt einen Olivenkranz, der Aulosspieler und der Tierführer hingegen einen Myrtenkranz. Einen Lorbeerkranz trägt der Fackelträger in der Bildmitte von *P25*, ebenso der Fackelträger rechts davon.[236] Auf dem Objekt *P26* (Abb. 3) tragen die Tierführer sowie alle weiteren Prozessionsteilnehmer – mit Ausnahme der Korbträgerin – Lorbeerkränze.[237]

Opferszenen

Die Opfernden auf den beiden Bildfeldern von *O2* tragen jeweils zu Kränzen gelegte Myrtenzweige in den Haaren.[238] Die Hermen sind mit ebensolchen Kränzen geschmückt. Der Bratspießträger sowie der Opferteilnehmer auf *O4* tragen hingegen Olivenkränze.[239] Alle fünf Opferteilnehmer auf *O5* – darunter ein Opferkorbträger sowie der Opfernde selbst – tragen wiederum Myrtenkränze, ebenso der Bratspießträger auf *O6* und der Opfernde auf *O7* (Abb. 4). Auch der bärtige Opfernde auf *O9* sowie der Opfernde, der Opferkorb- und der Bratspießträger auf *O10* sind mit Myrtenkränzen dargestellt. Der Opfernde auf Gefäß *O14* trägt hingegen einen Olivenkranz.[240] Der Opfernde und die Opferteilnehmer von Objekt *O15* tragen einen Myrtenkranz, der Opfernde von *O16* hingegen einen Lorbeerkranz und der Opferteilnehmer einen Olivenkranz. Die Kränze des Opfernden, des Bratspießträgers sowie des Kitharaspielers auf *O17* können ebenso als Olivenkränze identifiziert werden.[241] Der Opfernde, die Bratspießträger sowie der Aulosspieler von *O18* tragen ebenso wie der Opfernde und der Bratspießträger von Objekt *O21* Olivenkränze. Der bärtige Opfernde auf *O20* ist wiederum mit einem Myrtenkranz dargestellt.

---

235 K. Kourouniotes (1936, 113) deutet hingegen einen Lorbeer- oder Myrtenkranz, begründet dies jedoch nicht, vgl. ebenso Tiverios 2008, 132. Aufgrund der mittelgroßen Blattform und den spitz zulaufenden Enden ist jedoch von einem Olivenkranz auszugehen.

236 K. Papangeli (vgl. Tiverios 2008, 148) benennt die Kränze hingegen ohne Begründung als Myrtenkränze. Die Größe und Form der Blätter sprechen jedoch eindeutig für Lorbeerkränze.

237 Vgl. ebenso Stansbury-O'Donnell 2015, 172; Gebauer 2002, 106; Robertson 1992, 223.

238 Swaddling (1999, 55) beschreibt lange Zweige.

239 Diese werden auch als Myrtenkränze beschrieben, vgl. Walters 1893, 205. Aufgrund der Blattform und -größe sind jedoch eindeutig Olivenkränze zu interpretieren.

240 E. Paribeni (1996, 60) spricht diesen ohne Begründung als Lorbeerkranz an. Dies ist auf Grundlage der vorgelegten botanischen Bestimmung nicht nachzuvollziehen, da die Blätter im Vergleich zu den weiteren Darstellungen für die Deutung als Lorbeer zu klein sind.

241 E. Rohde (vgl. CVA Gotha [2] 13) deutet Lorbeer- oder Efeukränze.

Der Aulosspieler, der Tierführer, der Opfernde und der Opferkorbträger auf O22 (Abb. 5) tragen einen Olivenkranz, der sitzende Opferteilnehmer am rechten Bildfeldrand hingegen einen Lorbeerkranz.[242] Der Opfernde, der Bratspießträger, der Aulosspieler sowie ein weiterer Opferteilnehmer auf O23 sind mit jeweils einem Lorbeerkranz[243] – der Opferkorbträger mit einem Myrtenkranz – dargestellt. Alle Opferteilnehmer, Opfernden, Opferkorb- und Bratspießträger der Objekte O24, O25, O26 und O27 tragen jeweils einen Olivenkranz, der Opfernde sowie der Bratspießträger auf O28 jeweils einen Lorbeerkranz.[244] Die Opfernden, die Aulos- oder Kitharaspieler sowie die Bratspießträger und Opferteilnehmer auf O29, O30, O32 und O33 sind wiederum mit Olivenkränzen dargestellt – ebenso der Opfernde, der Aulosspieler sowie der Opferkorb- und Bratspießträger auf O34.[245] Auch die Objekte O35, O36, O37, O38, O39 und O40 zeigen die Opferteilnehmer, die Aulosspieler, die Tierführer, die Opferkorb- und Bratspießträger sowie die Opfernden mit Olivenkränzen.[246]

Der Opfernde sowie der weitere Opferteilnehmer am rechten Bildfeldrand von O41 sind ebenfalls mit Olivenkränzen dargestellt.[247] Die Objekte O42 und O43 zeigen alle Opferteilnehmer, Opferkorb- und Bratspießträger, Tierführer sowie Opfernden mit Olivenkränzen. Auch der Opfernde, der Bratspießträger und der Opferteilnehmer auf O44 tragen jeweils einen Olivenkranz. Auf O45 (Abb. 6) sind hingegen der Opfernde, die Bratspieß- und der Opferkorbträger sowie ein weiterer Opferteilnehmer mit Lorbeerkränzen dargestellt.[248] Die Bratspieß- und der Opferkorbträger von Gefäß O46 sind wiederum mit Olivenkränzen dargestellt – der Opfernde sowie

242 A. Roumpi (2011, 31) benennt den Kranz des Aulosspielers als Lorbeerkranz, vgl. ebenso Blech 1982, 311. Gebauer (2002, 218) beschreibt die Kränze der Opferteilnehmer lediglich als spitzblättrig. Aufgrund ihrer Botanik können jedoch eindeutig Olivenkränze interpretiert werden.

243 Vgl. ebenso CVA Frankfurt am Main (2) 30 (K. Deppert); Gebauer 2002, 383.

244 Vgl. ebenso Shapiro 1996, 107; van Straten 1995, 136; Webster 1972, 140; Rizza 1959–1960, 321–323.

245 E. Gerhard (1845a, 180) geht ohne Begründung von einem lorbeerbekränzten Aulosspieler aus. Dies ist jedoch anhand der Blattform nicht nachzuvollziehen.

246 Bei dem Objekt O37 nimmt Gerhard (1845a, 180) wiederum Lorbeerkränze an, M. Robertson (1987, 36) geht von Myrtenkränzen aus. Beide Interpretationen sind aufgrund der Blattform und -größe im Vergleich zu den Kranzdarstellungen der anderen Gefäßen nicht verifizierbar.

247 Bei dieser Darstellung interpretiert Gerhard (1845b, 164) ein weiteres Mal ohne Begründung Lorbeerkränze. F. Eichler (vgl. CVA Wien, Kunsthistorisches Museum [3] 21) erkennt weiße Beeren an den Kränzen, eine botanische Bestimmung erfolgt leider nicht.

248 Vgl. ebenso Webster 1972, 140; Metzger 1965, 110. Hoppin und Gallatin (vgl. CVA Hoppin and Gallatin Collections [1] 15) verweisen wiederum auf weiße Früchte. Gebauer (2002, 420) bemerkt bei diesem Gefäß, dass eine sichere botanische Bestimmung der Kränze nicht möglich ist, da nicht festzustellen ist, ob der Künstler eine bestimmte Pflanze darstellen wollte – eine grundsätzliche Beliebigkeit möchte er jedoch ebenso nicht annehmen.

die Bratspieß- und Opferkorbträger von *O47* hingegen erstmalig mit Efeukränzen.[249] Die Gefäße *O48* bis *O50* zeigen die Opfernden, die Opferkorb-, Bratspieß- und Tierträger, die Aulosspieler sowie die Opferteilnehmer mit Olivenkränzen.[250] Das Gefäß *O51* zeigt alle Opferteilnehmer und Bratspießträger mit Lorbeerkränzen. Der Opferkorbträger, der Opfernde, der Tierführer sowie der Opferteilnehmer auf *O52* sind wiederum mit Olivenkränzen dargestellt.

Wettkampfszenen

Der Kampfrichter oder Trainer beziehungsweise Zuschauer am Altar auf dem Objekt *F1* trägt einen Olivenkranz, der Fackelträger auf *F5* hingegen einen Myrtenkranz. Ebenso trägt der Kampfrichter oder Trainer beziehungsweise Zuschauer von *F6* einen Olivenkranz, auf *F18* und *F20* hingegen einen Lorbeerkranz. Der Athlet mit dem Schild in der Mitte des Bildfeldes *W2* (Abb. 8) trägt einen Efeukranz, der Athlet von *W3* hingegen einen Myrtenkranz auf dem Kopf. Ebenso einen Myrtenkranz trägt der Kampfrichter oder Trainer beziehungsweise Zuschauer am rechten Bildrand von *W2*.

Der Kitharaspieler auf *M1* trägt einen Olivenkranz, der Kampfrichter oder Trainer beziehungsweise Zuschauer hingegen einen Efeukranz auf dem Kopf.[251] Auf dem Objekt *M2* trägt der Kitharaspieler einen Efeukranz sowie Myrtenzweige im Haar, die übrigen Kampfrichter oder Trainer beziehungsweise Zuschauer tragen ebenso Myrtenzweige als Kränze um den Kopf. Auch die Aulosspieler, Sänger sowie die Kampfrichter oder Trainer beziehungsweise Zuschauer auf den Gefäßen *M4*, *M10* bis *M13* und *M18* tragen einen Myrtenkranz. Das Gefäß *M19* zeigt den Kitharaspieler sowie den sitzenden Kampfrichter oder Trainer beziehungsweise Zuschauer mit Lorbeerkränzen. Der Aulosspieler, der Sänger und der Kampfrichter oder Trainer beziehungsweise Zuschauer von *M20* tragen jeweils einen Olivenkranz. Der Kitharaspieler von *M21* trägt wiederum einen Myrtenkranz, derjenige von *M22* hingegen einen Olivenkranz, ebenso der sitzende Kampfrichter oder Trainer beziehungsweise Zuschauer. Einen Lorbeerkranz trägt der Kitharaspieler auf dem Gefäß *M24* (Abb. 9), der sitzende Kampfrichter oder Trainer beziehungsweise Zuschauer am rechten Bildfeldrand trägt einen Olivenkranz. Ebenso einen Oliven-

249 B. Freyer-Schauenburg (vgl. CVA Kiel, Kunsthalle Antikensammlung [1] 75) geht lediglich auf die weiße Farbe der Blätter ein, eine botanische Bestimmung findet nicht statt.

250 Bei *O50* geht Gerhard (1845a, 179) ein weiteres Mal ohne Begründung von Lorbeerkränzen aus. Aufgrund der Blattform können jedoch auch bei dieser Darstellung Olivenkränze interpretiert werden.

251 Wegner (1970, 66) benennt den Kranz des Kitharaspielers hingegen ohne Begründung als Lorbeerkranz, die r. Figur trage einen Kranz mit anderem Laub. Die vorgenommene botanische Bestimmung ermöglicht jedoch an dieser Stelle die vorgeschlagene Identifikation als Oliven- und Efeukranz.

kranz trägt der Kitharaspieler von *M25*, der Kampfrichter oder Trainer beziehungsweise Zuschauer links des Kitharaspielers trägt wiederum einen Myrtenkranz.[252] Die Gefäße *M27* und *M28* zeigen die Musiker sowie den Kampfrichter oder Trainer beziehungsweise Zuschauer mit Olivenkränzen. Der Kitharaspieler auf *M30* sowie der Kampfrichter oder Trainer beziehungsweise Zuschauer tragen Lorbeerkränze. Die Gefäße *M32* und *M33* zeigen die Musiker sowie die Kampfrichter oder Trainer beziehungsweise Zuschauer wiederum mit Olivenkränzen.[253]

Einen Sonderfall stellen die Ausstattungselemente der Fackelläufer dar, die weder als Lorbeer-, Oliven-, Myrten- oder Efeukränze zu identifizieren sind: Die Läufer werden mit Binden dargestellt, in die spitze Objekte eingesteckt sind. Die Schriftquellen geben keine Auskunft über dieses Ausstattungselement.[254] Das Gefäß *F1* zeigt die beiden Fackelläufer mit ebensolchen Binden, in welche spitze Objekte gesteckt sind.[255] Jenifer Neils deutet beim vorderen Läufer eine „spiked crown“ sowie beim hinteren Läufer eine Binde mit einem „upright tang“.[256] Auch bei den Fackelläufern auf *F3* und *F6* sind Binden mit eingesteckten Objekten zu sehen. Giglioli beschreibt die Elemente von *F6* als „corona“ oder „diadema“ mit „raggi bianchi“, van Straten als „spiked headgear“.[257] Der Fackelträger sowie der weitere Athlet auf *F7* tragen ebenfalls eine Binde mit eingesteckten Objekten, die Cornelia Hadziaslani wiederum als „spiked crown“ beschreibt.[258] Die Ausstattungselemente der Athleten von *F8* benennt Giglioli ein weiteres Mal als „corona“ oder „diadema“ mit – abweichend zu *F6* – „lunghe foglie“ beziehungsweise mit „raggi verticali“.[259] Die Fackelläufer von *F10* und *F12* tragen ebenfalls Binden mit eingesteckten Objekten. Bernard Korzus beschreibt diese bei *F12* als „kranz- oder kronenartigen Kopfschmuck“.[260] Dieser Kopfschmuck ist ebenso bei den Fackelträgern beziehungsweise -läufern und Athleten von

---

252 H. Brand (2000, 160) pauschalisiert ohne Begründung die Identifikation der Kränze mithilfe der Darstellung *M25*, indem er aussagt, dass in rotfiguriger Technik die Musizierenden wie auch alle weiteren Kultteilnehmenden mit Lorbeer bekränzt dargestellt werden. Dies ist jedoch nicht nachzuvollziehen, da auf den untersuchten Darstellungen eindeutig unterschiedliche Blattarten wiedergegeben sind.

253 G. Dareggi (1977, 28) spricht die Kränze auf *M33* hingegen ohne Begründung als Lorbeerkränze an. Im Vergleich zu den anderen Darstellungen können jedoch auch hierbei aufgrund von Blattform und -größe Olivenkränze interpretiert werden.

254 Ebenso ist nicht zu ermitteln, ob die Läufer am E. des Laufes gekrönt wurden, oder ob diese bereits während des Laufes – wie die meisten Darstellungen zeigen – den Kopfschmuck trugen, Sansone 1988, 83.

255 D. M. Robinson (vgl. CVA Baltimore, The Robinson Collection [2] 34) beschreibt einen „Kranz mit aufrechten Blättern oder Strahlen“.

256 Der Dorn auf Höhe der Stirn zeigt die Figur eines Läufers, Neils 1992c, 179.

257 Giglioli 1951, 148; van Straten 2011, 203.

258 Hadziaslani 2003, 26.

259 Giglioli 1951, 149.

260 Korzus 1984, 98.

F17 (Abb. 7), *F18*, *F19* und *F20* zu erkennen.[261] Auch die Siegesgöttinnen von *M27* und *M28* sind jeweils mit in eine Binde eingesteckten Objekten dargestellt.

Weitere Bezeichnungen des Ausstattungselementes führen Theodora Karagiorga-Stathakopoulou („spear-shaped leaves“, „radiate crown“, „lance-shaped“, „flame-shaped“), Gebauer („Binde mit kurzen zackenförmigen Ausläufen“) sowie van Straten („spiked headdress“) auf.[262] Die verschiedenen Ausdrücke zeigen, dass die Interpretation des Bildelementes in der Forschung umstritten ist: Jüthner deutet die in die Binde eingesteckten Objekte beispielsweise als „Federn“.[263] Carl Blümel hingegen beschreibt einen Kranz aus „schmalen hochstehenden Blättern“.[264] Karagiorga-Stathakopoulou nimmt an, dass es sich um Objekte aus Knochen oder Holz in unterschiedlichen Längen, die aufrecht in eine metallene oder lederne Binde gesteckt wurden, handelt.[265] Ingomar Weiler bezeichnet die Objekte hingegen als „Strahlen“, die möglicherweise auf Schilfblätter zurückzuführen sind.[266] Korzus deutet die Ausstattungselemente als „Kränze mit aufrecht stehenden Blättern oder Strahlen“.[267] Sansone schlägt vor, dass die spitzen Objekte möglicherweise Fackeln symbolisieren.[268] Insgesamt tendiert die Forschung zur Interpretation von Blättern, statt Federn oder anderen Objekten.[269] Allein anhand der Darstellungen ist eine sichere Aussage zur Substanz der Objekte nicht zu liefern. Die Größe und Form der Objekte sprechen bei einigen Beispielen für Lorbeerblätter (vgl. bspw. *F7*). Doch ist diese Vermutung nicht durchgängig zu belegen, da einige Darstellungen den Anschein von Abstraktion erwecken (vgl. bspw. *F8*).

Siegerehrungsszenen

Der Diskusträger und der bärtige Athlet am rechten Bildfeldrand von Gefäß *S1* tragen einen Efeukranz – der weitere Athlet und der Kampfrichter oder Trainer beziehungsweise Zuschauer hingegen einen Kranz aus volutenartigen Zweigen. Der Athlet am rechten Bildfeldrand von *S2* trägt zu einem Kranz gelegte Myrtenzweige. Die beiden Kampfrichter oder Trainer beziehungsweise Zuschauer von *S4* tragen jeweils

---

261 Für *F20* beschreibt A. Greifenhagen (vgl. CVA Braunschweig [1] 34) eine „Tänie mit spitzen Blättern“.

262 Karagiorga-Stathakopoulou 1977, 249–251; Gebauer 2002, 417; van Straten 2011, 204; van Straten 1995, 228. Zur Ikonografie der Fackelläufer im Allgemeinen vgl. ebenso Parisinou 2000, 39–44.

263 RE VII (1925) 572 s. v. *lampadedromia* (J. Jüthner).

264 Blümel 1936, 108.

265 Karagiorga-Stathakopoulou 1977, 251.

266 Weiler 1981, 156.

267 Korzus 1984, 99.

268 Sansone 1988, 84. Krug (1968, 125) vermutet die Übernahme aus der Theaterkostümierung – in der von ihr aufgestellten Typologie von Bindendarstellungen ist das Element der Fackelträger unter Nr. 13 zu finden.

269 Vgl. ebenso Sansone 1988, 83 f.

einen Myrtenkranz. Der Kampfrichter oder Trainer beziehungsweise Zuschauer von S5 trägt zu einem Kranz gelegte Myrtenzweige um den Kopf, der Sieger von S6 einen Myrtenkranz. Die Kampfrichter oder Trainer beziehungsweise Zuschauer von S7 (Abb. 10) tragen jeweils einen Olivenkranz auf ihren Köpfen, dem Sieger wird ein Kranz aus volutenartigen Zweigen, ähnlich zu den Kränzen von S1, gereicht. Der Athlet von S8 hingegen ist mit einem Myrtenkranz dargestellt, der Athlet von S9 wiederum mit einem Olivenkranz.[270]

Der Athlet von Objekt S10 (Abb. 11) trägt einen Olivenkranz, darüber hinaus sind an diesem Kranz in Höhe der Stirn Efeublätter zu erkennen. Der Athlet auf S11 trägt hingegen einen vollständig aus Olivenblättern bestehenden Kranz. Der Kampfrichter oder Trainer beziehungsweise Zuschauer sowie der Athlet von S12 ist jeweils mit einem Myrtenkranz dargestellt. Die beiden Kampfrichter oder Trainer beziehungsweise Zuschauer von S14 tragen zu Kränzen gelegte Myrtenzweige auf den Köpfen. Auf dem Objekt S15 ist der Kampfrichter oder Trainer beziehungsweise Zuschauer sowie auch der Athlet jeweils mit einem Olivenkranz auf dem Kopf dargestellt. Der Athlet sowie der Kampfrichter oder Trainer beziehungsweise Zuschauer von S17 tragen wiederum jeweils einen Myrtenkranz auf dem Kopf, wie auch der Kampfrichter oder Trainer beziehungsweise Zuschauer von S20. Der Athlet auf Objekt S23 sowie der Kampfrichter oder Trainer beziehungsweise Zuschauer und der Athlet in der Bildfeldmitte von S24 sind hingegen jeweils mit einem Olivenkranz dargestellt – ebenso der Athlet von S26.

Auf den Gefäßen S30 und S32 ist wiederum jeweils ein Athlet mit einem Myrtenkranz zu sehen. Der Athlet sowie Eros von S33 tragen einen Kranz aus Olivenblättern. Der Kampfrichter oder Trainer beziehungsweise Zuschauer von Gefäß S34 sowie auch die Kampfrichter oder Trainer beziehungsweise Zuschauer von S36 (Abb. 12) tragen Olivenkränze. Der Athlet von S40 trägt wiederum einen Myrtenkranz, der Kampfrichter oder Trainer beziehungsweise Zuschauer hingegen einen Olivenkranz.[271] Der Kampfrichter oder Trainer beziehungsweise Zuschauer von Objekt S41 ist ebenso mit einem Olivenkranz dargestellt.

---

270 Blümel (1936, 37) beschreibt diesen ohne Begründung als Lorbeerkranz. Aufgrund der Blattgröße ist an dieser Stelle jedoch von Olivenblättern auszugehen.

271 Lehmann (2012, 193) interpretiert bei dem Athleten einen Olivenkranz. Der Kranz des Kampfrichters oder Trainers beziehungsweise Zuschauers kann jedoch aufgrund der Blattform und -größe als Olivenkranz – der Kranz des Athleten als Myrtenkranz gedeutet werden.

4

Repräsentative Verteilung: die Quantität der Kranzdarstellungen

Die botanische Bestimmung der Blattarten zeigt auf, dass Figuren mit unterschiedlichen Funktionen in Festszenen hauptsächlich mit Olive und Myrte sowie gelegentlich mit Lorbeer und Efeu bekränzt dargestellt werden. Der folgende repräsentative Überblick zur Verteilung der Kranzdarstellungen auf den für diese Untersuchung zusammengestellten Gefäßen verdeutlicht zunächst das Verhältnis von Kränzen, Binden.[272] Im Anschluss wird die Verteilung der botanisch bestimmten Kränze sowie der Kranz tragenden Figuren betrachtet. Darüber hinaus wird überprüft, ob bestimmte Malerwerkstätten in bestimmten Zeiträumen Kränze oder aber Binden präferierten, in welchem Umfang die verschiedenen Ausstattungselemente auf bestimmten Gefäßformen erhalten sind und inwiefern die Gefäße möglicherweise in bestimmten Regionen besonders häufig gefunden wurden.[273]

4.1 Verteilung der Darstellungen

4.1.1 Ausstattungselemente

Insgesamt 113 Gefäße (61,41 %) der 184 Objekte zeigen Figuren mit Kränzen auf ihren Köpfen. Diese verteilen sich auf elf Prozessions-, 44 Opfer-, 33 Wettkampf- und 25 Siegerehrungsdarstellungen.[274] Demnach sind auf 42,31 % der Prozessions-, auf 84,62 % der Opfer-, auf 52,38 % der Wettkampf- und auf 58,14 % der Siegerehrungsszenen Kränze dargestellt. Auf 80 Gefäßen (43,48 %) sind Figuren mit Binden dargestellt. Von diesen zeigen 16 Prozessions-, 13 Opfer-, 33 Wettkampf- und 18 Siegerehrungsszenen Binden. Dies entspricht einer prozentualen Verteilung von 61,54 %

272 Die im Folgenden aufgeführten Datenreihen geben eine systemimmanente Untersuchung wider: Sie liefern speziell für die in der vorliegenden Arbeit zusammengestellten Darstellungen Informationen zu den in den einzelnen Abschnitten behandelten Fragestellungen. Die daraus resultierenden Aussagen können aufgrund von Wahrscheinlichkeiten hinsichtlich einer Allgemeingültigkeit interpretiert werden. Bei der Anzahl der in Frage kommenden Darstellungen würde eine signifikante Analyse eine nicht zu bewältigende Datenmenge bedeuten.

273 In den einzelnen Unterkapiteln wird zunächst eine Gesamtübersicht hinsichtlich der jeweiligen Fragestellungen erstellt, um im Anschluss die Verteilung der Darstellung der Ausstattungselemente darlegen zu können. Die Prozentangaben sind auf die zweite Nachkommastelle auf- beziehungsweise abgerundet. Eine Auswertung der aufgestellten Zahlen, die in den entsprechenden Grafiken veranschaulicht werden, schließt die jeweiligen Abschnitte ab.

274 Da Kränze und Binden gleichzeitig auf einem Gefäß auftreten können, stimmt die Gesamtgefäßanzahl (184) nicht mit der Gesamtanzahl der Darstellung von Kränzen und Binden beziehungsweise ihrer Kombination und ihres nicht Vorhandenseins überein.

der Prozessions-, 25,00 % der Opfer-, 52,38 % der Wettkampf- und 41,86 % der Siegerehrungsszenen. 21 Gefäße (11,41 %) sind mit Kränzen, über die zusätzlich eine Binden gelegt sind, beziehungsweise mit Binden, in die Objekte eingesteckt sind, versehen. Diese verteilen sich auf eine Prozessions-, fünf Opfer-, 13 Wettkampf- sowie zwei Siegerehrungsszenen und geben somit 3,85 % der Prozessions-, 9,62 % der Opfer-, 20,63 % der Wettkampf- sowie 4,65 % der Siegerehrungsdarstellungen wieder. Auf 42 Gefäßen (22,83 %) sind die Figuren weder mit einem Kranz noch mit einer Binde dargestellt. Davon sind sechs den Prozessions-, fünf den Opfer-, 19 den Wettkampf- und zwölf den Siegerehrungsdarstellungen zuzuordnen. Dies entspricht 23,08 % der Prozessions- und 9,62 % der Opfer- sowie 30,16 % der Wettkampf- und 27,91 % der Siegerehrungsszenen.

Die aufgeführten Zahlen ergeben eine deutliche Mehrheit von Kranzdarstellungen (Abb. 13): Mit knapp 62 % sind die Kränze auf etwa zwei Drittel der Gefäße vertreten. Die Binde hingegen ist auf etwas mehr als 40 % aller Objekte zu sehen. Auf circa jedem zehnten Gefäß ist die Kombination aus Kranz und Binde dargestellt. Etwa ein Fünftel der Gefäße zeigen weder Kranz noch Binde.

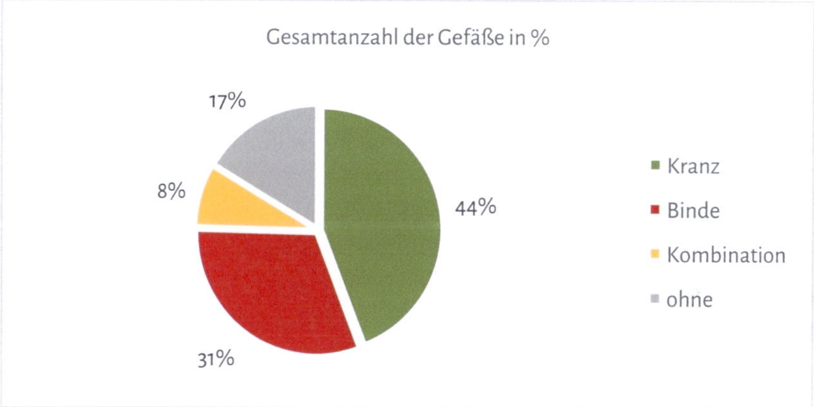

Abb. 13: Verteilung der Ausstattungselemente im Verhältnis zur Gesamtanzahl der Gefäße

Innerhalb der Prozessionsszenen überwiegen die Bindendarstellungen mit knapp 62 % im Verhältnis zu etwa 42 % Kranzdarstellungen (Abb. 14). Mehr als 20 % der Prozessionsdarstellungen zeigen weder Kranz noch Binde und lediglich etwa 4 % eine Kombination der beiden Elemente. Bei den Opferszenen überwiegen eindeutig die Kranzdarstellungen mit fast 85 % gegenüber den Bindendarstellungen mit 25 %. Fast jede zehnte Opferdarstellung zeigt die Figuren mit einer Kombination von Kranz und Binde sowie ohne Kranz und Binde. Im Gegensatz hierzu stehen die

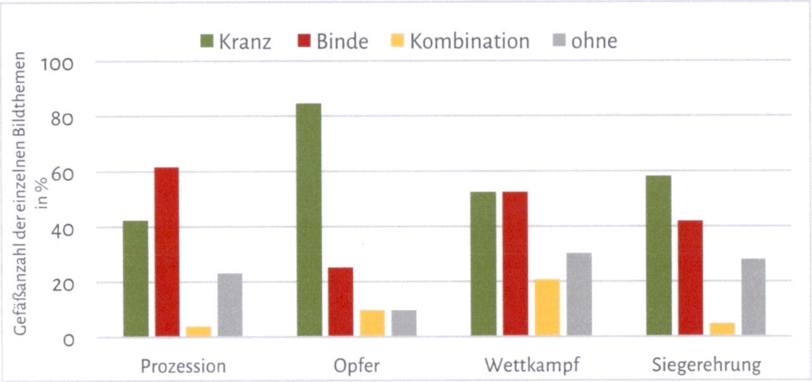

Abb. 14: Verteilung der Ausstattungselemente im Verhältnis zur Gefäßanzahl des jeweiligen Bildthemas

Wettkampfdarstellungen: Etwas mehr als 30 % kommen ohne die Darstellung von Kranz und Binde aus – fast 21 % zeigen die Kombination der beiden Elemente. Jeweils knapp 53 % der Wettkampfdarstellungen sind sowohl mit Binden als auch mit Kränzen erhalten. Mit etwa 58 % sind ähnlich viele Kränze bei den Siegerehrungsdarstellungen zu vermerken. Mehr als 40 % zeigen Binden und lediglich etwa 5 % die Kombination von Kranz und Binde. Mehr als 27 % der Siegerehrungsdarstellungen sind ohne Kranz und Binde erhalten.

4.1.2 Blattarten

Auf den 113 Gefäßen mit Kranzdarstellungen können auf 13 Gefäßen Lorbeer- (11,5 %), auf 57 Oliven- (50,44 %), auf 39 Myrten- (34,51 %) und auf neun Efeukränze (7,96 %) bestimmt werden.[275] 12 Kränze (10,62 %) können nicht identifiziert werden.

Von den elf Prozessionsszenen mit Kranzdarstellungen sind auf zwei Objekten Lorbeer- (18,18 %), auf drei Oliven- (27,27 %), auf sechs Myrten- (54,55 %) und auf zwei Efeukränze (27,27 %) dargestellt. Demnach sind 15,38 % der Lorbeer-, 5,26 % der Oliven-, 15,38 % der Myrten- und 22,22 % der Efeukränze im Kontext der Prozessionsszenen dargestellt. Von den 44 Opferszenen mit Kranzdarstellungen sind auf sechs Gefäßen Lorbeer- (13,64 %), auf 31 Oliven- (70,45 %), auf neun Myrten- (20,45 %) und auf

275 Die Gesamtanzahl der Gefäße mit Darstellungen von Kränzen (113) korrespondiert – aufgrund verschiedener Kränze auf einem Gefäß – mit der Gesamtanzahl der nach ihrer botanischen Art geordneten Kranzdarstellungen.

einem Efeukränze (2,27 %) dargestellt. Dies ergibt einen prozentualen Anteil innerhalb der Opferszenen von 46,15 % der Lorbeer-, 54,39 % der Oliven-, 23,08 % der Myrten-, und 11,11 % der Efeukränze. Die Kranzdarstellungen der 33 Wettkampfszenen verteilen sich auf sechs Gefäße mit Lorbeer- (18,18 %), auf elf mit Oliven- (33,33 %), auf zwölf mit Myrten- (36,36 %) und auf drei mit Efeukränzen (9,09 %). Auf elf Gefäßen sind die Kranzdarstellungen (33,33 %) nicht bestimmbar. Demnach sind innerhalb der Wettkampfszenen 46,15 % der Lorbeer-, 19,3 % der Oliven-, 30,77 % der Myrten-, 33,33 % der Efeukränze und 84,61 % der nicht bestimmbaren Kränze dargestellt. Von den 25 Siegerehrungsszenen mit Kranzdarstellungen sind auf jeweils zwölf Gefäßen Oliven- und Myrten- (jeweils 40,00 %) sowie auf drei Gefäßen Efeukränze (12,00 %) dargestellt. Auf einem Gefäß ist ein Kranz (4,00 %) nicht bestimmbar. Der prozentuale Anteil innerhalb der Siegerehrungsszenen liegt bei 21,05 % der Oliven-, 30,77 % der Myrten- und 33,33 % der Efeukränze sowie bei 8,33 % der nicht bestimmbaren Kränze.

Die Analyse der Verteilung der Blattarten zeigt auf, dass innerhalb der Prozessionsszenen über die Hälfte der Gefäße Darstellungen mit Kränzen aus Myrte zeigen (Abb. 15). Innerhalb der Opferszenen überwiegen hingegen mit über zwei Drittel die Olivenkränze, innerhalb der Wettkampfdarstellungen mit mehr als einem Drittel wiederum die Myrtenkränze und bei den Siegerehrungsdarstellungen mit jeweils fast 40 % die Oliven- und Myrtenkränze. Weiterhin sind auf jeweils einem Drittel der Wettkampfdarstellungen Olivenkränze sowie nicht bestimmbare Kränze erhalten. Generell selten sind Efeukränze überliefert, die in allen Themenbereichen – mit Ausnahme der Prozessionsszenen, bei denen auf mehr als 27 % der Darstellungen Efeukränze zu sehen sind – nur eine geringe Anzahl bilden. Lorbeerkränze werden ebenfalls seltener dargestellt: Bei den Siegerehrungsszenen ist kein Lorbeerkranz erhalten, innerhalb der weiteren Themenbereiche bleibt der Anteil jeweils unter 20 %.

Neben dem Verhältnis der Kränze auf den Gefäßen innerhalb der Themengebiete Prozession, Opfer, Wettkampf und Siegerehrung können Aussagen zur Verteilung der Kränze innerhalb ihrer botanischen Art getroffen werden: Annähernd jeweils 47 % der Lorbeerkränze sind auf den Darstellungen von Opfer und Wettkampf zu finden (Abb. 16). Etwas mehr als 15 % werden innerhalb der Prozessionsszenen dargestellt. Die meisten Olivenkränze mit etwa 55 % sind auf Gefäßen mit Opferdarstellungen überliefert. Etwa jeweils ein Fünftel der Olivenkränze sind innerhalb von Wettkampf- sowie von Siegerehrungs- und circa 5 % von Prozessionsszenen dargestellt. Myrtenkränze überwiegen mit etwa jeweils 31 % auf den Gefäßen mit Wettkampf- und Siegerehrungsdarstellungen. Circa 23 % sind hingegen innerhalb von Opfer- und knapp 16 % von Prozessionsszenen dargestellt. Die Verteilung des Efeukranzes ist ähnlich zu beschreiben. Jeweils knapp 34 % sind innerhalb der Darstellungen von Siegerehrung und Wettkampf, circa 23 % innerhalb der Prozessions- und knapp 12 % innerhalb der Opferszenen wiedergegeben. Kränze, die in ihrer Bota-

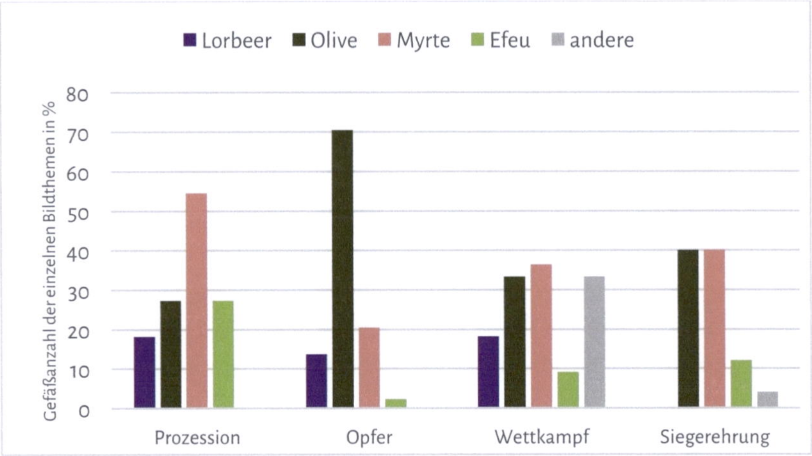

Abb. 15: Verteilung der Blattarten im Verhältnis zur Gefäßanzahl des jeweiligen Bildthemas

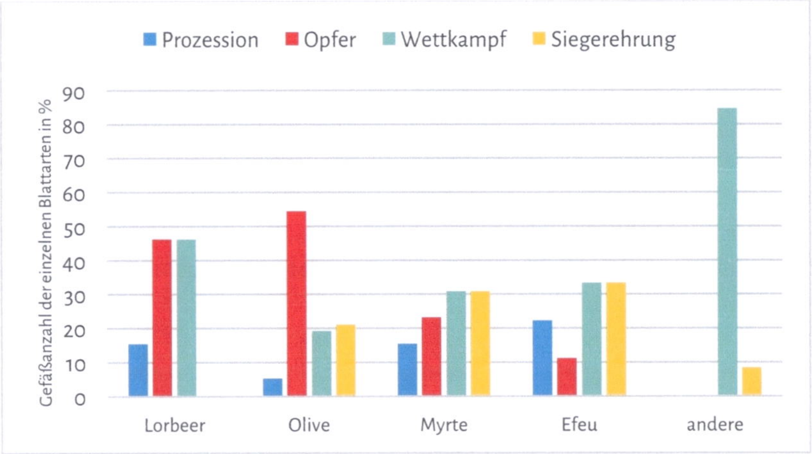

Abb. 16: Verteilung der Blattarten im Verhältnis zur Gefäßanzahl der jeweiligen Blattart

nik nicht zu identifizieren sind, zeigen mit knapp 85 % vor allem die Wettkampfdarstellungen – lediglich eine Darstellung ist innerhalb einer Siegerehrungsszene erhalten.

4.1.3 Kranztragende

Insgesamt sind von den 113 Gefäßen mit Kranzdarstellungen auf drei Gefäßen (2,65 %) Prozessionsteilnehmer, auf 23 (20,35 %) Opferteilnehmer, auf 40 (35,40 %) Opfernde, auf sieben (6,19 %) Kranz- beziehungsweise Zweigträger sowie auf zwölf (10,62 %) Tierträger beziehungsweise -führer bekränzt zu sehen. Auf 20 Gefäßen (17,70 %) sind Opferkorbtragende, auf 24 (21,24 %) Bratspießträger, auf 14 (12,39 %) Fackeltragende und auf zwei (1,77 %) Gottheiten bekränzt dargestellt. Weiterhin sind auf 41 Objekten (36,28 %) Musizierende (Kithara-, Aulosspieler, Sänger), auf 35 (30,97 %) Kampfrichter oder Trainer beziehungsweise Zuschauer, und auf 29 (25,66 %) Athleten mit Kränzen auf den Köpfen dargestellt.[276]

Von den insgesamt 13 Gefäßen mit der Darstellung von Lorbeerkränzen sind auf jeweils einem Objekt (7,69 %) Prozessionsteilnehmer, Kranz- beziehungsweise Zweigträger, Opferkorbtragende und Fackeltragende sowie auf jeweils vier Objekten (30,77 %) Opferteilnehmer, Opfernde, Bratspießträger, Musizierende (Kithara-, Aulosspieler) sowie Kampfrichter oder Trainer beziehungsweise Zuschauer mit Lorbeerkränzen zu sehen.

Auf jeweils 17 (29,82 %) der insgesamt 57 Gefäße mit Darstellungen von Olivenkränzen tragen Opferteilnehmer und Bratspießträger diese – auf 28 (49,12 %) Opfernde, auf sieben (12,28 %) Kranz- beziehungsweise Zweigträger, auf zwölf (21,05 %) Tierträger beziehungsweise -führer und auf jeweils 15 (26,32 %) Opferkorbtragende und Kampfrichter oder Trainer beziehungsweise Zuschauer. Auf jeweils einem Gefäß (1,75 %) sind Fackeltragende sowie eine Gottheit (Eros) mit Olivenkränzen dargestellt, auf 22 Gefäßen (38,60 %) Musizierende (Kithara-, Aulosspieler, Sänger) und auf sieben (12,28 %) Athleten.

---

276 Die Darstellung von Binden tragenden Figuren verteilt sich wie folgt: Neun der insgesamt 80 Gefäße mit Bindendarstellungen zeigen Prozessionsteilnehmer mit Binden (*P1. P3. P8. P9. P11–P13. P24. P25*); vier Opferteilnehmer (*O31. O41. O50. O52*); zehn Opfernde (*P8. O3. O13. O19. O20. O31. O47. O48. O50. O52*); drei Kranz- bzw. Zweigträger (*P3. P9. P15*); zehn Tierträger bzw. -führer (*P3. P8. P9. P12. P13. P22–P24. O7. O52*); zwölf Opferkorbträger (*P2. P9. P12. P15. P17. P26. O3. O31. O47. O48. O50. O52*); vier Bratspießträger (*O20. O31. O48. O50*); 13 Fackeltragende (*P25. F1. F3. F6–F9. F11. F12. F17–F20*); 13 Gottheiten (*P16. O17–O19. O41. M24. M25. M27. M28. M33. S6. S23. S37*); zwölf Musizierende (*P2. P8. P23. O48. M5. M6. M8. M12. M23. M26. M29. M31*); 16 Kampfrichter oder Trainer bzw. Zuschauer (*F19. M3. M6. M12. M16. M23. M26. M29. M31. M32. S3. S18. S21. S28. S30. S42*); 27 Athleten (*F3. F6–F10. F12. F17–F19. W4. W5. W7. W8. S4. S21. S27–S33. S35–S38*).

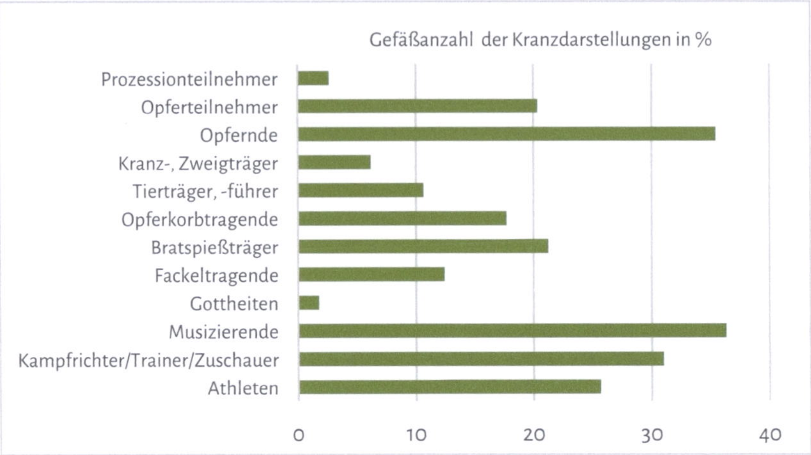

Abb. 17: Verteilung der Kranztragenden im Verhältnis zur Gefäßanzahl der Kranzdarstellungen

Auf jeweils einem Objekt (2,56 %) der insgesamt 39 Gefäße mit der Darstellung von Myrtenkränzen tragen Prozessionsteilnehmer und Fackeltragende diese, auf jeweils zwei (5,13 %) Opferteilnehmer und Bratspießträger, auf sieben (17,95 %) Opfernde, auf vier (10,26 %) Kranz-, beziehungsweise Zweigträger, auf sechs (15,38 %) Tierträger beziehungsweise -führende und auf drei (7,69 %) Opferkorbtragende. Jeweils 14 Objekte (35,90 %) zeigen Musizierende (Kithara-, Aulosspieler, Sänger) und Kampfrichter oder Trainer beziehungsweise Zuschauer und acht Objekte (20,51 %) Athleten mit Myrtenkränzen.

Auf jeweils einem Objekt (11,11 %) der insgesamt neun Gefäße mit Efeukränzen tragen Prozessionsteilnehmer, Opfernde, Opferkorbtragende, Bratspießträger, Musizierende (Kitharaspieler), Kampfrichter oder Trainer beziehungsweise Zuschauer diese. Vier Objekte (44,44 %) zeigen Athleten mit Efeukränzen auf ihren Köpfen.

11 (91,67 %) der insgesamt 12 Gefäße, auf denen Figuren mit nicht zu definierenden Kränzen dargestellt sind, zeigen Fackeltragende mit diesen Ausstattungselementen. Auf jeweils einem Objekt (8,33 %) sind Kampfrichter oder Trainer beziehungsweise Zuschauer sowie eine Gottheit (Nike) und auf zehn Objekten (83,33 %) Athleten mit solchen nicht zu definierenden Kränzen zu sehen.

Die prozentuale Verteilung der Kranztragenden ergibt, dass zumeist Musizierende mit Kränzen dargestellt werden – diese belegen knapp 37 % der Gefäße mit Kranzdarstellungen, dicht gefolgt von Opfernden mit etwas mehr als 35 % (Abb. 17). Mehr als 30 % der Gefäße mit Kranzdarstellungen sind mit bekränzten Kampfrichtern

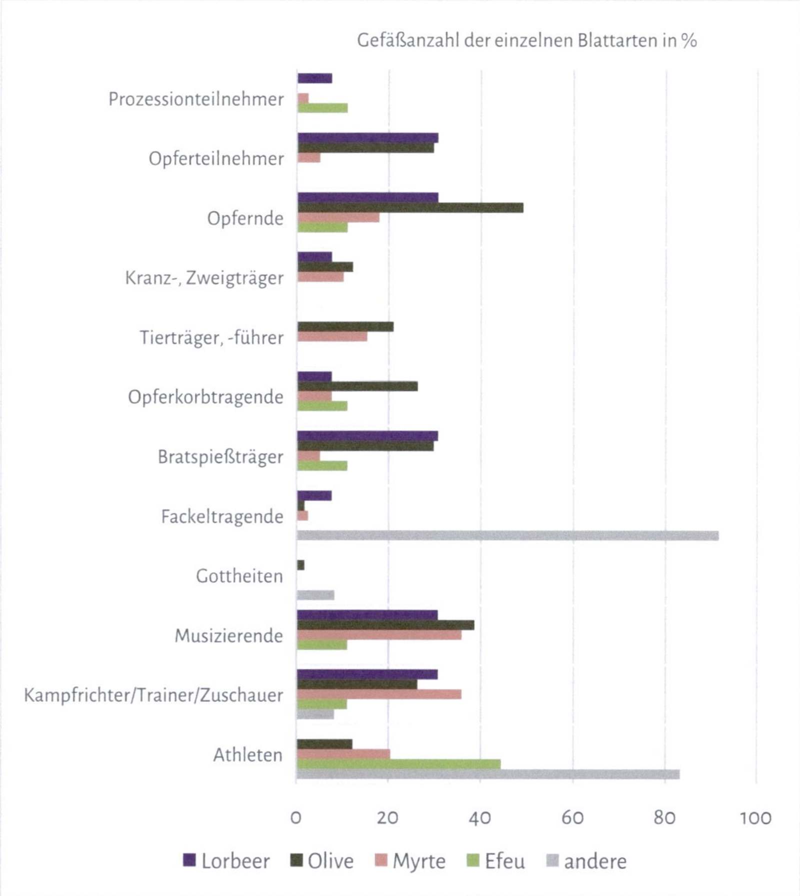

Abb. 18: Verteilung der Kranztragenden im Verhältnis zur Gefäßanzahl der jeweiligen Blattart

oder Trainern beziehungsweise Zuschauern und mehr als 25 % mit bekränzten Athleten sowie jeweils etwa jedes fünfte bis sechste Gefäß mit Opferteilnehmern, Bratspieß- oder Opferkorbtragenden überliefert. Bekränzte Fackeltragenden sind auf etwa 12 %, bekränzte Tierträger beziehungsweise -führer auf mehr als 10 % und bekränzte Kranz- beziehungsweise Zweigträger auf etwa 6 % der Gefäße mit Kranzdarstellungen vertreten. Die geringste Anzahl – lediglich um die 1 bis 3 % der Gefäße mit Kranzdarstellungen – zeigt bekränzte Gottheiten und Prozessionsteilnehmer.

Innerhalb der Gefäßanzahl mit Darstellungen der verschiedenen Kränze sieht die Verteilung wie folgt aus: Jeweils etwas mehr als 30 % aller Gefäße mit Lorbeerkranzdarstellungen zeigen mit Lorbeer bekränzte Opfernde, Opferteilnehmer, Bratspießträger und Musizierende sowie Kampfrichter oder Trainer beziehungsweise Zuschauer (Abb. 18). Lediglich jeweils knapp 8 % zeigen Prozessionsteilnehmer, Zweig- beziehungsweise Kranzträger, Opferkorbtragende und Fackeltragende mit Lorbeerkränzen.

Fast die Hälfte aller Gefäße mit Olivenkranzdarstellungen zeigen Opfernde mit Olivenkränzen. Auf circa 39 % der Gefäße sind Musizierende und auf jeweils knapp 30 % Bratspießträger und Opferteilnehmer mit Olivenkränzen versehen. Etwa jeweils jedes vierte Gefäß zeigt Opferkorbtragende sowie Kampfrichter oder Trainer beziehungsweise Zuschauer mit Olivenkränzen. Auf etwa 22 % der Gefäße sind Tierträger beziehungsweise -führer und auf jeweils circa 12 % Zweig- beziehungsweise Kranzträger sowie Athleten bekränzt dargestellt. Weniger als 2 % der Gefäße mit Olivenkranzdarstellungen zeigen Fackeltragende und Gottheiten bekränzt.

Mehr als jedes dritte Objekt mit Myrtenkranzdarstellungen zeigt die Kampfrichter oder Trainer beziehungsweise Zuschauer und die Musizierende mit Myrte bekränzt. Auf etwa jeweils jeder fünften Darstellung sind Athleten mit Myrte bekränzt, auf knapp 18 % Opfernde, auf knapp 16 % Tierträger beziehungsweise -führer, auf jeder zehnten Zweig- beziehungsweise Kranzträger und auf knapp 8 % Opferkorbtragende. Jeweils etwa 5 % der Gefäße mit Myrtenkranzdarstellungen zeigen Opferteilnehmer und Bratspießträger, jeweils weniger als 3 % Fackeltragende und Prozessionsteilnehmer mit Myrte bekränzt.

Über 44 % der Gefäße mit Efeukranzdarstellungen zeigen mit Efeu bekränzte Athleten. Auf etwa jeweils jedem zehnten Gefäß sind Prozessionsteilnehmer, Opfernde, Opferkorbtragende und Bratspießträger, Kampfrichter oder Trainer beziehungsweise Zuschauer sowie Musizierende mit Efeu bekränzt. Fast 92 % der Gefäße mit unbestimmbaren Kränzen zeigen Fackeltragende mit nicht bestimmbaren Kränzen – mehr als 83 % zeigen Athleten und jeweils etwa 8 % Gottheiten sowie Kampfrichter oder Trainer beziehungsweise Zuschauer.

4.2 Verteilung der Objekte

4.2.1 Datierung

Von den insgesamt 184 Gefäßen sind 54 Gefäße (29,35 %) in schwarzfiguriger[277] und 130 Gefäße (70,65 %) in rotfiguriger[278] Technik gearbeitet.

Mit 34 Darstellungen (18,48 %) datieren die meisten Szenen in den Zeitabschnitt 450 bis 400 v. Chr. und mit 33 Darstellungen (17,93 %) in den Zeitabschnitt 475 bis 425 v. Chr. Insgesamt 7,69 % der Prozessions-, 55,77 % der Opfer-, 41,27 % der Wettkampf- und 23,26 % der Siegerehrungsszenen sind in diese beiden Zeiträume zu datieren. Die Jahre 525 bis 475 v. Chr. folgen mit 30 Darstellungen (16,30 %). In diesem Zeitraum sind 19,23 % der Prozessions-, 11,54 % der Opfer-, 15,87 % der Wettkampf- und 20,93 % der Siegerehrungsdarstellungen entstanden.

26 Darstellungen (14,13 %) datieren in den Zeitraum von 500 bis 450 v. Chr., sodass 7,69 % der Prozessions-, 15,38 % der Opfer-, 7,94 % der Wettkampf- und 25,58 % der Siegerehrungsdarstellungen aus diesem Zeitraum stammen. Mit 25 Darstellungen (13,59 %) folgen die Jahre 550 bis 500 v. Chr.: 38,46 % aller Prozessions-, 1,92 % aller Opfer-, 17,46 % aller Wettkampf- und 6,98 % aller Siegerehrungsszenen sind diesem Zeitabschnitt zuzuordnen. 20 Darstellungen (10,87 %) datieren in die Jahre 425 bis 375 v. Chr. Das entspricht 13,46 % aller Opfer-, 14,29 % aller Wettkampf- sowie 9,30 % aller Siegerehrungsszenen.

Die mit Abstand wenigsten Darstellungen stammen zum einen aus den Zeiträumen 400 bis 300 v. Chr. mit neun Gefäßen (4,89 %) – 1,92 % der Opfer-, 3,17 % der Wettkampf-, und 13,95 % der Siegerehrungsszene datieren in diesen Zeitraum – und zum anderen aus den Jahren 575 bis 525 v. Chr. mit sechs Gefäßen (3,26 %) sowie aus den Jahren 625 bis 575 v. Chr. mit lediglich einem Gefäß (0,54 %). Aus den letzten beiden Zeitabschnitten sind ausschließlich Prozessionsszenen erhalten, die 26,92 % aller Prozessionsszenen abdecken.

Die zeitliche Verteilung der insgesamt 113 Gefäße mit Kranzdarstellungen ist wie folgt zu beschreiben: 28 Gefäße (24,78 %) stammen aus der Zeit von 450 bis 400 v. Chr.[279], 23 (20,35 %) aus den Jahren 475 bis 425 v. Chr.[280], 20 (17,70 %) aus der Zeit von 525 bis 475 v. Chr.[281] und 14 (12,39 %) aus den Jahren 425 bis 375 v. Chr.[282] Zwölf Objekte

---

277 *P1–P12. P14–P16. P18–P24. O1–O4. W9. M1–M4. M6–M10. M12–M16. M19. S2. S3. S5. S14–S16. S24. S38. S40–S43.*

278 *P13. P17. P25. P26. O5–O52. F1–F21. W1–W8. M5. M11. M17. M18. M20–M33. S1. S4. S6–S13. S17–S23. S25–S37. S39.*

279 *P26. O27–O30. O32–O44. F5–F8. F10. M27. M28. M30. M32. M33.*

280 *P25. O16–O18. O20–O26. F1. F3. M20–M22. M24. M25. S24. S26. S30. S32. S33.*

281 *P18. P21. O2. O4–O7. W2. W3. M12. M13. S4–S12.*

282 *O45–O51. F12. F17–F20. S34. S36.*

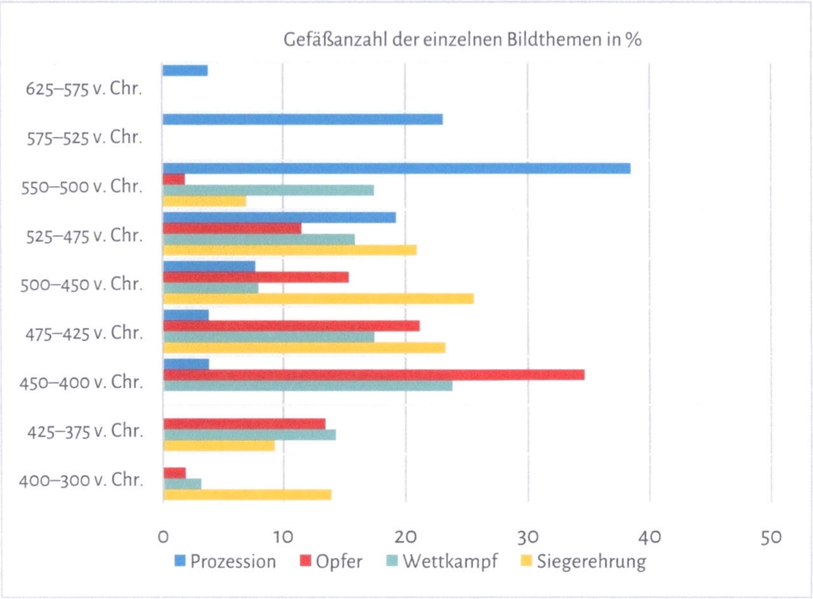

Abb. 19: Verteilung der Datierung im Verhältnis zur Gefäßanzahl des jeweiligen Bildthemas

mit Kranzdarstellungen (10,62 %) sind in die Jahre 550 bis 500 v. Chr.[283] sowie elf (9,73 %) in die Jahre 500 bis 450 v. Chr.W[284] zu datieren und lediglich drei (2,65 %) in die Jahre 400 bis 300 v. Chr.[285] sowie zwei (1,77 %) in die Jahre 575 bis 525 v. Chr.[286]

Für die 80 Bindendarstellungen zeigt sich folgende Verteilung: In die Jahre 475 bis 425 v. Chr.[287] fallen 19 Gefäße (23,75 %), in die Jahre 450 bis 400 v. Chr.[288] 16 (20,00 %) sowie 12 (15,00 %) in die Jahre 550 bis 500 v. Chr.[289] und elf (13,74 %) in die Jahre 425 bis 375 v. Chr.[290] Neun Objekte mit Bindendarstellungen (11,25 %) datieren in die Jahre 525 bis 475 v. Chr.[291] sowie sieben (8,75 %) in die Jahre 500 bis 450 v. Chr.[292]

---

283 P10. P13. P14. P16. P17. M1. M2. M4. M10. M11. S1. S2.

284 O9. O10. O14. O15. M18. M19. S14. S15. S17. S20. S23.

285 O52. S40. S41.

286 P2. P4.

287 P25. O17–O20. F1. F3. W8. M23–M25. S27–S33.

288 P26. O31. O41. F6–F11. M26–M29. M31–M33.

289 P8. P9. P11–P13. P15. P17. M3. M5. M6. M8. S3.

290 O47. O48. O50. F12. F17–F20. S35–S37.

291 P22. O3. O7. M12. M16. W4. W5. S4. S6.

292 P23. P24. O13. W7. S18. S21. S23.

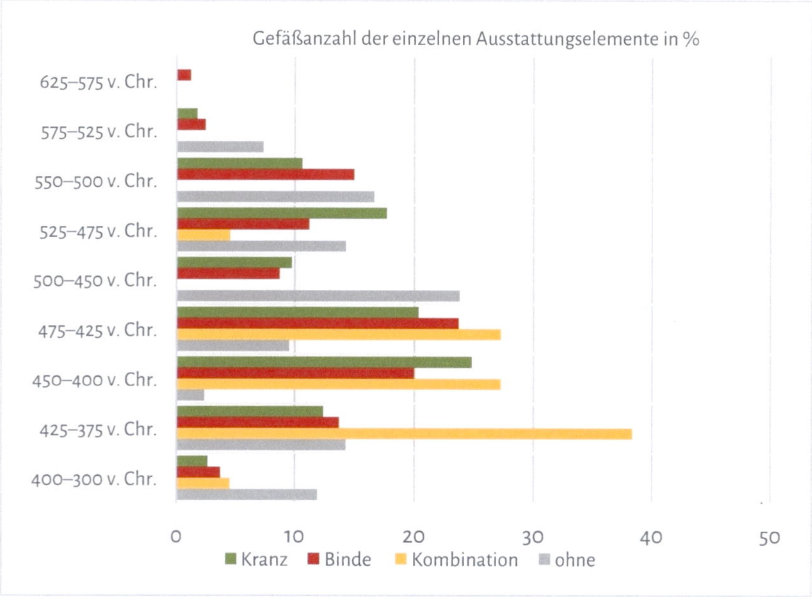

Abb. 20: Verteilung der Datierung im Verhältnis zur Gefäßanzahl des jeweiligen Ausstattungselementes

und lediglich drei (3,75 %) in die Jahre 400 bis 300 v. Chr.[293] sowie zwei (2,50 %) in die Jahre 575 bis 525 v. Chr.[294] In den Zeitraum 625 bis 575 v. Chr.[295] ist lediglich eine Bindendarstellung (1,25 %) zu datieren.

Von 22 Gefäßen mit der Darstellung der Kombination von Kranz und Binde datieren acht Gefäße (38,36 %) in die Jahre 425 bis 375 v. Chr.[296], in die Zeitabschnitte 475 bis 425 v. Chr.[297] und 450 bis 400 v. Chr.[298] jeweils sechs (27,27 %) und in die Jahre 525 bis 475 v. Chr.[299] sowie 400 bis 300 v. Chr.[300] jeweils ein Gefäß (4,55 %).

Figuren ohne Kranz oder Binde zeigen – von den insgesamt 42 Objekten – zehn Gefäße (23,81 %) aus den Jahren 500 bis 450 v. Chr.[301], sieben Gefäße (16,67 %) aus den

293 *O52. S38. S42.*

294 *P2. P3.*

295 *P1.*

296 *O47. O48. O50. F12. F17–F20.*

297 *P25. O20. F1. F3. S32. S33.*

298 *F6–F8. F10. M27. M28*

299 *M12.*

300 *O52.*

301 *O8. O11. O12. O14. W6. W7. S13. S16. S19. S22.*

Jahren 550 bis 500 v. Chr.[302] sowie jeweils sechs Objekte (14,29 %) aus den Zeitabschnitten 425 bis 375 v. Chr.[303] und 525 bis 475 v. Chr.[304] Aus den Jahren 400 bis 300 v. Chr.[305] sind fünf (11,90 %), aus dem Zeitraum 475 bis 425 v. Chr.[306] vier (9,52 %), aus den Jahren 575 bis 525 v. Chr.[307] drei Gefäße (7,41 %) und aus dem Zeitabschnitt 450 bis 400 v. Chr.[308] lediglich ein Gefäß (2,38 %) mit Figuren ohne Kranz oder Binde erhalten.

Die Untersuchung der Darstellungen in Bezug zu ihrer Datierung ergibt, dass mit knapp 40 % der untersuchten Gefäße die meisten Prozessionsszenen in die Jahre 550 bis 500 v. Chr. datieren (Abb. 19). Mehr als jede zweite Opferdarstellung ist hingegen in den Jahren 475 bis 400 v. Chr. entstanden. Aus demselben Zeitraum stammen etwa 42 % der Wettkampfszenen. Jede vierte Siegerehrungsszenen ist aus den Jahren 500 bis 450 v. Chr. erhalten. Insgesamt ist mit etwa 62 % aller untersuchten Gefäße ein deutlicher Schwerpunkt in den Jahren 550 bis 400 v. Chr. zu bestimmen.

Zusammenfassend kann festgehalten werden, dass die Darstellung von Kränzen in allen Themenbereichen um 575 v. Chr. beginnt und zum Ende des 5. Jh. v. Chr. ausläuft (Abb. 20). Vor allem in der Zeit von 475 bis 400 v. Chr. ist der Kranz mit etwas mehr als die Hälfte aller Gefäße mit Kranzdarstellungen präsent. Die Darstellung von Binden beginnt hingegen etwas früher, um 625 v. Chr., und endet ebenso zum Ende des 5. Jh. v. Chr. Ihre Hauptphase in der Darstellung erfährt die Binde ebenso in den Jahren 475 bis 400 v. Chr. mit circa 45 % aller Gefäße mit Bindendarstellungen.

Darstellungen, die Binde und Kranz in Kombination zeigen, setzen erst ab 525 v. Chr. ein und enden ebenfalls zum Ende des 5. Jh. v. Chr. Die Darstellung der Kombination konzentriert sich dabei auf den Zeitraum von 475 bis 375 v. Chr. mit fast 93 % aller Gefäße mit Kombinationsdarstellungen. Gefäße, die Figuren ohne Kranz oder Binde zeigen, sind in allen Zeitabschnitten – bis auf die frühsten und die spätesten Zeiträume – kontinuierlich vorhanden.

4.2.2 Gefäßform

Insgesamt 68 Gefäße (36,96 %) der 184 Objekte sind in die Kategorie der Vorratsgefäße einzuordnen, 13 (7,07 %) in die der Schöpf- und Gießgefäße, 47 (25,54 %) in die

302 *O1. M4. M7–M9. S2. S3*

303 *F4. F13–F16. S34*

304 *P19. P20. W1. M14. M15. S4.*

305 *F21. W9. S39. S42. S43.*

306 *F2. F4. S25. S27.*

307 *P5–P7.*

308 *F5.*

der Mischgefäße, 44 (23,91 %) in die der Trinkgefäße und zwölf (6,52 %) in die der Salbgefäße.

Zu den 68 Vorratsgefäßen zählen sechs Prozessions-, elf Opfer-, 31 Wettkampf- und 20 Siegerehrungsszenen. Dies entspricht 23,08 % der Gesamtanzahl der Prozessionsdarstellungen sowie 21,15 % der Opfer-, 49,21 % der Wettkampf- und 46,51 % der Siegerehrungsszenen. Bei den 13 Schöpf- und Gießgefäßen sieht die Verteilung wie folgt aus: fünf Prozessions-, zwei Opfer-, drei Wettkampf- und drei Siegerehrungsszenen – im Verhältnis zur jeweiligen Gesamtanzahl sind 19,23 % der Prozessions-, 3,85 % der Opfer-, 4,76 % der Wettkampf- und 6,98 % der Siegerehrungsszenen zu benennen.

Von den 44 Trinkgefäßen sind fünf mit Prozessions-, elf mit Opfer-, 15 mit Wettkampf- und 13 mit Siegerehrungsszenen versehen. Dies entspricht 19,23 % der Gesamtanzahl der Prozessionsdarstellungen sowie 21,15 % der Opfer-, 23,81 % der Wettkampf- und 30,23 % der Siegerehrungsszenen. Zu den 47 Mischgefäßen zählen drei Prozessions-, 27 Opfer-, 13 Wettkampf- und vier Siegerehrungsszenen. Prozentual sind 11,54 % der Prozessions-, 51,92 % der Opfer-, 20,63 % der Wettkampf- und 9,30 % der Siegerehrungsszenen auf den Mischgefäßen erhalten. Bei den zwölf Salbgefäßen sind sieben Prozessions-, eine Opfer-, eine Wettkampf- und drei Siegerehrungsszenen zu nennen. Daraus ergibt sich eine prozentuale Verteilung innerhalb der Themengebiete mit 26,92 % Prozessions-, 1,92 % Opfer-, 1,59 % Wettkampf- und 6,98 % Siegerehrungsszenen.

Die Verteilung von Kranz und Binde ist folgendermaßen darzulegen: Auf 38 Vorratsgefäßen[309] (33,63 %) der 113 Objekte mit Kranzdarstellungen sind Figuren mit Kränzen versehen. Acht der Schöpf- und Gießgefäße[310] (7,08 %), 22 der Trinkgefäße[311] (18,47 %), 39 der Mischgefäße[312] (34,51 %) und sechs der Salbgefäße[313] (5,31%) zeigen Figuren mit Kränzen. 23 der insgesamt 80 Objekte mit Bindendarstellungen sind Vorratsgefäße[314] (28,75 %) sowie acht Schöpf- und Gießgefäße[315] (10,00 %), 17 Trinkgefäße[316] (21,25 %), 22 Mischgefäße[317] (27,50 %) und zehn Salbgefäße[318]

309 P2. P10. P25. O2. O9. O16–O18. O27–O29. F5. F12. M1. M2. M4. M10. M12. M13. M18–M22. M27. M28. M30. S1. S2. S14. S15. S17. S24. S26. S34. S40. S41.

310 P4. P13. P18. O20. M32. S4–S6.

311 P14. O5–O7. O14. O15. O25. O43. O44. F3. F8. F10. F20. W2. W3. S8–S12. S20. S30.

312 P26. O4. O10. O21–O24. O30. O32–O42. O45–O52. F1. F6. F7. F17–F19. M11. M24. M25. M33. S7. S36.

313 P16. P17. P21. O26. S32. S33.

314 P2. P8. P9. P11. P25. O17–O19. F12. M3. M5. M6. M8. M12. M26–M29. M31. S3. S18. S38. S42.

315 P3. P12. P13. O3. O20. M32. S4. S6.

316 O7. O13. F3. F8–F11. F20. W4. W5. W7. S21. S27–S31.

317 P1. P26. O31. O41. O47. O48. O50. O52. F1. F6. F7. F17–F19. W8. M23–M25. M33. S35–S37.

318 P15. P16. P17. P22–P24. M16. S23. S32. S33.

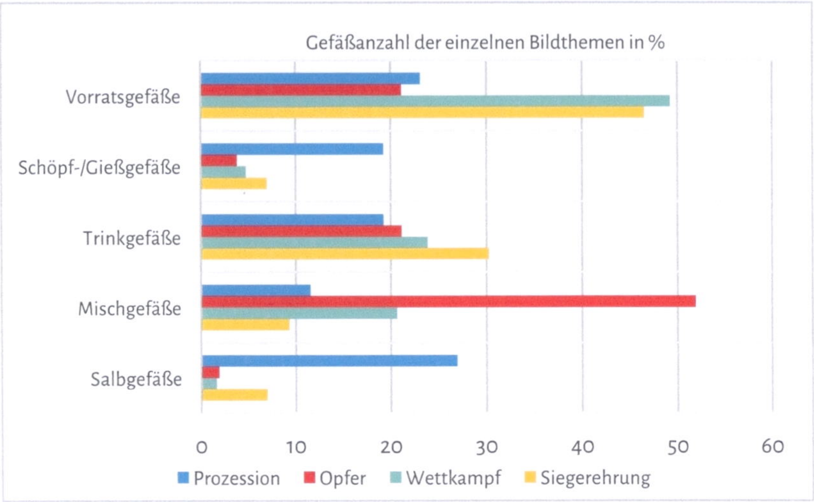

Abb. 21: Verteilung der Gefäßform im Verhältnis zur Gefäßanzahl des jeweiligen Bildthemas

(12,50 %). Die Kombination von Kranz und Binde ist auf fünf Vorratsgefäßen[319] (22,73 %), auf einem Schöpf- und Gießgefäß[320] (4,55 %), auf vier Trinkgefäßen[321] (18,18 %) und auf zehn Mischgefäßen[322] (45,45 %) sowie auf zwei Salbgefäßen[323] (9,09 %) der insgesamt 22 Objekte mit der Darstellung der Kombination zu vermerken. Figuren ohne Kranz oder Binde finden sich auf 22 Vorratsgefäßen[324] (52,38 %), auf drei Schöpf- und Gießgefäßen[325] (7,14 %), auf 14 Trinkgefäßen[326] (33,33 %), auf zwei Mischgefäßen[327] (4,76 %) und auf einem Salbgefäß[328] (2,38 %) der 22 Gefäße ohne Darstellung von Kranz und Binde.

Aus den aufgestellten Zahlen resultiert, dass die meisten Darstellungen mit knapp 37 % auf Vorratsgefäßen überliefert sind. Davon stellen die Amphoren mit

319 P25. F12. M12. M27. M28.
320 O20.
321 F3. F8. F10. F20.
322 O47. O48. O50. O52. F1. F6. F7. F17–F19.
323 S32. S33.
324 O1. O8. F13. F14. M3. M4. M8. M17. W1. W9. M7. M9. M14. S3. S13. S16. S19. S25. S34. S39. S42. S43.
325 F15. M15. S4.
326 P6. P7. P19. P20. O11. O12. O14. F2. F4. F21. W6. W7. S22. S27.
327 P5. F16.
328 P21.

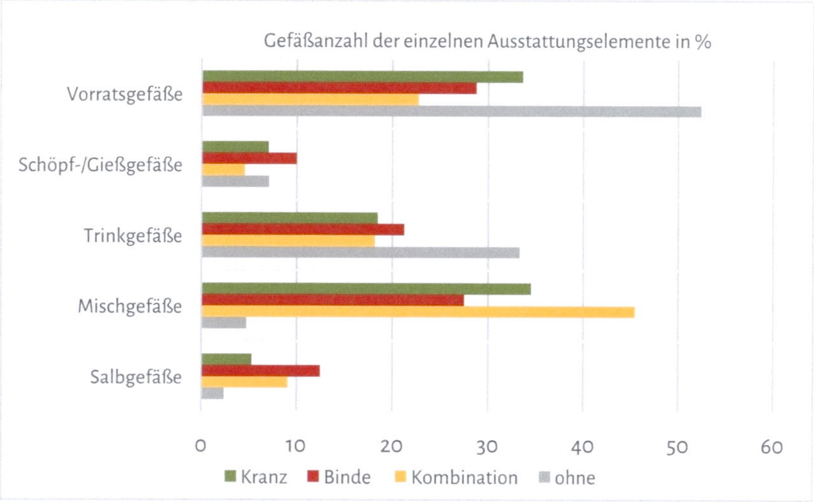

Abb. 22: Verteilung der Gefäßform im Verhältnis zur Gefäßanzahl des jeweiligen Ausstattungselementes

43 Gefäßen und die Peliken mit 20 Gefäßen die meisten Objekte. Es folgen die Mischgefäße mit etwa 25 % und die Trinkgefäße mit knapp 24 %. Die Glockenkratere und die Schalen liefern mit jeweils 31 Gefäßen die größte Anzahl an Darstellungen.

Die meisten Prozessionsszenen sind mit fast 27 % auf Salbgefäßen dargestellt sowie jeweils jede vierte bis fünfte auf Vorrats-, Trink- beziehungsweise auf Schöpf- und Gießgefäßen (Abb. 21). Nur etwa jede zehnte Darstellung ziert Mischgefäße. Im Gegensatz dazu sind über 50 % der Opferszenen auf Mischgefäßen dargestellt und jeweils gut ein Fünftel auf Vorrats- und Trinkgefäßen. Knapp jede zweite Darstellung der Wettkampfszenen ist auf Vorratsgefäßen erhalten, während fast jede vierte auf Trinkgefäßen und etwa jede fünfte auf Mischgefäßen zu finden ist. Knapp 47 % der Siegerehrungsszenen sind auf Vorratsgefäßen dargestellt und fast ein Drittel auf Trinkgefäßen.

Die Darstellung des Kranzes ist jeweils zu mehr als einem Drittel auf Vorrats- beziehungsweise Mischgefäßen zu finden (Abb. 22). Knapp jede fünfte Darstellung ist auf Trinkgefäßen erhalten. Binden werden ebenso hauptsächlich auf Vorrats- und Mischgefäßen mit jeweils mehr als jeder vierten Darstellung wiedergegeben. Etwa jede fünfte Darstellung ist wiederum auf Trinkgefäßen zu finden. Fast die Hälfte aller Darstellung der Kombination von Kranz und Binde ist auf Mischgefäßen erhalten und jeweils etwa fünfte Kombination ist auf Trink- sowie auf Vorratsgefäßen dargestellt.

Mehr als die Hälfte aller Darstellungen mit Figuren ohne Kranz und Binde sind wiederum auf Vorratsgefäßen und jede dritte auf Trinkgefäßen wiedergegeben.

4.2.3 Fundort

26 Objekte (14,13 %) der 184 Gefäße stammen aus Griechenland.[329] Diese sind in 13 Prozessions-, zwei Opfer-, sieben Wettkampf- und vier Siegerehrungsdarstellungen zu unterteilen. Dies entspricht 50 % aller Prozessions-, 3,85 % aller Opfer-, 11,11 % aller Wettkampf- und 9,30 % aller Siegerehrungsszenen. 79 Objekte wurden (42,93 %) in Italien gefunden. Dazu zählen acht Prozessions-, 23 Opfer-, 27 Wettkampf- und 21 Siegerehrungsszenen. Die prozentuale Verteilung sieht dabei wie folgt aus: 30,77 % aller Prozessions-, 44,23 % aller Opfer-, 42,86 % aller Wettkampf- und 48,84 % aller Siegerehrungsszenen stammen aus Italien.

Drei Objekte (1,63 %) mit Siegerehrungsdarstellungen – dies entspricht 6,98 % aller Siegerehrungsdarstellungen – wurden in Libyen entdeckt sowie eine Opferdarstellung in Portugal, eine Wettkampfszene in Russland und eine Opferdarstellung im Westjordanland (jeweils 0,54 %). Dies entspricht 1,92 % der Opfer- und 1,59 % der Wettkampfdarstellungen. Insgesamt 73 Gefäße (39,67 %) sind unbekannter Herkunft. Dazu zählen fünf Prozessions-, 25 Opfer-, 28 Wettkampf- und 15 Siegerehrungsszenen. Dies entspricht 19,23 % aller Prozessions-, 48,08 % aller Opfer-, 44,44 % aller Wettkampf- und 34,88 % aller Siegerehrungsszenen.

Die Verteilung der 113 Gefäße mit Darstellungen des Kranzes in Bezug zu ihren Fundorten kann folgendermaßen beschrieben werden: 13 Gefäße[330] (11,5 %) stammen aus Griechenland, 56 Gefäße[331] (49,56 %) aus Italien und jeweils ein Gefäß (0,88 %) aus Russland[332], aus Portugal[333], aus Libyen[334] sowie aus dem Westjordanland[335]. 40 Gefäße[336] (35,4 %) mit Kranzdarstellungen sind unbekannter Herkunft. 16 Gefäße[337]

329 Die Zuordnung der Fundorte zu den entsprechenden Ländern und ihre Benennung folgen den heutigen geografischen Grenzen.

330 *P10. P13. P14. P16. P18. P25. O47. O49. W5. F18. M20. M30. S5.*

331 *P2. P4. P17. P26. O2. O4–O6. O9. O10. O14–O18. O22. O23. O27. O30. O37. O38. O41. O42. O44. O48. F1. F6. F8. F17. W2. W3. M1. M4. M10–M12. M18. M24. M32. M33. S1. S2. S4. S7–S9. S11. S12. S14. S15. S23. S26. S30. S32. S36. S41.*

332 *M19.*

333 *O51.*

334 *S40.*

335 *O24.*

336 *P21. O7. O20. O21. O25. O26. O28. O29. O32–O36. O39. O40. O43. O45. O46. O50. O52. F3. F7. F10. F12. F19. F20. M2. M13. M21. M22. M25. M27. M28. S6. S10. S17. S20. S24. S33. S34.*

337 *P1. P11–P13. P15. P16. P22. P23. P25. O47. F9. F18. W5. M26. S31. S32.*

(20,00 %) der insgesamt 80 Bindendarstellungen wurden in Griechenland, 35 Gefäße[338] (43,75 %) in Italien und ein Gefäß[339] (1,25 %) in Libyen entdeckt. 28 Gefäße[340] (35,00 %) sind unbekannter Herkunft. Die Kombination von Kranz und Binde ist auf drei Gefäßen[341] (13,64 %) aus Griechenland, auf sieben Gefäßen[342] (31,82 %) aus Italien und auf zwölf Gefäßen[343] unbekannter Herkunft (54,55 %) erhalten. Darstellungen mit Figuren ohne Kranz oder Binde sind auf vier Gefäßen[344] (9,52 %) aus Griechenland, auf 13 Gefäßen[345] (30,95 %) aus Italien, auf einem Gefäß[346] (2,38 %) aus Libyen und auf 24 Gefäßen[347] (57,14 %) unbekannter Herkunft übermittelt.

Die Aufstellung der Verteilung des Fundortes ergibt, dass mit circa 43 % die meisten Objekte in Italien gefunden wurden. Lediglich etwa 14 % stammen aus Griechenland. Insgesamt weniger als 4 % aller Gefäße wurden in anderen Ländern entdeckt. Knapp 40 % können keinem Fundort zugeordnet werden. Dabei stammen 50 % der Prozessionsszenen aus Griechenland und etwa 30 % aus Italien. Fast 20 % sind ohne Fundkontext überliefert (Abb. 23). Anders sieht die Verteilung der Opferdarstellungen aus: Nur knapp 4 % wurden in Griechenland, jedoch fast 45 % in Italien entdeckt. Der Großteil ist auch hierbei keinem Fundort zuzuweisen. Ganz ähnlich ist die Fundlage der Wettkampf- und Siegerehrungsszenen zu beschreiben: Etwa jede zehnte Darstellung wurde in Griechenland gefunden und etwas weniger als jede zweite in Italien.

Fast 50 % der Gefäße mit Kranzdarstellungen stammen aus Italien, etwa 12 % aus Griechenland und circa 35 % sind unbekannter Herkunft (Abb. 24). Ähnlich sieht die Verteilung der Bindendarstellungen aus: 20 % der Gefäße wurden in Griechenland und etwa 43 % in Italien gefunden, 35 % sind unbekannten Fundortes. Gefäße mit der Kombination von Kranz und Binde stammen zu circa 13% aus Griechenland sowie zu fast 32 % aus Italien. Bei über die Hälfte der Objekte mit der Kombination von Kranz und Binde ist der Fundort unbekannt. Von den Darstellungen mit Figuren ohne Kranz und Binde wurden lediglich etwa 10 % in Griechenland entdeckt sowie circa 30 % in Italien. Die meisten Darstellungen ohne Kranz und Binde (mehr als 57 %) sind keinem Fundort zuzuordnen.

---

338 *P2. P3. P8. P9. P17. P26. O17–O19. O41. O48. F1. F6. F8. F17. W4. W7. W8. M3. M6. M12. M16. M23. M24. M28. M31. M33. S4. S21. S23. S27. S28. S30. S32. S36.*

339 *S38.*

340 *P24. O3. O7. O13. O20. O31. O50. O52. F3. F7. F10–F12. F19. F20. M5. M8. M25. M27–M29. S3. S6. S18. S29. S33. S35. S37.*

341 *P25. O47. F18.*

342 *O48. F1. F6. F8. F17. M12. S32.*

343 *O20. O50. O52. F3. F7. F10. F12. F19. F20. M27. M28. S33.*

344 *P5. W9. S39. S43.*

345 *P7. O11. O14. F2. W7. M3. M4. M14. M15. S4. S13. S19. S27.*

346 *S42.*

347 *P6. P19. P20. P21. O1. O8. O12. F4. F13–F16. F21. W1. W6. M7–M9. M17. S3. S16. S22. S25. S34.*

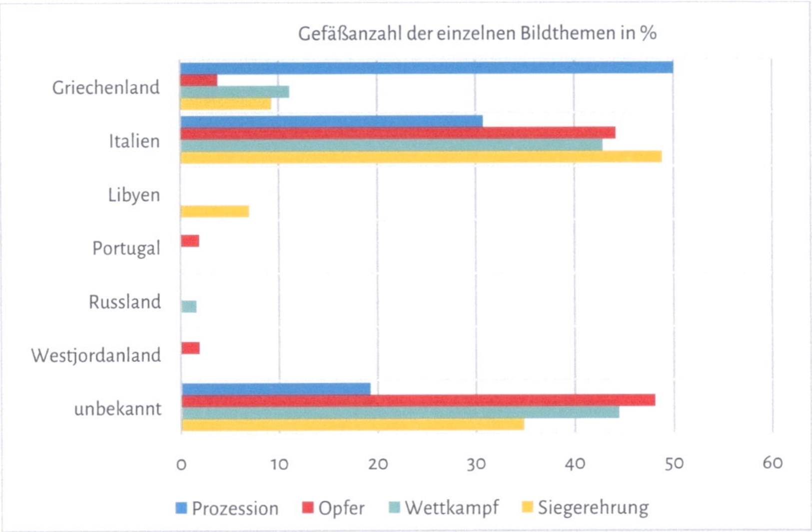

Abb. 23: Verteilung des Fundortes im Verhältnis zur Gefäßanzahl des jeweiligen Bildthemas

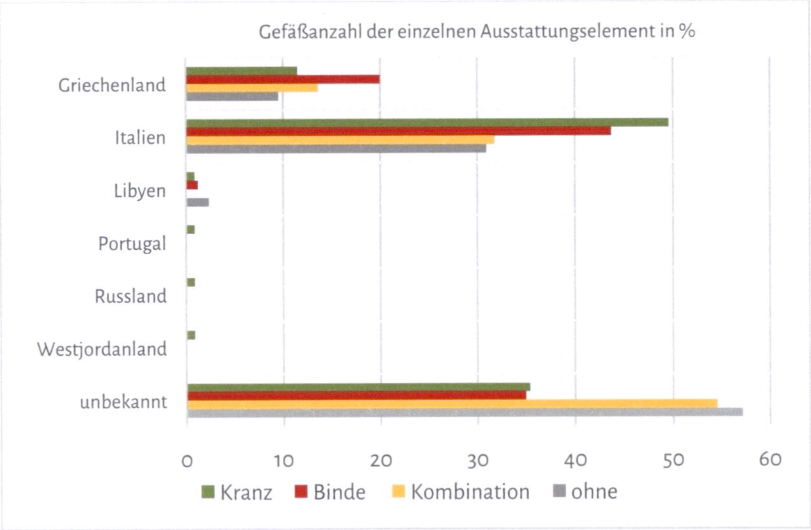

Abb. 24: Verteilung des Fundortes im Verhältnis zur Gefäßanzahl des jeweiligen Ausstattungselementes

4.3 Synthese

Der repräsentative Überblick zur Verteilung der Kranzdarstellungen ergibt, dass in den untersuchten Darstellungen der Kranz überwiegt. Lediglich bei den Prozessionsszenen wird die Binde häufiger als der Kranz dargestellt. Die Anzahl der Gefäße, die Figuren ohne Kranz und Binde zeigen, ist vor allem bei den Opfer-, und Siegerehrungsszenen gering. Die Kombination beider Elemente findet sich einzig bei den Wettkampfdarstellungen häufiger. Für die Darstellung von Kränzen wird hauptsächlich das Blatt der Olive und Myrte gewählt: Fast jede zweite Kranzdarstellung ist ein Olivenkranz, jede dritte ein Myrtenkranz.

Im Zusammenhang mit den Kranztragenden ist festzustellen, dass in den Darstellungen Lorbeerkränze mit jeweils etwa 30 % hauptsächlich von Opfernden, Opferteilnehmern, Bratspießträgern, Musizierenden sowie Kampfrichtern oder Trainern beziehungsweise Zuschauern getragen werden. Der Olivenkranz ist zumeist auf den Köpfen von Opfernden (fast 50 %) und Musizierenden (etwa 39 %) überliefert, während mit jeweils fast 36 % der Myrtenkranz vor allem bei Kampfrichtern oder Trainern beziehungsweise Zuschauern sowie Musizierenden zu sehen ist. Der Efeukranz ist mit fast 45 % hauptsächlich bei Athleten dargestellt, während die unbestimmbaren Kränze in den Darstellungen zumeist von den Fackeltragenden beziehungsweise -läufern (fast 92 %) und von den Athleten (etwa 84 %) getragen werden.

Innerhalb der Themengebiete kann die Entwicklung der Darstellung bekränzter Figuren wie folgt beschrieben werden: Bei den Prozessionsszenen beginnt die Darstellung bekränzter Figuren im zweiten Viertel des 6. Jh. v. Chr. in schwarzfiguriger Technik. In der zweiten Hälfte des 6. Jh. v. Chr. werden diese Szenen in rotfiguriger Technik bis zum Ende des 5. Jh. v. Chr. weiter produziert. Ende des 6. Jh. v. Chr. setzt die Darstellung bekränzter Figuren bei schwarzfigurigen Opferszenen ein und wird in rotfiguriger Technik in großer Anzahl bis in das 4. Jh. v. Chr. fortgesetzt. Bekränzte Figuren beim Fackellauf sind ab der Mitte des 5. Jh. v. Chr. bis zum Anfang des 4. Jh. v. Chr. überliefert.[348] Die meisten Waffenlaufszenen sind in den Übergang vom 6. zum 5. Jh. v. Chr. zu datieren, davon sind lediglich auf zwei Gefäßen bekränzte Figuren dargestellt. Bei den Szenen des musischen Wettkampfes setzt die Darstellung bekränzter Figuren Ende des 6. Jh. v. Chr. ein und wird ebenso in rotfiguriger Technik bis zum Ende des 5. Jh. v. Chr. fortgeführt.[349] Die Darstellung bekränzter Figuren bei Siegerehrungsszenen beginnt Mitte des 6. Jh. v. Chr. und läuft durchgängig bis zum Ende des 4. Jh. v. Chr. fort.

---

348 Vgl. ebenso van Straten 2011, 203.

349 Vgl. ebenso Brand 2000, 160.

Weiterhin zeigt die repräsentative Verteilung, dass der Kranz in den Darstellungen über einen etwas kürzeren Zeitraum als die Binde überliefert ist, die Kombination von Kranz und Binde hingegen wird nur in einem kurzen Zeitabschnitt genutzt. Darstellungen, die weder Kranz noch Binde zeigen, sind zu jeder Zeit erhalten.

Die Verteilung der Malerwerkstätten erweist sich als sehr heterogen: Innerhalb des zusammengestellten Untersuchungsmaterials sind 99 verschiedene Maler und Malergruppen zu nennen, von denen lediglich ein Drittel (33 Malerwerkstätten)[350] zwei oder mehr Gefäße bemalten.[351] Bei 20 dieser Malerwerkstätten kann eine bevorzugte Darstellung von Kränzen festgestellt werden[352] – von diesen favorisierten folgende den Olivenkranz: der Athen 1183-, der Dinos-, der Kadmos-, der Kleophon-, der Nikias-, der Niobiden-, der Pothos-Maler sowie die Nikomachos-Serie, die Polygnot-Gruppe und Oltos. Der Amasis-, der Edinburgh-, der Euergides-, der Kleophrades-, der Pan-Maler, der Maler von München 1410 sowie die Leagros-Gruppe präferierten hingegen den Myrtenkranz, der Epeleios-Maler und Phintias den Efeukranz. Neben den Kränzen stellen lediglich vier der 33 Malerwerkstätten, mit mehr als einem Gefäß, bevorzugt Binden dar.[353]

350 Dazu gehören der Acheloos-, Akademie-, Amasis-, Andokides-, Athena-, Athen 581-, Athen 1183-, Bowdoin-, Dinos-, Edinburgh-, Epeleios-, Euergides-, Kadmos-, Kassel-, Kleophrades-, Klio-, Kraipale-, Louvre G539-, München 1410-, Niobiden-, und Villa Giulia-Ma. sowie Makron und Onesimos mit jeweils zwei Gefäßen; die Leagros-Gruppe, die Nikomachos-Serie, der Pan-Ma. sowie Oltos und Phintias mit jeweils drei Gefäßen; der Pothos-Ma. und Douris mit vier Gefäßen; der Kleophon-Ma. mit fünf, der Nikias-Ma. mit sechs und die Polygnot-Gruppe mit acht Gefäßen.

351 Einige Gefäße sind nicht eindeutig einem bestimmten Ma. zuzuschreiben. Diese Gefäße werden bei den jeweiligen Ma. mehrfach aufgeführt.

352 Folgende Ma. wählten für die Figuren ihrer Objekte ausschließlich den Kranz aus: Der Akademie-, Edinburgh-, Epeleios-, Euergides-, Kleophrades-Ma. sowie Oltos und Pothos. Der Amasis- und Kadmos-Ma. sowie Phintias bemalten jeweils eine Figur auf einem ihrer Gefäße zusätzlich mit einer Binde – der Athena 1183-Ma. verwendete auf beiden Gefäßen zusätzlich die Kombination von Kranz und Binde. Der Dinos-Ma. stellte ebenso auf sämtlichen seiner Gefäßen den Kranz dar, eine der Figuren seiner Gefäße ist zusätzlich mit einer Binde bemalt, ebenso der Kraipale-Ma., bei dem eine Figur auf einem seiner Gefäße zusätzlich ohne Kranz oder Binde dargestellt ist. Die Leagros-Gruppe verwendete jeweils bei zwei von drei Gefäßen den Kranz (davon ist eine Figur auf einem Gefäß zusätzlich ohne Kranz oder Binde dargestellt, das dritte Gefäß zeigt die Figuren mit Binden), der Pan-Ma. bei zwei von drei Gefäßen (bei dem dritten Gefäß ist weder Kranz noch Binde dargestellt), die Nikomachos-Serie bei zwei von drei Gefäßen (das dritte Gefäß zeigt eine Binde), der Niobiden-Ma. bei zwei von drei Gefäßen (das dritte Gefäß zeigt eine Kombination von Kranz und Binde), der Kleophon-Ma. bei vier von fünf Gefäßen (davon bei einem Gefäß zusätzlich eine Binde, das fünfte Gefäß zeigt die Figuren mit Binden), der Nikias-Ma. bei sechs von sechs Gefäßen (davon sind drei Gefäße zusätzlich mit einer Binde und ein Gefäße zusätzlich mit einer Kombination von Kranz und Binde bemalt), sowie der Polygnot-Ma. bei sieben von acht Gefäßen (davon bei drei Gefäßen zusätzlich eine Binde, ein weiteres Gefäß ist mit einer Kombination aus Kranz und Binde und ein anderes mit einer Binde bemalt).

353 Die Klasse von Athen 581 sowie der Kassel-, der Klio- und der Villa Giulia-Ma. wählten für ihre Objekte ausschließlich die Binde aus. Nur der Acheloos-Ma. nutzte für seine zwei Gefäße weder Kranz noch Binde. Bei den übrigen Ma. (Andokides-, Athena-, Bowdoin-Ma., Ma. von Louvre G539 und München 1410 sowie Douris, Makron, Onesimos) ist keine bevorzugte Darstellung von Kranz oder Binde festzustellen.

In Bezug zur Schaffenszeit der Werkstätten fällt auf, dass die Darstellung des Myrtenkranzes bereits im zweiten Viertel des 6. Jh. v. Chr. beginnt und bis zum Ende des 4. Jh. v. Chr. läuft. Auch die Darstellung des Efeukranzes beginnt im zweiten Viertel des 6. Jh. v. Chr., endet hingegen schon zum zweiten Viertel des 4. Jh. v. Chr. Der Olivenkranz ist ab der Mitte des 6. Jh. v. Chr. auf den Gefäßen erhalten und läuft ebenso wie der Myrtenkranz bis zum Ende des 4. Jh. v.Chr. Die Darstellung des Lorbeerkranzes weist die kürzeste Laufzeit auf: Zu Beginn des 5. Jh. v. Chr. bis zum Anfang des 4. Jh. v. Chr.

Sowohl die Kranz- als auch die Bindendarstellungen sind vor allem auf Vorrats-, Misch- und Trinkgefäßen erhalten. Auf diesen Gefäßformen sind demnach auch die meisten Prozessions-, Opfer-, Wettkampf- und Siegerehrungsszenen dargestellt. Zu betonen ist ebenso die hohe Dichte der Fundkontexte in Italien: Fast jede zweite Kranzdarstellung und mehr als jede dritte Bindendarstellung wurde dort entdeckt.

5

Bildwissenschaftliche Analyse: der Zeichengehalt des Kranzes

Die repräsentative Verteilung zeigt auf, dass bei der Darstellung von Prozession und Opfer sowohl die Ausführenden selbst als auch alle weiteren Beteiligten bekränzt dargestellt werden. Schriftquellen bestätigen diese Beobachtung: Bereits Sappho beschreibt beispielsweise die Bekränzung von Opferteilnehmenden, da diese den Göttern gefiele, von Unbekränzten hingegen wendeten sich die Götter ab.[354] Die Bekränzung als Zeichen der Priester ist darüber hinaus bei Demosthenes überliefert.[355]

Bei Wettkampf und Siegerehrung sind in den Darstellungen hauptsächlich Musizierende, Kampfrichter oder Trainer beziehungsweise Zuschauer sowie Athleten mit Kränzen wiedergegeben. Von der Bekränzung des Siegers nach einem Agon berichtet beispielsweise bereits Thukydides.[356] Weiterhin überliefert Xenophon, dass auch die Teilnehmenden der Siegesfeier sich durch den Kranz des Siegers bekränzt

354 Sappho 82LP/80D.

355 Demosth. (Or. 21, 51), vgl. Eur. Herak. 677. Die recht- bzw. unrechtmäßige Bekränzung des Demosth. wird in seiner sog. Kranzrede thematisiert (Or. 18). Inschriften aus den verschiedensten Bereichen des Mittelmeerraumes bestätigen die Bekränzung: Eine Inschrift (CIG II 909 Nr. 3641b) im Asklepios-Heiligtum in Lampsakos besagt, dass die Priester für genügend Kränze im Heiligtum zu sorgen hatten. In einer weiteren Inschrift (SIG I 161) aus Pergamon – möglicherweise aus der Zeit Attalos I. – wird der Priester mit einem Kranz aus Ölbaumzweigen und einer kleinen, roten Tänie beschrieben, vgl. Hock 1905, 115 f. Eine dritte Inschrift (SIG I 323) überliefert, dass in Eretria zur Feier der Stadtbefreiung alle Teilnehmenden des Festzuges einen Kranz tragen sollten. Auf Grundlage dieser Inschrift sieht Baus (1940, 10) den Kranz bei Prozession und Opfer als Amtsabzeichen des Priesterstandes. Ein Gesetz (SIG III 1017) aus Sinope erwähnt das Tragen des Kranzes von einem Priester des Poseidon. Tempel, Altar und Hermen wurden laut Theophr. (char. 16,10) ebenso bekränzt. Für weitere Quellen zur Bekränzung vgl. die Inschriften CIG II 878 Nr. 3595; CIG III 334 Nr. 4697; sowie Aristoph. eir. 1045–1046. hipp. 221. neph. 253. Plut. 1090; Demosth. Or. 21, 52; Xen. an. 7, 1, 40. Das Tragen von Kränzen in Heiligtümern bestätigt eine Inschrift (SIG II 695, 36–42) aus dem Artemision von Magnesia, dort sollten die Festteilnehmenden bekränzt zur jährlichen Feier der Neuweihung des Tempels und des Kultbildes auftreten. Von der mythischen Erfindung des Kranzes berichtet Aisch. (Prom.): Zeus befahl dem befreiten Prometheus zur Erinnerung an seine Fesselung einen Kranz statt seiner Ketten zu tragen. Sansone (1988, 85 f.) schlägt vor, dass die Tradition des Kranztragens von Jägern übernommen wurde, die den Kranz zur Tarnung nutzten, um nah genug an das Beutetier heranzukommen, dafür wurden Bäume oder Sträucher aus der Nähe genutzt. Baus (1940, 3 mit Bezug zu Laum 1914, 83 mit Anm. 2) tendiert hingegen zur Übernahme des Kranzes aus der ägyptischen Kultur – dagegen Deubner 1933, 71.

356 Thuk. 5, 50, 4. Die Sieger wurden mit verschiedenen Blattkränzen – nach Festort und Gottheit – geehrt, Sansone 1988, 84. Für die panhellenischen Feste sind verschiedene Kränze als Siegpreis überliefert: Paus. (8, 48, 2) berichtet von einem Olivenkranz bei den Wettkämpfen zu Olympia, vgl. ebenso Lukian. Anach. 9; Aristoph. Plut. 586. Für die sog. Isthmischen Spiele werden Pinienkränze als Siegpreis von Paus. (8, 48, 3) und Lukian (Anach. 9) angesprochen. Bei den Wettkämpfen in Nemea ist der Selleriekranz überliefert, Paus. 8, 48, 2; Luk. Anach. 9. In Delphi wurde der Lorbeerkranz überreicht, Paus. 8, 48, 2; Ael. VH 3, 1. Lukian. (Anach. 9) berichtet von einem Kranz aus den heiligen Äpfeln Gottes. Zu den unterschiedlichen Kränzen vgl. u. a. Lee 2015, 144; Bentz 2004b, 304 f.; Bentz 2002, 250; Knauß 2004a, 44; Golden 1998, 76; Blech 1982, 127–153. Speziell zu den isthmischen Kränzen vgl. Böhr – Böhr 2009, 21. Die unterschiedlichen Kränze sind bspw. auf einem kaiserzeitlichen Relief in Isthmia, Archaiologikó Museío Inv.-Nr. n. v., dargestellt (Bentz 2004b, Abb. 29, 2) – sowie auf einem weiteren Relief in New York, The Metropolitan Museum of Art 59.11.19, 2. Jh. n. Chr. (Bentz 2004b, Abb. 29, 3).

fühlten.[357] Insgesamt überliefern wenige zeitnahe Autoren und Inschriften die Verwendung des Kranzes in archaisch-klassischer Zeit, sodass bei folgender bildwissenschaftlichen Analyse ebenso Quellen der hellenistisch-römischen Epoche herangezogen werden müssen.[358]

5.1 Kränze als Zeichen von Gottheiten

5.1.1 Apollon

Aufgrund fehlender Attribute ist Apollon in den Darstellungen nicht immer eindeutig zu verifizieren. Die Verbindung des Apollon mit dem Lorbeerkranz über tradierte Mythen ermöglicht jedoch die Darstellungen in den Kontext der Feste zu Ehren des Gottes zu bringen. Beispielsweise berichtet Aelianus, dass Apollon sich einen Kranz aus Lorbeer (*daphne*) auf den Kopf setzte, nachdem er in Delphi den *python* tötete.[359] Ein weiterer Mythos[360] berichtet von der Bergnymphe Daphne, in die sich Apollon verliebte: Um Apollon zu entkommen, bat Daphne ihren Vater, den Flussgott Peneios, um Hilfe. Dieser verwandelte Daphne in eine Pflanze. Apollon benannte die Pflanze nach seiner Geliebten und setzte sich zu ihrem Andenken einen Kranz aus ihren Zweigen auf den Kopf.

Die Figuren von *P26* (Abb. 3) sind mit Ausnahme der Korbträgerin mit Lorbeerkränzen dargestellt. Diskutiert wird die Darstellung der sitzenden Figur am rechen Bildfeldrand: Einige Forscher tendieren zu einer Darstellung des Apollon.[361] Weiterhin wird die Darstellung aufgrund des *omphalos* als Apollon-Heiligtum in Delphi identifiziert.[362] Das gegenüberliegende Bildfeld zeigt die Rückkehr des Hephaistos in den Olymp, für die Dionysos Wein verwendete – Mark D. Stansbury-O'Donnell

---

357 Xen. mem. 3, 7, 1.

358 Dabei beschränkt sich die Auswahl auf solche Quellen, die sich inhaltlich eindeutig auf die archaisch-klassische Zeit beziehen, sodass der Informationsgehalt der Schriften für die vorliegende Untersuchung wertvolle Hinweise liefern kann. In diesem Zusammenhang benennt Blech (1982, 3) „die christliche Kampfschrift Tertullians gegen den heidnischen Kranzgebrauch zum einzigen vollständig erhaltenen Beitrag zum antiken Kranz". Zur Verwendung der Kränze auf Grundlage der Schriftquellen vgl. Baumann 1982, 80 f.

359 Von diesem Zeitpunkt an opferten dort junge Männer an einem Altar und bekränzten sich, Ael. VH. 3, 1, vgl. ebenso Tert. coron. 7, 5.

360 Geop. 11, 2. Die Verbindung von Apollon und Lorbeer führt ebenso Tert. (coron. 12, 1) an.

361 Vgl. u. a. Stansbury-O'Donnell 2015, 173; Alroth 1992, 38.

362 Kaltsas – Shapiro 2008, 220 (H. A. Shapiro); Robertson 1992, 223; Schelp 1975, 47; Webster 1972, 140; Lehnstaedt 1970, 31 f. 122; Metzger 1965, 93 mit Anm. 2; Alfieri – Arias 1958, 56.

sieht eine Verbindung zu Delphi, da Dionysos dort ebenfalls verehrt wurde.[363] Jedoch ist ebenso ein Apollon-Heiligtum in Athen denkbar: Nicht nur in Delphi auch in anderen Apollon-Heiligtümern sind *omphaloi* überliefert.[364] Simon benennt beispielsweise die *thargelia* als möglichen Anlass,[365] die wie die *pyanopsia* als Fest zu Ehren des Apollon in Athen gefeiert wurden.[366] Gebauer tendiert zu einem „idealen" Apollon-Heiligtum ohne erkennbaren Ort und Festanlass.[367] Dass die Figur am rechten Bildfeldrand von P26 eindeutig Apollon zeigt, wird durch den Lorbeerkranz bestätigt. Darüber hinaus verweisen die besondere Position innerhalb der Bildkomposition sowie der Lorbeerzweig und die Dreifüße auf die Darstellung der Gottheit. Das Tragen der Kränze mit gleicher Blattart aller Figuren kann möglicherweise auf den gleichen Status der Teilnehmenden zurückgeführt werden: Demnach ist davon auszugehen, dass diese Szene im mythischen Bereich zu verorten ist und kein bestimmtes Heiligtum zeigt.

Die Figur am rechten Bildfeldrand von O22 (Abb. 5) kann aufgrund des Lorbeerzweiges und der exklusiven Position innerhalb der Darstellung ebenfalls als Apollon identifiziert werden – dies bestätigt sein Kranz aus Lorbeer. Alle anderen Opferteilnehmer tragen hingegen Olivenkränze. Die Kränze zeigen somit den unterschiedlichen Status der dargestellten Figuren an: den der menschlichen Opferteilnehmer und den des Gottes Apollon. Die göttliche und die menschliche Sphäre sind demnach vermischt. Aufgrund der Säulen und des Lorbeer wird auch in dieser Darstellung oftmals ein Opfer im Heiligtum von Apollon in Delphi interpretiert.[368] Bis auf den Dreifuß, der ebenso auf ein beliebiges Apollon-Heiligtum verweisen könnte, sind der Darstellung jedoch keine Hinweise auf Delphi zu entnehmen.[369]

---

363 Vgl. Abb. bei Matheson 1995, Taf. 125. Der Fries unterhalb der beiden Hauptszenen zeigt Satyrn und Mänaden, die die dionysische Sphäre unterstützen, Stansbury-O'Donnell 2015, 173 – dagegen Kaltsas – Shapiro 2008, 221 mit Abb. (H. A. Shapiro). Zum entsprechenden Mythos vgl. Paus. 1, 20, 3.

364 Shapiro 1996, 105; Simon 1983, 79; Blech 1982, 239. 440.

365 Die Bildkomposition ähnele der Anordnung der Figuren des Parthenon-Frieses, sodass ein Opfer in Athen anlässlich eines siegreichen Jungen anzunehmen sei, Simon 1983, 79. Zum Prozessionsfries des Parthenon vgl. u. a. Vollmann 2009; Brommer 1977; Robertson 1975b; Knell 1969; Buschor 1961.

366 Simon 1983, 76–79. Vgl. u. a. für die *thargelia* Parke 1987, 226–230; Deubner 1932, 179–198; Mommsen 1898, 468–486. Für die *pyanopsia* vgl. u. a. Parke 1987, 112–116; Deubner 1932, 198–201.

367 Gebauer 2002, 108 f. Die kleine Lücke des Bärtigen zu den übrigen Figuren gibt diesem eine „optische Mittlerposition zwischen Teilnehmer und Gott", die unterschiedliche Größe der Figuren ist allein auf die Bildkomposition zurückzuführen, Gebauer 2002, 106 mit Anm. 470. In den folgenden Analysen ist die Größe der Figuren für den Argumentationsstrang nicht ausschlaggebend, da diese zumeist – wie Gebauer postuliert – von der vorhandenen Bildfläche der Gefäße und der damit zusammenhängenden Anordnung der Figuren abhängig ist oder aber die Altersunterschiede von bspw. bärtigen, älteren Männern im Verhältnis zu den nicht bärtigen, jungen Männern angibt.

368 Braccesi 1988, 226; Griffo 1987, 62. 64.

369 Beischriften, die eine weitere Kontextualisierung ermöglichen würden, sind nicht erhalten. Das ggl. Bf. ist nicht bemalt.

Weitere Figuren auf den in der vorliegenden Arbeit zusammengestellten Darstellungen wurden in vorangegangenen Untersuchungen aufgrund verschiedener ikonografischer Hinweise als Apollon gedeutet: Die sitzende Figur am rechten Bildfeldrand von *O24*[370] interpretiert Kunze-Götte als Apollon, der am Opfer beteiligt ist, da er einen Myrtenkranz trage.[371] Da jedoch alle Figuren auf dieser Darstellung einen Kranz aus Olivenzweigen tragen und keine Beischriften die Opferteilnehmer als bestimmte mythische Personen kennzeichnen, scheint nicht Apollon, sondern ein Sterblicher dargestellt zu sein. Bogen, Köcher und Lorbeerzweige verweisen zwar auf ein Opfer an Apollon, jedoch ist dieser selbst nicht anwesend. Die Figuren von *O32*[372] tragen ebenso jeweils einen Olivenkranz auf dem Kopf. In der Figur mit der Kithara und dem Lorbeerzweig am rechten Bildfeldrand sieht Sheramy Bundrick die Darstellung des Apollon.[373] Zwar verweisen die Dreifüße wiederum auf Apollon, jedoch ist aufgrund des nicht vorhandenen Lorbeerkranzes davon auszugehen, dass es sich bei dieser Figur ebenfalls nicht um Apollon handelt. Vielmehr ist eine menschliche Figur dargestellt, die allenfalls auf Apollon verweist.[374] Die Figur am rechten Bildfeldrand von *O35*[375] kann mit den gleichen Argumenten ebenfalls nicht als Apollon gedeutet werden.[376] Aufgrund des Lorbeerzweiges und auch des Lorbeerbaumes ist von einem Opfer für Apollon auszugehen, jedoch verweisen die Olivenkränze der Opferteilnehmer sowie fehlende Beischriften auf die Darstellung

---

370 Das ggl. Bf. zeigt eine Verfolgungsszene, vgl. Reisner u. a. 1924, Taf. 69 o.

371 Einen Lorbeerkranz hingegen trage er, wenn er am Opfer nicht beteiligt sei (vgl. *O22*), Kunze-Götte 2006, 40 f. An gleicher Stelle benennt sie eine Ausnahme, bei der ihre Vermutung nicht stimmt: Auf dem Gefäß *P26* trägt Apollon als am Opfer Beteiligter einen Lorbeerkranz, dies begründet sie mit einer möglichen Verbindung der Darstellung – aufgrund von Dreifuß und *omphalos* – zu den Pythien in Delphi.

372 Das ggl. Bf. zeigt laut van Straten (1995, V208) Satyrn und Mänaden.

373 Bundrick 2005, 156. Auch Gebauer (2002, 412) interpretiert Apollon.

374 Ähnlich Steiner (2009, 157), die in ihren Untersuchungen zwei Gruppen von sich in ihrer Bildkomposition stark ähnelnden Darstellungen unterscheidet, in denen das Sterbliche mit dem Göttlichen eng verbunden ist: Zum einen Darstellungen von Figuren mit göttlichen Attributen und Darstellungen von Figuren, denen solche Attribute fehlen und zum anderen Ritualdarstellungen bei denen menschliche Handlungsweisen auf mythische Erzählungen verweisen, ohne diese direkt darzustellen. Zuletzt beschäftigt sich H. Collard (vgl. 2016) mit der Darstellung von Göttlichem auf attischer Keramik, ihr Ansatz verfolgt die Herausarbeitung des Nichtsichtbaren – die in der vorliegenden Arbeit mithilfe der Bestimmung unterschiedlicher Kränze aufgestellte These der Deutungen als Sterbliche, die auf Apollon verweisen, intendiert als Ergänzung zu Collards Untersuchung.

375 Das ggl. Bf. zeigt bekleidete, männliche Figuren, vgl. CVA Paris, Musée Louvre (5) III Id Taf. 35, 4.

376 Aufgrund des Lorbeerzweiges gehen Gebauer (2002, 406), van Straten (1995, 143) und F. Lissarrague (2001, 141 f.) von einer Apollon-Darstellung aus. H. Metzger (1965, 80. 108) identifiziert die Figur als „Epheben", vgl. CVA Paris, Musée du Louvre (5) III Id 24 (E. Pottier). K. Schefold und F. Jung (1988, 77–79) sehen aufgrund der Dreifüße ein Opfer an Apollon und setzen die Szene in Bezug zum Mythos um Xuthos.

nichtgöttlicher Figuren.[377] Bei der Figur am rechten Bildfeldrand von O37[378] sowie bei der sitzenden Figur von O42[379] kann ähnlich argumentiert werden: Da alle Teilnehmer einen Olivenkranz tragen, ist auch bei diesen Darstellungen nicht von einer Gottheit auszugehen, vielmehr scheinen Sterbliche dargestellt zu sein, die ein Opfer an Apollon ausführen.[380]

Die Opferteilnehmer von O29[381] tragen wiederum Olivenkränze, im Hintergrund ist ein Lorbeerbaum zu sehen, der in dieser Darstellung als Stellvertreter des nicht anwesenden Apollon gedeutet werden kann. Die Opfernden sind durch ihre Olivenkränze als Sterbliche gekennzeichnet, die zu Ehren des Apollon ihre Handlung ausführen. Bei dem Opfer der Darstellung O23[382] ist ein weiteres Mal kein Apollon anwesend: Die Lorbeerkränze der Opferteilnehmer verweisen jedoch eindeutig auf die Gottheit.[383] Trotz der Abwesenheit dieser kann über die Kränze ein deutlicher Bezug hergestellt werden. Ein konkreter Festkontext ist aufgrund fehlender Hinweise nicht bestimmbar.[384] Die beiden Lorbeerkränze der Opfernden auf der Darstellung O28[385] stellen ebenfalls eine Verbindung zu Apollon – trotz seiner Abwesenheit – her. Der Lorbeerbaum und der *omphalos* ähnliche Altar bekräftigen die Deutung als Opfer zu Ehren des Apollon.[386] Die Abgrenzung durch unterschiedliche Kränze ist bei einem abwesenden Apollon somit nicht unbedingt nötig.

---

377 Kunze-Götte (2006, 40 f.) geht auch hierbei von Myrtenkränzen aus, die die Figur am r. Bildfeldrand als am Opfer teilnehmenden Apollon ausweisen. Im Hintergrund befinden sich lediglich sog. Nonsens-Beischriften. Allgemein zu Landschaftselementen auf attischer Keramik vgl. Dietrich 2010, 541–547.

378 Auf dem ggl. Bf. sind wiederum bekleidete, männliche Figuren dargestellt, vgl. Robertson 1987, Taf. 34 b.

379 Die Rückseite zeigt bekleidete, junge Männer, vgl. BOA Nr. 215345.

380 Aufgrund des Lorbeerzweiges wird die Figur von O37 oftmals als Apollon identifiziert, Gebauer 2002, 410; Shapiro 1996, 107; van Straten 1995, 158 Anm. 141; van Straten 1988, 65; Robertson 1987, 36 f.; Blech 1982, 240. 440; Webster 1972, 140; Metzger 1965, 108. 114. Eine Interpretation des Objektes in der Hand des Opfernden als eine Lampe statt einer Schale hat laut Robertson (1987, 37) zur Folge, dass die Figur als Sterblicher und eben nicht als Gott zu deuten ist. Für ein Apollon-Opfer auf O42 vgl. Gebauer 2002, 223 – die Figur l. o. deutet er aufgrund des *petasos*, der *chlamys* und des *kerykeion* als Hermes. Shapiro (1996, 106) beschreibt den Baum als Palme und verortet das Apollon-Opfer nach Delos. Gebauer (2002, 223) und Metzger (1965, 109) interpretieren hingegen einen Lorbeerbaum. Das Opfer eines unbestimmten Gottes deuten Metzger (1965, 109) sowie Webster (1972, 140).

381 Das ggl. Bf. zeigt bekleidete, männliche Figuren vgl. BOA Nr. 214863.

382 Das ggl. Bf. zeigt drei bekleidete, männliche Figuren mit *stlengis* und *halteres*, vgl. CVA Frankfurt am Main (2) Taf. 77, 2.

383 Vgl. ebenso Gebauer 2002, 383; Alroth 1992, 37 f.; CVA Frankfurt am Main (2) 30 f. (K. Deppert). Die Bekränzung beim Opfer mit Lorbeer ist bereits bei Aristoph. (eir. 1045–1046) überliefert.

384 Nach Kunze-Götte (2006, 41) verweist die Darstellung auf eine Festgemeinschaft an einem unbekannten Ort. Über dem Altar ist eine sog. *kalos*-Inschrift erhalten, vgl. CVA Frankfurt am Main (2) 31 (K. Deppert).

385 Das ggl. Bf. zeigt zwei bekleidete, männliche Figuren, vgl. Rizza 1959–1960, Abb. 4 (Ausschnitt).

386 Shapiro 1996, 107; van Straten 1995, 136. Gebauer (2002, 400) dagegen argumentiert, dass Lorbeerbäume auch auf Darstellungen ohne Apollon-Bezug überliefert sind.

An dieser Stelle sind die beiden Darstellungen von *O45*[387] (Abb. 6) und *O51*[388] einzureihen, auf denen die Opferteilnehmer, wie bei *O28*, jeweils einen Lorbeerkranz tragen, über die eine Verbindung zu Apollon herzustellen ist.[389] Harvey Alan Shapiro erkennt in dem aufgrund der Blattform und -größe zu identifizierenden Lorbeerbaum von *O45* eine Palme und verortet das Opfer nach Delos: Dort wurden Apollon und Artemis dem Mythos nach unter einer Palme geboren.[390] Ebenso setzt François Lissarrague die Darstellung von *O7*[391] (Abb. 4) aufgrund der Palme in Bezug zu Apollon.[392] Der Myrtenkranz des Opfernden verweist jedoch nicht auf die Gottheit.[393] Ebenso fehlen weitere Hinweise, sodass an dieser Stelle die Zuordnung hypothetisch bleibt. Der Tierträger ist mit einer Binde um den Kopf dargestellt, sodass der Kranz des Opfernden diesem möglicherweise einen besonderen Status verleiht.

Die Darstellung *O17* zeigt durch Beischriften gekennzeichnet Apollon und Nike beim Opfer des Diomedes und des Ioleos.[394] Alle Anwesenden, bis auf Nike, tragen auch hierbei Olivenkränze. Vergleichbar zu *P26* zeigen die Kränze mit gleicher Blattart an dieser Stelle möglicherweise die mythische Erzählstruktur der Darstellung an: Apollon grenzt sich nicht durch einen Lorbeerkranz von den anderen Teilnehmern ab. Er wohnt dem Opfer nicht nur bei, sondern gestaltet es mit. Nike verstärkt die Verbindung der Opferteilnehmer zur Gottheit.[395] Die gegenüberliegende Bildfeldseite zeigt ebenso eine Opferszene mit bekleideten, männlichen Figuren am

---

387 Das ggl. Bf. zeigt bekleidete, männliche Figuren, vgl. CVA Hoppin and Gallatin Collections (1) 15 Taf. 25, 6.

388 Das ggl. Bf. zeigt Mänaden und Satyrn, vgl. Trias de Arribas 1967–1968, Taf. 253, 1.

389 Für ein Apollon-Opfer auf *O45* vgl. Webster 1972, 140. Für ein Apollon-Opfer *O51* vgl. da Rocha Pereira 2010, 76 – unsicher dagegen van Straten 1995, 227.

390 Shapiro 1996, 107. Zum Mythos vgl. u. a. Hom. h. 3, 2–148.

391 Die Außenseiten sind nicht bemalt, die Beischriften *kalos* und *epidromos* beziehen sich womöglich auf den Ma.

392 Das Opfer sei aufgrund der Palmen nicht in einem Heiligtum zu verorten, sondern außerhalb eines solchen Bezirkes, Lissarrague 2001, 137. Die Bodenlinie mit dem weiß gefärbten Bereich deutet hingegen eindeutig auf den festen Boden eines Heiligtums, sodass die These Lissarragues nicht nachvollziehbar ist.

393 Myrte beim Opfer ist u. a. bei Aristoph. (Thesm. 37) und Theophr. (char. 16, 10) überliefert.

394 Vgl. CVA Gotha (2) 13 (E. Rohde). Im 5. Jh. v. Chr. tritt Nike v. a. bei Opferdarstellungen auf, weniger als siegbringende Nike, sondern um „die Heiligkeit der Götter und die Frömmigkeit der Menschen" zu betonen, Kaeser 2004b, 357. In einer Darstellung gibt es die Möglichkeit, dass mehrere Siegesgöttinnen zu sehen sind – dieses ist ebenso bei Eros der Fall, vgl. Kaeser 2004b, 357. Für Nike beim Opfer vgl. einen att.-rf. Stamnos, München, Staatliche Antikenslg. 2412, 475–425 v. Chr., Polygnot-Gruppe (ARV^2 1036, 5; 1679; CVA München [5] Taf. 247, 2) – sowie eine att.-rf. Pelike, Athen, Etnikó Archaiologikó Museío 16260, 450–400 v. Chr., Ma. von Athen 1183 (ARV^2 1123, 3; Durand 1987, 239 Abb. 19).

395 Himmelmann (1997, 35) begründet die Anwesenheit der Nike mit der Bedeutung des Opfers als nicht neutralen Vorgang: Nike steht stellvertretend – als helfende Hand – für die richtige Vorbereitung, für das Risiko der Rückweisung durch die Gottheiten, vgl. ebenso Himmelmann 1996, 55; Matheson 1995, 49. „Nike […] überschreitet die Grenze von der göttlichen zur menschlichen Welt, um den Menschen ihrerseits bei der Kommunikation mit den Göttern im Opfer beizustehen.", Thomsen 2011, 186 f. vgl. ebenso *O18* und *O19*.

Altar – sie tragen keine Kränze, sodass die Darstellung vermutlich als Gegensatz zur mythischen Version ein Opfer der attischen Gegenwart darstellt: Die Sterblichen opfern, wie es die Götter und Heroen vorgeben.[396]

Die Darstellung *O18*[397] zeigt einen ähnlichen Bildaufbau zu *O17*: Die Teilnehmer tragen mit Ausnahme von Nike ebenfalls einen Olivenkranz. Die Beischriften benennen den Opfernden als *archenautes*, über den beiden Bratspießträgern am Altar ist *nikodemos kalos* zu lesen – der Aulosspieler ist mit der Beischrift *sosibos* versehen.[398] Die Verbindung zu Apollon ist auf dieser Darstellung nicht gegeben, durch den Vergleich zu *O17* wird diese jedoch häufig in einen solchen Zusammenhang gestellt.[399] Aufgrund der Kränze mit gleicher Blattart, der Beischriften und des Vergleiches zu *O17* zeigt auch diese Darstellung möglicherweise eine Szene im mythischen Bereich. Die Darstellung auf den Fragmenten von *O19*[400] kann aufgrund ihrer Bildkomposition in den gleichen Kontext eingefügt werden. Der Opfernde ist mit *diomedes* beschriftet, Nike ist ebenso namentlich gekennzeichnet.[401] Die Figuren tragen jedoch Binden statt Kränze, sodass die Verbindung zu einer Gottheit nicht herzustellen ist. Möglicherweise ist auch hierbei eine Szene der attischen Gegenwart dargestellt.

5.1.2 Athena

Anhand ihrer Attribute ist Athena auf vier der untersuchten Darstellungen eindeutig zu identifizieren. Durch den Gründungsmythos Athens ist die Göttin eng mit dem Ölbaum (*kotinos*) verbunden: Demnach pflanzte die Göttin einen solchen auf die Athener Akropolis als Zeichen ihres Besitztums und setzte sich damit im Kampf um das attische Land gegen Poseidon durch.[402] Ebenso ist Myrte (*myrtos*) in engem Bezug zu

396 Vgl. Abb. in CVA Gotha (2), Taf. 57,4.

397 Das ggl. Bf. zeigt drei männliche Figuren in *himatia*, davon einer mit Stab und einer mit Kithara, vgl. CVA London, British Museum (3) III Ic Taf. 24, 2 c.

398 Vgl CVA London, British Museum (3) III Ic 10 (H. B. Walters).

399 Matheson (1995, 47) sieht aufgrund der Musikinstrumente in der Darstellung *O18* (ebenso bei *O17*) ein Opfer an Apollon anlässlich eines Sieges beim choregischen Agon. Für ein Siegesopfer vgl. ebenso Swaddling 1999, 54; Tzachou-Alexandri 1988, 242 (L. Burn). Gerhard (1845b, 165 f.) sieht hingegen aufgrund der Beischrift in der Figur des Opfernden Herakles als Argonauten. Gebauer (2002, 388) stimmt beiden Deutungsversuchen aufgrund fehlender Belege nicht zu. Bundrick (2005, 155) deutet die Figur am l. Bildfeldrand als *mageiros*.

400 Das ggl. Bf. zeigt die gleiche Figurenanordnung (drei männliche Figuren) wie *O18*, vgl. CVA London, British Museum (3) III Ic Taf. 24, 3 c.

401 Vgl. CVA London, British Museum (3) III Ic 10 (H. B. Walters).

402 Auf Grundlage dieses Mythos wurde der Olivenbaum als Sieges- und Friedenszeichen genutzt, Baumann 1982, 58; Klein 1912, 12; Murr 1890, 40–48. Für die unterschiedlichen Mythenversionen vgl. u. a. Apollod. 3, 14, 1; Hyg. fab. 164. Die Verbindung von Athena und Olive führt ebenso Tert. (coron. 12, 2) an.

Athena als Erfinderin dieser Pflanze zu setzen: Nachdem die von Athena innig geliebte Myrsine von den Verlierern eines Wettkampfes aus Neid getötet wurde, verwandelte diese sich in eine Pflanze, damit Athena sie über den Tod hinaus lieben konnte.[403]

Die Athena am linken Bildfeldrand von *P6* wird als Statue der Athena Promachos beziehungsweise als Epiphanie eben dieser interpretiert.[404] Die Figuren tragen keine Kränze, mithilfe derer eine Differenzierung der Teilnehmenden, wie im vorangegangenen Abschnitt herausgearbeitet, möglich wäre. Bei Athena ist aufgrund der Fehlstelle ein Kranz oder eine Binde nicht auszuschließen. Die Zweige, die einige Figuren tragen, sind anhand ihrer Blattform und -größe als Myrte zu deuten, welche die Verbindung zu Athena bestätigen.[405] Aufgrund der Bildkomposition wird die Darstellung – in Bezug zum Ost-Fries des Parthenon – als Prozession anlässlich der *panathenaia* gedeutet.[406] Angesichts der fehlenden Kränze der Prozessionsteilnehmenden ist an dieser Stelle die Darstellung einer Statue wahrscheinlich

---

403 Geop. 11, 6. Weiterhin ist eine Verbindung der Myrte zu Aphrodite überliefert: Nachdem diese aus dem Meeresschaum geboren wurde, versteckte sie sich in einem Gebüsch aus Myrte bis sie von den Chariten und Horen mit Gewändern bekleidet wurde, Baumann 1982, 51; Klein 1912, 12; Fehrle 1910, 239; Murr 1890, 84–89. Zum Mythos-Verlauf vgl. Paus. 5, 13, 7. Auf die Verbindung von Aphrodite und Myrte verweist ebenso Tert. (coron. 12, 2). Weiterführend vgl. Rühfel 2003, 19 f.

404 Statue: u. a. Simon 1969, 193. Epiphanie: u. a. Gebauer 2002, 29. Roumpi (2011, 29) sowie Mylonopoulos (2006, 73) legen sich nicht fest. Die Deutung der Darstellung von Gottheiten als Statue oder Epiphanie ist im Allgemeinen umstritten: Für die Auflösung dieser Unterscheidung vgl. Hölscher 2010, bes. 112. Borgers (2008, 77) hält die Darstellung von Statuen hingegen für möglich, da diese als Ziel der Prozessionen überliefert sind; dabei sprechen folgende Indizien für Statuen – die Gottheiten greifen im Gegensatz zu mythischen Szenen nicht in die Handlung ein, sie sind zumeist am Bildfeldrand fern von der Handlungsgruppe platziert und stehen oftmals mit der Heiligtums-Architektur in Verbindung. Bereits B. Alroth (1992, 45) spricht sich im Allgemeinen gegen die Deutung der Gottheiten als Statuen aus und beschreibt die Gottheiten als anwesend beim Opfer. R. Osborne (2012, 249) stellt fest, dass die Darstellungen niemals Gottheiten beim Opfer (mit Ausnahme der Trankopfer) zeigt, da die Darstellungen ein Zeichen der Heiligkeit des Ortes oder des Moments sind und kein direktes Opfer an die Gottheiten zeigen. Gottheiten die ihrem Opfer beiwohnen, sind nach Shapiro (1996, 104–108) Apollon, Athena (nur in archaischer Zeit nach der Reorganisation der *panathenaia*) sowie Hermes. Weiterhin merkt er an, dass bei den meisten Darstellungen der Gott selbst anwesend bzw. durch Symbole wie Baum oder Dreifuß dargestellt ist, Shapiro 1996, 101. Zur Darstellung des Göttlichen vgl. ebenso Zaidman – Schmitt Pantel 1994, 215–226.

405 S. Price (1999, 30) benennt die Zweige in den Händen der Figuren als Olivenzweige, vgl. ebenso Gebauer 2002, 50. Weiterhin werden Myrten- oder Olivenzweige interpretiert, MuM 1958, 27. Klein (1912, 24) stellt Kränze und Zweige bedeutungstechnisch als Zeichen von Konsekration gleich, da ein Kranz aus Zweigen besteht, vgl. ebenso Deubner 1933, 72.

406 Himmelmann 1997, 22. Darüber hinaus deutet Gebauer (2002, 30 mit Bezug zu MuM 1958, 27 f.) in der Darstellung die sog. Kleinen Panathenäen, da der Peplos fehlt. Lehnstaedt (1970, 84) folgend, interpretiert Gebauer (2002, 50) die weibliche Figur am Altar als Priesterin und die männliche als *archon basileus*. Shapiro (1992a, 54) stimmt ebenso für eine Prozession zu Ehren der Athena, jedoch ist die Verbindung zu den *panathenaia* nicht sicher. Connelly (2007, 187) führt die Diskussion zu den Opfertieren von P6 an, die in dieser Form nicht für den Panathenäenzug überliefert sind. Nicht festlegen möchten sich Blech (1982, 285) und van Straten (1995, 15). Neben den *panathenaia* sind weitere attische Feste der Athena überliefert – die *chalkeia*, die im Monat *pyanopsion* als Fest der Handwerker gefeiert wurden, vgl. u. a. Simon 1983, 38

und somit von einem Kontext der attischen Gegenwart auszugehen, da die Teilnehmenden andernfalls in Abgrenzung von oder als Verbindung zur Gottheit mit Kränzen dargestellt wären.

Die Darstellung der Athena auf *P8* wird ebenso als Statue oder Epiphanie diskutiert.[407] Die Prozessionsteilnehmer tragen jeweils Binden, über die keine weitere Kontextualisierung möglich und somit ähnlich wie bei *P6* zu argumentieren ist. Die Opfernde hält einen Myrtenzweig in den Händen, der eine Verbindung der Szene zu Athena bestätigt.[408] In diesem Zusammenhang ist ebenso die Darstellung *P12* einzuordnen: Die Prozessionsteilnehmer tragen eine Binde. Da das Fehlen der Kränze keine Verbindung oder Abgrenzung von göttlicher beziehungsweise mythischer und menschlicher Sphäre anzeigt, kann die Athena am rechten Bildfeldrand als Sitzstatue interpretiert werden. Ort oder Anlass sind aufgrund nicht vorhandener Beischriften und fehlender ikonografischer Hinweise nicht sicher zu bestimmen, sodass ein beliebiges Heiligtum anzunehmen ist.[409] Die Figuren von *P16* tragen Myrtenzweige um den Kopf und in den Händen, die eine Verbindung zu der am rechten Bildfeldrand dargestellten Athena aufbauen. Dennoch ist auch hierbei von einer Statue und damit von einer Szene der attischen Gegenwart auszugehen, da Athena, wie auch in den Darstellungen zuvor, keinen Kranz trägt, um sich von den Teilnehmenden als Gottheit abzugrenzen.[410]

---

f. – die *arretophoria* die im Monat *skirophorion* als Mysterienkult für Frauen veranstaltet wurden, vgl. u. a. Simon 1983, 39–46; Deubner 1932, 9–17 (vgl. auch die *procharisteria*, Deubner 1932, 17) – die *plynteria* und die *kallynteria*, die im Monat *thargelion* stattfanden und der Säuberung des Kultbildes der Athena Polias dienten, vgl. u. a. Parke 1987, 234–237; Simon 1983, 46–48; Deubner 1932, 17–22; Mommsen 1898, 486–504.

407 C. Marconi (2015, 335) erkennt eine Hierarchie in der Größe der Figuren: Die menschlichen Figuren sind kleiner als die göttlichen. Shapiro (1989, 30) geht von der Darstellung einer Statue aufgrund der starren Haltung aus. Alroth (1992, 35) stimmt dem nicht zu. Gebauer (2002, 40 f.) möchte sich nicht festlegen.

408 Zwischen den Musizierenden befinden sich sog. Nonsens-Beischriften, vgl. CVA Berlin (14) 33 (H. Mommsen). Eine Opferprozession für Athena sieht ebenso M. Ercoles (2014, 100 f.). Aufgrund der „agonistischen Kleidung" deutet er die Kitharaspieler als Wettkämpfer oder *euneidai*. Für einen „Athenakult" vgl. Connelly (2007, 187) sowie E. Fantham (1994, 93), die eine Athena-Priesterin in der Opfernden erkennen. Brand (2000, 101) benennt die Darstellung als Panathenäenzug, ebenso Webster 1972, 129; Lehnstaedt 1970, 83; Wegner 1970, 34 – dagegen Gebauer 2002, 41; van Straten 1995, 15.

409 Aufgrund der Architekturelemente vermutet Lehnstaedt (1970, 88) den sog. Alten Athena-Tempel der Akropolis in Athen und setzt damit das Opfer in Bezug zu den *panathenaia*. Van Straten (1995, 18) sieht ebenso einen Athena-Tempel. Gebauer (2002, 76) deutet die Säulen hingegen lediglich als Bildfeldrahmen. J. M. Hemelrijk (1974, 142) verortet die Szene aufgrund des Fundortes als Prozession im Heiligtum von Brauron.

410 Neils (1996, 180) sieht Ähnlichkeiten zu den Darstellungen der Athena auf den Panathenäischen Preisamphoren im sog. Promachos-Schema, vgl. ebenso Gebauer 2002, 80. Die Figur direkt vor Athena deutet Neils (1996, 180) als Priesterin, vgl. ebenso van Straten 1995, 15; Graef – Langlotz 1925, 228 Nr. 2298 – dagegen Gebauer 2002, 80. Lehnstaedt (1970, K49) interpretiert aufgrund der Akropolis in Athen als Fundort auch hierbei eine Darstellung der *panathenaia*. Haspels (1936, 216 Nr. 8) beschreibt ebenso eine Athena-Prozession. Keine Verbindung hingegen sehen Gebauer 2002, 80; van Straten 1995, 15; Webster 1972, 129.

Weitere Darstellungen können möglicherweise anhand der Verbindung der Athena mit der Oliven- und Myrtenpflanze in den Bezug zu ihren Festen gebracht werden, auch wenn diese in den Darstellungen nicht anwesend ist: Die Prozessionsteilnehmer von *P10* tragen jeweils den gleichen Kranz aus Myrte. Dies erzeugt eine Verbindung zu Athena und lässt darüber hinaus vermuten, dass es sich um die Darstellung einer Prozession mit einer gemeinsamen Absicht handelt.[411] Die Myrtenkränze der beiden Tierführer von *P17* unterstreichen ebenso die gleiche Funktion der zwei Figuren und setzen die Darstellung in Bezug zu Athena, ein bestimmter Anlass kann jedoch nicht festgelegt werden.[412] Die Myrtenzweige sowie die beiden Olivenkränze des Zweigträgers und des Aulosspielers auf *P14* bauen ebenfalls einen Bezug zu Athena auf.[413] Die Kränze mit gleicher Blattart verweisen auch hierbei auf eine gemeinsame Absicht.

Die Kränze mit unterschiedlicher Blattart des Zweigträgers (Olive) und des Tierführers (Myrte) sowie des Aulosspielers (Myrte) auf *P21* betonen hingegen möglicherweise die ungleiche Rollenverteilung der Prozessionsteilnehmer. Auch hierbei ist vermutlich eine Prozession zu Ehren der Athena dargestellt.[414] Durch Kleidung und Kranz der beiden Opferteilnehmer ist ebenso auf *O14* eine klare Trennung von Status zu erkennen: Die stehende Figur trägt ein geschmücktes Gewand und einen Olivenkranz.[415] Die kniende Figur ist hingegen ohne Kranz dargestellt und lediglich mit einem *perizoma* bekleidet. Der Olivenkranz setzt die Darstellung möglicherweise in Verbindung zu Athena: Das Bildfeld einer schwarzfigurigen Kalpis[416] des Theseus-Malers bekräftigt den Bezug zwischen Athena und dem Olivenkranz: Ein Tierführer steht mit

411 Shapiro (1992a, 55) deutet ebenfalls einen Opferzug zu Ehren der Athena. Die in Resten erhaltenen Namensbeischriften (vgl. Graef – Langlotz 1925, 99) lassen keine weiteren Deutungen zu.

412 Lehnstaedt (1970, 88) deutet aufgrund der Säule und der weiblichen Opfertiere – wie schon bei *P12* – den sog. Alten Athena-Tempel auf der Akropolis in Athen. Gebauer (2002, 70) und van Straten (1995, 24) gehen hingegen nicht von einer Verbindung zu einem bestimmten Fest aus.

413 Da das Gefäß von der Akropolis in Athen stammt, deutet auch Blech (1982, 446) eine Prozession zu Ehren der Athena. Laut Gebauer (2002, 46) ist diese Annahme jedoch nicht haltbar, da weitere Indizien fehlen.

414 Shapiro (1981, 106) deutet den Tierführer aufgrund seiner festlichen Kleidung als Priester und verbindet die Darstellung ebenso mit den *panathenaia*.

415 Aufgrund des reich geschmückten Gewandes wird diese als Priester gedeutet, van Straten 1995, 135. 230; Peirce 1993, 232 Anm. 42 Nr. 4; van Straten 1988, 62; Rumpf 1928, 10 vgl. ebenso CVA Palermo, Museo Nazionale (1) III Ic 8 (J. Marconi Bovio) – dagegen Gebauer 2002, 370.

416 Uppsala, Universitet 352, 525–475 v. Chr. (ABV 519, 15; Beazley Addenda^2 129; LIMC II [1984] Nr. 581 Taf. 767 s. v. Athena [P. Demargne]).

einem Olivenkranz vor einem Altar, über dem eine Eule zu sehen ist.[417] Die Eule markiert den Altar „als der Athena zugehörig“[418], sodass der Olivenkranz als weiterer Verweis auf Athena interpretiert werden kann.

Die beiden Olivenkränze der Opferteilnehmer von *O27*[419] sprechen demnach ebenfalls für eine Verbindung zu Athena sowie eine gemeinsame Absicht der Handelnden.[420] Weiterhin verweist die Gefäßform auf ein Opfer an Athena:[421] Amphoren panathenäischer Form übernehmen das Bildschema der Athena von den Panathenäischen Preisamphoren und können ebenso in Verbindung mit den *panathenaia* gebracht werden.[422] Die Darstellung von *O8*[423] ist ebenso auf einer Amphora panathenäischer Form erhalten. Die Opferteilnehmer tragen jedoch keine Kränze über die eine Verbindung zu Athena zu erzeugen wäre, sodass allein über die Gefäßform ein möglicher Bezug zu den *panathenaia* hergestellt werden kann.[424]

Die Darstellung *P11* ist aufgrund der Myrtenzweige sowie im Vergleich zu *P3* und *P5* in das Umfeld der Athena zu setzen – des Weiteren sichert die Panathenäische Preisamphora als Bildträger die Verbindung zu den *panathenaia*.[425]

---

417 Rechts neben dem Altar sind eine Säule mit einem Architrav sowie ein Stier, dessen Kopf und Vorderbein in den rechten Bildfeldrand hineinragen, dargestellt. Ursprünglich war ein weiterer Vogel in Weiß, der jedoch kaum noch zu erkennen ist, auf den Altarstein gezeichnet, Melldahl – Flemberg 1978, 64 f. mit Anm. 17, vgl. ebenso Gebauer 2002, 81.

418 Gebauer 2002, 85.

419 Das ggl. Bf. zeigt zwei bekleidete, männliche Figuren.

420 Der Opfernde wird oftmals als Priester beschrieben, van Straten 1995, 140; Peirce 1993, 232; van Straten 1988, 65 Nr. 19; Webster 1972, 131 – dagegen Miller 1989, 321. G. Ekroth (2009, 93) beschreibt einen Ascheplatz als Opferstelle, da kein fester Altar dargestellt ist.

421 Vgl. ebenso Webster 1972, 131.

422 Die gegenüberliegenden Bf. der Amphoren panathenäischer Form zeigen anstatt der Agone – wie bei den Panathenäischen Preisamphoren – Kampfszenen beziehungsweise Szenen aus dem dionysischen Bereich, Bentz 1998, 21 mit Anm. 84. Eine weitere Gruppe bilden formähnliche Gefäße, deren inhaltliche Bezüge lediglich durch die Darstellung von Athena oder von Agonen festzustellen sind, sowie schwarzgefirnisste Gefäße panathenäischer Form, Bentz 1998, 21 vgl. ebenso Bentz 2001. Seit Beginn des 5. Jh. v. Chr. wurden zusätzlich rotfigurig bemalte Amphoren panathenäischer Form produziert, Bentz 1998, 21. Des Weiteren sind ab 400 v. Chr. Miniaturen hergestellt worden, die in Form und Dekoration den Panathenäischen Preisamphoren gleichen, statt der Agone sind auf dem ggl. Bf. Fackelträger oder sitzende Athleten dargestellt, Neils 1992b, 45.

423 Das ggl. Bf. zeigt eine Verfolgungsszene, vgl. Abb. bei Shapiro 1981, Nr. 1.

424 L. Turnbull (vgl. Shapiro 1981, 14) deutet aufgrund der Gefäßform ein Opfer im Umfeld des *oikos* während der *panathenaia* und beschreibt den „privaten Charakter“ der Darstellung.

425 P. Valavanis (1991, 489) deutet hingegen Olivenzweige. Blech (1982, 447) verortet das Opfer aufgrund der Gefäßform und des Fundortes ebenfalls in Athen. Webster (1972, 129 f.) sieht aufgrund der Amphora im Bild, die er als Panathenäische Preisamphora deutet, einen opfernden Sieger, ebenso van Straten (1995, 25), der die Akropolis als Ort angibt. Himmelmann (1990, 53) und Lehnstaedt (1970, 38. 104 f.) deuten die Szene, aufgrund des Ziegenbocks und der Amphora, die Lehnstaedt als Spitzamphora deutet, hingegen als Prozession im dionysischen Bereich.

Keine Kränze, sondern Binden im Haar tragen die meisten Figuren der Hydria *P3*.[426] Einige Figuren sind mit Myrtenkränzen in den Händen dargestellt, die möglicherweise auf Athena verweisen, welche selbst nicht anwesend ist. Das weibliche Opfertier sowie die Eule auf dem anschließenden Hauptbildfeld sprechen ebenso für eine Prozession zu Ehren der Athena.[427] Das Bildfeld *P5* kann demnach ähnlich gedeutet werden: Die Figuren tragen keine Kränze, jedoch verweisen Myrtenzweige in den Händen möglicherweise auf Athena.[428]

Eine Reihe der für diese Untersuchung zusammengestellten Prozessions- und Opferdarstellungen sind im bisherigen Forschungsverlauf – möglicherweise aufgrund fehlender Hinweise – nicht in Bezug zu bestimmten Gottheiten und ihren Festen gesetzt worden: Die Figuren auf *O6*[429] tragen Myrtenkränze, auf den Gefäßen *O25*[430], *O26*, *O33*, *O34*, *O36*, *O38*[431], *O39*, *O40*, *O48*, *O49*, *O50*[432] und *O52* Olivenkränze, sodass diese Szenen zumindest in Verbindung mit Athena gebracht werden können.

5.1.3 Dionysos

Efeu (*kissos*) kann über mythische Erzählungen in Verbindung zu Dionysos gebracht werden: Efeu schützte den jungen Dionysos vor den Flammen, die Zeus im Haus

---

426 Lehnstaedt (1970, 88 f.) interpretiert die Figur l. des Altars als Priester der Athena Polias. Himmelmann (1997, 21) interpretiert ebenfalls einen Priester. Gebauer (2002, 27) sieht hingegen eine weibliche Figur, somit sei Himmelmanns Argumentation hinfällig. Die kleine Figur vor dem Altar deutet Gebauer (2002, 27) als Kind – Himmelmann (1997, 21) als junge Dienerin. Weiterhin vermutet Lehnstaedt (1970, 88 f.) aufgrund des dachartigen Aufbaus des Altars, wie schon bei *P12* und *P17*, ein Opfer im sog. Alten Athena-Tempel auf der Akropolis in Athen anlässlich der *panathenaia*. In seinen Untersuchungen deutet Lehnstaedt (1970, 91) im Allgemeinen die frühen Prozessionsdarstellungen als Panathenäenprozession zum Anlass der Weihung des Kultbildes um 580 v. Chr., die späteren anlässlich des Neubaus des sog. Alten Athena-Tempels. Das Hauptbf. zeigt eine Hochzeitsszene (möglicherweise von Peleus und Thetis), die mit der Prozessionsszene nicht in Verbindung zu bringen ist, vgl. CVA Paris, Museé Louvre (6) III He Taf. 62, 1.

427 Nordquist 1992, 153.

428 Schefold und L. Giuliani (1978, 56) sehen aufgrund der Opfertiere Widder und Schwein einen Festzug ähnlich der Panathenäenprozession. Die Fragmente gehören zu einem Konvolut aus Scherben des sog. Lydos-Dinos mit einer Gigantomachie sowie einem Tierfries, vgl. Graef – Langlotz 1925, Taf. 3.

429 Eine Verbindung zu dem Opfer folgenden Symposion sieht Gebauer (2002, 363) in der Schöpfkelle sowie Webster (1972, 143. 145) in den *komos*-Darstellungen der Außenseiten der Schale, vgl. BOA Nr. 202288.

430 Das ggl. Bf. zeigt die beiden Protagonisten des besprochenen Bf. bei der Vorbereitung des Opfers, der Bärtige trägt bereits einen Kranz, sein Helfer hingegen noch eine Binde, vgl. CVA Gołuchów (1) Taf. 34, 3 a. d.

431 Himmelmann (1996, 87) identifiziert die Beischriften als Namen vornehmer attischer Familien. Bundrick (2005, 155) benennt die Figur am r. Bildfeldrand als Priester. Das ggl. Bf. zeigt Satyrn und Mänaden, vgl. BOA Nr. 215220.

432 Gerhard (1845a, 179) deutet den Opfernden als Herakles, von zwei Dioskuren flankiert, sitzend sei Jason dargestellt. Beischriften oder weitere Bf., die diese These stützen würden, sind nicht bekannt.

der Semele legte, indem das Gewächs die Mauern stützte und die Glut kühlte.[433] Darüber hinaus berichtet Plinius, dass zunächst allein den Göttern der Kranz vorbehalten war: Dionysos war demnach der Erste, der einen Efeukranz trug.[434] Die Verbindung des Dionysos mit Efeu veranschaulicht beispielsweise ein rotfiguriger Stamnos[435] des Dinos-Malers: Vier Frauen im Peplos und mit Efeukränzen auf den Köpfen stehen an einem Tisch mit Opfergaben, der Gott selbst ist mit Efeuzweigen geschmückt mittig an einem Pfahl dargestellt. Auf den in dieser Arbeit untersuchten Gefäßen ist Dionysos auf keinem Bildfeld dargestellt.[436] Jedoch können einige Darstellungen über die Blattart der Kränze in den Kontext der Feste zu Ehren des Dionysos gesetzt werden.

Die beiden Szenen von *P2* (Abb. 1. 2) zeigen auf der einen Seite die Figuren mit Myrtenkränzen und auf der anderen Seite mit Efeukränzen. Aufgrund der Attribute wie die Oinochoe, das Ferkel als Opfertier sowie ein als Weinschlauch gedeuteter Gegenstand werden die beiden Bildfelder in Bezug zu den Efeukränzen oftmals als zusammenhängende Prozession zu Ehren des Dionysos gedeutet.[437] Für Athen sind verschiedene dionysische Feste überliefert: Die *oschophoria* fanden im Monat *pyanopsion* statt.[438] Eine Prozession führte vom Dionysos-Heiligtum in Athen nach Phaleron zum Heiligtum der Athena Skiras, weiterhin wurden Tänze und Wettläufe ausgerichtet.[439] Die *anthesteria* wurden im gleichnamigen Monat *anthesterion* veranstaltet: Das Weinlesefest wurde an drei verschiedenen Tagen abgehalten, an denen unter anderem Prozessionen und Trinkwettbewerbe durchgeführt wurden.[440] Ein weiteres Fest zu Ehren des Dionysos sind die *lenaia* im Monat *gamelion*, bei dem eine

433 Der immergrüne Efeu weist seither auf Lebenskraft und Wachstum hin, Klein 1912, 12. 31; Murr 1890, 141–148. Zum Mythos vgl. u. a. Eur. Phoen. 638–656; Eur. Bacch. 5–12. Auch die Weinrebe (*ampelos*) ist über das Symposion eng mit Dionysos verbunden, Klein 1912, 32 vgl. Murr 1890, 130–141. Zu den entsprechenden Mythos-Versionen vgl. Baumann 1982, 55.

434 Plin. nat. 16, 4, 9–10; Verg. georg. 2, 528.

435 Neapel, Museo Archeologico Nazionale 81674, 450–400 v. Chr. (ARV^2 1151, 2; Beazley Para. 457; Alroth 1992, 43 Abb. 21).

436 Dionysos selbst wird v. a. ab der 2. Ht. des 5. Jh. v. Chr. mit einem Kranz in Verbindung mit einer Binde dargestellt, Meyer 2012, 212.

437 Van Straten 1995, 19; Lehnstaedt 1970, 105 f.

438 Vgl. Parke 1987, 116–121; Simon 1983, 89–92; Deubner 1932, 142–147. Allgemein zu den dionysischen Festen vgl. u. a. Chryssoulaki 2008; Pickard-Cambridge 1953.

439 Unklar ist, von welchem Heiligtum gestartet wurde, Simon 1983, 91. Weiterführend vgl. Kadletz 1980. Zum Zeitpunkt und Anlass vgl. Plut. Thes. 22, 4.

440 Ein Heiligtum ist nicht identifiziert, Simon 1983, 93. Einen Überblick zu den *anthesteria* verschaffen u. a. Seifert 2011, 122; Parke 1987, 159–183; Simon 1983, 92–99; Burkert 1977, 358–364; van Hoorn 1951; Deubner 1932, 93–123; Mommsen 1898, 384–404 vgl. bes. Thuk. 2, 15, 4. Deubner (1933, 71 f.) setzt den Gebrauch des Kranzes spätestens seit Beginn der *anthesteria* an, an deren zweiten Tag, dem sog. Choentag, die dreijährigen Kinder mit einem Blütenkranz geschmückt wurden.

Prozession und musische Agone stattfanden.[441] Schließlich sind die ländlichen (kleinen) und die städtischen (großen) *dionysia* überliefert:[442] Die sogenannten Kleinen Dionysien wurden im Monat *poseideon* gefeiert, bei der Prozession wurde ein hölzerner *phallus* getragen und eine Ziege als Opfertier geführt.[443] Bei den sogenannten Großen Dionysien fand ebenfalls eine Prozession mit einem hölzernen *phallus* statt, jedoch im Monat *elaphebolion*, weiterhin wurden *dithyramboi* sowie Komödien und Tragödien aufgeführt.[444] Explizit für die *dionysia* in Athen beschreibt Aristophanes Opfer, die bekränzt ausgeübt wurden.[445]

Der Zuordnung beider Darstellungen von *P2* zu einer dionysischen Prozession widerspricht Gebauer, da sowohl Wein als auch Ferkel ebenso bei anderen Opferungen verwendet wurden.[446] Die Kränze mit den verschiedenen Blattarten zeigen möglicherweise Prozessionen zu unterschiedlichen Anlässen an.[447] Das Bildfeld mit den Myrtenkränzen kann in Verbindung mit dem Ferkel ebenso als eine eleusinische Prozession zu Ehren der Demeter gedeutet werden.[448] Innerhalb des Mysterienfestes in Eleusis im Monat *boedromion* führte eine solche Prozession von Athen nach Eleusis – geopfert wurden Schweine.[449] Für die Priester und Mysten in Eleusis ist der Myrtenkranz in den Schriftquellen überliefert.[450] Weiterhin berichtet Aristophanes von bekränzten Opfern bei den sogenannten Eleusinischen Mysterien.[451]

---

441 Das Heiligtum ist möglicherweise auf der Agora bei der *stoa basileios* zu verorten, Simon 1983, 100. Für die Entstehung und den Ablauf der *lenaia* vgl. u. a. Parke 1987, 154–158; Deubner 1932, 123–134; Mommsen 1898, 372–382.

442 Simon 1983, 101–104.

443 Aristoph. Ach. 241–262, vgl. Parke 1987, 149–153; Deubner 1932, 134–138; Mommsen 1898, 349–359. Zu den dionysischen Prozessionen in Athen vgl. Nilsson 1916, 323–339.

444 Für die sog. Großen Dionysien vgl. Parke 1987, 190–207; Simon 1983, 102; Deubner 1932, 138–142; Mommsen 1898, 428–448.

445 Aristoph. neph. 299–313.

446 Gebauer 2002, 38.

447 Vgl. ebenso Gebauer 2002, 38.

448 Webster (1972, 145) geht aufgrund des Ferkels ebenfalls von einer Demeter-Verehrung aus.

449 Zu den sog. Eleusinischen Mysterien vgl. u. a. Parisinou 2000, 60–70; Parke 1987, 79–109; Simon 1983, 24–35; Brumfield 1981, 192–222; Burkert 1977, 426–432; Deubner 1932, 69–91; Mommsen 1898, 204–277. Weitere Feste zu Ehren der Demeter in Athen waren die *thesmophoria* im Monat *pyanopsion*, ein Fest, dass nur von Frauen ausgeübt wurde, vgl. Parke 1987, 123–131; Simon 1983, 18–22; Brumfield 1981, 70–103; Burkert 1977, 365–370; Deubner 1932, 50–60; Mommsen 1898, 308–322. H. A. Thompson (vgl. 1936) verbindet ein Heiligtum auf der *pnyx* mit den *thesmophoria*. Ein weiteres Fest zu Ehren der Demeter, die *stenia*, fand vor den *thesmophoria* statt (Aristoph. Thesm. 834 vgl. u. a. Simon 1983, 20 f.; Deubner 1932, 52 f.). Die *skira* im Monat *skirophorion* (vgl. u. a. Simon 1983, 22–24; Brumfield 1981, 156–181; Mommsen 1898, 504–511) sowie die *haloa* im Monat *poseideon* (vgl. u. a. Parke 1987, 145–149; Brumfield 1981, 104–131) waren ebenfalls nur für Frauen zugänglich.

450 Vgl. zu den entsprechenden Schriftquellen Deubner 1932, 76, mit Anm. 9–13. Zur Ikonografie der sog. Eleusinische Mysterien vgl. Clinton 1992, bes. 96; Geominy 1989, bes. 253.

451 Aristoph. neph. 299–313. Weiterhin beschreibt Paus. (2, 35, 4–8) die Bekränzung der Prozessionsteilnehmenden des Festes der Demeter Chtonias in Hermione.

Aufgrund der Efeukränze kann die Prozession auf der gegenüberliegenden Seite von *P2* hingegen mit Dionysos in Verbindung gebracht werden.

Eine weitere Darstellung mit einer Efeu bekränzten Figur zeigt *P13*: Durch den ungewöhnlichen Kranz ist dem bärtigen Prozessionsteilnehmer eine besondere Stellung innerhalb der Prozession zugewiesen.[452] Giorgos Kavvadias erkennt in dem Tierführer die Darstellung eines sogenannten Epheben und setzt diese aufgrund des Fundortes (Athener Akropolis) in Bezug zu Athena oder einer anderen Gottheit, die dort verehrt wurde.[453] Begründet durch den Efeukranz kann jedoch ebenso eine Prozession zu Ehren des Dionysos gedeutet werden. Weitere fehlende Hinweise lassen Ort und Anlass dieser Darstellung jedoch offen.[454]

Die Darstellungen von *O43* und *O44* sind durch ihre Gefäßform über die *anthesteria* mit Dionysos verbunden: Das festgelegte Flüssigkeitsmaß des Wetttrinkens betrug ein *chous* – das Volumen der sogenannten Choenkannen entsprach zumeist diesem *chous*, dasjenige der etwas kleineren sogenannten Choenkännchen hingegen einem halben *chous*.[455] Spätestens ab dem letzten Drittel des 5. Jh. v. Chr. kann das Bildrepertoire dieser Gefäße größtenteils den *anthesteria* zugeordnet werden.[456] Die Figuren von *O43* und *O44* tragen Olivenkränze, über die keine Verbindung zu Dionysos herzustellen ist. An dieser Stelle kann jedoch über die Blattart der Kränze die These einer möglichen Verbindung der Choenkännchen mit den *apaturia*, die Martina Seifert in ihrer Bildanalyse zu attischen Sozialisationsstufen bespricht, bestätigt werden: Die Choenkännchen verweisen „durch die Kinder und Jugendlichen, die in den Sozialisationsstufen der Phratrie abgebildet sind, indirekt auf diese und auf das Fest der Apaturia“, das als Fest der Phratrien unter anderen zu Ehren der

---

452 Bereits Apul. (met. 11, 24) stellt fest, dass das Tragen des Kranzes seinen Träger von den anderen Teilnehmenden abhebt. Einen besonderen Status der Kranztragenden im Allgemeinen erkennt ebenso Beck 2009, 57.

453 Aufgrund der fehlenden Opfergaben ist jedoch kein direkter Bezug zu den *panathenaia* herzustellen, Kaltsas – Shapiro 2008, 256 (G. Kavvadias). Für die Verbindung zu Athena aufgrund des Fundortes vgl. ebenso Shapiro 1992a, 55; Blech 1982, 446.

454 Auch hierbei führen die Beischrift *olympiodoros kalos* und *ho pais kalos* sowie weitere Namensnennungen wie *lykos* und *mitron* (vgl. Graef – Langlotz 1933, 59) zu keinen weiteren Erkenntnissen. Webster (1972, 52) hingegen deutet aufgrund der Gefäßform, die bei Hochzeiten verwendet wurde, ein Demeter-Opfer.

455 Zur sog. Choenkanne vgl. Schmidt 2005, 154. Zum sog. Choenkännchen vgl. R. Hamilton (1992, 68. 177 f. 121), der davon ausgeht, dass diese ausschließlich als Geschenk für die teilnehmenden Kinder des attischen Festes produziert wurden – die Bildthematik (v. a. krabbelnde und spielende Kinder) spricht für diese Verbindung. Van Hoorn (1951, 15. 30) benennt die Funktion der sog. Choenkännchen möglicherweise als Glücksbringer für ein Wetttrinken der Kinder. Die alleinige Herstellung der sog. Choenkännchen explizit für die anthesteria ist nach Schmidt (2005, 152) hingegen nicht nachweisbar. Für eine ausführliche Untersuchung der Ikonografie und Ikonologie der sog. Choenkännchen und der sog. Choenkannen in Bezug zu den anthesteria sowie deren Funktion, Zweck und Gebrauch vgl. Seifert 2011, 108–138 bes. 122–124; 135–138; Seifert 2008b, 86–89; Schmidt 2005, 152–221; Hamilton 1992; van Hoorn 1951.

456 Seifert 2008b, 96; Schmidt 2005, 201.

Athena Apaturia gefeiert wurde.[457] Dieser indirekte Verweis wird nun durch die Verbindung des Olivenkranzes mit Athena auf den Darstellungen der Choenkännchen *O43* und *O44* sichtbar.

Die Zweige im Hintergrund von *P19*, die aufgrund von Größe und Form als Efeuzweige anzusprechen sind, sowie die Amphora erlauben wiederum einen Bezug zu Dionysos, auch wenn die Figuren keine Kränze tragen.[458] Ähnlich ist die Darstellung *P24* zu deuten: Die Prozessionsteilnehmerinnen tragen Binden. Über die Efeuzweige im Hintergrund ist ein Bezug zu Dionysos möglich. Weitere Hinweise fehlen jedoch, sodass diese Zuweisung unsicher bleibt.[459] Die Darstellungen *P22* und *P23* zeigen im Hintergrund ebenso Efeuzweige über die möglicherweise eine Verbindung zu Dionysos hergestellt werden kann.

Weitere der in der vorliegenden Arbeit zusammengestellten Darstellungen wurden in vorangegangenen Untersuchungen aufgrund verschiedener ikonografischer Hinweise mit Dionysos in Verbindung gebracht. Die Prozessionsteilnehmer von *P4* tragen jeweils einen Myrtenkranz. Aufgrund von Opfertier (Ziegenbock) und Gefäßform (Oinochoe) wird die Darstellung dem Umfeld des Dionysos zugeordnet.[460] Begründet durch die fehlenden Efeukränze und die Tatsache, dass Opfertier und Gefäßform nicht spezifisch Dionysos zuzuschreiben sind, ist diese Zuordnung nicht nachzuvollziehen.[461] An dieser Stelle sind die Myrtenkränze möglicherweise nicht in direkten Bezug zu einer Gottheit zu setzen: Durch Bärtigkeit und Nacktheit sind offensichtlich verschiedene Altersstufen dargestellt – die unterschiedliche Kleidung verweist auf einen differenten sozialen Status.[462] Trotz dessen tragen alle Teilnehmer Kränze mit gleicher Blattart, durch die die Teilnehmer verbunden sind und mögliche Hierarchien in der Darstellung aufgehoben werden.[463] Die Myrtenkränze der Opferteilnehmer von *O5*[464] können ähnlich gedeutet werden. Eine dionysische Opferszene, die in Bezug zur gegenüberliegenden Bildfeldseite mit dem

---

457 Seifert 2011, 272. Eine schriftliche Überlieferung der Verbindung von Choenfest und *apaturia* existiert nicht, Seifert 2011, 136. Zum Inhalt und Ablauf der *apaturia* vgl. u. a. Seifert 2011, 133 f. 268–271 bes. 269 mit Anm. 84–88 – dort auch die Verbindung der *apaturia* zu weiteren Gottheiten, wie Zeus Phratrios, Apollon Patroos oder Dionysos Melanaigis – sowie Seifert 2008b, 94.

458 Vgl. CVA Stuttgart (1) 26 (E. Kunze-Götte) – über der Amphora befindet sich eine sog. Nonsens-Beischrift. Auch S. Peirce (1993, 236) vermutet einen dionysischen „Charakter“. Vgl. bspw. für Efeuzweige im Hintergrund in Verbindung mit Dionysos eine att.-sf. Pelike, Kassel, Hessisches Landesmus. T675, 525–475 v. Chr., Leagros-Gruppe (Beazley Addenda² 100; Beazley Para. 167, 223; CVA Kassel [1] Taf. 24, 2).

459 Shapiro (vgl. Kaltsas – Shapiro 2008, 238) deutet Weinzweige und sieht ein Fest zu Ehren des Dionysos.

460 Lehnstaedt 1970, 104. Webster (1972, 133 mit Anm. 1) interpretiert aufgrund des Kitharaspielers einen *dithyrambos*.

461 Vgl. ebenso Gebauer (2002, 39), der die Kithara bei einer Prozessionsszene jedoch durchaus für ungewöhnlich beschreibt, vgl. ebenso Brand 2000, 119 f.

462 Zur Darstellung sozialer Unterschiede anhand von Kleidung und Körperbau vgl. u. a. Lee 2015, 230; Mann 2009, 150.

463 Zur Hierarchie und zu den Altersgrenzen innerhalb von Opferszenen vgl. Graf 1996, 57.

464 Das Innenbf. zeigt einen Krieger, vgl. CVA Würzburg (2) Taf. 4, 1.

Rhyton tragenden, bärtigen Dionysos interpretiert wird, ist aufgrund der fehlenden Efeukränze nicht zu bestätigen.[465] Ebenfalls in Verbindung mit der gegenüberliegenden Bildfeldseite, auf der Dionysos und Ikarios dargestellt sind, vermutet John Breton Connelly, dass *P9* eine Opferprozession zu Ehren des Dionysos zeigt.[466] Der Großteil der Teilnehmer trägt Binden im Haar. Kränze, die eine sinnvolle Kontextualisierung ermöglichen würden, sind nicht dargestellt. Ort und Anlass der Prozession sind demnach nicht zu ermitteln.

Die Darstellung von *O16* wird aufgrund des Kantharos als Opfer zu Ehren des Dionysos interpretiert.[467] Auch hierbei verifizieren der Oliven- und der Lorbeerkranz der Opfernden diese These nicht. Die Kränze mit den unterschiedlichen Blattarten zeigen möglicherweise den Status der beiden Figuren an: Der ältere Bärtige führt das Opfer aus, der jüngere Bartlose steht ihm helfend zur Seite. Ebenso als dionysisches Opfer wird die Darstellung *O31* aufgrund der Satyrn auf der gegenüberliegenden Bildfeldseite gedeutet.[468] Begründet durch die Palme im Hintergrund versetzt Shapiro die Darstellung, wie schon bei *O42* und *O45*, in ein Heiligtum auf Delos.[469] Nach Gebauer spricht die Wuchsform und Verzweigung jedoch nicht für eine Palme.[470] Die Tatsache, dass es sich aufgrund der Blattform und -größe um einen Olivenbaum handelt, setzt die Darstellung vielmehr in den Kontext um Athena. Gebauer erkennt bei dem Tierführer von *P20*[471] im Haar einen Efeukranz.[472] Die Strukturen sind jedoch als den Haaren zugehörig zu deuten, da

465 Die Figuren sind mit Namensbeischriften (vgl. CVA Würzburg [2] 11 [F. Hölscher]) gekennzeichnet, die eine weitere Kontextualisierung jedoch nicht ermöglichen. Für das ggl. Bf. vgl. Abb. in CVA Würzburg (2) Taf. 3, 2.

466 Connelly 2007, 190 vgl. ebenso van Straten 1995, 20; Lehnstaedt 1970, 106 – vgl. Abb. in CVA München (7) Taf. 338, 1. Gebauer (2002, 43) hält diese Aussage aufgrund fehlender Hinweise für nicht bewiesen. Shapiro (1989, 96) deutet die weibliche Figur aufgrund der Zweige, die die übrigen Figuren tragen und die er als Ähren deutet, als Demeter. Begründet durch die Blattform und -größe sind die Zweige jedoch als Myrte anzusprechen – vgl. ebenso O. Jahn (1854, 21), der die weibliche Figur aufgrund der Myrtenzweigen als Priesterin deutet, vgl. ebenso Connelly 2007, 190; van Straten 1995, 20; Lehnstaedt 1970, 106. Die Größenunterschiede der Figuren sind auf die Bildkomposition zurückzuführen, CVA München (7) 42 (E. Kunze-Götte).

467 Das ggl. Bf. zeigt den mit Dionysos in Verbindung zu bringenden Tod des Orpheus, Neils – Oakley 2003, 292 mit Abb. 106 b.

468 Schelp 1975, 50; Webster 1972, 140; Metzger 1965, 109 – vgl. Abb. bei Jameson 2014, Abb. 5, 5. Die „Antigone" des Sophokles sieht M. H. Jameson (1986, 59 f.) aufgrund des als Satyrspiel gedeuteten ggl. Bf. Gebauer (2002, 394) nennt dies hingegen „spekulativ".

469 Shapiro 1996, 107.

470 Gebauer 2002, 394 f.

471 Das ggl. Bf. zeigt weibliche Figuren an einem Brunnenhaus sowie männliche Figuren, die eine Amphora tragen, vgl. Abb. bei Connelly 2008, Nr. 107.

472 Gebauer 2002, 94.

weder eine Blattform noch Früchte zu erkennen sind, sodass eine Verbindung zu Dionysos nicht hergestellt werden kann.[473]

5.2 Kränze als Zeichen von Festkontext

5.2.1 Wettlauf

Das Ausstattungselement der Fackelläufer – die nicht eindeutig zu definierenden, in eine Binde gesteckten Objekte – unterscheidet sich in seiner Darstellung von den Blätterkränzen aus Lorbeer, Olive, Myrte und Efeu. Der Fackellauf wurde in Athen im Zuge der Phylen-Agone, die nach der Einführung der Kleisthenischen Reformen eingerichtet worden sind, abgehalten: Jede *phyle* stellte eine Mannschaft.[474] Pausanias überliefert den Beginn der Läufe mit der Entzündung der Fackel am Prometheus-Altar der Akademie.[475] Bei diesen Mannschaftswettbewerben wurden materielle Preise anstelle von Kränzen vergeben: Demnach erhielt die siegreiche *phyle* im Fackellauf 300 Drachmen und eine Hydria.[476] Für diese Wettkämpfe war der *archon basileus* zuständig.[477]

473 A. Malagardis (1985, 71–92) deutet die Darstellung aufgrund der Architekturelemente als ein Fest zu Ehren des Dionysos oder des Hermes auf der Agora in Athen, vgl. ebenso Connelly 2008, 234. Gebauer (2002, 95) legt sich ein weiteres Mal nicht fest. Ein Dankopfer einer *phyle* für den Sieg im *dithyrambos* der sog. Großen Dionysien im Heiligtum des Dionysos Leniaos deutet hingegen W. Wrede (1986, 11).

474 Neben dem Fackellauf wurden bspw. auch Waffentänze, Bootsrennen und Schönheitswettbewerbe aufgeführt, Bentz 2004a, 207. Der Fackellauf und der Schönheitswettbewerb werden erstmals in der Siegerliste (IG II^2 2311, 76–77) aus dem frühen 4. Jh. v. Chr. explizit für die *panathenaia* erwähnt. Die Einführung dieser Agone bereits unter Peisistratos ist hingegen bei Plut. (Sol. 1, 4) überliefert. Die Anzahl der Teilnehmer pro *phyle* variiert in den Überlieferungen zwischen 10 bis 48 Personen, Karagiorga-Stathakopoulou 1977, 250. Die Mannschaftswettbewerbe wurden von offizieller Seite und von den Teilnehmern der *phyle* finanziert, Anderson 2003, 168 f. Das Bootsrennen ist erstmals für das Jahr 380 v. Chr. erwähnt, vgl. IG II^2 2311, 78–82. Lys. (log. 21, 4) überliefert den Waffentanz für die *panathenaia* im 5. Jh. v. Chr. In einer früheren Form war der Fackellauf auch als Ein- und Auslauf bei verschiedenen Wettkämpfen bekannt, van Hoorn 1924, 8. Hdt. (6, 105, 3) berichtet von der Einführung eines Fackellaufes in Athen zu Ehren des Pan.

475 Die Gewinnermannschaft musste zuerst mit einer noch brennenden Fackel das Ziel erreichen, Paus. 1, 30, 2. Der Endpunkt ist nicht überliefert – H. Froning (1971, 79) vermutet den Athena-Altar auf der Akropolis. Die Entzündung der Fackeln am Eros-Altar in der Akademie ist hingegen bei Plut. (Sol. 1, 4) tradiert. Der genaue Zeitpunkt des Fackellaufes im Festablauf ist nicht bekannt, Parisinou 2000, 36.

476 Die Sieger des Waffentanzes und Schönheitswettbewerbes erhielten hingegen 100 Drachmen und ein Stier, vgl. Anderson 2003, 169 in Bezug zu IG II^2 2311.

477 Karagiorga-Stathakopoulou 1977, 248.

Die beiden durch die eingesteckten Objekte leicht voneinander abweichenden Ausstattungselemente der Fackelläufer von *F1* sind vermutlich auf zwei unterschiedliche Mannschaften zurückzuführen: Möglicherweise werden zwei verschiedene *phylai* dargestellt.[478] Nach van Straten ist am rechten Bildfeldrand der *archon basileus* sowie ein Olivenbaum dargestellt, sodass er den Fackellauf der *panathenaia* interpretiert.[479] Darüber hinaus besteht der Kranz des Bärtigen aus Olivenblättern, die die Verbindung über Athena zu den *panathenaia* bestätigen. Die Hydria vor dem Altar zeigt den Preis des Gewinners.[480] Ähnlich kann die Darstellung *F6* gedeutet werden: Da der Bärtige am Altar, wie auch bei *F1*, einen Olivenkranz trägt, kann von einer Verbindung zu den *panathenaia* ausgegangen werden. Giglioli schlägt im Zusammenhang mit dem Hauptbildfeld des Gefäßes, das die Rückkehr des Hephaistos in den Olymp zeigt, die Darstellung der *hephaisteia* vor.[481] In Athen wurde der Fackellauf neben den *panathenaia* auch an den *hephaisteia* ausgetragen.[482] Laut Giglioli sind auf *F6* fünf verschiedene Läuferpaare dargestellt.[483] Alle Figuren tragen das gleiche Ausstattungselement, sodass die Darstellung möglicherweise mehrere Szenen einer Mannschaft zeigt: Zu sehen ist die Übergabe der Fackel an den nachfolgenden Läufer sowie die Ankunft am Altar. Um den Wettlauf zu gewinnen, musste die brennende Fackel am Ziel ankommen – die Übergabe war ein entscheidender Augenblick während des Wettkampfes.[484]

---

478 Van Straten 2011, 204; Neils 1996, 179; Neils 1994, 153. Jüthner (vgl. RE VII [1925] 572 s. v. *lampadedromia*) hingegen geht im Allgemeinen nicht von einer Unterscheidung der Mannschaften durch das Ausstattungselement aus, da dies in der Dunkelheit keinen Sinn ergab; allein für die Beschriftung in der Darstellung diene dieses Bildelement. Das ggl. Bf. zeigt bekleidete Jünglinge, vgl. CVA Baltimore, The Robinson Collection (2) Taf. 48, 1 b.

479 Van Straten 2011, 204. Neils (1996, 179) geht aufgrund der Kleidung (*ependytes* über langen Chiton) ebenfalls von einem *archon basileus* aus und setzt die Darstellung somit in Bezug zu den *panathenaia*. M. I. Finley und K. W. Pleket (1976, 24) sprechen die Figur lediglich als Priester oder hohen Beamten an. Für die Zuordnung zu den *panathenaia* vgl. ebenso Parisinou 2000, Nr. 1, 1.

480 Van Straten 2011, 20 vgl. ebenso Berger 1998, 101. Auch der Olivenzweig wird als Zeichen des Sieges gedeutet, CVA Baltimore, The Robinson Collection (2) 35 (D. M. Robinson).

481 Giglioli 1951, 148 vgl. ebenso van Straten 2011, 203; Bundrick 2005, 130; Parisinou 2000, Nr. 1, 21 –vgl. Abb. in CVA Ferrara (1) Taf. 12, 1. Froning (1971, 79–81) interpretiert ebenfalls die *hephaisteia* und schließt die *panathenaia* aus. Das zweite Hauptbf. zeigt Apollon und Thamyras, vgl. CVA Ferrara (1) Taf. 12, 2. Korzus (1984, 99) nennt die Reform der *hephaisteia* in den Jahren 421/420 v. Chr. als Grund für die vermehrte Darstellung von Fackellaufszenen und vermutet ein Wandbild in den Propyläen der Akropolis in Athen als gemeinsames Vorbild der Gefäßdarstellungen.

482 Sowie auch an den *prometheia*, van Straten 2011, 201 f.; Bentz 2004a, 208; Anderson 2003, 168; Blümel 1936, 108; van Hoorn 1924, 7 f. Für verschiedene Anlässe des Fackellaufes vgl. Parisinou 2000, 36–39.

483 Die vorderen beiden Figuren sind das Gewinnerpaar, Giglioli 1951, 148 vgl. ebenso Froning 1971, 78.

484 Bentz 2004a, 210; van Hoorn 1924, 8 f. Der Lauf wurde somit als Staffellauf ausgetragen, Froning 1971, 78. Parke (1987, 65) geht bei den *panathenaia* hingegen nicht von einem Staffellauf aus, sondern von einzelnen Läufern, begründet dies jedoch nicht. Bentz (2004a, 208 f.) merkt an, dass der Fackellauf der einzige Agon ist, dessen gesamter Ablauf in den Darstellungen überliefert ist.

Die Übergabe der Fackel zeigt auch *F17* (Abb. 7): Ein Unterschied in den Ausstattungselementen ist ebenso nicht zu erkennen.[485] Das gegenüberliegende Bildfeld bestätigt den Kontext des Fackellaufes innerhalb eines Festes: Zu sehen sind unbekleidete, junge Männer, die einen Stier fangen und die typischen Ausstattungselemente der Fackelläufer tragen.[486] Bentz interpretiert ein Siegesopfer nach einem erfolgreichen Wettkampf: Die weibliche Figur, die das Tier führt, stellt die Personifikation der siegreichen *phyle* dar – die durch Größe und Anzahl der Blätter zu unterscheidenden Ausstattungselemente grenzen die Mannschaften voneinander ab.[487] Ebenso Fackelübergaben zeigen die Schale *F3* sowie die Pelike *F12*[488]. Die Athleten tragen jeweils die gleichen Ausstattungselemente, sodass bei beiden Objekten von der Darstellung einer Mannschaft auszugehen ist.

Der Bärtige am Altar von *F18* trägt im Gegensatz zu den Bärtigen von *F1* und *F6* einen Lorbeerkranz. Die Darstellung zeigt Nike, die dem Sieger im Fackellauf eine Binde reicht.[489] Die Sieger gehören möglicherweise der *phyle* Antiochis an, da dieser Name auf der Binde des siegreichen Athleten zu lesen ist.[490] Van Straten deutet den Läufer mit der beschrifteten Binde aufgrund seines fortgeschrittenen Alters als *eponymos* der *phyle*, die Figur am Altar – veranlasst durch die auffällig hellen Kopf- und Barthaare – als Prometheus.[491] Demzufolge vermutet Gebauer, dass es sich bei dieser Darstellung um den ersten mythischen Fackellauf handeln könnte.[492] Der Lorbeerkranz des Bärtigen stützt möglicherweise diese These: Durch die Tatsache, dass dieser im Gegensatz zu den bärtigen Figuren von *F1* und *F6* keinen Olivenkranz trägt, ist eine Verbindung zu Athena und den *panathenaia* nicht gegeben.[493]

Der Kampfrichter beziehungsweise Trainer oder Zuschauer von *F20* trägt wiederum einen Olivenkranz, sodass eine Verbindung zu Athena und den *panathenaia*

---

485 Die Darstellungen von Fackelläufen werden oftmals verkürzt ohne Altar wiedergegeben, Webster 1972, 149.

486 Vgl. Abb. bei Shapiro 2009, Abb. 11.

487 Bentz 2004a, 210. Auch van Straten (1995, 51) geht von einem Siegesopfer explizit bei den *panathenaia* aus – er setzt einige weitere Darstellungen in Bezug zum Siegesopfer bei den *panathenaia*, vgl. van Straten 1995, V61. V89. V96. V98. Parisinou (2000, Nr. 1, 2) ordnet die Darstellung ebenfalls den *panathenaia* zu. Ebenso ist eine Darstellung der *hephaisteia* (vgl. bspw. Metzger 1965, 112) oder der *theseia* (vgl. Shapiro 2009, 266 f.) denkbar.

488 Vgl. Korzus 1984, 98 (H.-H. Nieswandt). Das ggl. Bf. zeigt zwei weibliche Figuren, eine davon mit Spiegel vgl. BOA Nr. 340055.

489 Sansone 1988, Abb. 11; Giglioli 1951, 153.

490 Ein weiteres Indiz ist die Beischrift *nikias*, der ein Sohn des Hermokles war – dieser lebte in dem *demos* Anaphlystos, der wiederum zur *phyle* Antiochis gehörte, van Straten 2011, 204; Bentz 2002, 250; Gebauer 2002, 418; Neils 1994, 152 f. Zur Beischrift vgl. Immerwahr 1990, 115 Nr. 800.

491 Van Straten 2011, 204. E. Parisinou (2000, Nr. 1, 22) interpretiert die *prometheia*. Rumpf (1928, Nr. 43) hingegen deutet einen Priester am Altar.

492 Gebauer 2002, 418.

493 Das ggl. Bf. zeigt drei bekleidete, männliche Figuren mit *stlengis* und *halteres*.

naheliegt. Der Fackelträger trägt das für ihn typische Ausstattungselement. Der Fackelläufer auf dem gegenüberliegenden Bildfeld trägt ebenfalls ein solches Element, auf dem der Fackelläufer einer Nike, die vermutlich den Sieg anzeigt, gegenübersteht.[494] Die Nike von *F19*[495] ist ähnlich zu deuten.[496] Die beiden Athleten tragen das gleiche, für die Fackelläufer typische Ausstattungselement, sodass von der Darstellung einer Mannschaft auszugehen ist. Ähnlich können die Darstellungen *F7* und *F8*[497] interpretiert werden.[498] Die Athleten tragen auf beiden Darstellungen wiederum das Ausstattungselement der Fackelläufer.

Einige Darstellungen zeigen die Fackelläufer ohne Ausstattungselement: Auf Objekt *F16*[499] sind, wie schon bei *F1*, *F12* und *F17*, zwei Fackelläufer hintereinander zu sehen. Das fehlende Ausstattungselement zeigt möglicherweise an, dass kein Fest zu Ehren einer Gottheit dargestellt ist, sondern eine Übungssituation in einer Palästra: Durch das Fehlen der Kränze kann keine Verbindung zu einer Gottheit hergestellt werden, sodass kein Festanlass zu ermitteln ist.[500]

Der Athlet von *F21* trägt ebenso keinen Kranz, sodass auch hierbei von einer Szene in einer Palästra auszugehen ist. Die Szene zeigt die Ankunft eines einzelnen Fackelläufers.[501] Ähnlich sind die Darstellungen von *F2* und *F5*[502] zu deuten, auf denen die Fackelläufer ebenso ohne Ausstattungselement zu sehen sind.[503] Jeweils der Moment

---

494 Vgl. CVA Braunschweig (1) 34 (A. Greifenhagen). Vgl. ähnlich das Innenbf. einer att.-rf. Schale, Vatikanstadt, Museo Gregoriano Etrusco 17934, 400–300 v. Chr. (ARV^2 1518; Beazley Addenda^2 384; Kathariou 2009, Abb. 11).

495 Das ggl. Bf. zeigt drei bekleidete, männliche Figuren, vgl. BOA Nr. 217578.

496 Vgl. Giglioli 1951, 154.

497 Das Innenbf. zeigt eine weibliche Figur vermutlich mit der Darstellung eines Eros, vgl. BOA Nr. 216327.

498 *F7* zeigt nach Hadziaslani (2003, 26) einen Läufer, der seine Fackel entzündet, bevor ein weiterer ankommt. *F8* stellt laut Giglioli (1951, 149) einen zurückkehrenden Sieger dar.

499 Das ggl. Bf. zeigt bekleidete, männliche Figuren, vgl. CVA Wien (3) Taf. 138, 2.

500 Laut Froning (1971, 78) ist der Fackellauf in der Palästra an weiteren Figuren wie Athleten oder Trainern sowie Wendesäulen und anderen Geräten zu erkennen, ein Altar hingegen zeigt den „kultischen" Fackellauf an. „Auch der Kopfschmuck der Fackelläufer ist irgendwie kultisch aufzufassen.", Rumpf 1928, 11. V. a. in rotfiguriger Technik überwiegen die Palästraszenen, die Läufer werden einzeln und nicht in einem Rennen gezeigt, mit Ausnahme der Waffen- und Fackelläufer, Webster 1972, 198. Allgemein zu Palästraszenen vgl. u. a. Splitter 2009.

501 Ankunft oder Start an einer Stele zeigen ebenso folgende Objekte: att.-rf. Pelike, Berlin, Antikenslg. 1225, spätes 5. Jh. v. Chr. (van Hoorn 1924, Taf. 5, 5; Furtwängler 1885, Nr. 3014); att.-rf. Pelike, Athen, Museío tes Archaías Agorás P10675, 425–375 v. Chr. (Giglioli 1952, Taf. 27, 3). Die Fackelläufer tragen ebenso weder Kranz noch Binde.

502 Das ggl. Bf. zeigt zwei weitere Athleten, einer mit *stlengis*, einer mit Speer – auf beiden Seiten ist jeweils der Name *diphilos* zu lesen, vgl. BOA Nr. 216565.

503 Für *F2* vgl. Bentz 2004a, 209; CVA Leipzig (3) 124 (S. Pfisterer-Haas). Für *F5* vgl. van Hoorn 1924, 8.

der Fackelübergabe wird auf den Gefäßen *F13*, *F14*[504] und *F15* wiedergegeben.[505] Die Fackelläufer tragen kein Ausstattungselement, sodass ebenso möglicherweise kein Phylen-Agon, sondern ein Übungskontext interpretiert werden kann.

Die Choenkännchen *F4* und *F9* bis *F11* sind allein durch ihre Gefäßform mit den *anthesteria* verbunden: Der Fackellauf wurde neben den *panathenaia* ebenso bei den *anthesteria* ausgeführt.[506] Die Fackelläufer tragen auf *F4* kein Ausstattungselement, auf *F9* und *F11* hingegen eine Binde und auf *F10* das Element der Fackelläufer. Die Tatsache, dass der Körperbau der Läufer von *F4*, *F9* und *F11* auf kindliche Figuren schließen lässt, legt nahe, dass das typische Ausstattungselement von *F10* auf einen Wettkampf der Erwachsenen verweist. Dahingegen zeigen die drei anderen Darstellungen die Nachahmung des Laufes durch Kinder.[507]

Im Gegensatz zu den Fackelläufern sind einige Waffenläufer mit Blattkränzen dargestellt: Der Athlet von *W3* hat seinen Helm abgenommen, er trägt stattdessen einen Myrtenkranz auf dem Kopf. Der Waffenlauf als gymnischer Agon ist für die *panathenaia* erstmals um 510 v. Chr. auf den Panathenäischen Preisamphoren überliefert.[508] Ausgeführt wurde dieser wie ein *diaulos*, jedoch mit Beinschienen, Helm und Schild.[509] Der Myrtenkranz des Waffenläufers von *W3* verweist auf den bereits

---

504 Das ggl. Bf. zeigt bekleidete Jünglinge mit einem Aryballos, vgl. CVA Urbana-Champaign (1) Taf. 24, 2.

505 Für *F13* vgl. Tzachou-Alexandri 1988, 205 (E. Kakarouga-Stassinopoulou). Für *F14* vgl. Neils 1996, 177. Parisinou (2000, Nr. 1, 4) setzt die Darstellung hingegen in den Kontext der *panathenaia*. Für *F15* vgl. Bentz 2004a, 210; Karagiorga-Stathakopoulou 1977, 248; van Hoorn 1924, 10. Giglioli (1951, 151) interpretiert zwei *phylai*: zum einen die siegreiche, zum anderen die zweitplatzierte *phyle*.

506 Van Hoorn 1924, 9. Parisinou (2000, Nr. 1, 27; Nr. 1, 29) setzt die Darstellung *F4* und *F10* ebenfalls in Bezug zu Dionysos.

507 Vgl. Bentz (2004a, 209), der das Gefäß *F11* als die Imitation des Fackellaufes der Erwachsenen durch ein Kind deutet: Der Handteller für einen professionellen Lauf fehlt. Auch bei den *theseia* sowie in Brauron wurde der Lauf von Kindern ausgeführt, Karagiorga-Stathakopoulou 1977, 248.

508 Kyle 1993, 181; Lindner 1992, 146–150. W. Decker (1995, 71) beschreibt die Einführung des Waffenlaufes als „verzögerten Reflex auf die Einführung der Hoplitenphalanx im 7. Jh. v. Chr. und die Ephebenausbildung im Gymnasion".

509 Weiler 1981, 154. Im gymnischen Agon wurden unterschiedliche Wettlaufarten ausgetragen: Zu Beginn stand das *stadion*, in der Folge wurde der *diaulos* und der *dolichos* sowie der abschließende Waffenlauf ausgeführt, vgl. Plat. nom. 8, 833. Waffenläufer und Kämpfer, die laufen, sind in den Darstellungen oftmals schwer voneinander zu unterscheiden: Der *hoplitodromos* ist oftmals mit einer Figur im Innenbf. oder mit mehreren Figuren auf der Schalenaußenseite dargestellt, Webster 1972, 198. 200. Vgl. eine att.-rf. Schale, Berlin, Antikenslg. F2307, 500–450 v. Chr., Antiphon-Ma. (ARV^2 341, 77; 1646; Beazley $Addenda^2$ 219; CVA Berlin [1] 24–26 Taf. 10, 3; 11, 1. 2; 12, 1). An gleicher Stelle führt Webster 13 schwarz- und 97 rotfigurige Waffenlaufszenen auf, von denen die meisten in das 5. Jh. v. Chr. zu datieren sind.

errungenen Sieg, aufgrund seiner Blattart vermutlich bei einem Wettkampf zu Ehren der Athena.[510] Die Darstellung *W2*[511] (Abb. 8) zeigt zwei Läufer mit unterschiedlichen Kränzen: Die Figur in der Mitte trägt einen Efeukranz, die Figur rechts daneben hingegen einen Kranz aus Myrte. Bei der Figur in der Mitte handelt es sich vermutlich um den Sieger des Wettkampfes: Dieser bekommt von der Figur rechts einen Helm gereicht und ist im Gegensatz zu den beiden anderen Figuren unbekleidet. Die unterschiedlichen Kränze zeigen – wie schon bei *P21*, *O14* und *O16* – möglicherweise den differenten Status der beiden Figuren an.

Neben den Kranz tragenden Waffenläufern sind ebenso Darstellungen, wie *W1*, überliefert, in denen die Athleten ihren Helm bereits abgenommen haben, jedoch keinen Kranz tragen: Der Waffenläufer von *W1*[512] befindet sich offensichtlich kurz vor dem Wettkampf. Die Stele dient als Startmarkierung – Schild und Helm liegen für einen weiteren Läufer bereit. Da auch der Kampfrichter oder Trainer beziehungsweise Zuschauer nicht bekränzt ist, ist die Darstellung einer Palästraszene anzunehmen.[513] Ebenso sind die Darstellung *W4* bis *W8* einzuordnen:[514] Die Läufer sind entweder mit Binde oder ohne Kranz dargestellt. Somit ist auch hierbei davon auszugehen ist, dass es sich nicht um einen Agon innerhalb eines Festes, sondern um eine Übungssituation in der Palästra handelt.[515] Die Darstellung *W9* zeigt ebenso Waffenläufer mit abge-

---

510 Die Beischrift *krates kalos* bekräftigt die Deutung als Sieger, vgl. CVA Cambridge (1) 29 (W. Lamb). Vgl. ebenso eine Szene auf einem att.-rf Kelchkrater, Berlin, Antikenslg. F2180, 550–500 v. Chr., des Antiphon-Ma.: Zu sehen sind Athleten, die sich nicht in einem Wettkampf befinden, mit Myrtenkränzen auf dem Kopf, die vermutlich auf einen bereits errungenen Sieg verweisen (ARV^2 13, 1; 1619; Beazley Addenda^2 152; Beazley Para. 321; CVA Berlin [11] Taf. 19, 1. 2; 20, 1–4; 21, 1–5).

511 Im Innenbf. ist ein einzelner Waffenläufer dargestellt, vgl. Jüthner 1968, Taf. 15 e – das ggl. Bf. zeigt vier bewaffnete Läufer, vgl. BOA Nr. 200896.

512 Das ggl. Bf. zeigt Satyrn, vgl. CVA Wien (2) Taf. 72, 2.

513 Für die Deutung als Kampfrichter vgl. CVA Wien (2) 18 (F. Eichler).

514 Das ggl. Bf. von *W4* zeigt weitere Athleten – auf dem Innenbf. ist ein Satyr dargestellt, vgl. BOA Nr. 201133. Das ggl. Bf. von *W5* zeigt ebenso weitere Athleten, vgl. CVA Baltimore, The Robinson Collection (2) Taf. 20, 1 b – auf dem Innenbf. sind zwei ältere Männer dargestellt, vgl. CVA Baltimore, The Robinson Collection (2) Taf. 19, 1 a. b. Das ggl. Bf. von *W6* zeigt eine Fortführung der Szene – im Innenbf. ist ein weiterer Trainer zu sehen, vgl. BOA Nr. 203834. Das ggl. Bf. von *W7* zeigt weitere Athleten, vgl. CVA London, British Museum (9) Taf. 78 b – das Innenbf. hingegen eine erotische Szene, vgl. CVA London, British Museum (9) Taf. 77 a. b. Auf dem ggl. Bf. von *W8* ist eine junge, männliche Figur im Himation dargestellt, vgl. CVA Bologna (1) III Jc Taf. 46, 2.

515 Bereits Blümel (1936, 28) interpretiert die Darstellung *W4* als Waffenlaufszene in der Palästra. Für die Deutung einer Palästraszene von *W5* mit einem Kampfrichter im Himation vgl. CVA Baltimore, The Robinson Collection (2) 18 (D. M. Robinson). Swaddling (1999, 59) interpretiert bei *W7* hingegen eine Wettkampfsituation: Das Bf. zeige l. den Schiedsrichter sowie in der Mt. den Waffenläufer als Sieger, der Schild und Helm bereits abgenommen hat. Laut N. Faulkner (2012, 241) ist eine komische Szene anzunehmen, da dem sich im Lauf befindenden Athleten Schild und Helm scheinbar zu schwer wurden. Vgl.

setzten Helmen: Auch diese tragen keine Kränze. Demnach ist zunächst anzunehmen, dass es sich um eine Übungsszene in der Palästra, und eben nicht um einen Wettkampf im Kontext eines Festes handelt. Die Szene ist jedoch auf einer Panathenäischen Preisamphora erhalten, sodass die Darstellung eines Kranzes für einen Festzusammenhang an dieser Stelle nicht benötigt wird: Der Wettkampf hat noch nicht stattgefunden, die Athleten bereiten sich vor.

5.2.2 Musischer Agon

Die Einführung der musischen Agone bei den *panathenaia* durch Perikles im späten 5. Jh. v. Chr. überliefert Plutarch.[516] Der rhapsodische Agon – die Rezitation der homerischen Epen – wurde vermutlich schon in der Zeit vor Peisistratos unter Solon aufgeführt.[517] Die Inschrift IG II^2 2311 gibt neben dem Ablauf des Festes auch über die Teilnehmenden und Siegpreise der Agone Auskunft: Die musischen Agone fanden in zwei Alterskategorien statt, ein Kranz und ein Geldpreis wurden verliehen – ebenso erhielten die Zweitplatzierten Preise.[518] Der Kitharaspieler von *M1*[519] trägt einen Olivenkranz, der eine Verbindung zu den *panathenaia* nahelegt. Nach Max Wegner entscheiden die zwei Zuhörer möglicherweise über den Siegpreis.[520] Bundrick interpretiert Publikum und vermutet die Darstellung der *panathenaia*, da die Zuschauer aufgrund ihrer Kleidung der athenischen Elite zuzuordnen sind.[521] Die Darstellungen *M20*[522] und *M32* sind aufgrund der Olivenkränze ebenso in den Kontext der musischen Agone der *panathenaia* zu setzen.

---

für eine weitere Waffenlaufszene im Kontext der Palästra – aufgrund der Binden tragenden Athleten – eine att.-rf. Schale, Kopenhagen, Thorvaldsens Museum 111, 500–450 v. Chr., Erzgießerei-Ma. (ARV^2 401, 10; Beazley Addenda^2 231; Beazley Para. 370; BOA-Nr. 204350).

516 Plut. Per. 13, 6. Jedoch ist aufgrund einiger Darstellungen des musischen Agons auf Gefäßen aus vorperikleischer Zeit anzunehmen, dass zuvor bereits musische Aufführungen im Rahmen des Festes stattgefunden haben müssen, vgl. u. a. Bundrick 2005, 8; Shapiro 1992a, 57 f. Nähere Überlegungen hierzu bei Davison 1958, 36–41.

517 Diog. Laert. 1, 2, 57. Plat. (Hipparch. 228b) überliefert, dass Hipparchos, Sohn des Peisistratos, diesen Agon einführte. Die enge Verbindung des Peisistratos mit der *mousike* erläutert Bundrick 2005, 8. Für die Entwicklung der Rhapsodie und ihre Darstellung vgl. u. a. Shapiro 1992a, 72–75; Shapiro 1993b.

518 Aufgrund einer Beschädigung der Inschrift ist der Preis für den rhapsodischen Agon nicht überliefert.

519 Das ggl. Bf. zeigt zwei Kämpfende, flankiert von Athena und Hermes, vgl. CVA Musée du Louvre (5) Taf. 25, 1. 4. 5.

520 Wegner 1970, 66.

521 Bundrick 2005, 162 f.; Villard 1971, 298.

522 Das ggl. Bf. zeigt eine männliche Figur mit Kithara und *stlengis* sowie einen Bärtigen, vgl. Mannack 2001, Taf. 41 b. Über dem Kopf des Sängers ist *kalos* zu lesen sowie vor seinem Mund *kale*.

Die Darstellungen *M22*, *M25*[523], *M27*[524], *M28*[525] und *M33*[526] zeigen jeweils olivenbekränzte Musizierende in Begleitung einer Nike: Der Wettkampf hat – vermutlich zu Ehren der Athena – bereits stattgefunden. Die Siegesgöttinnen zeigen den Sieg an.[527] Neben Olivenkränzen sind auf einigen Objekten, wie *M11*[528], die Figuren mit Myrtenkränzen dargestellt, die ebenso in Verbindung mit dem Fest der Athena zu bringen sind.[529] Die Darstellungen *M4*[530], *M12* und *M13*[531] sind ähnlich zu deuten: Die Musizierenden tragen jeweils einen Myrtenkranz, der auf einen Wettkampf im Rahmen eines Festes, vermutlich zu Ehren der Athena, verweist. Auf dem gegenüberliegenden Bildfeld von *M12* ist ebenso ein musischer Agon dargestellt: Auch hierbei tragen die Aulosspieler Myrtenzweige auf ihren Köpfen.[532]

Die beiden Bildfelder von *M18* zeigen einen mit Myrte bekränzten Aulosspieler und einen ebenso bekränzten Rhapsoden: Obwohl dieser nicht, wie sonst üblich, von Kampfrichtern oder Trainern beziehungsweise Zuschauern flankiert dargestellt wird, kann aufgrund der Myrtenkränze ein Wettkampf während eines Festes gedeutet werden.[533] Aufgrund der Kränze mit gleicher Blattart ist möglicherweise

---

523 Das ggl. Bf. zeigt eine weibliche und zwei männliche Figuren, vgl. CVA Genf (1) Taf. 20, 4.

524 Auf dem ggl. Bf. sind bekleidete, männliche Figuren dargestellt, vgl. BOA Nr. 214854.

525 Das ggl. Bf. ist mit einer weiblichen und zwei männlichen Figuren dekoriert, vgl. Kotsidu 1991, Taf. 20.

526 Das ggl. Bf. zeigt drei bekleidete, männliche Figuren – eine mit Aulos, vgl. Dareggi 1977, Taf. 11 b.

527 Im 5. Jh. v. Chr. erscheint Nike bei den Darstellungen musischer Agone als Zeichen der Professionalität und des Erfolges, Bundrick 2005, 167. Im Laufe des Jh. werden die Darstellungen der Nike, v. a. bei der Polygnot-Gruppe, häufiger Bundrick 2005, 168. Für siegbringende Niken beim musischen Agon vgl. u. a. einen att.-rf. Glockenkrater, Oxford, Ashmolean Museum of Art and Archaeology 1960.1220, 450–400 v. Chr., Kadmos-Ma., auch auf dieser Darstellung tragen der Aulosspieler und der Sänger einen Olivenkranz (ARV^2 1186, 24; Bundrick 2005, 170 f. Abb. 100) – sowie einen att.-rf. Glockenkrater, Ferrara, Museo Archeologico Nazionale T784, 450–400 v. Chr., Ma. von München 2335, der Kitharaspieler trägt einen Olivenkranz und wird mit einem weiteren geehrt (ARV^2 1163, 31 vgl. Berti 1988, Nr. 17 mit Abb.). Die Verbindung der göttlichen und menschlichen Welt im Allgemeinen sowie im Besonderen durch die den Sieger krönende Nike ist für die klassische Zeit signifikant, Shapiro 1992a, 56. Weitere Siegeszeichen, die Nike überreicht, sind laut Baus (1982, 179) Tänien, Hydrien, Schalen und Dreifüße.

528 Das ggl. Bf. zeigt Herakles und Antaios, vgl. Torelli 2001, Nr. 189 mit Abb.

529 Die Darstellung zeigt nach Wegner (1970, 68) die Nachahmung eines Agons durch junge Männer bzw. einen Schüleragon. Bundrick (2005, 163 f.) hingegen sieht aufgrund der Kleidung einen Aulosspieler vor Elitepublikum. Die Figuren sind teilweise mit Namen beschriftet: *leagros kalos, polykles, mylas, kephisodoros*, vgl. Pottier 1897–1922, 154.

530 Das ggl. Bf. zeigt Heroen und Kämpfer, vgl. CVA München (1) Taf. 43, 1. 2.

531 Das ggl. Bf. zeigt einen Waffentanz, der die Verbindung zu den *panathenaia* bestätigt, vgl. CVA Gela (4) Taf. 9, 1. 2.

532 Vgl. Abb. in CVA London, British Museum (3) II He Taf. 45, 10 a.

533 Auf dem *bema* des Rhapsoden ist die Inschrift *kalos ei*, vor seinem Mund *hode pot en thyrinti* zu lesen, vgl. CVA London, British Museum (3) III Ic 5 (H. B. Walters).

von einem identischen Anlass auszugehen.[534] Ähnlich kann die Szene von *M21* interpretiert werden: Der Kitharaspieler trägt einen Myrtenkranz, der auch ohne die Darstellung von Kampfrichtern oder Trainern beziehungsweise Zuschauern auf Athena und die *panathenaia* verweist.

Die Kitharaspieler von *M24*[535] (Abb. 9) und *M30* tragen hingegen Lorbeerkränze, die möglicherweise an Apollon als Gott der *mousike* erinnern. Ebenso zeigt dieser an, dass es sich bei der Darstellung um eine Wettkampfsituation handelt: Nike und Eros symbolisieren mit den Preisen den bereits errungenen Sieg.[536]

Die einzige Darstellung eines Kitharaspielers mit einem Efeukranz zeigt *M2*[537]. Dieser könnte auf die sogenannten Großen Dionysien verweisen. Da die Musiker und auch die beistehenden Figuren sowie der sitzende Kampfrichter oder Trainer beziehungsweise Zuschauer jedoch Myrtenzweige im Haar tragen, wäre ebenso eine Verbindung zu den *panathenaia* denkbar. Die im Hintergrund von *M16* als Efeu anzusprechenden Zweige stellen wiederum eine Verbindung zu Dionysos her. Jedoch tragen die Kampfrichter oder die Trainer beziehungsweise Zuschauer sowie auch der Aulosspieler Binden im Haar, sodass vielmehr, wie bereits beim Wettlauf, von einer Übungssituation auszugehen ist.[538]

Der Aulosspieler und der Sänger von *M14* sowie die Aulosspieler von *M3*[539], *M15* und *M17*[540] tragen hingegen keine Kränze: Das Fehlen dieser zeigt möglicherweise ebenfalls eine Übungssituation an.[541] Auf der gegenüberliegenden Bildfeldseite von *M14* ist ein mit Myrte bekränzter Kitharaspieler auf einem *bema* dargestellt – über die Myrte kann wiederum ein Kontext zu den *panathenaia* hergestellt werden.[542] Der Aulosspieler von *M31* trägt eine Binde. Aufgrund der Kampfrichter sieht Andrea

534 Wegner (1970, 32) führt die beiden Darstellungen zusammen und deutet eine Aulodie. Shapiro (1993b, 96 f.) interpretiert hingegen zwei Einzelszenen.

535 Das ggl. Bf. zeigt bekleidete, junge Männer, vgl. Kotsidu 1991, Taf. 19.

536 Für *M24* vgl. Bundrick 2005, 169. Schmölder-Veit (2004, 234) interpretiert bei *M30* hingegen einen Kitharaspieler, der sich auf seinen Wettkampf vorbereitet, indem er sein Instrument stimmt.

537 Das ggl. Bf. zeigt eine Gigantomachie, vgl. CVA London, British Museum (4) III He Taf. 61, 4 a.

538 Für eine weitere Übungsszene mit Binden tragenden Aulosspieler und Kampfrichter oder Trainer bzw. Zuschauer vgl. eine att.-rf. Pelike, Münster, Archäologisches Mus. der Westfälischen Wilhelms-Universität 66, 500–450 v. Chr., Eucharides-Ma. (Korzus 1984, 59 f. Nr. 6).

539 Das ggl. Bf. zeigt eine Amazonomachie, vgl. BOA Nr. 301596.

540 Auf dem ggl. Bf. ist eine weibliche Figur mit einer Phiale sowie eine männliche Figur mit einem *kerykeion* dargestellt, vgl. BOA Nr. 206307.

541 Eine Aulodie mit Kampfrichtern in Bezug zu den *panathenaia* sieht hingegen Schmölder-Veit (2004, 238) in der Darstellung von *M14*, vgl. ebenso Pinney – Ridgway 1979, 60 (R. Lacy). Wegner (1970, 70) merkt an dieser Stelle an, dass die Musiker gewöhnlich nebeneinander standen, und nicht, wie die Darstellungen suggerieren, hintereinander. *M17* zeigt nach Schmidt (2001, 285) aufgrund der gegabelten Rute einen Kampfrichter beziehungsweise Trainer. Auf dem ggl. Bf. ist eine weibliche Figur mit einer Phiale sowie eine männliche Figur mit einem *kerykeion* dargestellt, vgl. BOA Nr. 206307.

542 Vgl. Abb. bei Beck 1975, Taf. 45, 239.

Schmölder-Veit eine Wettkampfsituation.[543] Diese sind jedoch ebenso als Trainer oder Zuschauer zu interpretieren, sodass möglicherweise auch ein Kontext in der Palästra gedeutet werden kann. Ebenso mit Binden im Haar sind die Musizierenden auf den Gefäßen *M23*[544], *M26*[545] und *M29* dargestellt. Auf allen drei Darstellungen ist eine Nike zu sehen, die den Sieg der Protagonisten vorhersagt.[546] Die Binden zeigen, dass der siegbringende Wettkampf noch nicht stattgefunden hat und sich die Protagonisten in einer Übungssituation befinden. Mit einer Binde ist ebenfalls der Aulosspieler von *M5* dargestellt. Die Köpfe der übrigen Figuren sind nicht erhalten, wodurch mögliche Kränze nicht mehr zu sehen sind. Der Vorderkopf des Binde tragenden Aulosspielers ist ebenso durch eine Fehlstelle nicht erhalten, die Darstellung von Blättern wäre durchaus denkbar. Des Weiteren tragen die Figuren auffällig verzierte Kleidung, sodass trotz der Binde von einer Aufführung im Rahmen eines Festes auszugehen ist.

Eine Darstellung ist auf einer Panathenäischen Preisamphoren (*M19*) erhalten, sodass diese allein durch ihre Gefäßform in Verbindung zu den *panathenaia* gebracht werden kann: Die Figuren von *M19* tragen Lorbeerkränze, die trotz der Verbindung mit den *panathenaia* möglicherweise, wie bei *M24* und *M30*, auf Apollon als Gott der *mousike* verweisen.[547] Die Darstellung *M6* bis *M10* sind auf Pseudo-Panathenäischen Amphoren erhalten, welche durch Dekor und Form die Panathenäischen Preisamphoren imitieren: Auf der einen Seite wird Athena von Säulen flankiert abgebildet, auf der anderen Seite werden Agone dargestellt.[548] Die Imitationen weichen in kleinen Details in der *Bem*alung von ihren Vorbildern ab: Beispielsweise fehlt die Preisinschrift oder die Hähne als Säulenstatuen werden durch andere Figuren ersetzt.[549]

Die Nutzung der Pseudo-Panathenäischen Preisamphoren ist in der Forschung umstritten: Edward Norman Gardiner schlägt eine Verwendung als Preis für den Zweitplatzierten eines athletischen Wettkampfes oder aber als Preis für den Sieger

---

543 Schmölder-Veit 2004, 233.

544 Das ggl. Bf. zeigt drei bekleidete, männliche Figuren, vgl. CVA Ferrara (1) Taf. 38, 4.

545 Das ggl. Bf. zeigt ebenso drei bekleidete, männliche Figuren, vgl. CVA Leiden (3) Taf. 135, 2; 136, 6. 7.

546 Das Gefäß *M26* zeigt Nike, wie sie den Preis des Siegers in der Hand hält, CVA Leiden (3) 32 (M. F. Vos). Karagiorga-Stathakopoulou (vgl. Tzachou-Alexandri 1988, 206) deutet bei *M29* einen bereits gewonnenen Agon.

547 L. ist ein Kampfrichter zu sehen, Bentz 1998, 152. Für weitere Panathenäische Preisamphoren mit der Darstellung musischer Agone vgl. bspw. Liverpool, World Museum 46.19.18, 575–525 v. Chr. (Shapiro 1992a, Abb. 51 a) – Baltimore, The Walters Art Museum 48.2107, 525–475 v. Chr., Eucharides-Ma. (Shapiro 1992a, Abb. 46) – London, British Museum 1849.1122.2, 575–525 v. Chr., Gruppe E (ABV 139,12; Beazley Addenda[2] 37; Beazley Para. 57; CVA London, British Museum [1] III He Taf. 5, 3 a. b).

548 Bentz 1998, 19; Neils 1992b, 42; Boardman 1974, 181. Diese Gefäßform wurde von Mt. des 6. Jh. v. Chr. bis in das 1. Vt. des 5. Jh. v. Chr. produziert, Bentz 1998, 20.

549 Bspw. werden Kessel, Löwen, Eulen und *diskoi* dargestellt, Boardman 1977, 182.

der musischen Agone vor.[550] Bentz hingegen geht davon aus, dass diese Gefäße ausschließlich für den Handel produziert wurden – als Beweis nennt er die vor dem Brand aufgetragenen Handelsmarken, die auf den Panathenäischen Preisamphoren nicht vorhanden sind.[551] John Boardman schlägt wiederum die Nutzung als Souvenir der *panathenaia* vor. Neils gibt sowohl die Nutzung als Preis sowie auch die Funktion eines Souvenirs an: Aufgrund der Tatsache, dass viele Gefäße in Italien, besonders Etrurien, entdeckt wurden, geht auch sie davon aus, dass die Gefäße für den Export geschaffen wurden, um beispielsweise Olivenöl zu transportieren.[552] Die Myrtenkränze der Figuren von *M10* bestätigen den Kontext der *panathenaia*.[553] Die Figuren von *M6* bis *M9* tragen Binden beziehungsweise keine Kränze, sodass bei diesen Gefäßen allein über die Gefäßform ein Verbindung zu den *panathenaia* herzustellen ist.

5.2.3 Siegerehrung

Siegreiche Athleten sind auf den für diese Untersuchung zusammengestellten Objekten hauptsächlich mit Oliven- oder Myrtenkränzen, über die eine Verbindung zu Athena und den *panathenaia* herzustellen ist, dargestellt. Die Figur von *S9*[554] trägt einen Olivenkranz auf dem Kopf sowie Zweige aus Olive in den Händen. Am Bildfeldrand ist die Inschrift *kalos* zu lesen. Die Darstellung wird mit der *phyllobolia* in Verbindung gebracht.[555] Bei der *phyllobolia* wurden dem Sieger neben Kränzen auch Binden zugeworfen – mit denen sich dieser, wie die Darstellung zeigt, am gesamten Körper schmückte.[556]

Die Darstellung *S23* zeigt einen Sieger mit Olivenkranz, dem Nike eine Phiale reicht. Neils schlägt für diese Darstellung die Ehrung des Siegers im Schönheits-

550 Gardiner 1912, 183.

551 Bentz 1998, 20.

552 Boardman 1977, 181; Neils 1992b, 44.

553 Laut Schmölder-Veit (2004, 239) sind auf dem *bema* aufgrund seines gekrümmten Stabes ein Rhapsode sowie l. durch die gegabelte Rute ein Trainer dargestellt.

554 Die Außenbf. der Schale zeigen einen Krieger sowie eine Symposionszene, vgl. BOA Nr. 200509.

555 Kaeser 2004a, 35. Einen Sieger deuten ebenso M. Devillers (vgl. Vanhove 1992, 405; Gehrig u. a. 1968, 136; Blümel 1936, 37.

556 Zu den Binden bei der *phyllobolia* vgl. u. a. Kefalidou 2015, 131; Klein 1912, 71. Die Darstellung des mit Kranz, Zweigen und Binden geschmückten Siegers ist v. a. in rotfiguriger Zeit überliefert, Webster 1972 154. Die Kranzübergabe wird laut Klein (1912, 68) selten dargestellt.

wettbewerb der *panathenaia* vor: Der auf der Gefäßschulter dargestellte Löwe verweist auf die *phyle* Leontis.[557] Für diesen Schönheitswettbewerb, die *euandria*, wurden junge Männer von ihren jeweiligen *phylai* ausgesucht, um ihren Heldenmut und ihre Erscheinung zu präsentieren.[558] Geehrt wurden die Sieger mit Kränzen und Binden, die den ganzen Körper schmückten.[559] Lissarrague bekräftigt, dass einige Schönheitsdarstellungen auf attischer Keramik überliefert sind, zu denen es weder in der korinthischen noch in der lakonischen oder ostgriechischen Keramik vergleichbare Darstellungen gibt, weiterhin sind auf diesen Gefäßen immer sogenannte *kalos*-Inschriften, wie bei *S23* (*diogenes kalos / menon kalos*), erhalten.[560] Nigel Jonathan Spivey bringt die sogenannten *kalos*-Inschriften ebenfalls mit der Darstellung der geschmückten Athleten bei der *euandria* in Verbindung.[561]

Die Darstellung *S4*[562] zeigt einen Bärtigen, der eine Binde um den Kopf des jungen Siegers legt.[563] Dieser hält Myrtenzweige in den Händen.[564] Bentz geht von einem Fünfkampfsieger aus, der von einem Kampfrichter oder Liebhaber bei der *phyllobolia*

557 Neils 1994, 157 mit Abb. 13. Für die Darstellung der *euandria* anstelle der *phyllobolia* spricht laut Neils (1994, 155 f.), dass die Jünglinge schmaler und kleiner sind und kein Symbol ihrer Sportart tragen, wie es bei anderen Darstellungen von Siegerehrungen üblich ist.

558 Der genaue Ablauf dieses Agons ist nicht überliefert, Spivey 1994, 3. Die Inschrift IG II^2 2311 führt den Wettkampf seit der 1. Ht. des 4. Jh. v. Chr. auf. Weitere Varianten der *euandria* sind die *philoponia* („Liebestraining"), die *euexia* („gute Form") und die *eutaxia* („gute Disziplin"), Spivey 1994, 3. N. B. Crowther (1991, 303; 1985, 291) beschreibt die *euexia* als einen Wettkampf für Symmetrie, Definition, Form, Haltung – für eine generelle athletische und gesunde Erscheinung – die *eutaxia* beinhaltet hingegen militärische Disziplin. Athen. (deipn. 13, 18. 20) überliefert einen Schönheitswettbewerb der Männer in Elis: Bei der *kallisteia* wurden Waffen als Preise vergeben – der Sieger, der schönste Mann, wurde von seinen Freunden mit Binden geschmückt, er leitete die große Prozession zum Tempel und erhielt dort einen Myrtenkranz, Hawley 1998, 39; Crowther 1985, 285 vgl. Xen. symp. 4, 17. Weitere Orte, für die Schönheitswettbewerbe überliefert sind, bespricht Crowther (1985, 287).

559 Xen. (Symp. 5, 9) überliefert Binden als Siegpreis für junge Männer, die von Älteren für ihre Schönheit gekürt wurden. Zusätzlich bekamen die Sieger einen Sachpreis, wie einen Schild oder Ochsen, Spivey 1994, 3 vgl. IG II^2 2311; Aristot. Ath. pol. 60, 3. Nach N. J. Spivey (1994, 3) ist bei der Darstellung eines jungen Mannes mit Bändern immer eine Art von Schönheitswettbewerb anzunehmen. Laut Bentz (2004a, 211) sind hingegen keine Darstellungen mit der *euandria* zu verbinden.

560 Lissarrague 1999, 361. Weiterhin bespricht er mögliche Anlässe dieser Inschriften: ein bestimmter Auftrag, eine Beziehung zwischen Name und Ma. oder eine Werbung für bekannte, prominente Persönlichkeiten, Lissarrague 1999, 363 f. Für die Inschriften von *S23* vgl. BOA Nr. 205314.

561 Trinkgefäße, die oftmals bei Symposien genutzt wurden, sind mit *ho pais kalos* beschriftet, Spivey 1994, 3. Blech (1982, 115) vermutet, dass gerade diese Symposiongefäße an die „siegreiche Knabenschönheit der Palästra" erinnern und eben nicht „an den Sieger eines offiziellen Agons": Demnach ist auf den Schalen nie ein bärtiger Sieger zu sehen. Die kunstvolle Frisur mit Kränzen und Binden kennzeichnete die jungen Männer als Angehörige einer höheren Klasse, die oftmals mit den sog. *kalos*-Inschriften geehrt wurden, Shapiro 1981, 135. Mannack (2014, 116) plädiert hingegen für die einfache Funktion der Inschriften als Dekoration. Vgl. mit weiterführender Literatur Mann 2009, 155 Anm. 25.

562 Das Schulterbf. zeigt einen Pferdewagen, vgl. CVA München (5) Taf. 221, 3.

563 Decker 1995, 124; Sansone 1988, Abb. 2; Pentazou 1977, 139; Blümel 1936, 37.

564 Blümel 1936, 37.

geschmückt wird.[565] Neils hingegen schlägt wiederum vor, dass diese Darstellung die Auszeichnung des Siegers im Phylen-Agon der Schönheit zeigen könnte.[566] Die Bärtigen der Darstellung S7 (Abb. 10) tragen beide einen Olivenkranz.[567] Der Sieger hält Myrtenzweige in den Händen.[568] Im Vergleich zu S4 ist auch hierbei die Interpretation einer *euandria* möglich.[569] Ebenfalls einen Olivenkranz trägt der Athlet von S26, der von einer Nike mit einem weiteren Kranz geschmückt wird.[570]

Die Bekränzung des Siegers durch Nike auf S6 erfolgt hingegen mit einem Myrtenkranz.[571] Kaeser interpretiert aufgrund des Speeres einen Fünfkampfsieger.[572] Der Sieger von S8[573] trägt ebenso einen Myrtenkranz auf dem Kopf sowie Blüten in den Händen, am Bildfeldrand ist *ho pais kalos* zu lesen.[574] Im Vergleich zu S9 kann auch diese Darstellung als *phyllobolia* gedeutet werden sowie auch die Darstellung S12, auf der die beiden Figuren ebenfalls einen Myrtenkranz tragen: Der siegreiche Athlet wird von einer bekleideten Figur mit weiteren Myrtenzweigen und Binden geehrt.[575] Der Sieger von S20[576] trägt Myrtenzweige in den Händen, der Kampfrichter oder Trainer beziehungsweise Zuschauer einen Myrtenkranz.[577] Einen Sieger mit zu einem Kranz gelegten Myrtenzweigen auf dem Kopf zeigt die Darstellung S2[578]. In den vorgestreckten Händen hält er Früchte und Myrtenzweige, während in der Bildmitte ein Ringkampf dargestellt ist. Das Bildfeld auf S5 zeigt ebenso die Ehrung eines siegreichen Athleten mit Myrtenzweigen: Aufgrund der Beinschienen

565 Bentz 2004b, 317. Für eine Deutung als *phyllobolia* vgl. ebenso Kefalidou 2015, 125. Kaeser (vgl. Tzachou-Alexandri 1988, 311) geht hingegen von einem Liebhaber aus, da die Emotionen sichtbar und das Gewand durchsichtig scheinen. Pentazou (1977, 139) interpretiert den Sieger einer jungen Altersklasse, der von einem Schiedsrichter oder Trainer bekränzt wird.

566 Neils 1994, 155 f.

567 L. des Siegers ist nach G. Richter (1936, Taf. 4) der Ausrichter des Wettkampfes und r. der Trainer mit zwei Messstäben zu sehen, woraufhin sie die Szene in einer Palästra verortet. R. Patrucco (1972, 164) interpretiert die Krönung eines Siegers.

568 Alle Figuren tragen Namens- beziehungsweise sog. *kalos*-Inschriften, vgl. Drougou 1975, A17 sowie die Abb. des gesamten Bf. auf dem weitere Athleten dargestellt sind bei Patrucco 1972, Abb. 73.

569 W. Filser (2017, 310) geht hingegen von einer *phyllobolia* aus.

570 Blech (1982, 175) betont, dass Nike ausschließlich diejenigen Sieger bekränzt, die einen Agon gewonnen haben.

571 Giuliani (vgl. Kunze 1992, 276) interpretiert, dass der Athlet nach dem Wettkampf seinen Mantel wieder angezogen hat, vgl. ebenso Hoffmann 1971, 123.

572 Der Stab ist nach Kaeser (2004b, 357 f.) zu lang für einen Spazierstock, für eine Kriegslanze fehlt die Spitze und die angedeutete, unbekleidete Sch. verweist auf einen Athleten.

573 Die Außenbf. zeigen Athleten, vgl. Richter 1936, Taf. 35.

574 Die Blüten zeigen nach Filser (2017, 304 mit Anm. 119) die Schönheit der Athleten an.

575 Patrucco 1972, 32; Pottier 1897–1922, 137. Für eine Deutung als *phyllobolia* vgl. ebenso Kefalidou 2015, 124.

576 Am Rand der Schale ist *ho pais kalos* zu lesen, die Außenseiten zeigen Darstellungen verschiedener Athleten, vgl. BOA Nr. 212626.

577 Für die Deutung als Siegerehrung vgl. Sansone 1988, Abb. 4; Patrucco 1972, 31.

578 Auf dem ggl. Bf. ist Herakles im Kampf mit dem sog. Nemäischen Löwen zu sehen, vgl. Holmberg 1990, Abb. 9.

und des Schildes handelt es sich um einen Waffenläufer.[579] Auf den beiden Gefäßseiten von *S30*[580] ist jeweils ein Sieger zu sehen: Auf der einen Seite ist der Sieger mit einem Myrtenkranz auf dem Kopf und einem weiteren in der linken Hand dargestellt – auf der anderen Seite hingegen mit einer Binde um den Kopf und Myrtenkränzen in den Händen.[581] Da die beiden Figuren mit unterschiedlichen Ausstattungselementen dargestellt sind, können zwei zeitlich auseinanderliegende Sequenzen interpretiert werden.

Das Bildfeld *S10* (Abb. 11) zeigt den Sieger mit einem Kranz aus Olivenblättern sowie erstmals mit einigen Efeublättern. Um den Hals trägt er einen Olivenkranz, in den Händen sind Ansätze von Zweigen sichtbar, sodass auch hierbei im Vergleich zu *S8*, *S9* und *S12* von einer *phyllobolia* auszugehen ist.[582] Die Mischung von Oliven- und Efeublättern ist möglicherweise auf zwei verschiedene Kränze, die dem Sieger vom Publikum zugeworfen wurden, zurückzuführen. Die Efeukränze der Athleten von *S1*[583] verweisen möglicherweise auf Dionysos, zu dessen Ehren der Wettkampf demnach gewonnen wurde.[584] Die Tatsache, dass jeweils zwei Figuren (Bartloser und Bärtiger) einen Kranz mit gleicher Blattart tragen, verbindet diese und grenzt sie gleichzeitig von den anderen beiden Figuren ab. Der Efeukranz des Siegers von *S11* verweist möglicherweise ebenfalls auf ein Fest zu Ehren des Dionysos und ist aufgrund des gleichen Bildaufbaus wie *S8* bis *S10* und *S12* in den Kontext der *phyllobolia* zu setzen.[585]

Einige Darstellungen, wie *S32*, zeigen den Sieger mit einem Myrtenkranz beziehungsweise -zweigen und einer darüber gelegten Binde auf dem Kopf.[586] Die Darstellung *S33* zeigt Eros wie er einem siegreichen Athleten eine Binde reicht.[587] Dieser trägt einen Olivenkranz mit einer Binde darüber. Möglicherweise verweist der Kranz auf diesen beiden Bildfeldern auf einen bereits zuvor errungenen Sieg im Kontext der *panathenaia*.

---

579 Jüthner 1968, Taf. 30.

580 Das Innenbf. zeigt eine männliche Figur mit einem Spielzeugwagen in den Händen, vgl. CVA St. Petersburg (5) Taf. 54, 1.

581 Schwarz (1997, 127) deutet auf beiden Seiten einen „Knabensieger".

582 Die Darstellung eines Siegers im Speerwurf beziehungsweise Fünfkampf interpretiert Bentz (2004b, 318).

583 Das ggl. Bf. zeigt Apollon und Artemis mit Tityos und Leto, vgl. CVA Paris, Musée du Louvre (5) III Ic Taf. 28, 2–4. 6.

584 Die Bekränzung unterstützt laut Lissarrague (2001, 67) die Schönheit der Athleten und schlägt diese für einen Wettkampf vor. Verschiedene Namens- und sog. *kalos*-Inschriften sind zwischen den Figuren angebracht, vgl. CVA Paris, Musée du Louvre (5) III Ic 18 f. (E. Pottier).

585 Knauß (2004b, 90) interpretiert hingegen einen Läufer beim Start. Um diese Deutung zu verifizieren, fehlt jedoch die Darstellung einer Startmarkierung, wie eine Säule oder Stele (vgl. bspw. *S35*).

586 Jüthner (1898, 43) deutet die Figur von Darstellung *S32* als „Epheben".

587 Knauß 2004c, 287. Der Gott ist nach Knauß (2004d, 368) als solcher zu erkennen, da er etwas größer als der Athlet dargestellt ist.

Weitere Darstellungen zeigen die Athleten ohne Kranz oder nur mit einer Binden um den Kopf, sodass auch hierbei – wie zuvor bei den Wettkampfszenen – Palästra-Kontexte zu vermuten sind: Die Darstellung S21[588] zeigt Athleten, die mit einer Binde anstelle eines Kranzes geehrt werden, auch die Kampfrichter oder Trainer beziehungsweise Zuschauer tragen Binden.[589] Eine ähnliche Szene zeigt S25[590]: Ein Athlet wird von einem Bärtigen mit einer Binde geschmückt. Auf den Köpfen sind hingegen keine Kränze dargestellt. Die Darstellung S27 zeigt den Athleten ebenso mit einer Binde.[591] Auch die weiteren Figuren tragen keine Kränze, sodass vermutlich von einer Situation in einer Palästra auszugehen ist. Die Darstellung S28[592] zeigt gleichfalls einen siegreichen Athleten, welcher von einem Kampfrichter oder Trainer beziehungsweise Zuschauer mit einer Binde geehrt wird.[593]

Die Figur von S29 trägt ebenfalls eine Binde um den Kopf und hält Myrtenzweige in den Händen. Am Bildfeldrand ist erneut *ho pais kalos* zu lesen.[594] Aufgrund der Bildkomposition ist auch hierbei, wie bei S8 bis S12, die *phyllobolia* zu deuten. Die Darstellung S31[595] zeigt eine Nike, die einen Sieger mit einer Binde schmückt. Die Inschrift *ho pais kalos* ist zu lesen. Lee interpretiert die *euandria*.[596] Ebenso sieht Neils aufgrund der langen Haare keinen Athleten, sondern die Darstellung des Schönheitswettbewerbes.[597] Auch das Bildfeld S35[598] zeigt eine Nike, die mit einer Binde einen Athleten ehrt.[599] Auf beiden Gefäßen tragen die Athleten keine Kränze, demnach sagt Nike möglicherweise den noch nicht errungenen Sieg voraus.

Die Darstellung S22[600] zeigt einen Athleten in vergleichbarer Körperhaltung zu den Szenen der *phyllobolia* von S8 bis S12 und S29, diesmal jedoch vor einem Altar. Auf dem Kopf trägt er keinen Kranz, in den Händen jedoch Myrtenzweige. Ebenso ist der

588 Auf dem weiteren Außenbf. sowie im Innenbf. sind bekleidete, männliche Figuren mit Aryballos und Stab zu sehen, auf allen Bf. ist *ho pais kalos* zu lesen, vgl. CVA London, British Museum (9) Taf. 31 b.

589 Vgl. CVA London, British Museum (9) 36 (D. Williams).

590 Das ggl. Bf. zeigt eine bekleidete, männliche Figur mit *stlengis* und Aryballos, vgl. CVA Florenz (2) Taf. 35, 1.

591 Im Innenbf. der Schale ist die gleiche Figur ein zweites Mal dargestellt, vgl. Giglioli 1950, 31 f. Taf. 7, 1. Das ggl. Bf. zeigt weitere Athleten, vgl. BOA Nr. 207258.

592 Beide Außenbf. der Schale zeigen *komos*-Darstellungen, vgl. Gossel-Raeck 1990a, Abb. 49, 3 a. b.

593 Bentz 2004b, 317.

594 Vgl. Sansone 1988, Abb. 6.

595 Das ggl. Bf. zeigt Zephyros und Hyakinthos, vgl. Robertson 1992, Abb. 172.

596 Lee 2015, 224.

597 Neils 1994, 156.

598 Das ggl. Bf. zeigt eine männliche, bekleidete Figur, vgl. CVA Musée du Louvre (5) III Id Taf. 35, 8.

599 Jüthner (1965, Taf. 34) deutet aufgrund der Körperhaltung und der Stele einen startenden Athleten. Gardiner (1930, 145) interpretiert hingegen einen stehenden Springer ohne Gewichte.

600 Die erhaltenen Fragmente der Außenbf. zeigen Athleten, vgl. BOA Nr. 203406.

Sieger von *S13* mit Myrtenzweigen in den Händen dargestellt.[601] Auf dem Band an seinem Helm ist *ho pais kalos* zu lesen: Lehmann interpretiert den Sieger der *euandria* bei den *panathenaia*.[602] Das gegenüberliegende Bildfeld zeigt eine inschriftlich gekennzeichnete Nike, die in Bezug zum Sieger zu deuten ist.[603] Das Fehlen eines Kranzes verweist auf einen Palästra-Kontext, die Nike auf dem weiteren Bildfeld sagt den Sieg voraus. Die Kampfrichter oder Trainer beziehungsweise Zuschauer von *S36*[604] (Abb. 12) tragen wiederum einen Olivenkranz: Die Tatsache, dass die Athleten keine Kränze tragen spricht für eine Verbindung zu einer Palästra. Die Olivenkränze der Kampfrichter oder Trainer beziehungsweise Zuschauer zeigen an, dass diese selbst möglicherweise bereits bei einem Fest der Athena erfolgreich waren.[605]

Einige Darstellungen sind auf Panathenäischen Preisamphoren erhalten und demnach eng mit den *panathenaia* zu verbinden: Der Sieger von *S15* sowie der Kampfrichter oder Trainer beziehungsweise Zuschauer tragen jeweils einen Olivenkranz auf dem Kopf.[606] Zusätzlich sind Olivenzweige in den Händen des Siegers zu sehen.[607] Neils interpretiert aufgrund der zwei, sich im Lauf befindenden Figuren am linken Bildfeldrand den Gewinner eines Wettlaufes.[608] Ähnlich kann die Darstellung *S24* gedeutet werden: Der Sieger in der Mitte und auch der Kampfrichter oder Trainer beziehungsweise Zuschauer tragen einen Olivenkranz. Bentz geht aufgrund der Faustriemen von einer Siegerehrung im Rahmen eines Ringwettkampfes aus.[609] Der Sieger von *S40* ist mit einem Myrtenkranz dargestellt.[610] Am rechten Bildfeldrand befindet sich ein Salpinxspieler, links daneben ein Herold – insgesamt ist ein Handlungsablauf zu erkennen: das Trompetensignal, die Ausrufung des Siegers, die Ehrenrunde mit Tänie und die Kranzverleihung.[611] Der Sieger am linken Bildfeldrand

601 Vanhove 1992, 416 (M. Devillers); Sansone 1988, Abb. 1; Pentazou 1977, 134.

602 Lehmann 2012, 190 mit Anm. 18; Neils 1994, 156. Für eine Deutung als *phyllobolia* vgl. Kefalidou 2015, 124.

603 Vgl. Lehmann 2012, Abb. 7 b.

604 Das ggl. Bf. zeigt männliche, bekleidete Figuren mit *stlengis* und Stab, vgl. BOA Nr. 217464.

605 Ebenso setzt Devillers (vgl. Vanhove 1992, 270) die Szene in den Palästra-Kontext: In der Mt. sind ein Trainer und daneben ankommende Athleten zu sehen, vgl. ebenso Bernhard-Walcher 1992, Nr. 4. Jüthner (1965, Taf. 8 b) interpretiert hingegen eine „offizielle" Siegerehrung.

606 Robertson (1992, 198) deutet den Kampfrichter oder Trainer bzw. Zuschauer als Vater des Siegers, da der Trainerstab fehle. Dieser ist jedoch eindeutig vertikal vor dem Körper zu erkennen.

607 Robertson (1992, 198) sieht hingegen Palmenzweige. Giglioli (1950, 44) spricht wiederum von Oliven- oder Myrtenzweigen. Aufgrund der Blattform und -größe sind jedoch Olivenzweige anzunehmen.

608 Neils 2003, 153. Einen „Knabenwettlauf" sieht Jüthner (1965, Taf. 35 b).

609 Bentz 1998, 154.

610 Nach Bentz (2004b, 316) und Robertson (1992, 288) ist der Sieger anhand eines Palmzweiges zu erkennen. Lehmann (2012, 193) sieht einen Olivenkranz – die Siegerbinde, die der Sieger zuvor getragen hat, liegt über seiner Sch.

611 Lehmann 2012, 191. 193; Bentz 2004b, 316; Schmölder-Veit 2004, 241; Valavanis 1990, 345–347.

von *S16* wird von einem Kampfrichter oder Trainer beziehungsweise Zuschauer mit Zweigen geehrt, während die weitere Figur seinen Namen ausruft.[612]

Weiterhin sind Siegerehrungsszenen auf Panathenäischen Preisamphoren erhalten, auf denen die Sieger ohne Kränze dargestellt sind: Die Darstellungen *S14*, *S34* und *S41* zeigen jedoch die Kampfrichter oder Trainer beziehungsweise Zuschauer mit Myrten- oder Olivenzweige auf den Köpfen, die zusätzlich zur Gefäßform eine Verbindung zu Athena herstellen.[613] Die Darstellung *S38* zeigt den Sieger mit Myrtenzweigen in den Händen, die im Kontext mit der Gefäßform auf die *panathenaia* verweisen.[614] Die Darstellung *S39* zeigt Nike, die neben zwei ringenden Athleten steht, mit einer Binde in der Hand: Die Athleten befinden sich nicht im Wettkampf – die Sieger tragen keinen Kranz, somit steht der Gewinner noch nicht fest.[615] Die Darstellung ist dennoch aufgrund der Gefäßform mit den *panathenaia* in Verbindung zu bringen. Die Ehrung eines siegreichen Diskobol zeigt *S42*,[616] rechts ist ein Kampfrichter oder Trainer beziehungsweise Zuschauer mit einem Zweig dargestellt.[617] Die Siegerehrung nach einem Boxwettkampf zeigt *S43*: Ein Athlet mit einem Zweig und Faustriemen steht neben einem Kampfrichter oder Trainer beziehungsweise Zuschauer, rechts ist ein Salpinxspieler zu sehen.[618] Panos Valavanis interpretiert auch hierbei die Verkündung des Siegers.[619] In den Bereich der Siegerehrung kann aufgrund der Gefäßform auch die Darstellung der Panathenäischen Preisamphora *S3* eingeordnet werden: Das Pferd, das den Sieg errungen hat, ist anstelle des Reiters mit einem Myrtenkranz geschmückt. Alle Teilnehmer tragen zusätzlich Myrtenzweige in ihren Händen, die auf Athena verweisen.[620]

Die Darstellung auf den Amphoren panathenäischer Form können, wie bereits erörtert, ebenso in den Bezug zu den *panathenaia* gesetzt werden: Die Darstellung

---

612 Bentz 2004b, 316; Valavanis 1990, 339 f. Weiterhin wird die Ankunft des Athleten beschrieben, CVA London, British Museum (1) III He 4 (A. H. Smith).

613 Für *S34* vgl. Bentz 1998, 157. Die Darstellung *S41* zeigt aufgrund der Faustriemen zwei Boxer sowie r. einen Kampfrichter, Bentz 1998, 176. Smith (2011, 174) deutet die r. Figur als Trainer, vgl. ebenso CVA Hoppin and Gallatin Collections (1) 6 (J. C. Hoppin – A. Gallatin). Die Figur l. deutet Bentz (1998, 176) mithilfe der Beischrift *olympias* als mögliche Personifikation von Olympia, vgl. ebenso Poliakoff 1987, 161. Knauß (2004a, 51) erklärt diesen Verweis als mögliche Aufwertung des Sieges bei den *panathenaia*.

614 Valavanis (1990, 342) deutet die Proklamation eines Siegers.

615 Lehmann (2012, 191) bemerkt an dieser Stelle, dass der Sieg nur mithilfe der Gottheiten errungen werden kann. R. ist ein Trainer und l. ein weiterer Ringer zu sehen, Tzachou-Alexandri 1988, 348 (P. Valavanis).

616 Jüthner 1965, Taf. 78 b.

617 E. Pottier interpretiert einen Palmzweig, vgl. CVA Paris, Musée du Louvre (5) 7.

618 Vgl. Bentz (1998, 196), der einen Palmzweig beschreibt – ebenso Tzachou-Alexandri 1988, 316 (P. Valavanis).

619 Valavanis 1990, 334 f.

620 Laut Valavanis (vgl. Tzachou-Alexandri 1988, 309 f.) zeigt die Darstellung den Gewinner eines Pferderennens bei den *panathenaia* sowie die Beglückwünschung durch den Trainer (neben dem Pferd), den Besitzer des Pferdes und dessen Sohn, vgl. ebenso Kefalidou 2015, 126.

von *S17* zeigt auf den beiden gegenüberliegenden Bildfeldseiten einen Sieger mit Myrtenkranz auf dem Kopf und einen Kampfrichter oder Trainer beziehungsweise Zuschauer, der einen Myrtenkranz in den Händen hält.[621] Neils deutet aufgrund des muskulösen Körpers und der sogenannten Liebesgeschenke ein weiteres Mal den Sieger der *euandria*, der von seinem Bewunderer beschenkt wird.[622] Einen Sieger mit Binde im Haar und Myrtenzweigen sowie einer Votivtafel in den Händen zeigt das Gefäß *S18*, einen Sieger mit einer Binde um den Kopf sowie mit einem Speer hingegen das Gefäß *S19*.[623] Auf dem gegenüberliegenden Bildfeld von *S18* ist eine bekleidete, männliche Figur mit einer Amphora und einem Myrtenkranz auf dem Kopf dargestellt.[624] Die Figuren auf den beiden Bildfeldseiten deutet Webster als zwei aufeinanderfolgende Sequenzen: Zuerst trägt ein Sieger die nach dem Sieg errungene Panathenäische Preisamphora fort, um danach einen *pinax* zu Ehren der Athena zu weihen.[625] Da die beiden Figuren jedoch auf der einen Gefäßseite mit einer Binde und auf der anderen Gefäßseite mit einem Kranz dargestellt sind, ist, wie bei *S30*, nicht von der Darstellung einer zeitlich direkten Handlungsabfolge auszugehen, sondern von zwei auseinanderliegenden Sequenzen.[626]

5.3 Synthese

Die in dieser Arbeit untersuchten Darstellungen bestätigen die in den Schriftquellen überlieferten Verbindungen des Lorbeers mit Apollon, der Olive und Myrte mit Athena sowie des Efeus mit Dionysos. Die Verbindung über die Blattart der Kränze mit den verschiedenen Gottheiten und somit ihrer Feste unterstützt die Deutung des Kranzes in den Darstellungen als Zeichen von Festlichkeit.[627] Darüber hinaus führt die Kontextualisierung der Darstellungen mithilfe der unterschiedlichen

621 Bianchi Bandinelli – Paribeni 1976, Nr. 361.

622 Neils 1994, 159. Vgl. die beiden Werbungsszenen auf einer att.-rf. Schale in Dresden, verschollen, ehem. Kunstgewerbemus., 500–450 v. Chr., Douris (ARV^2 430, 33; Beazley Addenda^2 236; Buitron-Oliver 1995, Nr. 56 Taf. 40): Auf der l. Bildfeldseite stehen sich zwei mit Himation bekleidete Figuren gegenüber, der l. Bärtige hält mit der r. Hand einen Hasen in die Luft. R. daneben stehen eine unbekleidete Figur und ein Bärtiger im Himation mit Stab einander gegenüber.

623 Für die Verbindung mit den *panathenaia* vgl. bei *S18* Bentz 2004b, 311; Webster 1972, 79. Für *S19* vgl. ebenso Bentz 2004b, 311.

624 Vgl. Valavanis 1992, Abb. 2 a.

625 Webster 1972, 79 vgl. ebenso Benndorf 1868, 22.

626 Vgl. ebenso Valavanis (1991, 493), der zusätzlich verschiedene *himatia* erkennt und in der Verbindung beider Bilder eine Prozession deutet, vgl. Lehnstaedt 1970, 41. 57. 129.

627 Bereits Athen. (deipn. 15,33) benennt den Kranz als Zeichen für den Beginn eines Festes.

Kränze zu vielschichtigen Erkenntnissen hinsichtlich der Beziehungen der dargestellten Figuren. Demnach verweist die Darstellung des Kranzes – in Abgrenzung zur Darstellung der Binde oder dem Fehlen eines Kranzes – auf die im Folgenden dargelegten Strukturen.

Die Unterscheidung von menschlicher und göttlicher Sphäre

a) Bei einer nicht sicher zu identifizierenden Gottheit, die einen Kranz mit gleicher Blattart wie die weiteren Figuren trägt, die jedoch nicht der Gottheit entspricht, sind weitere Attribute, wie beispielsweise eine Kithara, nicht ausreichend, um in dieser Figur eine Gottheit zu deuten. Aufgrund des Kranzes mit gleicher Blattart kann nicht zwischen Mensch und Gottheit unterschieden werden, sodass von der Darstellung eines Sterblichen auszugehen ist (vgl. bspw. *O24*. *O32*. *O35*. *O37*. *O42*).

b) Bei einer nicht sicher zu identifizierenden Gottheit, die einen Kranz mit gleicher Blattart wie die übrigen Figuren trägt, die der Gottheit entspricht, ist von einer mythischen Erzählstruktur auszugehen, da auch hierbei aufgrund des Kranzes mit gleicher Blattart nicht zwischen Mensch und Gottheit unterschieden werden kann (vgl. bspw. *P26*, Abb. 3. *O17*. *O18*).

c) Bei einer nicht sicher zu identifizierenden Gottheit, die einen Kranz mit anderer Blattart als die weiteren Figuren trägt, der der Gottheit entspricht, dienen die Kränze mit unterschiedlichen Blattarten zur Abgrenzung der menschlichen und göttlichen Sphäre. Demnach ist von der Darstellung einer Gottheit als Epiphanie auszugehen, wenn diese einen Kranz mit der ihr entsprechenden Blattart trägt und zusätzlich weitere Attribute beziehungsweise Indizien in der Darstellung vorliegen (vgl. bspw. *O22*, Abb. 5). Die gleiche Schlussfolgerung gilt für Darstellungen, bei denen eine Gottheit durch ein stellvertretendes Bildelement anwesend ist (vgl. bspw. *O29*).

d) Bei einer nicht sicher zu identifizierenden Gottheit, die mit einer Binde oder aber ohne Kranz dargestellt ist, kann diese als Statue gedeutet werden, da die weiteren Figuren andernfalls in Abgrenzung zur Gottheit Kränze tragen würden (vgl. bspw. *P6*. *P8*. *P12*. *P16*). Demnach sind diese Darstellungen in den Kontext der attischen Gegenwart zu setzen.

e) Sind sämtliche Figuren mit Binden oder ohne Kranz dargestellt, ist keine Verbindung zu einer Gottheit herzustellen, sodass von einer Darstellung der attischen Gegenwart ohne einen bestimmten Festkontext auszugehen ist (vgl. bspw. *P9*. *P20*. *O19*. *O31*).

Der Verweis auf abwesende Gottheiten

f) Tragen die Figuren Kränze mit einer der Gottheit entsprechenden Blattart und ist diese selbst nicht anwesend, sind die Kränze nicht als Abgrenzung vom Göttlichen zu den Sterblichen nötig, sondern verweisen auf die entsprechende Gottheit (vgl. bspw. *O6. O23. O25. O26. O28. O33. O34. O36. O38–O40. O45*, Abb. 6. *O48–O52. M1. M2. M4. M11–M13. M20. M32. S1. S2. S4–S12. S20. S30*). Speziell beim musischen Agon ist der Lorbeerkranz als Verweis auf Apollon als Gott der *mousike* zu deuten (vgl. bspw. *M19. M24*, Abb. 9. *M30*).

g) Tragen die Figuren keinen Kranz, jedoch Zweige in den Händen, ist dennoch über die Blattart eine Verbindung zur entsprechenden Gottheit herzustellen (vgl. bspw. *P3. P5. P11. P19. P22–P24*).

Die Beziehung der Figuren untereinander

h) Kränze mit unterschiedlichen Blattarten zeigen divergente Rollenverteilungen innerhalb der Festteilnehmenden an (vgl. bspw. *P21. O14. O16. W2*, Abb. 8. *S1*). Speziell beim Fackellauf zeigen voneinander abweichende Ausstattungselemente verschiedene phylai an (vgl. bspw. *F1. F18*).

i) Kränze mit gleicher Blattart hingegen signalisieren – trotz Alters- und Standesunterschiede – einen ähnlichen Status der Kranztragenden sowie eine gemeinsame Absicht (vgl. bspw. *P4. P10. P14. P17. P26*, Abb. 3. *O5. O17. O18. O27. S1*). Speziell beim Fackellauf verweist die Darstellung gleicher Ausstattungselemente auf die Darstellung einer Mannschaft (vgl. bspw. *F3. F6–F8. F12. F17*, Abb. 7. *F19*).

j) Tragen alle Figuren Binden und nur eine Figur einen Kranz, kann dies als Zeichen der besonderen Stellung der Kranztragenden interpretiert werden (vgl. bspw. *P13. O7*, Abb. 4).

Die Differenzierung von Anlässen

k) Tragen die Figuren bei Wettkampf oder Siegerehrung einen Kranz, verweist dieser auf einen Festkontext, auch wenn weitere Indizien, wie Kampfrichter, fehlen (vgl. bspw. *M18. M21*). Befindet sich der Athlet nicht in einer direkten Wettkampfsituation, verweist der Kranz auf einen errungen Sieg anlässlich eines Wettkampfes innerhalb eines Festes (vgl. bspw. *W3. S8. S9. S10*, Abb. 11. *S11. S12. S32*). Herannahende Siegesgöttinnen (bzw. Eros) zeigen in Verbindung mit den Kränzen diesen bereits errungenen Sieg an (vgl. bspw. *F20. M22. M25. M27. M28. M30. M33. S23. S26. S33*).

l) Tragen die Figuren bei Wettkampf oder Siegerehrung eine Binde oder keinen Kranz, ist ein bestimmter Ort oder ein spezieller Anlass kaum zu ermitteln.

Demnach zeigt das Fehlen der Kränze oder die Darstellung von Binden oftmals den Kontext einer Palästra an (vgl. bspw. *F2. F5. F13–F16. F21. W1. W4–W8. M3. M14–M17. M31. S21. S22. S25. S27–S29. S36*, Abb. 12). Herannahende Siegesgöttinnen zeigen, dass der Gewinner des Wettkampfes noch nicht feststeht: Sie sagen den Sieg voraus (vgl. bspw. *M23. M26. M29. S13. S31. S35*).

m) Werden Kränze mit unterschiedlicher Blattart auf den gegenüberliegenden Bildseiten gezeigt, kann davon ausgegangen werden, dass zwei verschiedene Festanlässe dargestellt sind (vgl. bspw. *P2*, Abb. 1. 2). Bei unterschiedlichen Ausstattungselementen auf den gegenüberliegenden Bildseiten können hingegen zwei zeitlich auseinanderliegende Sequenzen angenommen werden (vgl. bspw. *S18. S30*).
n) Kränze mit gleicher Blattart auf gegenüberliegenden Bildfeldseiten sowie innerhalb einer Darstellung zeigen hingegen eine zeitlich parallel laufende Handlung der Darstellungen an (vgl. bspw. *F6. M18*).
o) Ausnahmen bilden die Darstellung auf Panathenäischen Preisamphoren (vgl. *P11. W9. M19. S3. S14–S16. S24. S34. S38–S43*) sowie auf den Amphoren panathenäischer Form (vgl. *O8. O27. S17–S19*) und auf den Pseudo-Panathenäischen Preisamphoren (vgl. *M6–M10*), die allein über die Gefäßform in den Kontext der *panathenaia* zu setzen sind. Ebenso können die Darstellungen auf den sogenannten Choenkännchen und den sogenannten Choenkannen in den Kontext der *anthesteria* eingebunden werden (vgl. *O43. O44. F4. F9–F11*).

Für einige Darstellungen mit Figuren ohne Kranz ist aufgrund weiterer fehlender Hinweise keine Kontextualisierung möglich: Die Prozessionsszene *P1* kann anhand der Säulen in einem Heiligtum verortet werden, jedoch ist ein Anlass für die Feierlichkeiten beziehungsweise eine Verbindung zu einem bestimmten Götterfest aufgrund fehlender Kränze nicht nachweisbar.[628] Die Schale *P7*[629] zeigt zwar nach Webster ein einheitliches Konzept mit Siegesopfer, Prozession und Symposion.[630] Der Anlass bleibt jedoch ebenso offen.

---

628 Die Darstellung der Befreiung des Prometheus durch Herakles auf dem Hauptbf. ist für eine Kontextualisierung der Prozessionsszene nicht behilflich, vgl. Boardman 1974, Abb. 6.

629 Das ggl. Bf. zeigt die Weiterführung der Prozession, vgl. BOA Nr. 300447 – das Innenbf. zwei männliche Figuren auf einer Kline, vgl. Brijder 1983, Taf. 11 e.

630 Webster 1972, 143. Aufgrund des Trinkhorns deutet H. A. G. Brijder (1983, 130) den Mann am Altar als Priester.

Darüber hinaus lässt sich bei den Darstellung O1[631] und O9[632] aufgrund fehlender Kränze kein Kontext bestimmen. Die weibliche Figur mit der Binde im Haar auf O13[633] wird zumeist als Priesterin[634] angesprochen, dennoch ist auch mit dieser Darstellung aufgrund eines fehlenden Kranzes kein offizieller Festanlass zu verbinden. Diese Darstellungen sind möglicherweise innerhalb des *oikos* zu verorten.[635] Ferner sind im Folgenden weitere Darstellungen anhand der Figuren und ihrer Ausstattungselemente in bestimmte Kontexte zu setzen oder aus diesen zu separieren.

Hermes-Opfer

Auf den beiden Bildfeldseiten von O2 tragen die Opfernden Myrtenkränze, die zunächst eine Verbindung mit Athena nahelegen. Judith Swaddling interpretiert hingegen bei beiden Darstellungen aufgrund der Herme ein Trankopfer eines Athleten zu Ehren des Hermes.[636] Die Darstellung O30[637] wird ebenfalls als Hermes-Opfer interpretiert.[638] Alle Opferteilnehmer tragen Olivenkränze, die einen Bezug zu Athena herstellen. Weiterhin zeigen die Darstellungen von O4[639] und O46 Hermen, die Opfernden tragen auch hierbei in Bezug zu Athena Olivenkränze. Ein weiteres Opfer vor einer Herme zeigt O10: Statt der Olivenkränze tragen die Opfernden Myrtenkränze, die ebenfalls auf Athena verweisen.[640] Auf der Darstellung O47 tragen die Opfernden hingegen Efeukränze, teilweise mit einer darübergelegten Binde. Am rechten Bildfeldrand ist eine Herme dargestellt. Eine Binde tragen ebenso die Opfernden von O3: Eine Herme ist hinter dem Altar zu sehen. Ebenfalls eine Herme

---

631 Das ggl. Bf. zeigt die Bestrafung eines jungen Mannes mit einer Sandale, vgl. CVA Adolphseck (2) Taf. 66, 1.

632 Die Darstellung eines Weitspringers mit Gewichten in den Händen und ohne Kranz oder Binde auf dem ggl. Bf. lassen den Kontext außerhalb eines Festes zu Ehren einer Gottheit vermuten, vgl. CVA Paris, Musée du Louvre (6) III Ic Taf. 49, 2. 6.

633 Die Außenseiten zeigen jeweils eine Werbungsszene, vgl. CVA Toledo (1) III I Taf. 54, 1. 2.

634 Neils 2000, 216 bzw. als Korbträgerin Neils 2001, 158; Reeder 1995, 185 ebenso S. Knudsen (vgl. Albersmeier 2009, 268), die auch eine Hetäre oder Göttin für möglich hält, vgl. Ekroth 2009, 101–103. Weiterhin ist die Deutung als athenische Bürgerin möglich, Beard 1991, 29.

635 „Die Ausübung der Kulte, die Durchführung von Opfern und Festen erfolgten im Mikrokosmos des *oikos* ebenso wie im Makrokosmos der Polis.", Seifert 2011, 262.

636 Swaddling 1999, 55.

637 Die beiden Hauptbf. des Volutenkraters zeigen mythische Szenen zum einen mit Dionysos, vgl. Boardman 1989, Abb. 310, zum anderen mit Apollon, vgl. Bundrick 2005, Abb. 83.

638 Brand 2000, 107; Andreassi 1996, 84; Nordquist 1992, 65; Metzger 1965, 98; Heydemann 1880, 9. Da Herme und Altar nicht in direktem Bezug zueinander stehen, kann Gebauer (2002, 405) dem nicht zustimmen. Peirce (1993, 244) geht von einem Dionysos-Opfer aus. Auch dem widerspricht Gebauer (2002, 405), da weder die Bekränzung noch die Spendengefäße Hinweise liefern.

639 Das ggl. Bf. zeigt zwei kämpfende Männer zwischen zwei Frauen, vgl. BOA Nr. 30320.

640 Für ein Hermes-Opfer vgl. Alroth 1992, 39; Finley – Pleket 1976, 37. Den Korbträger benennt Gebauer (2002, 371) aufgrund des *perizoma* als Diener. Das ggl. Bf. des Gefäßes zeigt einen *komos*, möglicherweise in Bezug zur Opferdarstellung, vgl. Peschel 1987, Taf. 206.

zeigt die Darstellung *S37* – diese wird von einem mit Binden geschmückten Athleten bekränzt. Eine Nike legt der Herme eine Binde an.

Diese Opferszenen mit den Darstellungen von Hermen zeigen vermutlich keine Opfer im Rahmen eines Festes: Swaddling folgend zeigen die Darstellungen mit Kranz möglicherweise Athleten, die nach einem gewonnenen Wettkampf ein Opfer darbringen. Die Kränze verweisen gegebenenfalls auf die Gottheit zu dessen Ehren die Agone stattfanden. Die Darstellungen mit Binde oder ohne Kranz sind vermutlich in den Bereich der Palästra zu setzen. Demnach sind die Darstellungen *O11*[641] und *O12*[642] möglicherweise – auch wenn keine Herme dargestellt ist – aufgrund der Bildkomposition in den Themenbereich eines Athletenopfers einzuordnen. Die Beischrift von *O11* *anacheis herme* (in Kopfhöhe rechts des Opfernden) sowie *lykos kalos* (vor dem Körper des Opfernden) unterstützen diese These.

Chryse-Opfer

Die Bratspießträger von *O21*[643] sind mit den Namensinschriften *philoktet* und *lichas* gekennzeichnet.[644] Der Bärtige wird dementsprechend als Herakles gedeutet, für den – dem Mythos nach – der junge Philoktet die Waffen trug.[645] Dieser wurde im Anschluss auf dem Weg nach Troja bei einer Rast auf der Insel Chryse, als er bei einem Altar der Göttin Athena opfern wollte, von einer Schlange gebissen. Aufgrund der Schmerzensschreie und des Geruchs der Wunde wurde Philoktet von Odysseus auf der Insel Lemnos ausgesetzt. Darüber hinaus verweisen die Olivenkränze und der Olivenbaum von *O21* auf Athena. Ein weiteres Fragment mit der Darstellung einer Athena, das diesem Gefäß zugeordnet wird, bestätigt diese Vermutung.[646]

---

641 Die Außenbf. zeigen männliche Figuren und Pferde, vgl. BOA Nr. 203313.

642 Auf den Außenbf. sind Krieger dargestellt, vgl. Buitron-Oliver 1995, Taf. 119.

643 Weitere Frgt., die diesem Gefäße zugeordnet werden, zeigen Satyrn und Mänaden, vgl. BOA Nr. 214501.

644 Kron 1971, 139.

645 Vgl. die Mythos-Version bei Soph. Phil. 194 f. 269–271. Für die Interpretation der Darstellung als sog. Chryse-Opfer vgl. Gebauer 2002, 387; Peirce 1993, 231 mit Anm. 42; Schefold – Jung 1988, 194; van Straten 1988, 64; Kron 1971, 139; Rizza 1959–1960, 328.

646 Vgl. Schefold – Jung 1988, Abb. 237. Rühfel (2003, 92 mit Anm. 340) verweist auf die Gleichsetzung der Chryse mit Athena sowie mit Aphrodite. Vgl. mit gleicher Thematik die Frgt. eines att.-rf. Kelchkraters, Tarent, Museo Archeologico Nazionale 52388, 425–375 v. Chr., Pronomos-Ma. (ARV^2 1337, 4; Beazley Addenda^2 336; Gebauer 2002, 723 Abb. 124).

Die Deutung der Darstellung von O41[647] als Chryse-Opfer des Herakles ist aufgrund der Beischriften nachzuvollziehen: Der Opfernde wird als *herakles*, die Statuette als *chryse*, die geflügelte Figur als *nike* und der Tierführer als *ioleon* bezeichnet.[648] Veranlasst durch die Zweige und Geländelinien deutet Gebauer ein ländliches Heiligtum.[649] Lissarrague verortet das Opfer aufgrund des Mythos auf die Insel Lemnos.[650] Der Opfernde sowie die Opferhelfer tragen Olivenkränze, die wie bei O21 möglicherweise den Beistand der Athena erwirken sollen.

Eleusinische Mysterien

Myrtenkränze sind neben Athena auch mit den sogenannten Eleusinischen Mysterien in Verbindung zu bringen, wie die Fragmente einer schwarzfigurigen Loutrophoros des Schaukel-Malers aus Eleusis veranschaulichen: Das Bildfeld zeigt umlaufend im Schulterbereich des Gefäßes Teile einer Prozession.[651] Die Figuren mit Aulos oder Kithara tragen Myrtenzweige in den Händen, Binden im Haar und sind mit einem Himation bekleidet. Eine solche Prozession innerhalb der sogenannten Eleusinischen Mysterien wird unter anderem aufgrund der als Myrte interpretierten Kränze für P25 vorgeschlagen.[652] Die Kränze sind jedoch aufgrund von Blattform und -größe als Lorbeerkränze zu identifizieren, sodass die Zuordnung zu den sogenannten Eleusinischen Mysterien anhand der Kränze nicht zu bestätigen ist. Für eine Verbindung zu Apollon fehlen jedoch weitere Hinweise. Die Prozession wird möglicherweise auf der gegenüberliegenden Bildfeldseite fortgeführt: Zu sehen sind hintereinander drei bartlose Figuren im Himation mit einer Fackel oder einem Stab in der Hand, sie tragen keine Kränze auf den Köpfen.[653]

Evangelos Vivliodetis identifiziert die beiden Figuren am Altar von P15 als Demeter und Persephone.[654] Die Darstellung liefert jedoch keinerlei Hinweise, um

647 Das ggl. Bf. zeigt bekleidete Jünglinge, vgl. CVA Wien (3) Taf. 118, 4.

648 Vgl. für die Interpretation der Darstellung als sog. Chryse-Opfer McNiven 2009, 309; Gebauer 2002, 228; Peirce 1993, 231 mit Anm. 42; Vollkommer 1988, 56; Gerhard 1845b, 161–165; CVA Wien (3) 21 (F. Eichler). Gerhard (1854a, 179) geht auch bei O37 von einem Chryse-Opfer des Herakles aus.

649 Gebauer 2002, 228.

650 Nach Lissarrague (2001, 135 f.) unterstreicht der ornamentale Lorbeerfries den festlichen Wert der Szene – Nike ist nicht als Siegeszeichen zu deuten, sondern als Unterstützung, mit den Aufgaben eines Opferhelfers für Herakles.

651 Eleusis, Archaiologikó Museío 471, 550–500 v. Chr. (ABV 309, 97; Beazley Addenda² 83; Beazley, Para. 133, 97; Laxander 2000, OZ12 Taf. 5).

652 Die Figur am l. Bildfeldrand wird als Demeter oder Persephone angesprochen, Tiverios 2008, 148 (K. Papangeli); Matheson 1995, 163; de la Genière 1988, 161; Garland 1984, 99. Klein (1912, 18) deutet eine Bekränzung im Mysterienkult. F. Graf (2004, 945) beschreibt aufgrund der Kleidung (das lange bestickte Gewand sowie die Kopfbinde mit speziellem Haarknoten) einen eleusinischen Priester.

653 Vgl. Tiverios 2008, Nr. 65.

654 Kaltsas – Shapiro 2008, 239 (E. Vivliodetis). Eine Begründung liegt nicht vor.

diese Interpretation zu stützen: Die beiden Figuren am Altar tragen eine Binde im Haar, alle anderen sind ohne einen Kranz oder eine Binde dargestellt. Im Hintergrund sind Zweige zu sehen, die dem Efeu zugeordnet werden können.[655] Eine dionysische Darstellung ist jedoch aufgrund fehlender Hinweise, wie beispielsweise Beischriften, ebenfalls nicht nachweisbar. Lediglich die Interpretation der Zweige als Myrte würde eine Verbindung zu den sogenannten Eleusinischen Mysterien nahelegen. Initianden dieser Mysterien erkennt Konstantinos Kourouniotes aufgrund der Myrtenkränze in den Prozessionsteilnehmern von *P18*.[656] Der Kranz des Fackelträgers ist jedoch als Olivenkranz anzusprechen, sodass eine Verbindung zu den Mysterien nicht zu belegen ist.[657]

Die Myrtenkränze der Opferteilnehmer auf der Darstellung *O15*[658] legen hingegen zusammen mit dem niedrigen Altar eine Verbindung zu den Festen der Demeter als chthonische Gottheit nahe.[659] Die Darstellung *O20* stellt den Bezug zu Eleusis über den bärtigen Opfernden her, der einen Myrtenkranz mit einer darüber gelegten Binde trägt.

---

655 Ebenso sieht Metzger (1965, 21. 29) die Zuschreibung zu den sog. Eleusinischen Mysterien kritisch, da der Stier als Opfertier für Eleusis nicht üblich ist.

656 Kourouniotes 1936, 112 f. M. Tiverios (2008, 132) hingegen beschreibt eine „einfache eleusinische Prozession" und erkennt keine Initianden. Zur Initiation vgl. Burkert 1977, 390–395. Grundlegend zu Initiationsriten vgl. van Gennep 1909, 70–113.

657 Beischriften, die eine Kontextualisierung ermöglichen würden, sind nicht erhalten. Parisinou (2000, 65 f.) geht ebenso von der Darstellung der sog. Eleusinischen Mysterien aus, und erkennt bei allen Figuren einen Myrtenkranz auf dem Kopf.

658 Das ggl. Bf. zeigt männliche Figuren an einem niedrigen Tisch, auf dem ein Skyphos mit Früchten steht, vgl. CVA Oxford (1) Taf. 7, 3. Auch im Innenbf. ist eine männliche Figur mit einem Früchtekorb dargestellt, die von einem Bärtigen mit Schreibutensilien begleitet wird, vgl. CVA Oxford (1) Taf. 2, 9.

659 Zur Deutung einer chthonischen Gottheit aufgrund des niedrigen Altars vgl. Ekroth 2009, 109. Vgl. zur Unterscheidung von olympischen und chthonischen Gottheiten u. a. Burkert 1977, 306–312. Webster (1972, 142 mit Anm. 2) interpretiert aufgrund aller Bf. die Auszählung eines *ostrakismos* – Beazley (vgl. CVA Oxford [1] 7) hingegen die Eintragung der Epheben in die Phratrien-Liste bei den *apaturia* – Gebauer (2002, 375 f.) schlägt die Verteilung von Fleischstücken vor.

6

Phänomenologische Prämissen: der Symbolgehalt des Kranzes

Die bildwissenschaftliche Analyse legt mithilfe semiotischer Ansätze auf Grundlage ikonologisch-hermeneutischer Methoden dar, dass die Darstellungen anhand der verschiedenen Kränze mit Gottheiten wie Athena, Apollon und Dionysos verbunden werden können. Über diese Verknüpfung können ein Teil der Darstellungen in den Festkontext – insbesondere in den der *panathenaia* – gesetzt werden. Dabei dient der Kranz als Zeichen für einen Festkontext, im Besonderen für den errungenen Sieg, und grenzt die dargestellten Szenen von anderen Kontexten, wie der Palästra, ab. Darüber hinaus zeigt die Darstellung der verschiedenen Kränze die Beziehungen der handelnden Figuren an – als Zeichen von Zugehörigkeit oder in der Umkehrung als Zeichen von Abgrenzung.

Dieser herausgearbeitete Zeichengehalt des Kranzes kann mithilfe der Handlungs- und Ritualtheorien durch eine mögliche symbolische Bedeutung erweitert werden: Ein über einen langen Zeitraum mit der gleichen Semantik genutztes Zeichen verliert seinen rein denotativen Charakter, gewinnt an konnotativen Gehalt und entwickelt sich zu einem Symbol.[660] Das Symbol als „etwas Wahrnehmbares, das auf etwas nicht unmittelbar Wahrnehmbares verweist“ und dieses repräsentiert,[661] deckt Zusammenhänge auf, sodass seine Deutung essentiell für die Erforschung sozialer Strukturen ist.[662] Dabei werden Symbolen unterschiedliche Wirkungen attestiert: Prozessuale Ansätzen erläutern Symbole als Zeichen, die soziale Wirklichkeit repräsentieren, – postprozessuale und strukturelle Konzepte gehen hingegen von Symbolen als Zeichenträger, welche die Wirklichkeit konstituieren, aus – poststrukturelle Theorien beschreiben Symbole wiederum als Mosaiksteinchen, die beliebig zusammengestellt und mit Bedeutung aufgeladen werden können.[663] Diese unterschiedlichen Ansätze verbindet die Annahme, dass Symbole Informationen und somit Bedeutungen an die Betrachtenden übermitteln,[664] „indem sie [die Symbole] kognitive, emotionale, normative und soziale Prozesse auslösen und steuern können wie z. B. die Gruppensolidarität stärken oder die Gegenwart mit der Vergangenheit und den Ahnen verbinden“.[665]

---

660 Eco 1972, 67 vgl. Schneider u. a. 1979. Die denotative Ebene kann mit der vorikonografischen Stufe Panofskys gleichgesetzt sowie folglich die Konnotation mit der ikonografischen Stufe verglichen werden, Bohnsack 2003, 244.

661 Grundbegriffe der Soziologie II 2(1989) 335 f. s. v. Symbole (G. Köhler) mit Bezug zu Cassirer 1923–1929. Ebenso B. Blanke (u. a. 2005, 149), die Zeichen als „solche wahrnehmbaren Dinge, die genutzt werden, um daraus Schlüsse nicht auf unmittelbar Wahrnehmbares zu ziehen“ beschreiben, vgl. Keller 1995, 107.

662 Hodder 1982, 12. Bereits U. Eco (1972, 108 vgl. auch Eco 1992) beschreibt den Menschen als symbolisches Wesen, bei dem „nicht nur die Wortsprache, sondern die Kultur insgesamt, die Riten, die Institutionen, die sozialen Beziehungen, die Bräuche usw. nichts anderes als symbolische Formen“ sind.

663 Robb 1998, 332–338 mit entsprechenden Literaturverweisen.

664 DeMarris u. a. 1996, 16.

665 Van den Boom 2009, 235. Um ein solches Symbol zu verstehen, ist kulturelles Wissen zwingend notwendig, Knappett 2002, 104.

6.1 Aspekte ritueller Handlungen

Prozession, Opfer, Siegerehrung und der damit zusammenhängende Wettkampf können in ihrer Organisation und ihrem Ablauf – im Kontext attischer Feste – als wiederkehrende Handlungen ritueller Art bezeichnet werden:[666] Rituale materialisieren die soziale Ordnung, indem sie Regeln schaffen.[667] Dabei stehen in einem Ritual Akteure und Objekte mit ihrem Umfeld im Austausch, sodass eine Dynamik entsteht, aus der sich Traditionen und Veränderungen entwickeln.[668]

Die Übertragung und Umdeutung bestimmter Ritualelemente, die die Entstehung neuer Rituale zur Folge hat, beschreibt Chaniotis mit dem Begriff des Ritualtransfers.[669] Dieser umfasst die Übermittlung von Inhalten durch rituelle Objekte sowie durch kulturell-religiöse Symbole.[670] Solche Veränderungen basieren auf dem Durchbrechen des stereotypen Bewegungsablaufes.[671] Da Rituale durch diese Veränderungen bestehen, ist die *agency* als „Fähigkeit, Veränderungen in der Welt zu bewirken" eine wichtige Voraussetzung für Rituale.[672] In diesem Zusammenhang beschreibt *agency* die Kompetenz und Macht von Netzwerken sowie von ein-

---

666 Gerade im Rahmen des Fackellaufes übertrifft nach Karagiorga-Stathakopoulou (1977, 248–251) der rituelle Charakter den agonalen Wert der Handlung: Das besondere Ausstattungselement, die Binde mit eingesteckten Objekten, trugen die Athleten dabei als Zeichen ihrer religiösen Bedeutung. Darüber hinaus bezeichnet Kefalidou (1999, 97) die Siegerehrung als Zeremonie, die immer einen öffentlichen Charakter hat und grenzt diese zum Ritus, der auch im privaten ausgeführt werden kann und zumeist religiöse Bedeutung hat, ab. Diese Unterscheidung ist jedoch an dieser Stelle nicht notwendig, da Prozession, Opfer, Wettkampf und Siegerehrung im Rahmen der Feste immer einem öffentlichen als auch religiösen Charakter unterliegen und übergreifend als rituelle Handlungen bezeichnet werden können. Allgemein zu rituellen Handlungen in archaischer Zeit sowie zur Entwicklung ihrer Interpretation in der archäologischen Forschung vgl. Morris 1993.

667 DeMarris 2004, 13. 15.

668 Mylonopoulos – Roeder 2006, 12.

669 Chaniotis 2005a, 52.

670 Langer – Snoek 2013, 191 f.

671 Bachmann-Medick 2014, 113. Die Gründe für die Veränderungen von Ritualen sind zum einen in „exogenen" Einflüssen, wie kulturell-politische Fremdeingriffe, und auch in „endogenen" Einflüssen, wie Reformen und Revolutionen, zu suchen, Michaels 2003, 7.

672 Sax 2013, 26.

zelnen Personen Rituale auszuführen und diese politisch und strategisch zu nutzen.[673] Demnach kann *agency* auf die bereits getätigte kollektive Entscheidung einer Gemeinschaft zurückgeführt werden, die mithilfe des Rituals manifestiert wird.[674]

Embodied agency

Die Grundlage von Ritualen bilden eingeübte Bewegungsabläufe, die ein bewusstes Eingreifen des Menschen in seine Umwelt voraussetzen: Rituale sind somit bewusste und zielgerichtete Handlungen, die auf psychisch-kognitiven und emotional-sinnlichen Prozessen basieren, sodass der Begriff der Verkörperung (*embodiment*) von Bedeutung ist.[675] Die sogenannten *embodiment*-Theorien basieren auf phänomenologische Prämissen: Sie folgen der Annahme, dass der Körper als Subjekt der Kultur berücksichtigt wird, somit eine existentielle Grundlage und eben nicht nur ein Objekt darstellt, das in Beziehung zur Kultur untersucht wird.[676] Demnach thematisiert *embodiment* die psychischen und kognitiven Vorgänge der körperlichen Wahrnehmung und ihre Auswirkung auf das menschliche Verhalten: Der Verstand ist bedingt durch Sinneserfahrungen und entsteht aus den Bewegungen des Körpers in der Umwelt – er ist geformt durch Besonderheiten des menschlichen

673 Sax 2006, 473 f. 478. Für die Ausübung von agency durch Institutionen und Gemeinschaften vgl. ebenso Sax 2013, 27 f. Transformation und Kontinuität von Ritualen sind von der agency der Gemeinschaft oder des Einzelnen abhängig, Krüger u. a. 2005, 13. 20–25. An gleicher Stelle beschreiben Krüger u. a. eine gestaltungsmächtige agency, die den Ort, Ablauf, Zeitpunkt und Teilnehmende von Ritualen bestimmt – eine wirkungsmächtige agency, die aus emischer Sicht Grund und Art des Rituals erfasst – sowie eine verwaltungsmächtige agency, welche die Gültigkeit bzw. Ungültigkeit eines Rituals bestätigt. In diesem Zusammenhang kann *die actor-network-theory* (vgl. Latour 2005) als weiteres theoretisches Konzept, welches Dinge, Handlungen und Akteure verbindet und „die Handlungsperspektive auf Dinge mit dem phänomenologischem Zugang verknüpft", herangezogen werden, Meier – Zotter 2013, 137. Weiterführend vgl. Malafouris 2013, 123–130.

674 Sax 2013, 30.

675 Vgl. ebenso Brosius u. a. 2013, 13. Emotionen geben rituellen Handlungen Bedeutung, Kraft und Unvergessliches, Tarlow 2012, 173. C. Gosden (2004, 34) sprich sich für einen *emotional turn* aus, im Zuge dessen die Beschaffenheit der Emotionen der Menschheit in der Vergangenheit und deren Manifestation in den Objekten sowie die Kraft des Geistes und sein Einfluss auf den Körper untersucht wird. Für einen ähnlichen Ansatz vgl. u. a. Meskell 1996; Tarlow 2000; Nilsson Stutz 2003; Harris – Sørensen 2010; Tarlow 2012.

676 Csordas 1990, 5. Die Beeinflussung des menschlichen Körpers durch Umwelt, Kultur und Gesellschaft wird spätestens seit dem Aufsatz „Die Techniken des Körpers" von M. Mauss (vgl. 1934) diskutiert. Auf diesen Überlegungen basieren die Theorien Bourdieus (vgl. 1976) zur Konstitution des menschlichen Verhaltens und Wahrnehmens. T. Csordas (vgl. 1994) führt diese Gedanken fort und beschreibt mithilfe phänomenologisch-wahrnehmungstheoretischer Ansätze M. Merleau-Pontys (vgl. 1966) den Körper als existenzielle Grundlage kultureller Handlungen. Ausschlaggebend ist die subjektive Betrachtung gesellschaftlicher Phänomene, und nicht das objektive Sammeln von Daten für den Erkenntnisgewinn, Rebay-Salisbury 2013, 4. In diesem Zusammenhang unterstützt die Phänomenologie die Nutzung der reflexiven Konstruktion der Handlungstheorie, in der die Menschen und ihre Welt wechselseitig, andauernd, und unabkömmlich sind, van Dyke 2013, 1. 4.

Körpers, durch die neurale Struktur des Gehirns sowie durch die Spezifika des Alltags.[677] Somit beeinflusst und gestaltet die Bewegung des Körpers die Wahrnehmung, da dieser in direktem Bezug mit der ihn umgebenden Welt interagiert.[678] In diesem Zusammenhang schlägt die Archäologin Katharina Rebay-Salisbury den Begriff des Verkörperten Wissens vor – der Körper fungiert als Grundlage der Wahrnehmung: „Körperpraktiken, Gesten und Bewegungen sind erlernt und haben häufig eine Bedeutung".[679]

Im Ritual wird *embodiment* konkretisiert: durch körperliche Nachahmung wie Tanz, Theater, Masken und Kostüme sowie durch Zeichen, Bilder und Orte, die spirituelle Wesen, wie Gottheiten, repräsentieren.[680] Burkert merkt an, dass auch das Ritual an sich Vorstellungen und Empfindungen erzeugt und gestaltet.[681] Erst durch das Empfinden (Imitation, Partizipation, Bejahung, Ablehnung) der Betrachtenden wird das Ritual wirksam.[682] Im Ritual bilden Bewegung und Sinneswahrnehmung eine Einheit.[683] Der Körper des Wahrnehmenden nimmt dabei Informationen über die

---

677 Eine Übersicht zur Entstehung und Entwicklung der *embodiment*-Theorien gibt Fingerhut u. a. 2013. Eine vertiefende Lektüre bieten Gallagher 2006; Noë 2006; Clark 2008. Speziell zur „Archäologie der Sinneswahrnehmung" vgl. u. a. Fallander – Kjellström 2010. Zur Anwendung in der archäologischen Forschung vgl. bspw. Hamilakis u. a. 2002.

678 „Wahrnehmung wird somit zu einem durch Körpervermögen bedingtes In-der-Welt-sein", Kluck 2014, 85 f. S. Gallagher (2006, 56 f.) unterscheidet zwischen „sense of ownership" (das Individuum erfährt die eigene Bewegung als die eigene ohne ihr Urheber zu sein) und „sense of agency" (das Individuum ist der bewusste Urheber einer Bewegung), vgl. ebenso Gallagher – Zahavi 2012, 147–170. Für einen Einstieg in die verschiedenen Körper-Geist-Konzepte der Philosophie vgl. Teichert 2006.

679 Rebay-Salisbury 2013, 4. Zur Thematik des verkörperten Wissens vgl. insbes. die Beiträge der Konferenz „Bodies in Transition. Dissolving the Boundaries of Embodied Knowledge" des "Center of Advanced Studies, Morphomata" in Köln, vgl. Boschung u. a. 2015.

680 Eine besondere Form ist die Besitznahme menschlicher Körper durch Gottheiten oder Geister, die durch bestimmte körperliche Gesten zum Ausdruck kommt: Das Ritual vereint Körper und Geist, Zeichen und Bedeutung, Henn 2008, 14 f. Weiterhin beschreibt Assmann (2000, 21) Rituale als Inszenierung des Zusammenspiels „des Symbolischen und des Körperlichen". D. Bachmann-Medick (2014, 113) charakterisiert Rituale als „Inszenierungsmedien symbolischen Handelns, in denen Symbole ausgebildet und verändert werden" – mit Verweis auf V. Turner (1989), der diese Symbolausbildung v. a. in den Bereichen antistruktureller Handlungsfreiheit sieht: Schon durch den Bewegungsablauf und Wiederholungen sind Veränderungen gegeben, vgl. Bachmann-Medick 2014, 117. 128.

681 Burkert 1972, 37.

682 Stavrianopoulou 2005, 230.

683 Prohl 2003, 207. Die Verkörperung bei Ritualteilnehmenden und -zuschauenden erklärt die Religionswissenschaftlerin C. Bell (2006, passim) zusammenfassend mit psychischen, kognitiven, emotionalen und sinnlichen Prozessen. T. Graf und I. Pohl (2013, 34) beschreiben die Verkörperung ritueller Handlungen „als Ereignis, das aus spezifischen sozialen, habituellen und kognitiven Arrangements resultiert, die sich durch den Körper, den Raum sowie durch das Wechselspiel mit der materialen Welt vermitteln". Bereits Bells (vgl. 1992) Untersuchungen zu Ritualen basieren auf dem Handlungsmodell Bourdieus (vgl. 1976), indem sich Habitus und Struktur gegenseitig beeinflussen, vgl. ebenso Polit 2013, 215.

Sinne durch die Ritualhandlung auf und verarbeitet diese.[684] Die Idee des *embodiment* – die durch sensomotorische Abläufe zumeist unbewusste körperliche Wahrnehmung – ist somit nicht nur auf neurobiologische Vorgänge reduzierbar, vielmehr erschließt sie die vielfältigen Wechselbeziehungen zwischen Körper und Verstand.[685]

In diesem Zusammenhang ist wiederum die Handlungsmacht der Akteure von besonderer Bedeutung: die Ausführenden eines Rituals, ihre spezielle Handlung und Hierarchie innerhalb des Rituals sowie das Eingreifen von *superhuman agents*, wie Gottheiten oder andere übernatürliche Subjekte.[686] In ebensolchen Entitäten, die beispielsweise durch Orakel ihre Handlungsmacht ausüben, offenbart sich laut des Anthropologe William Sturman Sax eine *embodied agency*.[687] Diese verkörperte Handlungsmacht kann als *agency without agent* bezeichnet werden: Hierzu gehören ebenso Ritualzeichen, wie Gesten und andere Gegenstände, die ein Ritual zeitlich und räumlich abstecken.[688] Die *superhuman agents* fungieren dabei als real-sozial Handelnde im System der Rituale: Sie verdeutlichen die Absicht der Gemeinschaft und manifestieren ihre Handlungsmacht, indem diese von der untergeordneten Handlungsmacht der Individuen beziehungsweise des Kollektivs gebildet wird.[689] Eine solche kollektive *embodied agency* kommt in Form öffentlicher Rituale zum Ausdruck und wird dabei verteilt und bestätigt.[690]

Den *embodiment*-Theorien folgend beschreibt die Musik- und Theaterwissenschaftlerin Hanna Walsdorf rituelle Handlungen als „Ergebnis von bestimmten Verkörperungsprozessen“: Durch Bewegung im Raum und verbalen Äußerungen erzeugen die rituell Handelnden Körperlichkeit,[691] die „Zuschauer nehmen sie wahr

684 Graf – Pohl 2013, 33. Der Körper wird als einzigartiges Medium beschrieben, das das Kommunizieren von Nachrichten ermöglicht, Erfahrungen ausübt und die Umwelt kreiert, Bell 2006, 538. P. G. Zimbardo (1995, passim) schlägt das *top-down-bottom-up* Konzept für die Ritualforschung vor: Demnach gibt es die unmittelbare Wahrnehmung nicht, da zahlreiche neurobiologische Prozesse ablaufen, bis das Wahrnehmbare im Gehirn verarbeitet wird, und die Verarbeitung durch bereits vorhandene abgespeicherte kulturelle Erfahrungen beeinflusst wird, vgl. ebenso DuBois – Jungaberle 2013, 47.

685 Tschacher – Storch 2012, 264; Henn 2008, 14; vgl. ebenso Csordas 1990.

686 Brosius u. a. 2013, 14. Die Beziehung zwischen *agency* und Struktur ist elementar für das Verstehen von politischer und sozialer Ordnung, van Dyke 2013, 6 f.

687 Sax 2013, 28.

688 Brosius u. a. 2013, 14. Dabei stellt die *agency* Verbindungen und Beziehungen zwischen den Entitäten her: Demnach steht keine Entität für sich allein, Knappett 2002, 100. 102. 115.

689 Sax 2006, 479. 481; Sax 2013, 28. Sax (2013, 30) schreibt weiter: „[…] die Verkündigungen des Gottes sind üblicherweise nicht mehr als eine Ratifizierung von Entscheidungen, die bereits innerhalb der Gemeinschaft getroffen worden sind; fehlt eine solche kollektive Entscheidung, verkündet der Gott nichts. Die Agency dieser Götter ist gewissermaßen aus untergeordneten Formen von Agency zusammengesetzt […].“

690 Sax 2006, 481. Bell (vgl. 1992) beschreibt als Ritualhandlung die rituelle Beherrschung (*ritual sense*), die die Ritualteilnehmenden untereinander erkennbar macht: Diese muss nicht sprachlich festgelegt sein, vielmehr wird sie durch Nachahmung verinnerlicht, Polit 2013, 218.

691 Walsdorf 2013, 87 f., mit Bezug zu Fischer-Lichte 2006, 18. 20.

und reagieren auf sie".[692] Darüber hinaus beschreiben der Erziehungswissenschaftler Fletcher DuBois und der Sozialwissenschaftler Henrik Jungaberle Rituale „als verkörperte Performanz, als Abfolge von mehr oder weniger symbolischen Handlungen mit und ohne Sprechakte".[693] Für eine performative Handlung ist der Körper ausschlaggebend, „durch ihn werden Texte verlautbar und gehört, Bilder gezeigt und gesehen, Artefakte behandelt".[694]

Performanz als Begriff wurde in den 1960er Jahre im Bereich der Linguistik entwickelt und im Zuge des *performative turn* mit zunehmender Tendenz in den Kulturwissenschaften genutzt und erweitert.[695] Performanz ermöglicht die Annahme, dass religiöses und damit rituelles Handeln die Kultur und Gesellschaft konstituieren.[696] Die Inszenierung beziehungsweise die Performanz des Rituals ist der Grund sowohl für die Unveränderlichkeit als auch für die Veränderbarkeit eines Rituals – durch die performative Handlung besteht die Möglichkeit der Statusänderung eines Individuums.[697] Die Performanz verweist nicht nur auf etwas, sondern ist

---

692 Fischer-Lichte 2006, 15.

693 DuBois – Jungaberle 2013, 49.

694 Mylonopoulos – Roeder 2006, 14. Die Theaterwissenschaftlerin E. Fischer-Lichte (2006, 20) fasst treffend zusammen: „In Aufführungen wirkt so der phänomenale Leib der Akteure mit seinen je besonderen physiologischen, affektiven, energetischen und motorischen Zuständen unmittelbar auf den phänomenalen Leib anderer ein. Mit den Prozessen der Verkörperung, mit denen der Akteur seinen phänomenalen Leib und damit zugleich den performativen Raum jeweils neu und anders hervorbringt, wird häufig auch zugleich sein semiotischer Körper als Signifikant hervorgebracht, der auf eine Figur, eine symbolische Ordnung oder anderes verweist. Dabei sind phänomenaler Leib und semiotischer Körper unlösbar miteinander verknüpft."
Kubatzki (2012, 198) definiert einen solchen performativen Raum als „portablen Raum" – „ein virtueller Raum, der durch Akustik, Geruch, Sprache, taktiles Erfassen, dennoch durch alle Sinne erinnert und belebt wird". Ein Ereignis- oder Aufführungsraum kann folglich auch ein Vorstellungs- und somit ein Erinnerungsraum sein, Brüstle 2009, 114.

695 Grundlegend vgl. Leach 1966; Goffman 1967; Turner 1982; Soeffner 1992; Köpping – Rao 2000. Einen Überblick gibt R. L. Grimes (vgl. 2008) sowie der Sammelband von U. Wirth (vgl. 2002), indem die verschiedenen Diskurse zum Begriff der Performanz zusammengetragen sind.

696 Prohl 2003, 204. Der Begriff der Performanz fasst nach Harth und Michaels (2003, 10) die „nonverbale Präsentationsaspekte rituellen Handelns zusammen". Weiterhin schlagen sie eine phänomenologische Beschreibung zur Untersuchung von Ritualhandlungen vor: Hierfür stellen sie eine „Matrix der Leitfragen" auf, die Themen wie Transformation, Raum und Zeit, Institutionen und Organisation von Ritualen behandeln – als Wahrnehmungsaspekte nennen sie die Vorgabe eines Ablaufes, die Heterogenität von Zeichen sowie deren dramaturgische Verknüpfung, die Rolle der Teilnehmer sowie deren Zuschauer und den Ort – als Vorgehensweise werden die Untersuchung verschiedener Ritualquellen, wie Performanz (beobachtbar), Skript (textlich), Icon (bildlich) und Intermedialität (Text-Bild-Konstellation) vorgegeben, vgl. Harth – Michaels 2003, 31. 34 f. mit Tab.

697 „Ein Ritual als Performanz ist eine multimediale Aufführung, in der Personen, Texte, Artefakte und Lokalitäten eine komplexe, inszenierte Einheit bilden, in der die Sinne der Rezipienten vielfältig bedient werden.", Mylonopoulos – Roeder 2006, 13 f. Vgl. für Rituale als Statuserhöhung oder Statusumkehrung Turner 1989, 159–193. Brosius (u. a. 2013, 14 f.) beschreiben das Ritual ebenfalls als Performanz, als wiederholbare und nachahmbare Handlung. Vergleichend ziehen sie den Strukturbegriff Bourdieus

durch das Darstellen auch immer anwesend: Demnach „wird Gegenwärtiges mit Vergangenem und Zukünftigem verknüpft, Anwesendes mit Entferntem, Beobachtbares mit Unsichtbarem".[698]

Embodied memory

Die Ethnologin und Anthropologin Karin Polit beschreibt Rituale als „verkörperte Erfahrungen, die auf sinnlichen und kognitiven Erinnerungen basieren".[699] Um Erinnerung als kognitive Funktion nutzen zu können, muss einerseits ein funktionierendes System sensomotorischer Fähigkeiten vorhanden sein,[700] andererseits wird das kognitive System durch die Wahrnehmung, die wiederum durch Erfahrung und Handlung geformt ist, strukturiert.[701]

Diesen Annahmen voraus steht der Begriff des Kulturellen Gedächtnisses, den Assmann als die „Konstitution von Ungleichzeitigkeit" sowie die „Besinnung auf die Ursprünge" beschreibt.[702] Das ‚Kulturelle Gedächtnis' geht aus „allen symbolischen Formen, in denen eine Gruppenidentität sich auszudrücken vermag" hervor – es „existiert in Form gelebter und inszenierter Erinnerung" und ist somit auf „konkrete Verkörperung und aktuelle Inszenierung angewiesen".[703] Der Begriff des

---

heran: Handlungen sind an Normen gebunden, die vom Kollektiv gestaltet werden und die das Kollektiv gestalten. Bourdieu (vgl. 1976) beschreibt hinsichtlich der sozialen Praxis die Dualität von Struktur und Handlung: der Körper ist generiert und vereinigt die gesamte soziale Praxis, das Bewusstsein ist eine Form von strategischer Kalkulation, das mit einem System objektiver Möglichkeiten fusioniert – Merleau-Ponty (vgl. 1966) erklärt hingegen hinsichtlich der Wahrnehmung die Dualität von Subjekt und Objekt: Dabei fungiert der Körper als *setting* für die Beziehung zur Umwelt, während das Bewusstsein durch den Körper selbst in die Welt projiziert wird, vgl. Csordas 1990, 8. J. Habermas (2001, 59 f.) erläutert das Verhältnis des Menschen zu seiner Umwelt – in Abgrenzung zu anderen Organismen – als durch symbolische Formen geprägt, die das Wahrnehmungssystem mit dem Bewegungsapparat verbindet.

698 Rehberg 2001, 8 vgl. ebenso Wulf 2006, 51; Cassirer 1923–1929, passim.

699 Polit 2013, 218. Sie zieht die Parallele zur Kinästhetik, bei der die Bewegung Gefühle sowohl beim Ausführenden als auch beim Beobachter auslösen kann, Polit 2013, 219. Auch T. Breyer (2011, 94) beschreibt die Bewegung als „kinästhetischer Verlauf der Sinnesempfindung".

700 Breyer 2011, 210. Sinne sind Filter zur Sortierung, Weiterleitung und Löschung unwichtiger Informationen, sodass nach Breyer (2011, 69) die Perzeption an sich bereits Kognition ist, da die Wahrnehmung „parallele Informationen kanalisiert und ein Modell der Umwelt erzeugt". Vgl. ausführlich zur Sinneswahrnehmung und Kognition Lacey – Lawson 2013.

701 Rebay-Salisbury 2013, 4. Vgl. den sensomotorischen Kreislauf nach L. Jäncke (2013, 209–212 mit Abb. 7, 1). Sensomotorische Fähigkeiten eines wahrnehmenden Individuums sind demnach nötig um Erfahrungen zu speichern – neuronale Verbindungen, die durch die Stimulierung der Sinne aktiviert werden, reichen nicht aus, Gallagher 2008, 167.

702 Im Gegensatz dazu steht das sogenannte Kommunikative Gedächtnis als die „Konstitution von Gleichzeitigkeit" sowie die „Orientierung im Alltag", Assmann 1991, 21. Zum sogenannten Kollektiven Gedächtnis vgl. ebenso Assmann 1992; Assmann 1988. So sind bereits die Musen als „Verkörperung kultureller Aktivität" durch Mnemosyne mit der Erinnerung verknüpft, Assmann 1991, 18.

703 Assmann 1991, 21. 25.

Leiblichen Gedächtnisses ist bereits seit Ende des 19. Jh. durch den Philosophen Henri Bergson bekannt:[704] Mittels Bewegungen und Sinneswahrnehmungen werden Erinnerungen verkörpert gespeichert, die als solche an der Identitäts- und Charakterausbildung eines Individuums beteiligt sind – das ‚Leibliche Gedächtnis' hilft Erfahrungen zu erinnern und zu verstehen.[705]

Für das ‚Kulturelle Gedächtnis' sind Bilder sowie Architektur, weitere Denkmale und der dadurch vermittelte Symbolgehalt von großer Bedeutung.[706] Demnach werden Erinnerungen durch Objekte, durch Plätze, durch rituelles Verhalten sowie durch Erzählungen konstruiert, wobei nach Simon Price das Ritual als performative *embodied memory* bezeichnet werden kann.[707] Indem sich ein Individuum bewusst durch ein Objekt an etwas erinnert (aktiv), oder durch äußerliche Reize an etwas erinnert fühlt (passiv), kann die *embodied memory* abgerufen werden.[708] Weiterhin führt Assmann den Begriff der Erinnerungsfiguren für Ereignisse ein, die beispielsweise durch Rituale im Gedächtnis gehalten werden.[709] Das Ritual betont und überhöht dabei die Erinnerung an Vergangenes.[710] Bewegungen und Symbole bringen wiederum Erinnerungen, Formen und Figuren von der Vergangenheit in die Gegenwart.[711]

Embodied community

Die aufgezeigten Überlegungen zu rituellen Handlungen ergeben, dass die durch *embodied agency* und *embodied memory* erzeugte Gruppenidentität eine zentrale Funktion von Ritualen darstellt. Durch die Abgrenzung einer rituellen Handlung nach außen

---

704 Vgl. Bergson 1896.

705 Polit 2013, 217. Weiterführend vgl. Fuchs 2012; 2006. Breyer (2011, 161) benennt die Wahrnehmung eines Objekts als Gegenwärtigung, die die Erinnerung, die Vergegenwärtigung weckt – beide Parameter sind eng miteinander verknüpft: Die Wahrnehmung erzeugt Erinnerung, die zu weiteren anderen Erinnerungen – weg vom ursprünglich Wahrgenommenen – führen.

706 Hölkeskamp 2001, 334.

707 Price 2008, 168. Weiterhin ermöglichen Objekte und Plätze Erinnerungen zu festigen, Tarlow 2012, 173 f. Die Verbindung von Ort und Zeichen ergeben das sichtbare Symbol, vergleichend zieht Harth (2003, 11) die klassische Mnemotechnik heran, die für diese Art der Untersuchung von Kommunikationsprozessen wegweisend ist. Mithilfe der Mnemotechnik können innere Bilder entworfen und mit Erinnerungen verknüpft werden, Belting 1993, 20. Zur Entwicklung der Mnemotechnik bereits im 3. Jh. v. Chr. und ihren Inhalten vgl. Giuliani 1998, 127–138 bes. 127 mit Anm. 130 zu weiterführender Sekundärliteratur und mit Anm. 131 zu den entsprechenden Schriftquellen. Zur Bildverehrung als „Gedächtnisübung ritueller Art" vgl. Belting 1993, 20–24 bes. 24. Zum Begriff der (*performative*) *embodied memory* vgl. grundlegend Connerton 1992, passim. Für kommemorative Funktionen archäologischer Objekten vgl. van Dyke 2003, bes. 5.

708 Breyer 2011, 162 f. Demzufolge können auch Gefühle Erinnerungen auslösen und abrufen, Röhricht 2011, 244.

709 Assmann 1988, 12. Vgl. ebenso Assmann 1992, 37–41.

710 Beck 2009, 76.

711 Kavoulaki 1999, 306.

wird die Zugehörigkeit der Ritualteilnehmer zu einer Gruppe ausgedrückt.[712] Diese Zugehörigkeit wird für die Teilnehmer im Ritual „physisch" erfahrbar.[713] Für diesen Sachverhalt kann in Anlehnung an die Begriffe der *embodied agency* und die *embodied memory* für die vorliegende Untersuchung der Terminus der *embodied community* konstruiert werden.[714] Im Ritual – als eine dem Kollektiv entsprechende Handlung – werden im Allgemeinen die Konstitution von Gesellschaft sowie im Besonderen die Stärkung der Gemeinschaft vermittelt und körperlich erfahrbar.[715] An einem bestimmten Ort zu einer festgelegten Zeit werden Handlungen mit „subjektiver kulturspezifischer" Bedeutung für die Teilnehmenden ausgeführt.[716] Sie schaffen und bewahren kulturelle und religiöse Identitäten, die ihre Stärke durch eine gemeinsam erlebte Vergangenheit erlangen.[717] Die rituelle Handlung repräsentiert und konstituiert die Gesellschaft.[718] Rituale stärken die Gemeinschaft, geben Halt und Sicherheit, werden „zu Habitus, Gewohnheit oder Struktur und formen damit ein kulturelles Gedächtnis".[719] Sie verbinden unterschiedliche Teilnehmer zu einer Gruppe.[720]

---

712 Vgl. ebenso Belliger – Krieger 1998, 7–36. P. Schollmeyer (2012, 63) betont die Repräsentation und die Normsetzung von Ritualen. Weiterhin führt Harth (2003, 9) an, dass diese Normhaftigkeit den Akteuren nicht bewusst sein muss. Bell (1992, 74) beschreibt die Absetzung einer bestimmten Handlung von anderen alltäglichen Beschäftigungen als Funktion von Ritualen, um die Macht des handelnden Individuums oder der Gruppe hervorzuheben. Solche Machtstrukturen ritueller Handlungen erklären Krüger u. a. (2005, 8 f.) an den Ritualen der Konsumption: Zum einen sind diese aus emischer Sicht identitäts- und einheitsstiftend, zum anderen bieten sie aus etischer Sicht Fläche zur Einflussnahme und Interessensvertretung. Die Funktion des Rituals als traditionelle Handlung sowie die Benennung der Rituale nach ihrer Haupthandlung (z. B. der Choentag an den *anthesteria*) sind weitere Elemente der Ritualforschung, Bremmer 1994, 38.

713 Seifert 2011, 260.

714 Der Begriff der *embodied community* findet sich bspw. ähnlich bei F. Hughes-Freeland (2008, passim): Sie zeigt u. a. auf, wie traditionelle Tänze auf Java soziale Werte vermitteln, und durch diese verkörperten Werte lokale aber auch nationale Gemeinschaften konstruiert werden.

715 Sax 2013, 27. „Differenzierung, also die Abgrenzung einzelner Gruppen von individuellen und kollektiven Identitäten, finden dabei immer gleichzeitig statt.", Seifert 2011, 260.

716 Van den Boom 2009, 234.

717 Connelly 2007, 166.

718 Prohl 2003, 204 f.

719 Brosius u. a. 2013, 16. „Mit ihrer Öffentlichkeitswirkung sind sie probate Mittel, Macht und Herrschaft nach außen hin sichtbar zu machen […].", Brosius u. a. 2013, 17. Darüber hinaus werden Rituale genutzt, um die Werte der Gemeinschaft und die politischen Vorstellungen zu etablieren, Connor 1987, 49 f. Weiterhin können Rituale Hierarchien aufzeigen – inwieweit diese von den Betrachtenden erkannt werden, hängt von ihrer Wahrnehmung ab, Schwedler 2005, 171. 173. Mylonopoulos und Roeder (2006, 14) beschreiben Rituale ebenso als identitätsstiftend, gemeinschaftsfördernd und hierarchiebestärkend, vgl. Seifert 2011, 258. V. a. bei sozialen Unsicherheiten sind Rituale sinnstiftend, Harth 2004, 100.

720 Stansbury-O'Donnell 2006, 97.

6.2 Kränze als Symbol von Zugehörigkeit

Für die Ermittlung einer symbolischen Bedeutung des Kranzes in den Darstellungen ist die Frage nach der Wahrnehmung von Symbolen durch die Betrachtenden relevant, da Bedeutung und Kontext der Symbole eng miteinander verbunden sind.[721] Rituelle Handlungen innerhalb der Feste zu Ehren verschiedener Gottheiten, wie Prozession, Opfer, Wettkampf und Siegerehrung, wurden durch die Darstellungen auf attischer Keramik vermittelt, die Symbole transferierten, die wiederum Botschaften überbrachten.[722] Demnach liefert die über den Zeichengehalt hinausreichende symbolische Bedeutung des Kranzes Informationen zu den Absichten der Keramikproduzierenden, ihrer Rezipierenden oder auch zu den Kranztragenden selbst.

Embodied agency

Die kollektive Handlungsmacht einer Festgemeinschaft war vor allem bei der Ausübung von Opfern sichtbar: Das Opfer lieferte den Höhepunkt der rituellen Handlung eines Festes, bei dem Teilnehmende und Gottheiten zusammenkamen.[723] Die Opfernden übernahmen dabei die Handlungsmacht der gesamten *polis* als Kollektiv, indem sie stellvertretend für diese die Handlung ausführten.[724] Das Opferritual verband sowohl die Menschen miteinander als auch diese mit den Gottheiten.[725] Im Opfer wurde durch die Opfernden neben der Handlungsmacht von Gruppen ebenso die Handlungsmacht der Gottheiten sichtbar.[726]

Die durch das menschliche Kollektiv ausgeübte Handlungsmacht der Gottheiten wird in den Darstellungen von Opfern auf attischer Keramik thematisiert. Die Verbindung von Gottheit und Mensch ist dabei oftmals durch einen *superhuman agent* an-

721 Burkard 2004, 13. An gleicher Stelle führt er an, dass immer ein Deutungsmuster vorliegen muss, um wahrnehmen, handeln und kommunizieren zu können – eine Sinneswahrnehmung ohne Interpretation gibt es demnach nicht.

722 Hoffmann 1980, 133. 147. Für die Vermittlung ritueller Handlungen durch Bilder vgl. Mylonopoulos – Roeder 2006, 19. „Anhand der visuellen Artefakte wird die individuelle Gestaltung des Rituals sichtbar [...].“, Miczek 2010, 274.

723 Connelly 2008, 190.

724 Die Priester übernahmen die Organisation und vermittelten zwischen Menschen und Gottheiten, Mylonopoulos 2006, 74 f.

725 Warden 2011, 55.

726 H. Hoffmann (1980, 132) beschreibt das Opfer im Allgemeinen als eine „Praxis der Manipulation des Zwischenbereichs“, als ein Mittel zur Kommunikation mit einer „anderen Welt“. Den Tempel beschreiben A. Adelmann und K. Wetzel (2013, 186) als Ritualrahmen. Vgl. in diesem Zusammenhang den *spatial turn*, im Zuge dessen der Raum, der aus sozialen Beziehungen entsteht, als kulturelle Entität untersucht wird, vgl. zusammenfassend Bachmann-Medick 2014, 284–328.

gezeigt: Die dem Opfer beiwohnenden Gottheiten, wie Apollon und Athena, üben allein durch ihre Anwesenheit indirekt Macht aus.[727] Durch die Darstellung wird dem Betrachtenden die *embodied agency* der Gottheiten suggeriert. Ist hingegen keine Gottheit dargestellt, wird dem Betrachtenden die Handlungsmacht einer Gottheit allein durch die Darstellung der Opfernden verdeutlicht. Durch die Ausführung von Ritualen wurden die Sterblichen selbst zu Gottheiten: „[...] it is the worldview that we see represented in the imagery."[728] Das Ritual im Bild passt sich dem Raum und Platz des Bildfeldes an und wird so im Sinne des *pars pro toto* auf wesentliche Elemente reduziert.[729] Die Kenntnis von Opferszenen mit Gottheiten lässt eine Übertragung der Bedeutung auf eine verkürzte Darstellung zu. Die Betrachtenden werden selbst zu Zuschauenden des Rituals.[730]

Die Wahrnehmung des Abwesenden sowie die *embodied agency* der Gottheiten ist möglicherweise auf die attische Gegenwart übertragbar: Somit waren die Gottheiten und ihre *embodied agency* für die Ritualteilnehmenden anwesend, auch wenn sie nicht visualisiert werden konnten. Dabei hat die Vorstellung eines Objekts eine ähnliche Wirkung auf den Körper wie das tatsächliche Sehen.[731] Das Opfer stellte somit die Beziehung zwischen Menschheit und Übernatürlichem her und erneuerte diese, der Körper fungierte als physisches Medium der Kommunikation, das durch die Bilder dargestellt wird.[732] Die Gottheiten verkörperten die Absichten der Gemeinschaft, ihre Handlungsmacht wurde vom Kollektiv gebildet und kam im Opferritual zum Ausdruck.

Ebenso übten Prozessionen durch das Kollektiv eine unsichtbare Handlungsmacht aus: Die Prozession hob sich als rituelle Aufführung mit einer bestimmten

---

727 Kubatzki (2012, 27 f.) bezeichnet die Gottheiten als „eigenständiges Überbewusstsein", das durch ein Medium wie Priester (durch Sprache) oder aber auch Sänger und Dichter (durch Musik) mit den Menschen kommunizierte: Dies nutzten die führenden *polis*-Mitglieder um ihre Interessen durchzusetzen.

728 Steiner 2009, 170.

729 Die Konzentration auf das Wesentliche, der Stil der Zeit sowie der Platz, in dem ein Bild gezeichnet wird, haben Einfluss auf die Darstellung von Ritualen, Martzloff 2010, 152. Demnach gehört die Darstellung des nicht Sichtbaren auf Bildern „zum paradoxen Vermögen bildlicher Darstellungskunst", Brandt 2004, 48. Merleau-Ponty (1969, 12) benennt die Funktion von Bildern als „imaginäre Projektionsfläche".

730 Bundrick 2005, 153.

731 Die Vorstellung nicht sichtbarer Objekte löst in fast allen Hirnrindenarealen die gleiche Aktivität aus, wie ein real gesichtetes Objekt: Bei sprachbezogenen Halluzinationen sind beispielsweise dieselben Hirnrindenareale aktiv, wie bei der bewussten Vorstellung von Sprache; bei den Halluzinierenden ist jedoch zusätzlich auch die Hörrinde aktiv, die bei gesunden Menschen nur beim aktiven Hören und nicht bei der reinen Vorstellung tätig ist, Brosius u. a. 2013, 13.

732 Hill 2000, 318. Die musikalische Aufführung sowie alle weiteren Opferobjekte und Handlungen erschufen einen *sacred space*, Kubatzki 2012, 199. Auch die Darstellungen selbst sind Objekte mit *agency*, mit Zeichen aufgeladene Verweise, weniger nur Bilder einer Handlung, Wagner-Durand 2015, 348.

Abfolge von Bewegungen von der Gruppe der Zuschauenden ab.[733] Die Teilnehmenden führten vor einer menschlichen Gemeinschaft und beziehungsweise oder vor einer unsichtbaren Entität (beispielsweise einer Gottheit) einen bestimmten Handlungsablauf auf.[734] Die Körper formten dabei die in der Prozession egalitäre Gemeinschaft: Alle Altersstufen und Geschlechter sowie soziale Gruppen wurden in einer Prozession durch Teilnehmende oder Zuschauende repräsentiert.[735] Durch diese performative Bewegung wurden die Zuschauer als Zeugen mit eingebunden, dabei erzeugte diese Identität und vereinte die Ausführenden und die Beobachtenden als Mitglieder der *polis*.[736]

Auf den Darstellungen der attischen Keramik zeigte der Kranz die *embodied agency* der Gottheiten und somit auch des Kollektivs an: Der Kranz agierte als *agency without agent*, wenn dieser auf eine nicht dargestellte Gottheit verweist (vgl. bspw. O23. O26. O45, Abb. 6).[737] Er verknüpfte Anwesendes mit Entferntem sowie Beobachtbares mit Unsichtbarem. Die Betrachtenden gaben demnach dem Kranz als Zeichen durch seine Wahrnehmungskompetenzen einen symbolischen Inhalt.[738] Dieser Symbolgehalt ermöglichte ihnen die Übertragung der Bildinhalte auf das Ritual in die eigene Lebenswirklichkeit: Die Gottheiten waren durch den Kranz bei Prozession und Opfer anwesend.[739] Bei der Darstellung von Wettkampf und Siegerehrung wurde durch den

---

733 Prozessionen von der Stadt in Richtung eines extra-urbanen Heiligtums vereinheitlichten den sozialen Raum und regten zur Integration des sozialen Körpers – der Gemeinschaft – an, die sich immer wieder über die Kontrolle des Territoriums selbst bestätigte, Kavoulaki 1999, 298 mit Anm. 29 und Bezug zu Polignac 1995. Weiterführend hinsichtlich von Bewegung als theoretisches Konstrukt und dessen Auswirkungen vgl. Daumann 2018.

734 Kavolouki 1999, 294.

735 Die Teilnehmenden wurden nach *demoi* aufgeteilt, Kavoulaki 1999, 300. Die Musik innerhalb der Prozessionen ist dabei nach Kubatzki (2012, 198) von zentraler Bedeutung – sie beschreibt die musikalische Begleitung einer Prozession als performative Handlung: „Durch ihre akustische Inszenierung verändert eine Gruppe von Menschen bewusst ihre Raumwahrnehmung von zufällig dazu tretenden Menschen.", vgl. ebenso Brüstle 2009, 114. Zur Aufführung ritueller Dramen vgl. Nielsen 2002, 12–16.

736 Stansbury-O'Donnell 2006, 108, vgl. ebenso Stavrianopoulou 2005, 230. Dabei wirkte der ritualisierte Körper auf die ritualisierte Umwelt ein und wurde ebenso von dieser beeinflusst, Kavoulaki 1999, 319 f. Die Handlung der Akteure sowie deren phänomenaler Leib im performativen Raum wurden von den Zuschauern wahrgenommen, Fischer-Lichte 2006, 16. 19 f.

737 Vgl. für mit Handlungsmacht aufgeladene Objekte den Begriff der *material agency* u. a. bei Malafouris 2013, 119–149; Knappett – Malafouris 2010.

738 Sachs-Hombach 2003, 94. Dabei wurde die Darstellung von Kultgeräten, Kleidung und Schmuck genutzt, um den Ort des Geschehens für die Betrachtenden erkennbar zu machen: Durch die sinnliche Wahrnehmung dieser Objekte wurde eine Ritualordnung vermittelt, Harth – Michaels 2003, 13. 16.

739 V. a. die visuellen Eindrücke von Objekten, aber auch Bewegungen sowie die akustischen Eindrücke von Instrumenten und Gesang lassen ein Ritual zu einem aufwendigen, symbolischen und ästhetischen Akt werden, Kavoulaki 1999, 295. 301. Kostüme und andere Ritualobjekte sowie die Architektur lassen die Ritualteilnehmenden auf den speziellen Rahmen und die Zeit fokussieren, und dementsprechend handeln: Dieser neue künstliche Raum formt eine rituelle Gemeinschaft, Harth 2004, 107 f. N. Miczek

Kranz die Handlungsmacht der Gottheiten auf die Athleten übertragen, ihre Verbindung war durch den Kranz sichtbar (vgl. bspw. *M1. M20. S4. S9. S11*).[740]

Des Weiteren reflektierte der Kranz die persönliche Handlungsmacht: Dieser war weit sichtbar und richtete die Aufmerksamkeit der Betrachtenden auf das Gesicht der Kranztragenden:[741] Ein auffälliger Kopfschmuck signalisierte einen besonderen Status (vgl. bspw. *P13. O7*, Abb. 4).[742] Das Aufsetzen des Kranzes zeigte einen Zustand der „Erhöhung" an.[743] Die Bekränzung verwies somit auf ein geändertes „Verhältnis des Einzelnen gegenüber der Gesellschaft".[744] Vor allem bei den Darstellungen der Siegerehrung ist diese Statuserhöhung zu erkennen: Der Kranz markierte den Übergang von einem Athleten zu einem Sieger (vgl. bspw. *W3. S9. S11. S32.*).[745] Die performative Handlung des Kranztragens ermöglichte diese Statusänderung.[746] Der siegreiche Athlet war den anderen Teilnehmern im Wettkampf überlegen, somit zu Höherem berufen und durfte den Gottheiten opfern.[747] Der

(2010, 274) geht einen Schritt weiter und erklärt, dass die visuell wahrzunehmenden Objekte die Individualität eines Rituals zeigen.

740 Nach Pentazou (1977, 134) transferierte der Kranz die Stärke durch die Vegetation auf den Sieger.

741 Lee 2015, 231. Für R. White (1992, 539) bildet Körperschmuck im Allgemeinen einen Zugang für die Erforschung des sozialen Verhaltens – vgl. Back Danielsson 2002, 181 („masking as cultural practice"). Zur Archäologie des Körpers vgl. u. a. Joyce 2005.

742 Lee 2015, 145. 221; LaFleur 1998, 38; Robb 1998, 332. Die Nutzung dieser Objekte weist eine alarmierende Funktion auf, die die Zuschauer aufmerksam machte sowie Inhalte zwischen ihnen und den Ausführenden vermittelte, vgl. Kavoulaki 1999, 295.

743 Himmelmann 1997, 10, vgl. Klein 1912, 24.

744 Bentz 2004b, 319. Vgl. abermals den Begriff der *rite de passage* bei van Gennep 1909. Nach Chaniotis (2005a, 57) wird „die Bekränzung [...] zu einem Ritual, das den gehobenen Status einer aus reichen Männern (und einigen Frauen) bestehenden Elite sichtbar machte". Dies erläutert er an den Beispielen des Status des *euergetes* und an der Bezeichnung *stephanephoros* für eponyme Beamte, Chaniotis 2005a, 44. 52.

745 Vgl. ebenso Kefalidou 2015, 131; Kefalidou 1999, 107–109; Mann 2001, 29.

746 Adelmann und Wetzel (2013, 184 f.) benennen solche Signale, die auf ein Ritual schließen lassen und somit einen Ritualrahmen setzen, als „cues" – dazu können beispielsweise akustische Reize wie Musik und visuelle Reize wie Bilder, aber auch sogenannte leibzentrierte Veränderungen bezüglich Kleidung, (Kopf-) Schmuck sowie rituelle Handlungen selbst gehören, vgl. ebenso Ambos – Weinhold 2013, 93 f.

747 Sansone 1988, 80. Der Kranz des Siegers symbolisierte die priesterliche Funktion, das Altarfeuer zu entflammen, Sansone 1988, 84. 87 f. Die Bekränzung der Opferteilnehmenden und ebenso der Opfertiertiere sowie der Sieger von Wettkämpfen erfolgte, um die Kränze im Anschluss als Weihgeschenke in Tempeln aufzuhängen, Plin. nat. 16, 4, 9–10; Verg. georg. 2, 528. Der Sieger spendete demnach seinen Kranz der Gottheit, als Andenken an seinen Erfolg, Ebert 1972, 9. Alföldi (1985, 132) nennt „die agonistische Bekränzung durch grüne Laubkränze" als griechische Sitte. Baus (1940, 154) setzt den Kranz beim Wettkampf aufgrund seiner Blattarten in Verbindung zum Totenkult, vgl. ebenso Hock 1905, 116. Ähnlich Klein (1912, 60): „Wie nämlich der Tote durch den Kranz zu den chthonischen Mächten in Beziehung tritt, ebenso identifiziert auch der Kranz seinen sterblichen Träger mit dem vergöttlichten Heros, bei dessen Gedächtnisfeier er sich diese Auszeichnung errungen hat; d. h. in dem bekränzten Agonisten repräsentiert sich der Heros resp. die Gottheit selbst." Weiterhin sieht Baus (1940, 156) bei den bekränzten Kampfrichtern eine Parallele zu den Kranz tragenden Priestern beim Opfer, vgl. ebenso Klein 1912, 58. Der Kranz war somit nicht allein ein Kennzeichen der Prozessions- oder Opferteilnehmer, vgl. ebenso van Straten 1995, 161.

Wert des Kranzes manifestierte sich dabei nicht in einer materiellen sondern in einer symbolischen Bedeutung.[748]

Darüber hinaus zeigte die Darstellung des Kranzes möglicherweise den Status eines Epheben an – als Verweis auf einen vollwertigen Bürger der Phratrie.[749] Die Darstellung von Epheben auf attischer Keramik konnte bisher nicht anhand bestimmter Darstellungskonventionen ermittelt werden: Jedoch werden junge Männer in den verschiedenen Handlungsbereichen, „die männliche Heranwachsende im Alter eines Epheben einnehmen können", wie beispielsweise bei Prozession, Opfer und Wettkampf, dargestellt.[750] Diese jungen Männer waren in Athen bei den *panathenaia*, den *dionysia*, den *oschophoria* sowie bei den Festen in Eleusis „als eigene Statusgruppe präsent".[751]

In diesem Zusammenhang auffällig sind Opferdarstellungen in denen die jungen Männer einerseits mit und andererseits ohne Kranz dargestellt sind (vgl. bspw. O7, Abb. 4. O20): Möglicherweise unterscheidet der Kranz die jungen Männer, die bereits den Status eines Epheben erreicht hatten, von Jungen, die noch nicht der Gruppe vollwertiger Bürger angehörten.

Embodied memory

Chaniotis beschreibt „die Erinnerung als zentrale Funktion" griechischer Feste, da diese fast immer auf mythologische beziehungsweise ätiologische Szenarien basierten.[752] Demnach dienten Feste „der Bewahrung und Vermittlung des kollektiven Wissens".[753] Durch die Handlungsbereiche attischer Feste, wie eben Prozession, Opfer, Wettkampf und Siegerehrung, wurde dieses Wissen gefestigt: „Denn in der räumlich eng begrenzten und in der Regel gut überschaubaren Stadt manifestierte

---

748 Mann 2001, 29 mit Anm. 59 und dem Verweis zu Bourdieus (vgl. 1976, 335–377) Theorie des „symbolischen Kapitals". Blech (1982, 151) sieht die Funktion „des an sich wertlosen" Laubkranzes als Zeichen „das dem Sieger, seinem Geschlecht und den überregionalen Agonen seiner Polis Bestätigung, Anerkennung und Ruhm einbrachte". Golden (1998, 76) beschreibt den Siegerkranz als Zeichen von Überlegenheit.

749 Die Ephebie als entsprechenden Übergangsritus beschreibt Seifert (2015, 249). Zur Entwicklung der Ephebie vgl. u. a. Matheson 2009, 396 mit Anm. 45.

750 Seifert 2015, 251 vgl. ebenso Seifert 2011, 272 f. Seit 470 v. Chr. werden Figuren im Alter der Epheben vermehrt als Bratspießträger bei Opfer- und als Musizierende bei Prozessionsszenen dargestellt, Seifert 2011, 284 mit Verweis auf Brand 2000, 123 f. Matheson (2009, 283 f.) benennt bartlose, wenig muskulöse, meist leicht bewaffnete Figuren als Epheben – leicht bewaffnete, muskulöse Bärtige können hingegen als Hopliten bezeichnet werden. Lee (2015, 205) erkennt Epheben hingegen anhand eines Speeres.

751 Beck 2009, 55 f. vgl. ebenso Seifert 2015, 242; van Straten 2011, 203.

752 Chaniotis 2005b, 196 vgl. ebenso Beck 2009, 58. H. U. Wiemer (2009, 83) begründet die vermehrte Einführung neuer Feste im Hellenismus mit ihrer Funktion der Erinnerung, um Ereignisse der Vergangenheit festzuhalten.

753 Hölkeskamp 2001, 334 f. Das Beiwohnen solcher ritualisierten Erinnerungen trug dazu bei, ein Bürger zu werden, Beck 2009, 77. Zur Funktion des sog. Kollektiven Gedächtnis bei Fest und Ritual vgl. Assmann 1992, 48–58.

sich ein dichter Erinnerungsraum, in dem sich das Selbstverständnis der Gemeinde bündelte.“[754]

Für die Erinnerungskultur der Individuen in archaisch-klassischer Zeit unterlagen vor allem Darstellungen einer großen Relevanz, da diese im Gegensatz zu schriftlichen Dokumenten für einen Großteil der Gesellschaft zugänglich waren.[755] Demnach gaben die Darstellungen der attischen Gefäße dem Individuum die Möglichkeit, Geschichten und Sachverhalte zu erinnern.[756]

Die Visualisierung eines Gegenstandes – ob nun ein reales Objekt oder aber lediglich eine Abbildung dessen – löst ähnliche beziehungsweise schwer unterscheidbare Vorgänge in den entsprechenden Hirnarealen aus:[757] Demnach kann das Gehirn „Wahrnehmungsinhalte“ selbstständig konstruieren, die durch Träume oder Vorstellungen aktiviert werden.[758] Die mentale Bildvorstellung bildet somit Informationen ab, daraufhin werden Bilder intern wieder erinnert, sodass davon auszugehen ist, dass die interne Visualisierung eines Bildes die gleiche Wirkung auf den Körper haben muss, wie das tatsächliche Sehen.[759] Dabei ist der Vorgang von Wahrnehmung in archaisch-klassischer Zeit grundsätzlich mit der Wahrnehmung der Gegenwart gleichzusetzen: Die sensomotorischen Fähigkeiten eines Individuums sind aufgrund der biologischen Voraussetzungen identisch, sodass die Wahrnehmung trotz der zeitlichen Verschiebung vergleichbar ist.[760] Aufgrund von unterschiedlich Erlebtem ist die Wahrnehmung jedoch gleichzeitig zu differenzieren: Je nachdem über welchen Erfahrungshorizont das einzelne Individuum verfügt, werden verschiedene Erinnerungen und somit Gefühle bei diesem ausgelöst.

754 Beck 2009, 58. „Die Einbettung dieser Praktiken in eine zeremonielle Handlungskette verlieh den eigentlichen Gegenständen der Erinnerung ungeahnte Emotionstiefe, die ihrerseits die Wahrnehmungsmuster der Bürgergemeinde prägte und ihren inneren Zusammenhalt stärkte.“, Beck 2009, 76. Gemeinschaften, Familien und letztendlich der Staat wurden von geteilten Erfahrungen verbunden, Breyer 2011, 145 f.

755 Giuliani (1998, 136) schreibt weiter: „In einer Kultur des Hörens lag es tatsächlich nahe, den optisch wahrnehmbaren Bildern eine Dauer zuzuschreiben, die das gehörte, verhallende Wort nicht besitzt, und solche Bilder daher auch zum privilegierten Gegenstand eines langfristigen Erinnerungsvermögens zu erklären.“ Weiterführend Seifert (2011, 290): „Das Medium des Bildes erreichte alle Bevölkerungsschichten und Altersgruppen auf der visuellen Wahrnehmungsebene, unabhängig von der politischen Informiertheit oder dem Grad der Alphabetisierung des einzelnen.“ Bes. die Gedächtniskunst Einzelner war von Bedeutung, Casey 2010, 11.

756 Vgl. ebenso Giuliani 1998, 135.

757 Kosslyn u. a. 2001, 636 vgl. ebenso Jäncke 2013, 289. Breyer (2011, 69) unterscheidet zwischen einer realen Wahrnehmung und einer nicht realen Bildbetrachtung sowie einer vorgestellten Fantasie und einer Erinnerung. E. Marbach (2006, 218) stellt hierzu eine Notation auf: 1. Direktes Sehen eines Gegenstandes – 2. Visuelles Imaginieren – 3. Sehen eines Bildes des Gegenstandes x – 4. Imaginieren oder Erinnern des Bildes von x, vgl. ebenso Breyer 2011, 78.

758 Jäncke 2013, 31.

759 Kosslyn u. a. 2001, 641 vgl. Marbach 2006, 217 f.

760 Rebay-Salisbury 2013, 23 vgl. ebenso Tilley 1994.

Letztendlich wurden durch die Betrachtung der Darstellung Ereignisse, denen die Individuen archaisch-klassischer Zeit beiwohnten, erinnert, sodass die gleichen Gefühle wie im real Erlebten ausgelöst wurden.[761] Die Verbindung der Darstellung mit der verkörperten Erinnerung basierte auf eine bereits getätigte Sinneswahrnehmung, die die Betrachtenden in die Zeit des Erlebten zurückversetzten. Demnach verknüpfte die bildliche Darstellung von Gottheiten die Erfahrung vergangener mit der Ausübung zukünftiger Rituale: Realität und Fantasie verschwammen, sodass die Gottheit auch in der Erinnerung anwesend wurde – durch diese *embodied memory* wurde ein neues Bild der Vergangenheit geformt.[762]

Die Darstellung des Kranzes aktivierte die *embodied memory*: Erinnerungen an vergangene Rituale wurden konstruiert und aktiv ausgelöst. Dabei verband die Darstellung des Kranzes Informationen multisensorischer Art – durch das Betrachten des Kranzes als Symbol wurden Informationen zusammenfügt und als Erinnerung abspeichert.[763] Dieser Symbolgehalt des Kranzes übertrug im Ritual die Erinnerung von der Vergangenheit in die Gegenwart.

Embodied community

Bereits Platon beschreibt den Sinn der Feste zu Ehren verschiedener Gottheiten in der Zusammenkunft, im Kennenlernen sowie in der Stärkung der Gemeinschaft und damit der *polis*.[764] Die strengen Vorschriften zum Ablauf eines Festes bewirkten eine solche Gemeinschaftsbildung.[765] Während der Solonischen Reformen gewannen der Bürgerstatus und damit der eigene Stand in der Gesellschaft zunehmend an Bedeutung: die Anzahl der Heiligtümer und Feste stieg.[766] Die durch Rituale strukturierten Feste stellten Solidarität und Identität innerhalb einer Gruppe her, erzeugten ein Gemeinschaftsgefühl und waren für die Entwicklung eines urbanen

---

761 V. a. die Darstellung von Musikinstrumenten lässt Erinnerung an Emotionen zu, die von Musik ausgelöst wurden, Kunisch 1984, 3. Weiterhin erweckte die gleichmäßige Reihung der Ritualteilnehmenden bei den Betrachtenden die Erinnerung an die den gleichmäßigen Takt vorgebende Musik, Kunisch 1984, 11.

762 Die Unterscheidung von Bild und Realität ist aufgrund unserer Wahrnehmung möglich, Sachs-Hombach 2010, 282. Bilder, die nur zu besonderen Anlässen in einer ausgewählten Gemeinschaft betrachtet werden, nennt Belting (1993, 24) „Gedächtnisübung ritueller Art".

763 Stafford 2004, 121.

764 Plat. nom. 738.

765 Blech 1982, 405. Diese identitätsstiftende Wirkung wird dem Fest ebenso bereits von Durkheim (vgl. 1912, passim) zugeschrieben, der das Gemeinschaftsgefühl von Ritual und Fest als grundsätzliche Funktion von Festen beschreibt. Ebenso Burkert (1987, 28 mit Anm. 9): „Die Gemeinschaft konstituiert sich immer neu, indem sie sich selbst im Ritual darstellt." Feste und Rituale sind materialisierte Kultur, da sie Objekt und Akteur einbinden und in strukturierten Situationen ausgeführt werden, DeMarris 2004, 13.

766 Stansbury-O'Donnell 2006, 126. Laut Ps.-Xen. (Ath. pol. 3, 2) wurden in Athen mehr Feste als in anderen griechischen Städten gefeiert, vgl. ebenso Isokr. or. 4, 45.

Kollektivs von großer Bedeutung.[767] Darüber hinaus erklärt Burkert das Fest als elementaren Bestandteil der Gesellschaft, da sich in ihm „die Gemeinschaft darstellt und ihrer selbst bewusst wird."[768]

Feste wurden demnach zum Kommunikationsaustausch genutzt:[769] In einer Prozession versammelten sich verschiedene Mitglieder einer oder mehrerer Gemeinschaften, die sich abseits der täglichen Routine in Richtung eines gemeinsamen Ziels bewegten.[770] Ort und Anlass von Prozessionen gaben die Möglichkeit Machtbeziehungen und gesellschaftliche Normen zu präsentieren, da diese ein großes Publikum erreichten.[771] Dabei bildeten Prozessionen die rituelle Verbindung von dem Bereich außerhalb des Heiligtums zu den Handlungen innerhalb: Sie verkörperten die Kommunikation zwischen verschiedenen Ritualhandlungen durch die Gruppe der Teilnehmenden, die somit selbst ein Medium der Kommunikation wurden.[772] In Athen vereinte die Prozession zu Ehren der Athena alle Mitglieder der *polis*, unabhängig ihres Standes und ihrer Rolle innerhalb der Gesellschaft.[773]

767 Vgl. ebenso Haug 2012, 119. Diese rituellen Handlungen, die Kultausübung, wurde in den verschiedenen sozialen Gruppengrößen, wie Familie, Phratrie, *demos* und *polis* praktiziert, Seifert 2011, 257 f.

768 Burkert 1987, 26. Demnach besteht die Festkultur „weniger im Konsum des Unterhaltenden als im Bewusstwerden des Lebensrhythmus der Gemeinschaft", Burkert 1987, 44. Weiterhin deutet er das Fest als Anlass die Gottheiten um Versöhnung, Hilfe und Dank zu bitten, Burkert 1987, 28 f. So prädiziert auch Blech (1982, 397 f.) dem Fest die Zusammengehörigkeitsbildung im Beisein der Gottheiten durch Reigen, Agon und Symposion. Das Zusammentreffen verschiedener Altersklassen und sozialer Hintergründen „außerhalb des Alltagsgeschehens" beschreibt Seifert (2011, 19). Assmann (1991, 21) betont die Funktion von Festen als Gelegenheit Güter zu verteilen – hierzu gehörte auch die Weitergabe von Frauen – um „die Solidarität und verwandtschaftliche Verknüpfung der Gruppe zu stärken." S. Stamouli (2005, 75 f.) zählt weitere Funktionen, wie das „Wohlwollen der Bürger", die „Erneuerung des Geistes", die „Abschwächung der Spannungen", die „Ausübung von Kritik", die „Einhaltung des Waffenstillstands" und die „religiöse Betriebsamkeit", auf.

769 Stansbury-O'Donnell 2006, 102.

770 Hollinshead 2012, 31. Zu den Wegen und Zielen von Prozessionen vgl. Stansbury-O'Donnell 2006, 108. Prozessionen und auch Opfer waren nach Bundrick (2005, 153) Aufführungen, innerhalb derer es bestimmten Mitgliedern der Gemeinschaft erlaubt war, sich zu beteiligen, andere nahmen hingegen als Zuschauende teil. Bspw. festigte nach Lehnstaedt (1970, 91) die Prozession innerhalb der sog. Eleusinischen Mysterien die Verbindung der Initianden.

771 Bspw. führten die Athener sowie die Kolonien und ihre Verbündeten bei den *panathenaia* Waffen und andere Geräte mit, die ihren Status und ihre Herkunft anzeigten, Bremmer 1994, 40; 1966, 46. Psychologische, soziale, politische, territoriale und kultische Aspekte von Prozessionen führt Kubatzki (2012, 50–60) auf.

772 Mylonopoulos 2006, 109. Prozessionen erfüllen einen weiteren Zweck: Sie überschreiten die Interaktion zwischen Handlung und Zuschauer und erlauben die rituelle Kommunikation zwischen heiligen Stätten, Mylonopoulos 2006, 105.

773 Vgl. ebenso Maurizio 1998, 316.

Die identitätsstiftende Funktion des Opfers legt der Linguist Konrad Ehlich wie folgt dar: „Die Formalisierung des Todbereitens, sein Rearrangement in einer geordneten Form im Ritual machen aus der Tötung eine kommunikative Veranstaltung."[774] Das Opfer als „Ausdruck der im Glauben an die Gottheit geeinten Gemeinschaft" beschreibt der Historiker und Archäologe Bernhard Kötting.[775] Durch das gemeinsame Zubereiten und Teilen von Fleisch bedeutete das Opfer demnach vor allem Unterstützung für die Gemeinschaft.[776] Darüber hinaus dienten die Mannschaftswettbewerbe der *panathenaia* nach Bentz ebenso „der Stärkung des Gemeinschaftsgefühls und der Identifikation mit der Phyle".[777] Die Gruppenloyalität, die durch die gemeinsamen Regeln der *polis* gestützt wurde, zeigte sich in der Ausführung dieser Agone.[778] Darüber hinaus vertraten siegreiche Athleten das Interesse der Gemeinschaft – ein Sieg stärkte die „Solidarität innerhalb der Bürgerschaft".[779] Dieser Ausdruck von Gemeinschaft spiegelt sich bereits in den Darstellungen von Festszenen des 8. und 7. Jh. v. Chr. wieder.[780] Laxander formuliert treffend:

> [...] die Gemeinschaft [definiert sich] zunächst als einheitlich agierendes, nahezu uniformes Kollektiv, in dem das Individuum der Gruppe untergeordnet ist, lediglich einen streng begrenzten Handlungsrahmen besitzt und zudem nur selten das gemeinsame Aktionsniveau durchbricht.[781]

Die Reihung ähnlicher Figuren in den Prozessionsdarstellungen des 6. und 5. Jh. v. Chr. zeigt laut Kurt Lehnstaedt die Gemeinschaft der Teilnehmenden, in der nicht

---

774 Ehlich 1997, 344. An gleicher Stelle schreibt er der Religion im Allgemeinen die Funktion der Gruppenidentität zu. Laut J. Podemann Sørensen (2008, 13 mit Anm. 1) ist das Opfer, das Kochen und Verteilen von Fleisch, in erster Linie ein Blutbad – erst die „customary, technically, superfluous elements" machen dieses zu einem Ritual.

775 Kötting 1984, 44.

776 Bundrick 2005, 153. Jeder *demos* schaffte seine eigene religiöse Gemeinschaft, feierte eigene Feste und gestaltete eigene Opfer, Price 1999, 29; Raaflaub 1998, 37. Bereits Aristot. (pol. 6, 1321a) beschreibt, dass die Bewohner einer Stadt durch das Opfer die politische Ordnung festigten. Burkert (1972, 47) geht von einer sozial gegliederten Opfergemeinde aus. An anderer Stelle nennt er das Geben und das Töten als Kernhandlungen des Opfers, Burkert 1980, 104–106.

777 Bentz 2004a, 207 vgl. ebenso Lee 2015, 224. Weiterhin betont der Schönheitswettbewerb die Unterscheidung und Selektierung, da dieser mit religiösen und bzw. oder politischen Führungspositionen verbunden war, Hawley 1998, 50.

778 Anderson 2003, 160.

779 Mann 2001, 34.

780 Haug 2012, 129. Der Ausdruck von Gemeinschaft ist hingegen in den Darstellungen spätgeometrischer Zeit nicht derart ausgeprägt zu finden, Haug 2012, 119.

781 Laxander 2000, 157. E. des 6. Jh. v. Chr. ändern sich die Darstellungen, indem sich „die einzelnen Handlungsspielräume erweitern" und „der Variantenreichtum an Verhaltensweisen und Qualitäten" deutlich zunimmt, Laxander 2000, 157.

der Einzelne, sondern alle Figuren zusammen ein Ganzes ergeben.[782] Dabei stehen die Figuren *pars pro toto* für eine große Anzahl an Teilnehmenden.[783]

Im 5. Jh. v. Chr. lösen die Darstellungen von Opfern die Prozessionsszenen ab: Kubatzki führt dies auf die Veränderung von Kultabläufen zurück – nicht mehr die gesamte *polis*, sondern die Familien suchten über das Opfer die Verbindung zur Gottheit.[784] Dies reflektiert möglicherweise die Entwicklung der Gesellschaft von einem Gemeinschaftskult hin zu einer individualisierten Religionsausübung.[785] Die zunehmende Anzahl der Opferdarstellungen verweist auf dessen enorme Bedeutung für die Gesellschaft in archaisch-klassischer Zeit: Die Gemeinde versammelte sich beim Opfer, die Rituale stärkten die Gemeinschaft und trugen zur Bildung der *polis* bei.[786] Szenen musischer Agon sind ähnlich wie die Opferszenen als Institutionen einer demokratischen Stadt zu behandeln: Die Teilnahme an solchen Anlässen symbolisierte das Mitwirken an der Demokratie – demnach konnte das Betrachten dieser Darstellungen stellvertretend für die Handlung stehen und den Betrachtenden die Sicht eines Zuschauenden suggerieren.[787] Die Darstellungen der Siegerehrung des 5. Jh. v. Chr. zeigen nach Bentz den Sieg für die Gemeinschaft in den nicht vorhandenen Emotionen der Sieger: „die Hervorhebung der individuellen Leistung [tritt] zumeist hinter dem Stolz, Ruhm für das Geschlecht und die Heimatstadt errungen zu haben, zurück".[788]

Innerhalb der Festszenen übermittelte die Darstellung des Kranzes, der für alle Ritualteilnehmenden und -zuschauenden gut sichtbar auf dem Kopf platziert war,[789] die gemeinschaftsbildenden Inhalte der Rituale: Das Tragen von Kränzen mit gleicher

---

782 Lehnstaedt 1970, 47.

783 Lehnstaedt 1970, 54. Mit dem Anstieg von Heiligtümern in der Mt. des 6. Jh. v. Chr. in Athen nimmt ebenso die Darstellung des Göttlichen auf attischer Keramik zu, Stansbury-O'Donnell 2006, 93 vgl. Shapiro 1981. Laut Bremmer (1966, 50) wird auf attischen Gefäßen das Opfer mit der „Vorstellung von Festlichkeit, Feiern und Segen in Verbindung gebracht".

784 Dies ist auch an den Gottheiten selbst zu sehen, da vermehrt Dionysos und Apollon statt der Stadtgöttin Athena gezeigt werden, Kubatzki 2012, 98; Nordquist 1992, 165 f. Laxander (2000, 5) beschreibt die Auflösung der traditionellen „Festzugsordnung" zu Gunsten der „Konzentration auf Teilaspekte des Geschehens".

785 Nordquist 1992, 166. Für die Entwicklung der Darstellung des Kollektiven hin zur Individualität im 5. Jh. v. Chr. vgl. ebenso Seifert 2011, 291. Kubatzki (2012, 91 f.) sieht hingegen gerade die Tendenz zur Individualität als Zeichen von Gemeinschaft. Die Szenen musischer Agone im 5. Jh. v. Chr. betonen ebenso die Individualität der Akteure, die Verbindung zu Apollon schwindet, auch die Zuschauer werden weniger häufig dargestellt, Bundrick 2005, 164.

786 Blanas 2003, 115. Die Funktion der Opferdarstellungen sieht auch Laxander (2000, 155) in der „Formierung der Kultgemeinde sowie deren harmonischen Zusammenhalt im kollektiven Handeln und Erleben als soziales Ideal".

787 Bundrick 2005, 170

788 Bentz 2004b, 319. Die Kleidung sowie das Fehlen jeglicher Triumphgesten suggerierte Bürgerlichkeit, Kaeser 2004b, 358.

789 Wannagat (2001, 64) beschreibt Kleidung im Allgemeinen als Zeichen, das von einer Gemeinschaft wahrgenommen, gedeutet und zur Abgrenzung genutzt wird.

Blattart stärkte und konstituierte als eine dem Kollektiv entsprechende Handlung die Gemeinschaft. Dabei schaffte und bewahrte dieser kulturell-religiöse Identitäten: Im Rahmen des Festes trugen die Teilnehmenden die Kränze über Geschlechter-, Alters- und Standesgrenzen hinaus (vgl. bspw. *P14*. *P17*. *P26*, Abb. 3. *O17*. *O18*. *O27*. *S1*). Ebenso verstärkte das Tragen ungleicher Kränze als Abgrenzung zu einer anderen Gruppe das Gefühl von Gemeinschaft innerhalb einer Gruppe (vgl. bspw. *O14*. *F1*. *F18*. *W2*, Abb. 8. *S1*). Der Kranz zeigte somit im Sinne der *embodied community* die Zugehörigkeit zu, beziehungsweise die Abgrenzung von einer Gruppe an. Gerade im Zusammenhang mit den Phylenagonen ist die Überreichung des Kranzes durch die Kampfrichter eine Auszeichnung nicht nur des Siegers, sondern der gesamten *phyle*. Durch den Kranz wurde die Anerkennung des Siegers auf die *phyle* übertragen sowie in der Umkehrung das Individuum in die Gemeinschaft eingebunden.[790] Ebenso war der Kranz bei der *phyllobolia* das verbindende Symbol zwischen Zuschauenden und Athleten. Die Gemeinschaft und der Zusammenhalt der gesamten *phyle* wurden über das Tragen des Kranzes beziehungsweise durch die Überreichung von Kränzen, Blumen und Zweigen durch die Zuschauenden zum Ausdruck gebracht.[791]

Der Kranz als Symbol von Zugehörigkeit oder Abgrenzung visualisiert letztendlich die *embodied community*. Diese durch die häufige Darstellung des Kranzes vermehrte identitätsstiftende Symbolik kann mit der Krise der *polis* zum Ende des 6. Jh. v. Chr. begründet werden: Soziale Ungewissheiten und Neuordnungen gesellschaftlicher Ränge führten zur Frage der Position jedes einzelnen Individuums in der Gesellschaft.[792]

790 Vgl. Kurke 1993. Die Mannschaftswettbewerbe dienten laut Bentz (2002, 250) „weniger der Außenwirkung Athens, sondern [...] identitätsstiftend nach innen". Der Kranz „als Ehrengabe verdeutlicht [...] seine den Träger aus dem Alltäglichen heraushebende Wirkung", Gebauer 2002, 21. Zur Bedeutung des Kranzes im Vergleich zu materiellen Preisen von geometrischer Zeit bis in die römische Kaiserzeit vgl. van Looy 1992.

791 Ebenso beschreibt R. von den Hoff (2001, 76) Zuschauende mit Kränzen, die auf den Sieger verweisen, als stellvertretend für die *polis*.

792 Vgl. ebenso Laxander 2000, 156.

7

Resümee: Agency – Memory – Community

Darstellungen von Prozession, Opfer, Wettkampf und Siegerehrung sind in einer Vielzahl auf attischer Keramik erhalten. Die große Anzahl der Gefäße mit den entsprechenden Bildthemen sowie die im gesamten Mittelmeerraum verbreitete Fundlage deuten auf eine große Relevanz dieser ritualisierten Handlungen in archaisch-klassischer Zeit. Innerhalb dieser Darstellungen weist der Kranz als häufig dargestelltes ikonografisches Element ein großes Spektrum an Zeichen- und Symbolgehalt auf.

7.1 Zum Kranz in Festszenen auf attischer Keramik

Die mit dem Forschungsstand dargelegte, grundlegende Problematik der Benennung verschiedener Kränze in den Darstellungen kann mithilfe der in der intentionellen Beschreibung herausgearbeiteten Blattarten sowie ihrer botanischen Bestimmung aufgelöst werden. Demnach können die einzelnen Blattarten anhand ihrer Größe und Form voneinander unterscheidbar: Lorbeer kann anhand großen, länglichen und an der Spitze leicht abgerundeten Blättern; Olive anhand mittelgroßen, leicht spitz zulaufenden Blättern; Myrte anhand kleinen, rundlichen Blättern und Efeu anhand herzförmigen Blättern identifiziert werden.

Die Darstellungen zeigen Figuren in unterschiedlichen Funktionen innerhalb der Themengebiete der Feste zu Ehren verschiedener Gottheiten – analog zu den schriftlichen Quellen – seit Beginn des 6. Jh. v. Chr. bekränzt. Durch die Analyse der repräsentativen Verteilung wird deutlich, dass sich die Darstellung bekränzter Figuren vor allem auf das 5. v. Chr. konzentriert. Darüber hinaus überwiegen die Darstellungen bekränzter Figuren im Verhältnis zu Binden tragenden Figuren. Lediglich bei den Darstellungen von Prozessionen wird die Binde häufiger als der Kranz wiedergegeben. Weniger als 20 % der untersuchten Gefäße zeigen weder Kranz noch Binde.

Weiterhin legt die repräsentative Verteilung dar, dass vor allem Oliven- und Myrten- sowie gelegentlich Lorbeer- und eher selten Efeukränze dargestellt werden. Dabei werden bei Prozessions- und Wettkampfszenen hauptsächlich Myrtenkränze, bei Opferszenen Olivenkränze und bei Siegerehrungsszenen Myrten-, und Olivenkränze als ikonografisches Element genutzt.

Darüber hinaus sind bei Prozession und Opfer sowohl die Ausführenden selbst als auch alle weiteren Beteiligten bekränzt dargestellt. Bei Wettkampf und Siegerehrung sind hauptsächlich Musizierende, Kampfrichter oder Trainer beziehungsweise Zuschauer und Athleten bekränzt wiedergegeben. Mit einem besonderen Element sind die Athleten beim Fackellauf gekennzeichnet: Sie tragen Binden, vermutlich mit eingesteckten Blättern.

Die Verteilung der Malerwerkstätten kann als sehr heterogen beschrieben werden, da lediglich leichte Tendenzen einzelner Werkstätten zur bevorzugten Darstellung von Kränzen zu beobachten sind. Für die Darstellung des Kranzes nutzten die Maler hauptsächlich Vorrats- und Mischgefäße sowie gelegentlich Trinkgefäße als Bildträger, von denen fast die Hälfte aus Fundkontexten in Italien stammen.

Die bildwissenschaftliche Analyse zeigt auf, dass ein Großteil der Darstellungen in vorangegangenen Untersuchungen oftmals in Bezug zu bestimmten Festen zu Ehren verschiedener Gottheiten gesetzt wurde. Argumentation und Beweisführungen können hierbei oftmals nicht in jeder Hinsicht nachvollzogen werden: Beispielsweise ist die Zuweisung über die Art des Opfertieres nicht immer eindeutig, da eine Verbindung spezifischer Tiere zu bestimmten Festen beziehungsweise Gottheiten – mit Ausnahme des mit Demeter verbundenen Ferkels – zumeist nicht sicher zu belegen ist. Ebenso können architektonische Elemente in den Darstellungen, wie beispielsweise Altäre, größtenteils keinem bestimmten Heiligtum zugeordnet werden, sondern beruhen zumeist auf Präferenzen der verschiedenen Maler.[793]

Durch die botanische Bestimmung der Kränze kann mithilfe semiotischer Ansätze auf Grundlage ikonologisch-hermeneutischer Methoden ein Bezug der Darstellungen zu bestimmten attischen Festen hergestellt beziehungsweise ausgeschlossen werden. Demnach verweisen Lorbeerkränze auf Feste zu Ehren des Apollon (bspw. die *thargelia, pyanopsia*), Oliven- und Myrtenkränze auf Feste zu Ehren der Athena (v. a. die *panathenaia*) sowie Efeukränze auf Feste zu Ehren des Dionysos (bspw. *oschophoria* und *anthesteria*). Darstellungen von Binden tragenden Figuren beziehungsweise von Figuren ohne Kranz oder Binde sind hingegen oftmals im Bereich der Palästra zu verorten.

Über diese Festzusammenhänge hinaus führt die vorgenommene Kontextualisierung der Darstellungen mithilfe der unterschiedlichen Kränze zu vielschichtigen Erkenntnissen hinsichtlich der Beziehungen der dargestellten Figuren. Hierbei zeigt die Darstellung des Kranzes die menschliche oder göttliche Sphäre an: In einer Götter-Menschenszene trägt die Gottheit selber ihren typischen Kranz, während die Menschen in Abgrenzung zur Gottheit mit einem anderen Kranz ausgestattet sind. Bei Abwesenheit der Götterfigur in reinen Menschenszenen sind die Kränze wiederum signifikant für die verehrte Gottheit. Weiterhin bestätigen die Darstellungen den Kranz als Zeichen von Sieg: Die Disziplin, in der gewonnen wurde, ist

793 Vgl. ebenso Ekroth 2009, 90; Aktseli 1996, 14–18; Rupp 1991, 61 f. „The link between altar and a specific site is thus far from self-evident and rarely seems to have been purposefully intended.“, Ekroth 2009, 107.

oftmals nicht klar zu erkennen. Die Deutung dieser Darstellungen als *phyllobolia* ist ebenso möglich wie die Interpretation als Siegerehrung des panathenäischen Schönheitswettbewerbes. Die Fackelläufer mit ihrem besonderen Ausstattungselement nehmen eine gesonderte Stellung ein: Die gleiche Blattart kennzeichnet das gleiche Team, konkurrierende Teams hingegen tragen unterschiedliche Blattarten. Demnach verweist der Kranz ebenso auf die Zugehörigkeit zu einer *phyle*.

Letztendlich besaßen die Feste zu Ehren von Gottheiten eine wichtige identitätsstiftende Funktion, die durch die Darstellungen an die verschiedenen Gruppen von Rezipierenden kommuniziert wurden. Der Kranz zeigt die Zugehörigkeit oder die Abgrenzung zu einer Gottheit oder zu einer Gruppe an – über Alters- und Statusgrenzen hinaus. Das Individuum ist mit seiner Mannschaft bei Wettkampf und Siegerehrung oder auch mit der Gemeinschaft der Teilnehmenden bei Prozession und Opfer über das Kranztragen verbunden und kann gleichzeitig von denjenigen unterschieden werden, die nicht zugehörig sind.

Der herausgearbeitete Zeichengehalt der Kränze kann mithilfe phänomenologischer Prämissen durch eine symbolische Bedeutung erweitert werden. Dabei liefert die über den Zeichengehalt hinausreichende Interpretation der Darstellungen Informationen zu den Absichten der Keramikproduzierenden, ihrer Rezipierenden oder auch zu den Kranztragenden selbst: Im Laufe der Zeit verliert der Kranz als Zeichen seinen rein denotativen Gehalt, gewinnt einen konnotativen Charakter und verkörpert im Ritual als Symbol die Handlungsmacht (*embodied agency*), die Erinnerung (*embodied memory*) und die Gemeinschaft (*embodied community*).

Die *embodied agency* zeigt sich durch die Ausführenden eines Rituals, die im Sinne der Gemeinschaft handeln. Dies ist ebenso durch *superhuman agents*, wie beispielsweise, Gottheiten möglich. In den Darstellungen wird die *embodied agency* sowohl des Kollektivs als auch der Gottheiten durch den Kranz als *agency without agent* angezeigt: Dieser verweist auf die Handlungsmacht der Gottheiten, auch wenn diese selbst nicht dargestellt sind. Die Betrachtenden konnten die Bildinhalte über den Kranz auf das Ritual der eigenen Lebenswirklichkeit übertragen: Demnach waren die Gottheiten durch den Kranz beim Ritual anwesend. Darüber hinaus symbolisiert der Kranz als *embodied agency* in den Darstellungen die Statusänderung von Individuen – wie beispielsweise vom Athleten zum Sieger.

Die *embodied memory* beschreibt die durch die Wahrnehmung eines Rituals mithilfe aller Sinne eines Individuums gespeicherten Erinnerungen, die durch die Ausführung und die Beobachtung von Handelnden und ebenso von Betrachtenden erfahrbar werden. Diese durch Sinneswahrnehmung ausgelöste verkörperte Erinnerung wird durch die Darstellung ritualisierter Handlungen auf attischer Keramik, wie Prozession, Opfer, Wettkampf und Siegerehrung, in die Gegenwart der

Betrachtenden projiziert. Die Visualisierung des Kranzes ruft dabei diese verkörperten Erinnerungen hervor und konkretisiert sie durch die Betrachtung der Darstellung. Die Darstellung des Kranzes als *embodied memory* ruft die Konstruktion von Erinnerung hervor: Sie formt bei der Betrachtung der Darstellung ein neues Bild der Vergangenheit.

Durch die *embodied community* werden im Ritual Identitäten konstruiert und vermittelt, sodass sich Individuen zu Gruppen verbinden und die Gemeinschaft gestärkt wird. Der Kranz visualisiert und symbolisiert als Zeichen von Zugehörigkeit oder Abgrenzung diese *embodied community*: Das Tragen des gleichen Kranzes unterstützt die gemeinschaftliche Handlung und somit die Solidarität der Gruppe – der Kranz drückt die Position eines Individuums in der Gemeinschaft aus und symbolisiert diese.

7.2 Zur Intention der Bildinhalte

Stefan Schmidt und Ralf von den Hoff gehen davon aus, dass Darstellungen „an der Konstruktion antiker Wirklichkeit beteiligt waren".[794] Beispielsweise wird ein Ritual von einem Individuum nur unter Einfluss eines zuvor erlangten Wissens, einer zuvor erlangten Erfahrung wahrgenommen – durch dieses Wissen, durch diese Erfahrung, wird das Handeln des Individuums beeinflusst und somit eine Wirklichkeit konstruiert.[795] Die Darstellung selbst ist eine Konstruktion von Wirklichkeit, die „immer wieder neu konstruiert wird und demgemäß retrospektiv schwer zu erfassen ist".[796] Demnach spiegeln sich in den Darstellungen attischer Keramik „vorherrschende Wahrnehmungsmuster wie Rollenzuweisungen, religiöse Vorstellungen oder auch Identitäten" wider und werden durch diese vermittelt.[797] Seifert

794 Von den Hoff – Schmidt 2001, 12 – mit Bezug zum soziologischen Konzept der „Social Construction of Reality" aus dem Jahr 1966, vgl. Berger – Luckmann 2004.

795 Von den Hoff – Schmidt 2001, 13. Bilder unterscheiden sich wahrnehmungstechnisch von der Wirklichkeit – K. Sachs-Hombach (2010, 282) benennt dies als „wahrnehmungsnahe Interpretation", die ein Bild zu einem Bild macht.

796 Seifert 2011, 292 mit Bezug zu von den Hoff – Schmidt 2001, 16–18. Vgl. ebenso den Begriff des Radikalen Konstruktivismus, der auf Grundlage neurophysiologischer Erkenntnisse die Konstruktion von subjektiven Realitäten, die durch die Verarbeitung von Sinneseindrücken im Gehirn erzeugt werden, beschreibt, Meyer 1988, bes. 14.

797 Von den Hoff – Schmidt 2001, 15. „[...] Bilder sind Konstruktionen gesellschaftlicher Wertvorstellungen; wir erhalten durch sie und mit ihnen Einblicke in antike griechische Denk- und Verhaltensweisen.", Seifert 2008a, 9. Die Darstellungen können nicht das tägliche Leben reflektieren, sie geben lediglich Platz für Zeichen, Durand 1989, 119. Von den Hoff und Schmidt (2001, 17) fassen zusammen: „Unter der Voraussetzung, daß Handlungen von Menschen den Charakter von Zeichen haben, die auf Vorstellungen und

benennt die Darstellungen als „Medien in einem Kommunikationsprozess“, die Auswahl dieser unterliegt einer Absicht und ist nicht beliebig.[798] Demnach sind Darstellungen als Entitäten anzusprechen, die Wirkungen in einer Gesellschaft erzielen,[799] sodass diese mit einem großen Wirkungsradius selbst zu Akteuren werden.[800] Dabei sind vorhandenes Wissen und Erfahrungen der Betrachtenden für die Wirkung der Darstellungen ausschlaggebend: Sinneserfahrungen, einschließlich der Bewegung, formen die Wahrnehmung, wodurch Erinnerungen verkörpert gespeichert werden. Das Wahrnehmen wiederum lässt die Reize mithilfe von Erfahrungen bewusst werden.

In Anbetracht dieser Prämissen bilden die in der vorliegenden Arbeit untersuchten Festszenen keine reale Handlung ab, sondern stellen vielmehr eine Metapher der Idee eines Festes dar.[801] Die Darstellungen wurden für die Allgemeinheit hergestellt und geben generelle soziale Situationen und bekannte Themen und Geschichten wieder, die vor allem im Herstellungsort Athen beliebt waren.[802] Die Wahl der Bildthemen oblag den Malern, die vermutlich gut verkäufliche Motive wählten.[803]

Auf diesen Überlegungen basierend lässt sich argumentieren, dass die Maler die attische Realität als Vorbild für ihre Darstellungen nutzten: Die Untersuchung des Festkontextes der Darstellungen mithilfe der Kränze hat ergeben, dass einige Darstellungen mit hoher Wahrscheinlichkeit mit den *panathenaia*, dem Hauptfest in Athen, zu verbinden sind. Die Deutung als Darstellungen panhellenischer Feste, wie etwa der in Delphi oder Olympia, scheint oftmals nicht plausibel. Die attischen Maler lassen sich von dem Fest ihrer Stadt inspirieren. Demzufolge kann davon ausgegangen werden, dass die Darstellungen die Feste der Stadt Athen und weniger die panhellenischen Feste widerspiegeln.[804]

Wahrnehmungsmuster verweisen, [...] sollen die einer Gesellschaft vorherrschenden wirklichkeitsstrukturierenden Grundlagen entschlüsselt werden, um kulturelle Praktiken und im weiteren dann auch historische Prozesse zu verstehen.“

798 Seifert 2008a, 9.

799 Wagner-Durand 2015, 347–349. 368.

800 Rehberg 2001, 368.

801 Vgl. ebenso Peirce 1993, 260. Bspw. werden Opferszenen werden oftmals als Illustration der athenischen religiösen Festpraxis, die in den Schriftquellen überliefert ist, gesehen – die Darstellungen zeigen jedoch vielmehr Konzepte von Opfern, Peirce 1993, 226 f.

802 Blok 2009, 95.

803 Van Straten 1987, 167. Bspw. geht er an gleicher Stelle davon aus, dass die Ma. aufgrund der häufigen Darstellung von Rindern und Kühen Anlässe mit großer Beteiligung, wie die Feste zu Ehren verschiedener Gottheiten, zum Vorbild nahmen, da diesen viel Geld für die wertvollen Opfertiere zur Verfügung standen. Weiterführend Haug (2012, 153): „Gerade im Vergleich mit den Texten wird deutlich, daß auch die attischen Bilder nur eine Selektion der Wettkampfdisziplinen ins Bild bringen.“

804 Filser (2017, 281) legt speziell für die Wettkampfdarstellungen eine ähnlich Vermutung dar: „[...] ein Handwerker aus dem Kerameikos hatte weder die Zeit noch das Geld, um zu einem der [panhellenischen] Spiele als Zuschauer anzureisen.“

Darüber hinaus ist festzuhalten, dass in den Darstellungen die Auswahl der Blattart durch den Maler weder willkürlich noch zufällig ist. Die aktive Entscheidung für eine Blattart innerhalb eines bestimmten Bildthemas oblag der Intention Inhalte zu vermitteln. Demzufolge ist in Betracht zu ziehen, dass der Kranz in der attischen Realität nicht in dem Ausmaß verwendet wurde, wie die Darstellungen es vermitteln. Allein die Auswahl und die Häufigkeit der Darstellungen betonen die Relevanz des Kranztragens.[805] Möglicherweise verselbstständigte sich der Symbolgehalt des Kranzes in den Festszenen im Laufe der Zeit hinsichtlich der Verkörperung von Handlungsmacht, Erinnerung und Gemeinschaft: Letztendlich war das Tragen des Kranzes eine individuelle Entscheidung im Sinne der Gemeinschaft.

In diesem Zusammenhang können Überlegungen zur Lockerung der zumeist strengen Unterscheidung von mythischen und nichtmythischen Szenen angestoßen werden: Die Notwendigkeit einer solchen Lockerung verdeutlichen in erster Linie die Opferszenen, innerhalb derer die Gottheiten entweder selbst oder durch den Kranz anwesend sind. In diesen Fällen ist nicht von der Darstellung einer mythischen Erzählung, sondern von einer idealisierten Darstellung der attischen Gegenwart, auszugehen.[806]

Um die Intention der Bildinhalte verstehen zu können, ist neben der Wirkung der Darstellungen auf die Betrachtenden ebenso die Verwendung – die Form und Funktion – der Gefäße in Bezug zu den Bildthemen zu berücksichtigen.[807] Die repräsentative Verteilung zeigt auf, dass die in dieser Arbeit untersuchten Darstellungen attischer Festszenen größtenteils auf Vorrats-, Misch- und Trinkgefäßen wiedergegeben sind. Demzufolge ist anzunehmen, dass diese Ritualdarstellungen vor allem im Bereich des Symposions rezipiert wurden. Das Symposion als Ort von Kommunikation und Austausch unterstützte die Symbolbedeutung des Kranzes

---

805 N. Kunisch (1984, 7) argumentiert hingegen, dass je häufiger eine Darstellung überliefert ist, desto näher entspricht diese der Realität.

806 „The world of the gods and heroes is directly applicable to that of Athenian elites in their construction of social values, social hierarchies, and the rituals that maintain both.", Steiner 2009, 170.

807 Bereits Scheibler (1987, 59 f.) legt die Bedeutung der Darstellungen in Zusammenhang mit der Funktion der Gefäße dar, vgl. ebenso Kubatzki 2012, 108 f.; Seifert 2011, 24 mit Anm. 25.; Seifert 2008a, 9 mit Anm. 3. Gebauer (2002, 2) geht davon aus, dass die Gefäße v. a. als Nutzgegenstände und eben nicht als reine Bildträger geschaffen wurden – der Verwendungszweck kann dabei das Bildthema beeinflusst haben. K. Junker (2002, 25) bespricht die Funktion der Gefäße mithilfe der Darstellungen und Gefäßformen als „primäre Zweckbestimmung im Rahmen des Totenrituals". Die Gefäße mit Prozessions- und Opferdarstellungen fanden demnach wohl zu einem großen Teil als Weihgeschenke in Heiligtümern Verwendung: „Der Bildschmuck sollte sie [die Götter] erfreuen, so wie diese das reale Festgeschehen erfreuen konnte.", Laxander 2000, 146. Bentz (2004a, 210) zieht eine Verbindung von der Darstellung siegreicher Fackelläufer, die ausschließlich auf Glockenkrateren überliefert sind: Demnach geht er von einer Sonderanfertigung aus, „die bei den Siegesfeiern zum Mischen von Wein und Wasser verwendet wurden".

von Gemeinschaft.[808] Die Darstellung des Kranzes, der insgesamt deutlich häufiger als die Binde dargestellt wird, fungierte im Kontext des Symposions als *embodied agency*, *embodied memory* und letztendlich als *embodied community*. Möglicherweise wurden für die Übermittlung dieses Sinngehaltes vor allem Symposiongefäße gewählt, um den Bildinhalt über die entsprechende Gefäßform beim Symposion zugänglich zu machen.

Darüber hinaus ist die Verbindung von Bildinhalt und Gefäßform bei den Darstellungen auf den Panathenäischen Preisamphoren offensichtlich. Eine weiterer Zusammenhang konnte über die Darstellung des Olivenkranzes erschlossen werden: Dieser verweist in Verbindung mit den Choenkännchen indirekt auf die *apaturia*.

Weiterhin legt die repräsentative Verteilung dar, dass ein Großteil der in dieser Arbeit untersuchten Gefäße in Italien gefunden wurde: Eine weit verbreitete Erklärung für diesen Sachverhalt ist der Export dieser Gefäße als Luxusware nach Etrurien, die dort von den aristokratischen Schichten ausschließlich als Grabbeigabe genutzt wurden – dabei waren weder die Bildthemen noch die Inschriften von Bedeutung.[809] Diese Annahme konnte Christoph Reusser in seiner Untersuchung „Vasen für Etrurien" weitgehend widerlegen und erneuern: Die Themenwahl attischer Gefäße aus Etrurien gibt nach Reusser vor allem „athletische Spiele, das Kriegswesen und die militärische Tüchtigkeit" wider.[810] Demnach wurde die „griechische Bilderwelt" mit den „Wertvorstellungen der griechischen Adelskultur" des 6. und 5. Jh. v. Chr. auf den etruskischen Absatzmarkt übertragen: Die diversen Fundplätze, wie Heiligtümer, Gräber und eben auch Wohnhäuser, legen nahe, dass die Gefäße einer breiten Bevölkerungsschicht zugänglich waren.[811] Aus Reussers Untersuchungen geht hervor, dass die Darstellungen für die Etrusker lesbar waren, hauptsächlich bei Banketten zu den verschiedensten Anlässen verwendet wurden und in Folge dessen mit „bestimmten Werten und Vorstellungen verbunden werden" konnten.[812]

Die idealisierte Wiedergabe der Realität in den Darstellungen sprach ein breites Publikum an Rezipierenden an und generierte folglich die Gefäße für den Export. Der Sinngehalt des Kranzes als Zeichen einer Verbindung zu Gottheiten, von

808 Vgl. zu Opferdarstellungen als Symbol von Gemeinschaft auf Mischgefäßen Bundrick 2005, 153.

809 Vgl. für die Zusammenfassung dieses Gedankenmodells Reusser 2003, 9 mit Anm. 5 und der entsprechenden Literatur. Webster (1972, 62) erklärt das Phänomen mit einem „second-hand-market" in Etrurien.

810 Reusser 2003, 188.

811 Reusser 2003, 188 f. 204 f.

812 Reusser 2003, 205 f. Diese Ergebnisse decken sich mit den Untersuchung Bloks (2009, 93 f.), die herausgearbeitet hat, dass Prozessionsszenen vermehrt in Athen, Opferszenen am Altar hingegen häufiger in Italien gefunden wurden – als Grund hierfür nennt sie die steigende Beliebtheit des Symposions in Etrurien ab dem 6. Jh. v. Chr.

Festkontext und Sieg sowie als Symbol von Handlungsmacht, Erinnerung und Gemeinschaft konnte mutmaßlich überall dort, wo die ritualisierten Handlungen selbst erlebt wurden, nachvollzogen werden.

7.3 Zur Perspektive der Untersuchung

Die Ergebnisse der vorliegenden Untersuchung hinsichtlich der Kranzdarstellungen auf attischer Keramik liefern eine Grundlage für weitere Forschungsarbeiten: Dementsprechend können weitere Themenkomplexe innerhalb der attischen Festszenen mithilfe des Zeichen- und Symbolgehaltes des Kranzes untersucht werden.

Beispielsweise ist für das Symposion durch Athenaios die Verwendung von Myrtenkränzen überliefert.[813] Plutarch berichtet, dass in diesem Zusammenhang hauptsächlich Kränze aus Efeu oder Weinlaub genutzt wurden, da diese Pflanzen in enger Beziehung zu Dionysos standen.[814] Die Verwendung von Myrte beim Symposion ist laut Klein lediglich auf wenigen Gefäßdarstellungen überliefert.[815] Weiterhin stellt er fest, dass in schwarzfigurigen Symposionszenen der Kranz aus Efeublättern überwiegt, aber auch Weinlaub dargestellt ist.[816] In der Folge, zu Beginn der rotfigurigen Technik, werden nach Alfred Schäfer größtenteils Kränze aus Weinlaub wiedergegeben.[817]

---

813 V. a. der Duft der Myrte war für die Symposionteilnehmenden angenehm, da dieser den Weingeruch überdeckte, Athen. deipn. 15, 18.

814 Plut. qu. conv. 3, 1, 3, vgl. ebenso Plat. symp 212e; Athen. deipn. 15, 17. Allgemein zum Kranz beim Symposion vgl. Aristoph. Plut. 1042. Weiterhin wird von Kränzen als Geschenk beim Symposion berichtet, Petron. 60; Tac. ann. 2, 57. Nach Blech (1982, 68) sind Efeukränze ab der Mt. des 6. Jh. v. Chr. für das Symposion überliefert. Klein (1912, 33) erklärt, dass je häufiger die Symposionkränze verwendet wurden, auch die Anzahl der Nutzung von unterschiedlichen Blumen wuchs: „So kam es, daß das Bewußtsein von der ursprünglichen Zusammengehörigkeit der Symposien und der Opfer mit der Zeit verschwunden war und daß allmählich die mannigfaltigsten Blumen, wie Lilien, Anemonen, Krokos und Narzissen in die Symposienkränze hineingeflochten wurden."

815 Klein 1912, 32. Das früheste attische Beispiel eines bekränzten Symposionteilnehmers sieht Fehr (1971, 55) in einem att.-sf. Dinos, London, British Museum 1867.0508.956, 600–550 v. Chr., Atalante-Gruppe (ABV 91, 5; Fehr 1971, Nr. 73). Neben bekränzten Figuren sind ebenfalls Kranzgirlanden auf den Beistelltischen seit dem 3. Vt. des 6. Jh. v. Chr. auf den Darstellungen überliefert, diese „dienten wahrscheinlich dazu, die während des Gelages verwelkten Kränze der Symposiasten zu ersetzen", Schäfer 1997, 65. Ebenso werden aufgehängte Kränze an den Wänden dargestellt, Baus 1940, 77.

816 Klein 1912, 23. 31. Für einen Weinkranz beim Symposion vgl. u. a. das Innenbf. einer att.-rf. Schale, Athen, Etnikó Archaiologikó Museío 1357, 525–475 v. Chr. (CVA Athen, Musée National [1] III.1 C3 – III.I C4 Taf. 3, 1). Für einen Efeukranz beim Symposion vgl. hingegen einen att.-rf. Psykter, Princeton, University Art Museum 1989.69, 525–475 v. Chr., Kleophrades-Ma. (Lissarrague 2001, 27–29 Abb. 17).

817 Schäfer 1997, 69.

Mithilfe der botanischen Bestimmung der Blattarten können diese Aussagen überprüft und hinsichtlich des Zeichen- und Symbolgehalt des Kranzes untersucht werden. Möglicherweise wird der Kranz auch im Rahmen der Symposionszenen als ein Symbol von Gemeinschaft verwendet. Bereits Blech schlägt vor, dass der Kranz im Symposion aus dem Brauch des Festes, dem gemeinsamen Opfern, Essen und Trinken, übernommen wurde.[818] Das Opfer endete im Festmahl, bei dem die Mitglieder der Opfergemeinschaft intensiv miteinander kommunizieren konnten.[819] Das Symposion bildete den kommunikativen Höhepunkt innerhalb des Festes, der sich im Fleischverzehr des Opfertieres ausdrückte – die gesamte Identität einer Gruppe wurde beim gemeinsamen Mahl bestätigt.[820]

Neben der Übertragung der Ergebnisse innerhalb der attischen Keramik ist ebenso die Betrachtung außerattischer Keramik lohnenswert. Gefäße aus anderen Regionen, wie beispielsweise Korinth, Boiotien oder Lakonien, können vergleichend herangezogen werden. Vor allem der Blick auf die unteritalische Keramik erscheint vielversprechend, da auf diesen Gefäßen die Figuren in vielen Situationen bekränzt dargestellt werden. Möglicherweise setzt sich die Darstellung des Kranzes auf den unteritalischen Gefäßen fort und entwickelt unter Einfluss lokaler Strukturen einen eigenen Zeichen- und Symbolgehalt.[821]

---

818 Blech 1982, 407 f. vgl. ebenso Klein 1912, 26 f. Aristoph. (Av. 463–564) berichtet von einer kühlenden Wirkung des Kranzes gegen die Hitze des Weines. Weiterhin zitiert Athen. (deipn. 15, 17) in seiner *deipnosophistai* Aristot.: Die „Alten" legten sich beim Weintrinken einen Kranz um den Kopf, da dort die Vernunft sitzt. Darüber hinaus schreibt er dem Kranz beim Symposion die einfache aber naheliegende Funktion des Schmuckes zu, Athen. deipn. 12, 79. Für den Kranz beim Symposion vgl. weiterhin Plut. qu. conv. 1, 4, 2. Die Bekränzung beim Symposion ist laut Deubner (1933, 96 f.) möglicherweise als „Zeichen des festlichen Frohsinns" zu sehen, der Kranz hätte somit im Laufe der Zeit seine „religiöse" Bedeutung gegen eine „profane" getauscht: „Vom Symposion ausgehend ist dann der Kranz ein ständiges Requisit des Komos geworden." Für Darstellungen des Symposion und des *komos* vgl. u. a. Smith 2014; Lissarrague 2001, 24–41; Magni 1996, 44 f.; Webster 1972, 109–113. Zu den Kränzen bei Symposion und *komos* vgl. weiterhin Blech 1982, 63–74. bes. 64 mit Anm. 9–12.

819 Mylonopoulos 2006, 77. Die Verwendung des Kranzes beim Symposion begründet auch Baus (1940 74 f.) mit der zeitlichen Abfolge: Die Opferteilnehmenden behielten ihre Kränze nach dem Opfer für das Symposion auf ihren Köpfen. Überliefert ist weiterhin, dass nach dem Opfermahl der Platz und die Teilnehmer gereinigt sowie Kränze und Salben ausgehändigt wurden, Athen. deipn. 15, 33.

820 Mylonopoulos 2006, 83; Gebauer 2002, 448. Die Funktion eines Symposions beschreibt Ulf (1997, 43) mit der Kontaktaufnahme in einer sicheren Umgebung, um sich selbst in der Gemeinschaft positionieren und vernetzen zu können. Schäfer (1997, 97) betont, „daß in den Formen der Gelageunterhaltung ein bestimmtes soziales Rollenverhalten der beteiligten Akteure zum Ausdruck kommt, das über ihre kollektiven Wertevorstellungen, Verhaltensideale und nicht zuletzt über ihren gesellschaftlichen Status Auskunft gibt". Blech (1982, 363 mit Anm. 142. 143) verbindet die Bekränzung beim Symposion mit Reichtum an Nahrungsmitteln und spricht im Gegenzug den Trauerkontext an, bei dem die Haare abgeschnitten und die Kränze abgenommen wurden.

821 Zur unteritalischen Keramik und ihrer lokalen Besonderheiten im Hinblick auf die Rezeption der indigenen Bevölkerung am Beispiel der Possendarstellungen vgl. zuletzt Schönheit 2019.

Darüber hinaus können weitere Materialgattungen hinsichtlich der Bedeutung des Kranzes betrachtet werden: Vor allem der Umgang mit dem Kranz als ikonografisches Element auf attischen Grab- und Weihreliefs, als zur Keramik zeitlich parallel laufende Gattung, liefert einen aussichtsreichen Untersuchungsansatz.[822] Auch der Blick in römische Zeit zu Objektgruppen, die unter anderem Bildschemata der attischen Keramik aufgreifen und weiterführen, wie beispielsweise die Campana-Reliefs, ist erfolgsversprechend.[823]

Schließlich zeigt die vorliegende Untersuchung zum Kranz in Festszenen auf attischer Keramik auf, wie verschiedene methodische Ansätze kombiniert zu neuen Denkansätzen führen, um sich der Lebensweise in archaisch-klassischer Zeit annähern zu können: Anhand einer intentionellen Beschreibung, einer repräsentativen Verteilung, einer Kontextualisierung der Darstellungen mithilfe ikonologisch-hermeneutischer sowie semiotischer Ansätze und letztendlich einer Verbindung mit phänomenologisch-wahrnehmungstheoretischer Prämissen werden neue Erkenntnisse bezüglich des Zeichen- und Symbolgehaltes des Kranzes in archaisch-klassischer Zeit gewonnen, die über bisherige Beobachtungen hinausreichen. Dabei verdeutlicht die Untersuchung, wie durch die Kombination interdisziplinärer Inhalte aus Ethnologie, Soziologie, Philosophie und Psychologie neuartige Denkanstöße gegeben, somit Perspektiven für die ikonologisch-hermeneutisch orientierte Keramikforschung eröffnet und weitere Forschungsmöglichkeiten angeregt werden können.

---

822 Zu den attischen Grab-, und Weihreliefs vgl. u. a. Edelmann 1999; Himmelmann 1999; Hausmann 1960; Johansen 1951. Weiterhin können Skulpturen in die Überlegungen einbezogen werden: Bspw. untersucht A. Patay-Horváth (vgl. 2009) mithilfe von Keramikdarstellungen in einem kurzen Aufsatz einige Skulpturen auf mögliche Befestigungsmöglichkeiten von Kränzen aus Metall am Kopf. Ebenso beschäftigt sich E. Gomez-Rieser mit der Bekränzung von Bildnissen im Rahmen des Projektes „EIKON. Das Leben griechischer Porträts" (gefördert durch die ANR und die DFG unter Leitung von den Hoffs und F. Queyrels). Auch Gomez-Rieser geht der Frage nach, welche Statuen aus welchem Anlass und in welchen Ritualen bekränzt wurden, vgl. <http://www.eikon-anrdfg.eu/?page_id=274&lang=de> (23.08.2019). Zum Zeitpunkt der Drucklegung lag keine Publikation des Projektes vor.

823 Zur Untersuchung von Campana-Reliefs u. a. bzgl. der Tradierung klassischer Bildschemata am Beispiel von Herakles- und Theseus-Darstellungen vgl. zuletzt Möller-Titel 2019.

Anhang

Dokumentation der Objekte

Die nachfolgende Auflistung führt die Materialgrundlage der vorliegenden Arbeit auf und dient der übersichtlichen Zusammenstellung der untersuchten Objekte. Die Sortierung erfolgt nach den einzelnen Themengebieten Prozession (*P*), Opfer (*O*), Wettkampf: Fackellauf (*F*), Waffenlauf (*W*), Musischer Agon (*M*) sowie Siegerehrung (*S*) und ist chronologisch entsprechend der Abfolge im Fließtext geordnet.

Die Dokumentation der Objekte führt Informationen bezüglich Technik, Gefäßform, Aufstellungsort, Fundort, Maße und Datierung auf. Die Literaturverweise sind ohne Anspruch auf Vollständigkeit auf die für die vorliegende Untersuchung relevanten Publikationen begrenzt.

Prozession

P1 att.-sf. Ständer (Skyphos-Krater), Athen, Etnikó Archaiologikó Museío 16384

FO Vari
H 110 cm
Dat. 625–575 v. Chr. | Nettos-Ma.
Lit. ABV 4; Beazley Addenda[2] 1, 4; Beazley, Para. 3, 13 | Alexandridou 2011, Abb. 34, 50; Beazley 1986, Taf. 13, 3; Boardman 1974, Abb. 6; Haug 2012, Abb. 117; Hurwit 1998, 97 Abb. 69; Karouzou 1963, Taf. 23. 24; Kourou 1985, 419 Taf. 2, 3; Villard 1971, Abb. 54

P2 att.-sf. Amphora (B), Berlin, Antikensammlung F1690 (Abb. 1. 2)

FO Etrurien
H 26,3 cm (*B* 21,7 cm / *Dm* 21 cm)
Dat. 575–525 v. Chr. | Amasis-Ma. (Adamek)
Lit. ABV 151, 11; 687; Beazley Addenda[2] 42; Beazley, Para. 63, 11; LIMC V (1990) 646 Nr. 6 Taf. 437 s. v. Ikarios I (S. Condicas) | Adamek 1895, 29–41 Abb. 8. 9; Blech 1982, 439 Nr. 23, 8; Bothmer 1985, 77 f. Abb. 58; Ellinghaus 2011, Abb. 161; Gebauer 2002, P6 Abb. 6; Laxander 2000, OZ10 Taf. 4, 1; Lehnstaedt 1970, K10; van Straten 1995, V22 Abb. 11; Webster 1972, 135

P3 att.-sf. Hydria, Paris, Museé du Louvre F10

FO Etrurien
H 51,5 cm (*Dm-Md.* 18 cm)

Dat. 575–525 v. Chr.
Lit. CVA Paris, Museé Louvre (6) III He 42 Taf. 62, 4. 5 | Diehl 1964, T218 Taf. 36, 1; Gebauer 2002, P2 Abb. 2; Himmelmann 1997, 23 Abb. 11; Killet 1994, Nr. 6, 1; Laxander 2000, OZ15 Taf. 3, 1; Lehnstaedt 1970, K15; Nordquist 1992, 152 f. Abb. 6; van Straten 1995, V39

P4 att.-sf. Oinochoe, Orvieto, Museo Civico 1001

FO Orvieto
H n. v.
Dat. 575–525 v. Chr. | Amasis-Ma.
Lit. ABV 153, 43; Beazley Addenda[2] 44; Beazley, Para. 64, 43 | Brand 2000, 119 f. Attsf24; Blech 1982, 286 Abb. 38; Gebauer 2002, P7 Abb. 7; Kubatzki 2012, S7; Laxander 2000, OZ14 Taf. 3, 2. 3; Lehnstaedt 1970, K11; Webster 1972, 133 Anm. 1

P5 att.-sf. Dinos (Frgt.), Athen, Etnikó Archaiologikó Museío, Akropolis Sammlung 1.607

FO Athen, Akropolis
H 12,3 cm
Dat. 575–525 v. Chr. | Lydos (Sign.)
Lit. ABV 107, 1 | Boardman 1974, Abb. 64, 4; Graef – Langlotz 1925, Nr. 607 Taf. 33; Lehnstaedt 1970, K3; Schefold – Giuliani 1978, 56 f. Abb. 60; van Straten 1995, V13 Abb. 6

P6 att.-sf. Schale (Kleinmeister), Paris, Sammlung Stavros S. Niarchos A031

FO n. v.
H 18 cm (*Dm* 41 cm)
Dat. 575–525 v. Chr.
Lit. LIMC II (1984) 1010 Nr. 574 Taf. 760 s. v. Athena (P. Demargne) | Aktseli 1996, Taf. 8, 1; 9, 1; Bérard 1984, 154 Abb. 152; Brand 2000, Attsf11 Taf. 6; Brandt 2010, 105 Abb. 3 a–c; Connelly 2007, 187 f. Abb. 6, 15; de Cesare 1997, Kat. 415 Abb. 102; Ellinghaus 2011, Abb. 200; Gebauer 2002, P3 Abb. 3; Himmelmann 1997, 22 Abb. 10 a. b; Himmelmann 1996, 63 Abb. 29. 30; Himmelmann 1990, 53 f. Abb. 20 a. b; Hollinshead 2012, 30 f. Abb. 2, 1; Laxander 2000, OZ1 Taf. 1; Lehnstaedt 1970, K5 Taf. 1, 1; Malagardis 1985, Taf. 22, 1. 2; MuM 1958, 27 f.; Mylonopoulos 2006, 73 f. Abb. 1; Neils 2001, 124 Abb. 88; Neils 1996, 181 f. Abb. 8, 4; Parke 1987, 25 Abb. 5; Parker 2005, 259 Abb. 13; Price 1999, 31 Abb. 2, 10; Roumpi 2011, 29 f. Abb. 6; Shapiro 1992a, 54 Abb. 33; Shapiro 1989, Taf. 9 a. b; Simon 1983, Taf. 16, 2; 17, 2; Simon 1969, 193 Abb. 176; van Straten 1995, V55 Abb. 2; Vos 1963, Taf. 2 a

P7 att.-sf. Schale (Siana), Tarent, Museo Archeologico Nazionale 4346

FO Tarent
H 13 cm (*Dm* 25 cm)
Dat. 575–525 v. Chr. | C-Ma.
Lit. ABV 54, 70; Beazley Addenda[2] 14 | Bremmer 1966, Abb. 8; Brijder 1983, Taf. 12 a; Gebauer 2002, P1 Taf. 2, 1; Laxander 2000, OZ2 Taf. 2, 1; van Straten 1995, V45; Webster 1972, 143

P8 att.-sf. Amphora (B), Berlin, Antikensammlung F1686

FO Vulci
H 47 cm
Dat. 550–500 v. Chr. | Ma. von Berlin 1686
Lit. ABV 296, 4; Beazley Addenda[2] 77; Beazley, Para. 128, 4; CVA Berlin (14) 31–34, Taf. 8, 1; 10, 1. 2; 58, 2; LIMC II (1984) 1010 Nr. 575 s. v. Athena (P. Demargne) | Alroth 1992, 35; Bérard 1984, Abb. 153; Boardman 1974, Abb. 135; Brand 2000, 101 Attsf12; Connelly 2008, 187–189 Abb. 1; Connelly 2007, 187 Abb. 6, 14; Ellinghaus 2011, Abb. 167; Ercoles 2014, 100 f. Abb. 5, 2; Fantham 1994, 93 Abb. 3, 10; Gebauer 2002, P8 Abb. 8; Kubatzki 2012, S24; Laxander 2000, OZ9 Taf. 2, 2. 3; Lehnstaedt 1970, K9; Marconi 2015, 335 Abb. 14, 1 a. b; Mylonopoulos 2015, 335 Abb. 14, 1 a. b; Neils 2001, 146 Abb. 109; Neils 1996, 180 f.; Nordquist 1992, 149 f. Abb. 3 a. b; Parke 1987, 17 Abb. 3; Rumpf 1928, Abb. 153. 154; Schollmeyer 2012, 63 Abb. 14; Shapiro 1992a, 54 f. Abb. 34 a. b; Shapiro 1989, Taf. 9 c. d, van Straten 1995, V21 Abb. 4; Webster 1972, 129; Wegner 1970, 34 Abb. 12. 13; West 1992, Taf. 5

P9 att.-sf. Halsamphora, München, Staatliche Antikensammlung J77

FO Vulci
H 47,5 cm (*Dm-F.* 16,6 cm / *Dm-Md.* 16 cm)
Dat. 550–500 v. Chr. | Affecter-Ma. (Jahn)
Lit. ABV 243, 44; Beazley Addenda[2] 62; CVA München (7) 41 f. Beil. C6 Taf. 336, 4; 338 | Aktseli 1996, Taf. 3, 1; Connelly 2008, 187–189 Abb. 2; Connelly 2007, 189 f. Abb. 6, 16; Gebauer 2002, P9 Abb. 9; Jahn 1854, 21 Nr. 77; Klein 1912, 15 Nr. 2; Kubatzki 2012, S1; Laxander 2000, OZ46 Taf. 4, 2. 3; Lehnstaedt 1970, K17 Taf. 1, 3; Nordquist 1992, 152 Abb. 5 a. b; Pfisterer-Haas 1990, 429 Abb. 78, 1 a. b; Shapiro 1989, Taf. 43 c–e; van Straten 1995, V32

P10 att.-sf. Halsamphora (Frgt.), Athen, Etnikó Archaiologikó Museío, Akropolis Sammlung 1.816

FO Athen, Akropolis
H n. v. (*Dm* 40 cm)
Dat. 550–500 v. Chr. | Antimenes-Ma. / Ma. von München 1416
Lit. ABV 391 | Gebauer 2002, P22 Abb. 22; Graef – Langlotz 1925, 99 Nr. 816 Taf. 49; Laxander 2000, OZ21 Taf. 6; Lehnstaedt 1970, K43; Pala 2012, 133 f. Abb. 59; Shapiro 1992a, 55; van Straten 1995, V15 Abb. 19

P11 att.-sf. Panathenäische Preisamphora (Frgt.), Athen, Etnikó Archaiologikó Museío, Akropolis Sammlung 1.842

FO Athen, Akropolis
H n. v.
Dat. 550–500 v. Chr. | Leagros-Gruppe
Lit. ABV 369, 119 | Blech 1982, Nr. 37, 25; Gebauer 2002, P19 Abb. 19; Graef – Langlotz 1925, Taf. 52 Nr. 842; Laxander 2000, OZ22 Taf. 8, 2; Lehnstaedt 1970, K30; Pala 2012, 133 Abb. 58; Valavanis 1991, 489–491 Abb. 1; van Straten 1995, V16 Abb. 18; Webster 1972, 129

P12 att.-sf. Oinochoe, London, British Museum 1905.0711.1

FO Brauron
H 8,8 cm
Dat. 550–500 v. Chr. | Gela-Ma.
Lit. ABV 443, 3; 475, 2; Beazley Addenda^2 120 | Connelly 2007, 169 f. Abb. 6, 2; Durand 1991, 52 Abb. 1; Gebauer 2002, P35 Abb. 34; Hatzivassiliou 2010, Taf. 3, 2. 3; Hemelrijk 1974, 142 Abb. 48. 49; Lehnstaedt 1970, K58 Taf. 1, 2; Naiden 2013, 52 Abb. 2. 3; van Straten 1995, V31 Abb. 8; Walters 1911, 8 f. Abb. 7

P13 att.-rf. Loutrophoros, Athen, Etnikó Archaiologikó Museío, Akropolis Sammlung 2.636

FO Athen, Akropolis
H 37 cm
Dat. 550–500 v. Chr. | Phintias
Lit. ARV^2 25, 1; 1604, 1 | Blech 1982, 447 Nr. 37, 22; Ellinghaus 2011, Abb. 162; Gebauer 2002, P16 Abb. 16; Graef – Langlotz 1933, 58 f. Nr. 636 Taf. 50. 51; Kaltsas – Shapiro 2008, 256 Nr. 116 (G. Kavvadias); Kubatzki 2012, R1; Laxander 2000, OZ20 Taf. 17, 1; Lehnstaedt 1970, K82; Neils 2001, 197 f. Abb. 137; Neils 1996, 179 f. Abb. 8, 2; Pala 2012, 43 Abb. 10; Shapiro 1992a, 55; van Straten 1995, V67 Abb. 20; van Straten 1988, Abb. 8

P14 att.-sf. Skyphos (Frgt.), Athen, Museío tes Archaías Agorás P2106/ P2043/P2117/P2190/P2197

FO Athen, Akropolis
H (*-Frgt.*) 8 cm
Dat. 530–520 v. Chr. | Phintias
Lit. Blech 1982, 446 Nr. 37, 15; Brand 2000, 204 Attsf1; Gebauer 2002, P11; Lehnstaedt 1970, K18; Peirce 1993, 256 mit Anm. 158 Abb. 18; Roumpi 2011, 30 Abb. 7; van Straten 1995, V6 Abb. 7

P15 att.-sf. Lekythos, Athen, Etnikó Archaiologikó Museío 493

FO Eleusis
H 17 cm (*Dm-Md.* 5 cm)
Dat. 550–500 v. Chr. | Elbows-Out-Ma.
Lit. ABV 251, 1; Beazley, Para. 112, 1; CVA Athen, Museé National (1) III Hg Taf. 7, 1–3; LIMC VIII (1997) 966 Nr. 169 Taf. 648 s. v. Persephone (G. Güntner) | Gebauer 2002, P10 Abb. 10; Haspels 1936, 21 Nr. 1 Taf. 7, 1 a. b; Kaltsas – Shapiro 2008, 239 Nr. 110 (E. Vivliodetis); Metzger 1965, 21. 29 Nr. 42; van Straten 1995, V9 Abb. 12, Webster 1972, 136

P16 att.-sf. Lekythos (Frgt.), Athen, Etnikó Archaiologikó Museío, Akropolis Sammlung 1.2298

FO Athen, Akropolis
H n. v.
Dat. 550–500 v. Chr.
Lit. Caskey – Beazley 1931, Taf. 1, 9; Gebauer 2002, P40 Abb. 39; Graef – Langlotz 1925, 228 Nr. 2298 Taf. 96; Haspels 1936, 216 Nr. 8; Laxander 2000, OZ29 Taf. 7; Lehnstaedt 1970, K49; Neils 1996, 180 f. Abb. 8, 3; Shapiro 1989, Taf. 10 a; van Straten 1995, V19 Abb. 3; Webster 1972, 129

P17 att.-rf. Lekythos, Boston, Museum of Fine Arts 13.195

FO Gela
H 31 cm (*Dm* 12,4 cm)
Dat. 550–500 v. Chr. | Gales-Ma. (Sign.)
Lit. ARV² 35, 1; 1621; Beazley Addenda² 158 | Boardman 1975, Abb. 211; Buschor 1941, 23 f. Abb. 20; Caskey – Beazley 1931, 10 f. Nr. 14 Taf. 4; Connelly 2007, 37 Abb. 2, 5; Evans 2010, 55 Abb. 5; Gebauer 2002, P28 Abb. 27; Giudice – Panvini 2004, 274 E2 (A. I.); Haspels 1936, 69; Hoppin 1919, 462 f. Nr. 1; Jacobsthal 1927, Taf. 54 a; Kurtz 1975, Taf. 6, 1; Laxander 2000, OZ35 Taf. 14, 1; Lehnstaedt 1970, K81; Neils 2003, 158 Abb. 21; Robertson 1992, 131 Abb. 135; Sparkes 2011, 137 Abb. 45; van Straten 1995, V74 Abb. 7

P18 att.-sf. Loutrophoros (Frgt.), Eleusis, Archaiologikó Museío 467

FO Eleusis
H (-Frgt.) 18 cm
Dat. 520 v. Chr.
Lit. Kourouniotes 1936, 112 f. Abb. 59; Parisinou 2000, 64 Abb. 14; Pringsheim 1905, 16 Nr. 1; Rumpf 1928, Abb. 155; Tiverios 2008, 132 Abb. 6 a. b

P19 att.-sf. Skyphos, Stuttgart, Landesmuseum Württemberg KAS74

FO n. v.
H 16,5 cm (*Dm* 22,77 cm)
Dat. 525–475 v. Chr. | Theseus-Ma.
Lit. ABV 518; Beazley, Para. 258; CVA Stuttgart (1) 25 f. Taf. 19. 20, 1 | Himmelmann 1997, 42 Abb. 28; Laxander 2000, OZ55 Taf. 9, 1. 2; Lehnstaedt 1970, K64; Peirce 1993, 256 Abb. 7 a. b

P20 att.-sf. Skyphos, Athen, Etnikó Archaiologikó Museío 12531

FO n. v.
H 15,5 cm (*Dm-Md.* 15,5 cm / *Dm-F.* 11,8 cm)
Dat. 525–475 v. Chr. | Acheloos-Ma. (Malagardis)
Lit. CVA Athen, National Museum (4) 40 f. Abb. 9, 1 Taf. 28, 1–4 | Aktseli 1996, 38 Taf. 9, 2. 3; Connelly 2008, 234 f. Nr. 107; de Cesare 1997, Kat. 265, 273 Abb. 61; Gebauer 2002, P45 Abb. 44; Lehnstadt 1970, K29; Malagardis 1985, 71–92 Taf. 19; Shapiro 1989, 131 Taf. 60 b; van Straten 1995, 30 V11 Abb. 29; Wrede 1986, 11

P21 att.-sf. Lekythos, New Orleans, Tulane University Inv.-Nr. n. v.

FO n. v.
H 29,9 cm (*Dm* 12,8 cm)
Dat. 525–475 v. Chr.
Lit. ABV 473, 75 | Gebauer 2002, P36; Kubatzki 2012, S32; Shapiro 1981, 106 Nr. 41

P22 att.-sf. Lekythos, London, British Museum 1860.0404.40

FO Kameiros
H 19,65 cm
Dat. 525–475 v. Chr. | Klasse von Athen 581
Lit. ABV 496, 175; Beazley Addenda[2] 123 | Gebauer 2002, Pv77 Abb. 77; Killet 1994, 33 Nr. 6; Laxander 2000, OZ77 Taf. 15, 1; Lehnstaedt 1970, K75 Taf. 4, 2; van Straten 1995, V29; Walters 1893, B585

P23 att.-sf. Lekythos, London, British Museum 1842.0728.1015

FO Athen
H 21,3 cm
Dat. 500–450 v. Chr. | Beldam-Ma.
Lit. Bieber 1961, 19 Abb. 57; Bieber 1920, 89 Abb. 92; Gebauer 2002, P46 Abb. 45; Haspels 1936, 267 Nr. 14; Laxander 2000, Taf. 15, 2; Lehnstaedt 1970, 131 K76 Taf. 4, 3; van Straten 1995, V30; Walters 1893, B648

P24 att.-sf. Lekythos, New York, The Metropolitan Museum of Art 41.162.255

FO n. v.
H 20,2 cm
Dat. 500–450 v. Chr. | Diosphos-Ma.
Lit. CVA Hoppin and Gallatin Collections (1) 7 Taf. 8, 1. 3 | Kaltsas – Shapiro 2008, 238 Nr. 109 (H. A. Shapiro); Connelly 2007, 185–187 Abb. 6, 13; Gebauer 2002, Pv79 Abb. 79; Haspels 1936, 247; Peirce 1993, 241 Abb. 11

P25 att.-rf. Stamnos, Eleusis, Archaiologikó Museío 636

FO Eleusis
H 27,7–28,5 cm (*B* 28,4 cm / *Dm-Md.* 15,5 cm)
Dat. 475–425 v. Chr. | Polygnot-Gruppe
Lit. ARV² 1052, 23; Beazley Addenda² 321 | Bérard 1984, Abb. 158; Burkert 1990, Abb. 1; de la Genière 1988, 161 Abb. 5; Graf 2004, 945 Abb. 47, 6; Matheson 1995, 162 f. PGU26 Taf. 140; Tiverios 2008, 148 Nr. 65 (K. Papangeli)

P26 att.-rf. Volutenkrater, Ferrara, Museo Archeologico Nazionale T57CVP (Abb. 3)

FO Spina
H 77 cm (*B* 52,5 cm)
Dat. 450–400 v. Chr. | Kleophon-Ma.
Lit. ARV² 1143, 1; 1684; Beazley Addenda² 334; Beazley, Para. 455 | Alfieri – Arias 1958, 56 Taf. 85–87; Alroth 1992, 38 f. Abb. 19; Berti – Guzzo 1993, 106 Abb. 86; Boardman 1989, Abb. 171; Connelly 2007, 26. 35 Abb. 2, 2; de Cesare 1997, Kat. 107 Abb. 106; Gebauer 2002, P58 Abb. 57. 58; Kaltsas – Shapiro 2008, Nr. 96 (H. A. Shapiro); Kurtz 1989, Taf. 36. 37; Laxander 2000, Taf. 74, 1; Lee 2015, 202 Abb. 7, 2; Lehnstaedt 1970, K136; Matheson 1995, 139–142 KL1 Taf. 123 a–c; Metzger 1965, 93. 115; Neils 2001, 213 Abb. 149; Parke 1987, 60 Abb. 19; Parker 2005, 225 Abb. 10; Robertson 1992, 223 Abb. 231; Schelp 1975, 47 K59; Simon 1983, 79 Taf. 23, 1; Stansbury-O'Donnell 2015, 173 Abb. 7, 17; Theisen 2009, 142 Abb. 20; van Straten 1995, V78 Abb. 13; van Straten 1988, Abb. 3

Opfer

O1 *att.-sf. Amphora (B), Eichenzell, Museum Schloss Fasanerie 130*

FO n. v.
H 19 cm
Dat. 550–500 v. Chr. | Ma. von Würzburg 252
Lit. Beazley, Para. 137, 2; CVA Adolphseck (2) 24 Taf. 66, 2 | Berger 1998, 120 VI1; Gebauer 2002, B1 Abb. 226; Laxander 2000, OS2 Taf. 20, 3. 4; van Straten 1995, V155

O2 *att.-sf. Halsamphora, London, British Museum 1856.1226.220*

FO Gela
H 27,94 cm
Dat. 525–475 v. Chr. | Edinburgh-Ma.
Lit. CVA London, British Museum (3) III He 9 Taf. 45, 6; LIMC V (1990) 301 Nr. 104 Taf. 208 s. v. Hermes (G. Siebert) | Boardman 1974, Abb. 243; Haspels 1936, 219 Nr. 65; Swaddling 1999, 55 mit Abb.

O3 *att.-sf. Oinochoe, Frankfurt a. M., Archäologisches Museum B307*

FO n. v.
H 21,7 cm
Dat. 525–475 v. Chr. | Athena-Ma. (Haspels)
Lit. ABV 530, 72; Beazley, Para. 264, 72; CVA Frankfurt am Main (1) 32 Taf. 39, 1. 2; LIMC V (1990) 301 Nr. 105 Taf. 208 s. v. Hermes (G. Siebert) | Haspels 1936, 259 Nr. 112; Laxander 2000, OS63 Taf. 29, 3. 4; van Straten 1995, V159; van Straten 1988, Nr. 7

O4 *att.-sf. Kolonettenkrater, London, British Museum 1837.0609.38*

FO Vulci
H 26,67 cm
Dat. 525–475 v. Chr.
Lit. LIMC V (1990) 302 Nr. 118 Taf. 210 s. v. Hermes (G. Siebert) | Berger 1998, V7; Durand 1991, 55 Abb. 14; Durand 1986, 118 Abb. 38; Gebauer 2002, Z3 Abb. 166; Laxander 2000, OS20 Taf. 23, 1; Shapiro 1989, Taf. 59 a; van Straten 1995, V160 Abb. 124; van Straten 1988, Nr. 1 Abb. 14 a. b; Walters 1893, B362

O5 att.-rf. Schale, Würzburg, Martin von Wagner Museum H1646

FO Vulci
H 4,8–5,3 cm (*Dm* 31,2 cm)
Dat. 525–475 v. Chr. | Ambrosios-Ma.
Lit. ARV[2] 173, 10; Beazley Addenda[2] 184; CVA Würzburg (2) 10–12 Taf. 3, 1; LIMC IV (1988) 51 Nr. 1 s. v. Eukrates (A. Kossatz-Deissmann) | Bazant 1985, Taf. 34, 55; Bron 1988, 78 Abb. 9; Klein 1898, 38; Langlotz 1932, Taf. 143; Laxander 2000, OS35 Taf. 25, 3; Schöne 1987, Taf. 29, 2; van Straten 1995, V315 Abb. 37

O6 att.-rf. Schale, Dijon, Musée Archéologique 1223

FO Vulci
H n. v.
Dat. 525–475 v. Chr. | Ma. von London E2
Lit. ABV 390, 6; ARV[2] 225, 3 | Berger 1998, Abb. 4; Gebauer 2002, B6 Abb. 231; Webster 1972, 143. 145

O7 att.-rf. Schale, Paris, Musée du Louvre G112 (Abb. 4)

FO n. v.
H 7,7 cm (*Dm* 19,83 cm)
Dat. 525–475 v. Chr. | Epidromos-Ma.
Lit. ARV[2] 117, 7; 1577, 7; 1627; Beazley Addenda[2] 174; CVA Paris, Musée du Louvre (19) 40 f. Taf. 64, 1. 2 | Evans 2010, 36 Abb. 3; Gebauer 2002, S2 Abb. 135; Hartwig 1893, Taf. 3, 2; Hiller 2011, 111 Abb. 20; Jacobsthal 1930, 17 Abb. 24; Laxander 2000, Taf. 21, 2; Lissarrague 2001, 137. 141 Abb. 106; Pottier 1897–1922, 160 Taf. 105; Rumpf 1928, Abb. 165; van Straten 1995, V147 Abb. 110

O8 att.-rf. Amphora (panathenäische Form), Birmingham, Museum of Art 57.263

FO n. v.
H 39,3 cm (*Dm* 26,3 cm)
Dat. 500–450 v. Chr. | Tyszkiewicz-Ma.
Lit. ARV[2] 292, 35; Beazley Addenda[2] 211 | Laxander 2000, OS50 Taf. 29, 1; Shapiro 1981, 14 f. Nr. 1 (L. Turnbull)

O9 att.-rf. Pelike, Paris, Musée du Louvre G236

FO n. v.
H 30,5 cm (*Dm* 10,5 cm)
Dat. 500–450 v. Chr. | Argos-Ma.

Lit. ARV[2] 288, 12; CVA Paris, Musée du Louvre (6) III Ic 37 Taf. 49, 4. 5; LIMC IV (1988) 460 Nr. 16 Taf. 275 s. v. Hebe I (A.-F. Laurens) | Laxander 2000, OS81 Taf. 28, 3; Webster 1972, 145

O10 *att.-rf. Kolonettenkrater, Neapel, Museo Archeologico Nazionale 12796*

FO Cumae
H (*Bf.*) 20 cm
Dat. 500–450 v. Chr. | Pan-Ma.
Lit. ARV[2] 551, 15; 1659; Beazley Addenda[2] 257 | Alroth 1992, 39 Abb. 23; Finley – Pleket 1976, 37 Abb. 5; Gebauer 2002, B17 Abb. 240; Himmelmann 1997, 10 Abb. 1; McNiven 2009, 322 Abb. 9; Osborne 2011, 137 Abb. 5, 9; Peschel 1987, Taf. 206; Price 1999, 35 Abb. 2, 12; Rizza 1959–1960, 331 Abb. 13; Rumpf 1928, Abb. 30; Schmölder-Veit 2003, 177 Abb. 25, 6; van den Boom 2009, 236 Abb. 1; van Straten 1988, Nr. 10; Zaidman – Schmitt Pantel 1994, 224 Abb. 22

O11 *att.-rf. Schale (Frgt.), Bonn, Akademisches Kunstmuseum 1227*

FO Falerii
H 11,5 cm (*Dm* 30,2 cm)
Dat. 500–450 v. Chr. | Onesimos
Lit. ARV[2] 324, 63; CVA Bonn (1) 10 f. Taf. 7, 1 | Laxander 2000, OS51 Taf. 26, 1; Lissarrague 1995, 138 Abb. 8

O12 *att.-rf. Schale (Frgt.), Paris, Musée du Louvre G125*

FO n. v.
H n. v.
Dat. 500–450 v. Chr. | Douris
Lit. ARV[2] 435, 92; 441, 196; Beazley Addenda[2] 238, 240 | Buitron-Oliver 1995, Nr. E3 Taf. 119; Laxander 2000, OS78 Taf. 26, 2; Pottier 1897–1922, 168 Taf. 111; Webster 1972, 147

O13 *att.-rf. Schale (B), Toledo, Museum of Art 1972.55*

FO n. v.
H 11 cm (*B inkl. Hk.* 36 cm / *Dm-F.* 10,5 cm / *Dm-Md.* 29 cm)
Dat. 500–450 v. Chr. | Makron

Lit. CVA Toledo (1) III I 34 Taf. 53, 1 | Albersmeier 2009, 268 Nr. 78 (S. Knudsen); Beard 1991, 29 Abb. 8; Connelly 2007, 16 Abb. 1, 2; Ekroth 2009, 101 Abb. 11; Keuls 1985, 167. 227 Abb. 141. 142. 204; Kunisch 1997, 11. 30. 32. 67. 43 Abb. 2. 15. 17. 21. 30 Taf. 64, 179; Laxander 2000, OS86 Taf. 28, 1; Murray – Tecuşan 1995, 137 Abb. 7; Neils 2001, 157 f. Abb. 120; Neils 2000, 216–218 Abb. 8, 7; Reeder 1995, 183–186 Nr. 38; Rosenzweig 2004, Abb. 63 a–c; van Straten 1995, V312

O14 att.-rf. Schale (Frgt.), Palermo, Museo Archeologico Regionale Antonio Salinas V661a

FO Chiusi
H n. v. (*L* 21 cm x *B* 19,4 cm)
Dat. 500–450 v. Chr. | Makron
Lit. ARV[2] 472, 210; 1654; Beazley Addenda[2] 246; CVA Palermo, Museo Nazionale (1) III Ic 8 f. Taf. 14, 1. 2 | Benndorf – Niemann 1889, 180; Berger 1998, 121 VI 15; Gebauer 2002, B13 Abb. 238; Kunisch 1997, 70 Nr. 444 Abb. 33 Taf. 151; Laxander 2000, OZ78 Taf. 22, 2; Paribeni 1996, 60 Nr. 41 Abb. 38; Peirce 1993, 232 Anm. 42 Nr. 4; Rizza 1959–1960, 332 Abb. 18; Rumpf 1928, Abb. 166; van Straten 1995, V198 Abb. 133; van Straten 1988, Nr. 9

O15 att.-rf. Schale, Oxford, Ashmolean Museum of Art and Archaeology 1911.617

FO Cerveteri
H n. v. (*Dm* 26 cm)
Dat. 500–450 v. Chr. | Pan-Ma.
Lit. ARV[2] 559, 152; Beazley Addenda[2] 259; CVA Oxford (1) 6 f. Taf. 7, 4 | Beazley 1912, 363 Nr. 12; Ekroth 2009, 109 f. Abb. 15; Gebauer 2002, B18 Abb. 244; van Straten 1995, V195 Abb. 145; van Straten 1988, Nr. 11; Webster 1972, 142 Anm. 2

O16 att.-rf. Halsamphora, New York, Brooklyn Museum 59.43

FO Vulci
H 53,2 cm (*Dm* 27,1 cm)
Dat. 475–425 v. Chr. | Niobiden-Ma.
Lit. ARV[2] 604, 57; 1701; Beazley Addenda[2] 267; Beazley, Para. 395.57 | Neils – Oakley 2003, Nr. 106 Abb. 106 a; van Straten 1995, V303 Abb. 147

O17 att.-rf. Stamnos, Gotha, Schlossmuseum 51

FO Cerveteri
H 44,8–45,4 cm
Dat. 475–425 v. Chr. | Polygnot-Gruppe

Lit. ARV[2] 1028, 10; 1678; Beazley Addenda[2] 317; Beazley, Para. 442, 10; CVA Gotha (2) 13 f. Taf. 56; 57, 3; 58, 1; LIMC III (1986) 398 Nr. 3 Taf. 283 s. v. Diomedes I (J. Boardman – C. E. Vafopoulou) | Gebauer 2002, B29 Abb. 253; Himmelmann 1997, Abb. 21; Himmelmann 1996, 55 Abb. 24; Maas – Snyder 1989, 110 Abb. 25; Matheson 1995, 49 f. P10 Taf. 37; MonInst 1869/1873, Taf. 53; Rizza 1959–1960, 327 f. Abb. 10; Thomsen 2011, 186 A48 Abb. 77; 78 a. b; Thöne 1999, Taf. 3, 2; van Straten 1995, V179 Abb. 132; van Straten 1988, Nr. 15

O18 *att.-rf. Stamnos, London, British Museum 1839.0214.68*

FO Cerveteri
H 40,46 cm (*B* 43 cm)
Dat. 475–425 v. Chr. | Polygnot-Gruppe
Lit. ARV[2] 1028, 9; Beazley Addenda[2] 317; CVA London, British Museum (3) III Ic 10 Taf. 24, 2 a. b; LIMC VI (1992) 878 Nr. 334 Taf. 585 s. v. Nike (A. Moustaka u. a.) | Bundrick 2005, 155 f. Abb. 90; Faulkner 2012, 221 Abb. 33; Gebauer 2002, B27 Abb. 252; Gerhard 1845b, 165 f. Taf. 35, 4; Immerwahr 1990, 110 f. Nr. 761; Jameson 2014, 91 Abb. 5, 2; Jameson 1986, 60 f. Abb. 3; Klein 1912, 17 Nr. 4; Matheson 1995, 46 f. P8 Taf. 35 a. b; Nordquist 1992, 158–160 Abb. 11; Rizza 1959–1960, 327 Abb. 9; Sansone 1988, Abb. 19; Shapiro 1992a, 56; Smith 1896, E455; Swaddling 1999, 54 mit Abb.; Thomsen 2011, 186 f. A49; Tzachou-Alexandri 1988, 242 Nr. 134 (L. Burn); van Straten 1995, V185 Abb. 130; van Straten 1988, Nr. 14 Abb. 16; Webster 1972, Taf. 4 a

O19 *att.-rf. Stamnos (Frgt.), London, British Museum 1839.0214.69*

FO Cerveteri
H 25,5 cm
Dat. 475–425 v. Chr. | Polygnot-Gruppe
Lit. ARV[2] 1051, 17; Beazley Addenda[2] 321; CVA London, British Museum (3) III Ic Taf. 24, 3 a. b; LIMC III (1986) 398 Nr. 4 Taf. 283 s. v. Diomedes I (J. Boardman – C. E. Vafopoulou) | Immerwahr 1990, Nr. 762 Taf. 33, 135; Klein 1912, 16 Nr. 3; Matheson 1995, 46 f. P9 Taf. 36 a. b; Peirce 1993, 230 f. mit Anm. 38 Abb. 3; Sansone 1988, Abb. 19; Shapiro 1996, 110 Abb. 8; Smith 1896, E456; Thomsen 2011, 186 f. A54 Abb. 79; van Straten 1995, V186 Abb. 131; van Straten 1988, Nr. 16 Abb. 17; Webster 1972, Taf. 4 b

O20 *att.-rf. Oinochoe, Oxford, Ashmolean Museum of Art and Archaeology 1931.9*

FO n. v.
H n. v.
Dat. 475–425 v. Chr. | Thomson-Ma.
Lit. ARV[2] 1069, 2 | Gebauer 2002, B31 Abb. 255; Rizza 1959–1960, 333 Abb. 20; van Straten 1995, V196 Abb. 148

O21 att.-rf. Glockenkrater (Frgt.), London, British Museum 1847.0806.54

FO n. v.
H 26 cm (*Dm* 46,85 cm)
Dat. 475–425 v. Chr. | Ma. von London E494
Lit. ARV^2 1079, 3; 1682; Beazley Addenda^2 326; LIMC III (1986) 280 Nr. 1 Taf. 222 s. v. Chryse I (H. Froning) | Gebauer 2002, B35 Abb. 259; Gerhard 1845b, 163 Taf. 35, 2; Hooker 1950, 36 Abb. 1; Klein 1912, 16 Nr. 2; Kron 1971, 139 f. Abb. 10; Peirce 1993, 231 mit Anm. 42; Rizza 1959–1960, 328 f. Abb. 11; Rühfel 2003, 91 f. Abb. 56; Rumpf 1928, Abb. 31; Schefold – Jung 1988, 194 Abb. 237; Scheibler 1994, 139 Abb. 64; Smith 1896, E494; van Straten 1995, V367 Abb. 124; van Straten 1988, Abb. 7; van Straten 1987, Nr. 17 Abb. 18 a. b

O22 att.-rf. Glockenkrater, Agrigent, Museo Archeologico Regionale 4688 (Abb. 5)

FO Agrigent
H 48,5 cm (*Dm-Md.* 48,5 cm)
Dat. 475–425 v. Chr.
Lit. Berger 1998, 10 I2; Braccesi 1988, Nr. 75; Brand 2000, 212 Attrf1 Taf. 9, 2; de Cesare 1997, Abb. 107; Durand 1986, 129 Abb. 51; Froning 1971, Taf. 16; Gebauer 2002, 719 Abb. 113; Griffo 1987, 62–64 Abb. 51; Matheson 1995, 146 Taf. 130; Roumpi 2011, 31 f. Abb. 10; van Straten 1995, V127 Abb. 30; van Straten 1988, Abb. 3

O23 att.-rf. Glockenkrater, Frankfurt a. M., Archäologisches Museum B413

FO Nola
H 48,5 cm (*Dm* 42,8 cm)
Dat. 475–425 v. Chr. | Hephaistos-Ma.
Lit. ARV^2 1683; Beazley Addenda^2 331; Beazley, Para. 453, 31; CVA Frankfurt am Main (2) 30 f. Taf. 77, 1; 78, 1. 2; LIMC II (1984) 216 Nr. 272 Taf. 206 s. v. Apollon (W. Lambrinudakis) | Aktseli 1996, Taf. 5, 3; Alroth 1992, 37 f. Abb. 18; de Cesare 1997, Kat. 219 Abb. 108; Ekroth 2009, 92 Abb. 2; Gebauer 2002, B26 Abb. 251; Miller 1989, 321 Abb. 52 b; Neils 2001, 171 Abb. 130; Oenbrink 1997, 445 Taf. 33; Shapiro 1996, 108 f. Abb. 6. 7; van Straten 1995, V178 Abb. 126

O24 att.-rf. Glockenkrater (Frgt.), Istanbul, Arkeoloji Müzeleri 2914

FO Samaria
H n. v.
Dat. 475–425 v. Chr. | Niobiden-Ma.

Lit. ARV^2 603, 41; Beazley Addenda^2 267 | Berger 1998, 7 f.; Gebauer 2002, A1 Abb. 111; Kunze-Götte 2006, 40; Prange 1989, N51 Taf. 22. 27. 43; Reisner u. a. 1924, Taf. 70 b

O25 *att.-rf. Skyphos, Warschau, Muzeum Narodowe* 142464

FO n. v.
H 10 cm (*Dm* 20 cm)
Dat. 475–425 v. Chr. | Euaion-Ma.
Lit. ARV^2 797, 142; 1670; Beazley Addenda^2 290; Beazley, Para. 419, 142; CVA Gołuchów (1) Taf. 34, 3 b. e | Beazley 1928, 35 f. Taf. 20; Berthiaume 1998, 47 Taf. 8; Durand 1986, Abb. 76; Gebauer 2002, Z26 Abb. 189; Himmelmann 1997, 32 Abb. 20; Himmelmann 1996, 88 f. Abb. 41; Rizza 1959–1960, 334 f. Abb. 16; Rumpf 1928, 163; van Straten 1995, V153, Abb. 121

O26 *att.-wgr. Lekythos, London, British Museum* 1978.0106.1

FO n. v.
H 32,5 cm
Dat. 470–460 v. Chr.
Lit. Smith 1896, D25 Taf. 23

O27 *att.-rf. Amphora (panathenäische Form), Darmstadt, Hessisches Landesmuseum* A1969:4

FO Nola
H n. v.
Dat. 450–400 v. Chr. | Kleophon-Ma.
Lit. ARV^2 1146, 48; Beazley Addenda^2 335; Beazley, Para. 456, 48 | Gebauer 2002, B33 Abb. 257; Ekroth 2009, 93 Abb. 3; Miller 1989, 321 Abb. 53 c; Peirce 1993, 232; van Straten 1995, V173 Abb. 146; van Straten 1988, Nr. 19; Webster 1972, 131

O28 *att.-rf. Pelike, Catania, Museo Civico Castello Ursino* 9.418

FO n. v.
H n. v.
Dat. 450–400 v. Chr. | Akademie-Ma.
Lit. ARV^2 1684; Beazley Addenda^2 332 | de Cesare 1997, Kat. 469 Abb. 25; Gebauer 2002, B38 Abb. 263; Rizza 1959–1960, 321–323 Abb. 1–3; Shapiro 1996, 107 Nr. 11; van Straten 1995, V171 Abb. 139; van Straten 1988, Nr. 21

O29 *att.-rf. Pelike, Athen, Etnikó Archaiologicó Mouseío* 14501

FO n. v.
H n. v.

Dat. 450–400 v. Chr. | Akademie-Ma.
Lit. ARV[2] 1124, 2 | Gebauer 2002, B39 Abb. 264; van Straten 1995, V165 Abb. 138; van Straten 1988, Nr. 20

O30 att.-rf. Volutenkrater, Ruvo di Puglia, Museo Archeologico Nazionale Jatta 36818

FO Ruvo
H 59,8 cm
Dat. 450–400 v. Chr. | Kadmos-Ma.
Lit. ARV[2] 1184, 1; Beazley Addenda[2] 340; Beazley, Para. 460; LIMC V (1990) 302 Nr. 123 Taf. 211 s. v. Hermes (G. Siebert) | Andreassi 1996, 84–86; Boardman 1989, Abb. 310; Brand 2000, 107 Attrf22; Bundrick 2005, 137 f. Abb. 83; Gebauer 2002, B42 Abb. 267; Heydemann 1880, 1–12 Taf. 1; Laurens 1987, 63 f. Abb. 5. 6; Metzger 1965, 98; Moraw 1998, Taf. 22, 53; Peirce 1993, 244; Shapiro 1993a, 69. 119, Abb. 22, 71; Smith 2011, Abb. 5, 10; van Straten 1988, Nr. 25

O31 att.-rf. Kelchkrater, St. Petersburg, Gosudarstwjenyi Ermitash 774

FO n. v.
H n. v.
Dat. 440–420 v. Chr. | Kleophon-Ma.
Lit. ARV[2] 1144, 14; 1684; Beazley Addenda[2] 334; Beazley, Para. 456, 517 | Gebauer 2002, B32 Abb. 256; Himmelmann 1997, Abb. 32; Jameson 2014, 89 Abb. 5, 1; Jameson 1986, 59 f. Abb. 1; Matheson 1995, 145 Taf. 129; Metzger 1965, 109 Nr. 8; Schelp 1975, 50 K81a; Shapiro 1996, 107 Nr. 10; van Straten 1995, Abb. 127; Webster 1972, 140

O32 att.-rf. Kelchkrater, San Antonio, Museum of Art 85.120.2

FO n. v.
H n. v.
Dat. 425–400 v. Chr.
Lit. LIMC II (1984) 298 Nr. 955 Taf. 266 s. v. Apollon (W. Lambrinudakis) | Bundrick 2005, 156 f. Abb. 91; Durand 1986, 132 Abb. 56; Gebauer 2002, B50 Abb. 276; Schefold – Jung 1988, 79 Abb. 88; Shapiro 1996, 107 Nr. 8 Abb. 5; van Straten 1995, V208 Abb. 140

O33 att.-rf. Glockenkrater, London, British Museum 1824.0501.15

FO n. v.
H 30,9 cm
Dat. 450–400 v. Chr. | Pothos-Ma.

Lit. ARV^2 1190, 25; 1686 | Gebauer 2002, B44 Abb. 269; Nordquist 1992, 160 Abb. 12; Rizza 1959–1960, 339 Abb. 24; Smith 1896, E504; van Straten 1995, V187 Abb. 137; van Straten 1988, Nr. 27

O34 *att.-rf. Glockenkrater, Nancy, Institut d'Archéologie Classique Inv.-Nr. n. v.*

FO n. v.
H n. v.
Dat. 450–400 v. Chr. | Pothos-Ma.
Lit. ARV^2 1190, 26; 1686 | Gebauer 2002, B45 Abb. 270; Gerhard 1845a, 180 Taf. 36, 3; Klein 1912, Nr. 7; Rizza 1959–1960, 340 Abb. 25; van Straten 1995, V189 Abb. 151; van Straten 1988, Nr. 28

O35 *att.-rf. Glockenkrater, Paris, Musée du Louvre G496*

FO n. v.
H 33 cm
Dat. 450–400 v. Chr. | Pothos-Ma.
Lit. ARV^2 1190, 24; 1686; CVA Paris, Musée Louvre (5) III Id 24 Taf. 35, 2; LIMC II (1984) 298 Nr. 954 Taf. 266 s. v. Apollon (W. Lambrinudakis) | Evans 2010, 57 Abb. 7; Gebauer 2002, B43 Abb. 268; Lissarrague 2001, 141 f. Abb. 107; Metzger 1965, 108 Nr. 3; Pottier 1897–1922, Taf. 152; Rizza 1959–1960, 339 Abb. 23; Shapiro 1996, 106 Abb. 4; van Straten 1995, V200 Abb. 152

O36 *att.-rf. Glockenkrater, London, Kunstmarkt Inv.-Nr. n. v.*

FO n. v.
H n. v.
Dat. um 420 v. Chr. | Pothos-Ma.
Lit. Brand 2000, 219 Attrf24; Gebauer 2002, B46 Abb. 271; Roumpi 2011, 32 Abb. 12

O37 *att.-rf. Glockenkrater, Port Sunlight, Lady Lever Art Gallery 5036*

FO Capua
H 37 cm (*Dm-Md.* 40,1 cm)
Dat. 450–400 v. Chr. | Petworth-Gruppe
Lit. ARV^2 1182, 2; Addenda^2 340; LIMC II (1984) 298 Nr. 952 Taf. 266 s. v. Apollon (W. Lambrinudakis) | Blech 1982, 240. 440 Nr. 26, 3; Gebauer 2002, B48 Abb. 274; Gerhard 1845a, 179 f. Taf. 36, 1; Metzger 1965, 108 Nr. 4; Robertson 1987, 36 f. Nr. 37 Taf. 33; Shapiro 1996, 107 Nr. 7; van Straten 1995, 158 Anm. 141; van Straten 1988, Nr. 24; Webster 1972, 140

O38 att.-rf. Glockenkrater, Boston, Museum of Fine Arts 95.25

FO Capua
H 42,3 cm (*Dm* 47 cm)
Dat. 450–400 v. Chr. | Kleophon-Ma.
Lit. ARV² 1149, 9; Beazley Addenda² 335; Beazley, Para. 457, 9 | Bundrick 2005, 154 f. Abb. 89; de Cesare 1997, Abb. 123; Durand 1991, 52 Abb. 3; Durand 1986, Abb. 82; Gebauer 2002, A3 Abb. 3; Himmelmann 1997, Abb. 2; Himmelmann 1996, 86 f. Abb. 40; Matheson 1995, 147 Taf. 131; Metzger 1965, 109 Nr. 10; Neils 2003, 158 Abb. 22; Nordquist 1992, 156 f. Abb. 8; Osborne 2012, Abb. 7, 1; Osborne 1987, 175 Abb. 58; Parke 1987, 251 Abb. 72; Peirce 1993, 229 mit Anm. 31 Abb. 4; Rumpf 1928, Abb. 162; Sansone 1988, Abb. 17; van Straten 1995, V131 Abb. 32; Webster 1972, 50 Taf. 3; Zaidman – Schmitt Pantel 1994, 223 Abb. 21

O39 att.-rf. Glockenkrater, Den Haag, Gemeentemuseum OC (ant) 5-71

FO n. v.
H n. v.
Dat. 450–400 v. Chr.
Lit. Durand 1991, 52 Abb. 2; Durand 1986, 127 Abb. 47; Evans 2010, 56 Abb. 6; Gebauer 2002, A5 Abb. 115; van Straten 1995, V136 Abb. 34

O40 att.-rf. Glockenkrater, Athen, Etnikó Archaiologicó Mouseío CC1348

FO n. v.
H n. v.
Dat. 450–400 v. Chr. | Dinos-Ma.
Lit. ARV² 1158 | van Straten 1988, Nr. 26

O41 att.-rf. Glockenkrater, Wien, Kunsthistorisches Museum 1144

FO Armento
H 30,5 cm (*Dm* 32,4 cm)
Dat. 450–400 v. Chr. | Kadmos-Ma.
Lit. ARV² 1188; CVA Wien (3) 21 Taf. 118, 5. 6; LIMC III (1986) 280 Nr. 2 Taf. 222 s. v. Chryse I (H. Froning) | Boardman 1989, Abb. 313; de Cesare 1997, Kat. 203 Abb. 97; Durand 1991, 53 Abb. 4; Gebauer 2002, A11 Abb. 121; Gerhard 1845b, 162–166 Taf. 35, 1; Lissarrague 2001, 135 f. Abb. 104; McNiven 2009, 309 f. Abb. 3; Oenbrink 1997, 453 Taf. 41; Peirce 1993, 231 mit Anm. 42; van Straten 1995, V371 Abb. 38; Vollkommer 1988, 56 Abb. 73

O42 att.-rf. Glockenkrater, Boston, Museum of Fine Arts 95.24

FO Capua
H 41 cm (*Dm* 41,7 cm)
Dat. 450–400 v. Chr. | Chrysis-Ma. / Dinos-Ma.
Lit. ARV^2 1159, 2; Beazley Addenda^2 337; Beazley, Para. 458 | Berger 1998, 13 f. l5; Boardman 1989, Abb. 183; Ekroth 2009, 91 f. Abb. 1; Gebauer 2002, A6 Abb. 116; Metzger 1965, 109 Nr. 11; Shapiro 1996, 105 Abb. 3; van Straten 1995, V130 Abb. 33; Webster 1972, 140

O43 att.-rf. Choenkännchen (Frgt.), Kopenhagen, Nationalmuseet 4996

FO n. v.
H (-Frgt.) 15 cm
Dat. 450–400 v. Chr. | Kleophon-Ma.
Lit. ARV^2 1214, 3; 1689; Beazley Addenda^2 348; CVA Kopenhagen, Musée National (4) 121 Taf. 157, 2 | Gebauer 2002, B65 Abb. 284; Rizza 1959–1960, 338 Abb. 2; van Straten 1988, Nr. 23

O44 att.-rf. Choenkanne, Paris, Musée du Louvre G402

FO Vulci
H 21 cm
Dat. 450–400 v. Chr. | Kraipale-Ma.
Lit. ARV^2 1214, 2 | Durand 1986, Abb. 7; Felten 1971, 103 Taf. 19, 1. 2; Parke 1987, 17 Abb. 2; Rizza 1959–1960, 337 Abb. 21; van Hoorn 1951, Nr. 812 Abb. 500; van Straten 1995, V199 Abb. 136; van Straten 1988, Nr. 22

O45 att.-rf. Glockenkrater, New York, The Metropolitan Museum of Art 41.162.4 (Abb. 6)

FO n. v.
H 32,1 cm (*Dm* 33,9 cm)
Dat. 425–375 v. Chr. | Nikias-Ma.
Lit. ARV^2 1333, 12; Beazley Addenda^2 365; CVA Hoppin and Gallatin Collections (1) 15 Taf. 25, 5 | de Cesare 1997, Kat. 476 Abb. 122; Gebauer 2002, B60 Abb. 288; Rizza 1959–1960, 341 Abb. 26; Shapiro 1996, 107 Nr. 12; van Straten 1995, V191 Abb. 125; Webster 1972, 140

O46 att.-rf. Glockenkrater, Vatikanstadt, Museo Gregoriano Etrusco 17924

FO n. v.
H n. v.

Dat. 425–375 v. Chr. | Nikias-Ma.
Lit. ARV[2] 1334, 15; Beazley, Para. 480, 15; LIMC V (1990) 302 Nr. 122 Taf. 210 s. v. Hermes (G. Siebert) | Gebauer 2002, B62 Abb. 290; van Straten 1995, V206 Abb. 144

O47 att.-rf. Glockenkrater, Kiel, Kunsthalle, Antikensammlung B54

FO Athen
H 21,8 cm (*Dm-F.* 11,6–12 cm / *Dm-Md.* 22,4 cm)
Dat. 425–375 v. Chr. | Nikias-Ma.
Lit. ARV[2] 1334, 14; Beazley Addenda[2] 365; CVA Kiel (1) 74 f. Abb. 33 Taf. 36, 1–5; LIMC V (1990) 302 Nr. 121 Taf. 210 s. v. Hermes (G. Siebert) | de Cesare 1997, Kat. 298, 475 Abb. 121; Durand 1986, 140 Abb. 65; Gebauer 2002, B59 Abb. 287; van Straten 1995, V181 Abb. 143

O48 att.-rf. Glockenkrater, Lecce, Museo Provinciale Sigismondo Castromediano 630

FO Rudiae
H 34 cm (*Dm* 34 cm)
Dat. 425–375 v. Chr. | Nikias-Ma.
Lit. ARV[2] 1334, 13; Beazley, Para. 480, 13; CVA Lecce (2) 7 Taf. 9, 1. 3; 11, 2 | Gebauer 2002, B61 Abb. 289; Nordquist 1992, 157 Abb. 10

O49 att.-rf. Glockenkrater, Limenas, Archailogikó Museío 7498

FO Limenas
H n. v.
Dat. 410–400 v. Chr.
Lit. Berger 1998, 14 f. I6; Gebauer 2002, A6a Abb. 117; van Straten 1995, Abb. 140

O50 att.-rf. Glockenkrater, verschollen (ehem. Neapel, Sammlung Hamilton) Inv.-Nr. n. v.

FO n. v.
H n. v.
Dat. um 420 v. Chr.
Lit. ARV 804, 11; 965 | Berger 1998, Abb. 5; Gerhard 1845a, 179 f. Taf. 36, 2; Klein 1912, Nr. 6

O51 att.-rf. Glockenkrater, Lissabon, Museu Nacional de Arqueologia 11257

FO Alcácer do Sal
H n. v.

Dat. 400–380 v. Chr. | Gruppe von Wien 1025
Lit. da Rocha Pereira 2010, Nr. 28 Taf. 35–37; Gebauer 2002, B66 Abb. 293; Trias de Arribas 1967–1968, Taf. 252; van Straten 1995, 227; van Straten 1988, Nr. 30

O52 att.-rf. Kelchkrater, Athen, Etnikó Archaiologicó Mouseío 12491

FO n. v.
H n. v.
Dat. 400–300 v. Chr.
Lit. Gebauer 2002, A10 Abb. 120; van Straten 1995, V128 Abb. 36

Wettkampf

F1 att.-rf. Glockenkrater, Cambridge, Arthur M. Sackler Museum 1960.344

FO Gela
H 36–36,1 cm (*B* 39,6–40 cm / *Dm-Md.* 36 cm)
Dat. 475–425 v. Chr. | Polygnot-Gruppe
Lit. CVA Baltimore, The Robinson Collection (2) 34 f. Taf. 47, 2 | Finley – Pleket 1976, 24 Abb. 2; Giglioli 1951, 151 f. Taf. 36, 2; Giudice – Panvini 2004, 395 L49 (E. G.); Kefalidou 1996, L1 Taf. 10; Lyons u. a. 2013, 89 Abb. 50; Miller 1989, 321 Abb. 54 a; Neils 1994, 153; Neils 1992c, 179 Nr. 50; Parisinou 2000, Nr. 1, 1; Parke 1987, 64 Abb. 22; van Straten 2011, 204 Abb. 17, 2

F2 att-rf. Schale, Leipzig, Antikenmuseum der Universität T507

FO Orvieto
H 4,9 cm (*Dm* 16,1 cm)
Dat. 475–425 v. Chr.
Lit. CVA Leipzig (3) 124 Taf. 78, 4–10 | Bentz 2004a, 209 Abb. 22, 6

F3 att.-rf. Schale, Ferrara, Museo Archeologico Nazionale T379

FO n. v.
H n. v.
Dat. 2. Vt. 5. Jh. v. Chr. | Niobiden-Ma.
Lit. Giglioli 1951, 149 Taf. 35, 2

F4 att.-rf. Choenkännchen, Bologna, Museo Civico Archeologico 354

FO n. v.
H 11 cm (*Dm* 9 cm)
Dat. 475–425 v. Chr. | Bowdoin-Ma.
Lit. ARV² 688, 255 | Parisinou 2000, Nr. 1, 27; Pellegrini 1912, 174 Nr. 354 Abb. 106

F5 att.-rf. Pelike, London, British Museum 1865.0103.24

FO Nola
H 17,78 cm
Dat. 450–400 v. Chr. | Kraipale-Ma.
Lit. ARV² 1214, 5; 1575 | Parisinou 2000, Nr. 1, 42; Smith 1896, E389; van Hoorn 1924, 8 Taf. 4, 1

F6 att.-rf. Volutenkrater, Ferrara, Museo Archeologico Nazionale T127

FO Spina
H 57 cm
Dat. 450–400 v. Chr. | Polion
Lit. ARV² 1171, 1; Beazley Addenda² 338; Beazley, Para. 459; CVA Ferrara (1) 7 Taf. 12, 1–5 | Berti 1988, 60 f. Nr. 5; Berti – Gasparri 1989, 77 Nr. 30 (F. R.); Berti – Guzzo 1993, 110 Abb. 91; Boardman 1989, Abb. 306; Bundrick 2005, 130 f. Abb. 79; de Cesare 1997, Kat. 88, 377 Abb. 54; Froning 1971, 78 f.; Giglioli 1951, 148 Taf. 35, 1; 38; Jüthner 1968, Taf. 40 a; Maas – Snyder 1989, 161 Taf. 11 b; Parisinou 2000, Nr. 1, 21; Patrucco 1972, 127 Abb. 43; Schefold – Jung 1988, 95 Abb. 111; van Straten 2011, 203 f. Abb. 17, 1

F7 att.-rf. Glockenkrater (Frgt.), Athen, Museío tes Archaías Agorás P12040

FO n. v.
H n. v.
Dat. 450–400 v. Chr.
Lit. Hadziaslani 2003, 26 Abb. 25

F8 att.-rf. Schale, Ferrara, Museo Archeologico Nazionale T563A

FO Spina
H n. v. (*Dm* 22 cm)
Dat. 450–400 v. Chr. | Fauvel-Ma.
Lit. ARV² 1286; Beazley Addenda² 358 | Giglioli 1951, 148 f. Taf. 34, 1. 2

F9 att.-rf. Choenkännchen, Athen, Museío tes Archaías Agorás P28245

FO Athen, Agora
H n. v.
Dat. 450–400 v. Chr.
Lit. Camp 1980, 4 Abb. 3; Hadziaslani 2003, 27 Abb. 26

F10 att.-rf. Choenkännchen, Rom, Museo Nazionale Etrusco di Villa Giulia Inv.-Nr. n. v.

FO n. v.
H n. v.
Dat. 450–400 v. Chr. | Ma. von München 2335
Lit. ARV[2] 1166, 105 | Deubner 1932, Taf. 16, 3; Giglioli 1951, Taf. 37, 3; Parisinou 2000, Nr. 1, 29; van Hoorn 1924, 9 f. Taf. 5, 6

F11 att.-rf. Choenkännchen, München, Staatliche Antikensammlung 2470

FO n. v.
H 11–11,5 cm
Dat. 450–400 v. Chr.
Lit. CVA München (2) 23 Taf. 89, 5 | Bentz 2004a, 209 Abb. 22, 8; Gossel-Raeck 1990b, 443 Abb. 81, 6; van Hoorn 1951, Nr. 705 Abb. 115

F12 att.-rf. Pelike, Deutschland, Privatbesitz Inv.-Nr. n. v.

FO n. v.
H 23,2 cm (*Dm* 17,8 cm)
Dat. 425–375 v. Chr. | Ma. von Louvre G 539
Lit. Beazley Addenda[2] 367; Beazley, Para. 482 | Korzus 1984, 98 f. Abb. 31 a. b (H.-H. Nieswandt)

F13 att.-rf. Pelike, Athen, Etnikó Archaiologikó Museío 16194

FO n. v.
H 17,4 cm (*Dm-Md.* 11,7 cm)
Dat. ca. 425 v. Chr.
Lit. Giglioli 1952, 95 Taf. 28, 1; Hadziaslani 2003, 37; Tzachou-Alexandri 1988, 205 f. Nr. 97 (E. Kakarouga-Stassinopoulou)

F14 att.-rf. Pelike, Urbana-Champaign, Krannert Art Museum W77.1.1684

FO n. v.
H 20,3 cm (*Dm-F.* 11,2 cm / *Dm-B.* 16,5 cm / *Dm-Md.* 11,6 cm)
Dat. 420–400 v. Chr. | Ma. von Louvre G 539
Lit. CVA Urbana-Champaign (1) 18 f. Taf. 24, 1 | Neils 1996, 177 Nr. 49; Parisinou 2000, Nr. 1, 4

F15 att.-rf. Oinochoe, Paris, Musée du Louvre N3357

FO n. v.
H n. v.
Dat. um 420 v. Chr. | Fat-Boy-Gruppe
Lit. Bentz 2004a, 210 Abb. 22, 9 a. b; Blümel 1936, 107 f. Taf. 50; Giglioli 1951, 151 Taf. 37, 1. 2; Karagiorga-Stathakopoulou 1977, 248 Abb. 143; Patrucco 1972, 126 Abb. 42; Schröder 1927, Taf. 50; Sweet 1987, 33 Taf. 8; van Hoorn 1924, 9 f. Taf. 6, 7

F16 att.-rf. Glockenkrater, Wien, Kunsthistorisches Museum 3734

FO n. v.
H 21 cm (*Dm* 24,2 cm)
Dat. 425–375 v. Chr.
Lit. CVA Wien (3) 36 Taf. 138, 1 | Bernhard-Walcher 1992, Nr. 9

F17 att.-rf. Glockenkrater, New York, The Metropolitan Museum of Art 56.171.49 (Abb. 7)

FO Spina
H 22,2 cm (*Dm-F.* 10,8 cm / *Dm-Md.* 23,8 cm)
Dat. 425–375 v. Chr. | Kekrops-Ma.
Lit. ARV[2] 1347, 3 | Durand 1987, 231 Abb. 6; Gebauer 2002, Pv129 Abb. 101; Giglioli 1952, Taf. 27; Kefalidou 1996, L18 Taf. 60; Miller 2004, Abb. 226; Naiden 2013, 67 Abb. 2, 6; Parisinou 2000, Nr. 1, 2; Shapiro 2009, 267 f. Abb. 12; van Straten 1995, V91 Abb. 54

F18 att.-rf. Glockenkrater, London, British Museum 1898.0716.6

FO Griechenland
H 37,45 cm
Dat. 425–375 v. Chr. | Nikias-Ma. (Sign.)

Lit. ARV[2] 1333, 1; Beazley Addenda[2] 365; Beazley, Para. 480; Daremberg – Saglio 3, 2 (1918) 911 Abb. 4329 s. v. Lampadedromia (A. Martin) | Bentz 2002, 250 Abb. 2; Froning 1971, 79 f.; Gebauer 2002, B58 Abb. 286; Giglioli 1951, 153 Taf. 38, 1; Immerwahr 1990, 115 Nr. 800; Karagiorga-Stathakopoulou 1977, 249 Abb. 144; Kefalidou 1996, L4 Taf. 56; Kron 1976, Taf. 27, 6; Neils 1994, 152 f. Abb. 2; Parisinou 2000, Nr. 1, 22; Rumpf 1928, Abb. 43; Sansone 1988, Abb. 11; van Straten 2011, 204 Abb. 17, 3; van Straten 1995, V188 Abb. 142; van Straten 1988, Nr. 29

F19 att.-rf. Glockenkrater, Aachen, Suermondt-Ludwig-Museum 217578

FO n. v.
H 30,5 cm
Dat. 425–375 v. Chr. | Suessula-Ma.
Lit. ARV[2] 1354, 11; Daremberg – Saglio 3, 2 (1918) 910 f. Abb. 4328 s. v. Lampadedromia (A. Martin) | Giglioli 1951, 154 Abb. 1; Metzger 1951, 353 Nr. 14 Taf. 46, 4; Parisinou 2000, Nr. 1, 48 Abb. 10

F20 att.-rf. Skyphos, Braunschweig, Herzog Anton Ulrich Museum P4

FO n. v.
H 18,5 cm (*Dm-Md.* 21 cm)
Dat. 425–375 v. Chr.
Lit. CVA Braunschweig (1) 34 f. Taf. 27, 6. 7 | Giglioli 1951, Taf. 38, 3

F21 att.-rf. Schale, Rom, Museo Nazionale Etrusco di Villa Giulia 25011

FO n. v.
H n. v.
Dat. 400–300 v. Chr.
Lit. Giglioli 1951, 152 Taf. 37, 4; Kefalidou 1996, L3 Taf. 61

W1 att.-rf. Pelike, Wien, Kunsthistorisches Museum 1627

FO n. v.
H 35,2 cm (*Dm* 24,7–24,9 cm)
Dat. 525–475 v. Chr.
Lit. CVA Wien (2) 18 Taf. 72, 1 | Jüthner 1968, Taf. 23 a

W2 att.-rf. Schale, London, British Museum 1837.0609.74 (Abb. 8)

FO Vulci
H 12,5 cm (*Dm* 32 cm)
Dat. 525–475 v. Chr. | Epeleios-Ma. / Euergides-Ma.
Lit. ARV[2] 104, 2; Beazley Addenda[2] 172 | Jüthner 1968, Taf. 15 e; 26 b; Smith 1896, E22

W3 att.-rf. Schale, Cambridge, The Fitzwilliam Museum G70

FO Vulci
H 8,5 cm (*Dm-Innenbf.* 9 cm)
Dat. 525–475 v. Chr. | Skythes
Lit. ARV[2] 85, 23; Beazley 2Addenda 170; CVA Cambridge (1) III 29 Taf. 25, 1 | Hartwig 1893, 97 Abb. 14

W4 att.-rf. Schale (C). München, Staatliche Antikensammlung 2613

FO Vulci
H n. v. (*Dm* 32,1 cm)
Dat. 525–475 v. Chr. | Poseidon-Ma.
Lit. ARV[2] 136, 3; 1628; Beazley2Addenda 178; Beazley, Para. 334 | Blümel 1936, 28 Nr. 94; Finley – Pleket 1976, 90 Abb. 50; Gardiner 1930, Abb. 98; Gardiner 1910, 292; Patrucco 1972, 123 Abb. 40

W5 att.-rf. Schale, Baltimore, Johns Hopkins Archaeological Museum Inv.-Nr. n. v.

FO Vari
H 14 cm (*Dm* 32,2 cm)
Dat. 525–475 v. Chr. | Pistoxenos-Ma.
Lit. CVA Baltimore, The Robinson Collection (2) III I 19 f. Taf. 20, 1 a

W6 att.-rf. Schale (B), Oxford, Ashmolean Museum of Art and Archaeology 1942.262

FO n. v.
H 9,5 cm (*Dm* 23,3 cm)
Dat. 500–450 v. Chr. | Triptolemos-Ma.
Lit. ARV[2] 364, 42

W7 att.-rf. Schale, London, British Museum 1836.0224.173

FO Vulci
H 8,8 cm (*Dm-Bf.* 12,1 cm / *Dm-F.* 9 cm / *Dm-B.* 22,6 cm)
Dat. 500–450 v. Chr. | Dokimasia-Ma.

Lit. ARV[2] 412, 10; Beazley Addenda[2] 233; CVA London, British Museum (9) 68 f. Taf. 78 a | Faulkner 2012, 241 Abb. 37; Settis 1996, 792 Abb. 6; Smith 1896, E818; Swaddling 1999, 59; Sweet 1987, 31 Taf. 7

W8 att.-rf. Kolonettenkrater, Bologna, Museo Civico Archeologico 256

FO Bologna
H 33,5 cm (*Dm-B.* 22,5 cm / *Dm-Md.* 20 cm)
Dat. 475–425 v. Chr. | Eupolis-Ma. / Villa Giulia-Ma.
Lit. ARV[2] 1074, 4; Beazley Addenda[2] 326; CVA Bologna (1) III Jc 20 Taf. 46, 1

W9 att.-sf. Panathenäische Preisamphora, Athen, Ephoreia 6374

FO Athen
H 55 cm
Dat. 400–300 v. Chr.
Lit. Bentz 1998, Taf. 115, 4073; Hadziaslani 2003, 17

M1 att.-rf. Amphora (A), Paris, Musée du Louvre G1

FO Vulci
H 57,2–58 cm (*inkl. Dk.* 67 cm)
Dat. um 520 v. Chr. | Andokides-Ma. (Sign.)
Lit. ABV 253, 2; ARV[2] 3, 2; 1617; Beazley Addenda[2] 149; Beazley, Para. 320, 2; CVA Paris, Musée du Louvre (5) III Ic 17 f. Taf. 25, 3; 26, 2 | Beck 1975, Taf. 24, 125; Berthold 2013, 406 Abb. 176; Bundrick 2005, 161–163 Abb. 96; Cohen 1978, Taf. 27, 1–3; Hoppin 1919, 40. 41; Schäfer 1997, Taf. 20, 2; Shapiro 1992a, 67 Abb. 44; Shapiro 1989, Taf. 20; Villard 1971, 298 Abb. 341; Wegner 1970, 66 Abb. 38; Zaminer 1989, 196 f.

M2 att.-sf. Halsamphora, London, British Museum 1926.0628.7

FO n. v.
H 40,8 cm
Dat. 550–500 v. Chr. | Leagros-Gruppe
Lit. ABV 375, 211; CVA London, British Museum (4) IIIHe 8 Taf. 61, 4 b | Bazant 1985, Taf. 15, 24; Kotsidu 1991, Taf. 14; Maas – Snyder 1989, 75 Abb. 11; West 1992, Taf. 4

M3 att.-sf. Bauchamphora, Philadelphia, Penn Museum MS4832

FO Orvieto
H 40 cm (*Dm* 17,7 cm)
Dat. 550–500 v. Chr. | Ma. von München 1410
Lit. ABV 311, 4; Beazley Addenda[2] 84

M4 att.-sf. Bauchamphora, München, Staatliche Antikensammlung 1411

FO Vulci
H 51 cm
Dat. 550–500 v. Chr. | Ma. von München 1410
Lit. ABV 311, 2; Beazley Addenda[2] 84; CVA München (1) 28 f. Taf. 41, 3; 43, 3 | Stansbury-O'Donnell 2006, 163 Abb. 55

M5 att.-rf. Bauchamphora (Frgt.), Basel, Antikenmuseum und Sammlung Ludwig BS491

FO n. v.
H (-Frgt.) 39 cm (*Dm-F.* 19,4 cm / *Dm-B.* 34,7 cm)
Dat. 550–500 v. Chr. | Andokides-Ma.
Lit. ARV[2] 3, 4 ; 1617; Beazley Addenda[2] 149; Beazley, Para. 320, 2; CVA Basel (3) 1 f. Taf. 1, 2. 6; 2, 2 | Shapiro 1992a, 67 Abb. 45; Shapiro 1989, Taf. 20 c

M6 att.-sf. Pseudo-Panathenäische Amphora, Austin, Blanton Museum of Art 1980.32

FO Cerveteri
H 27,5 cm (*Dm* 17,2 cm)
Dat. 550–500 v. Chr.
Lit. CVA Northampton (1) 8 f. Taf. 15, 5. 6 | Shapiro 1993b, 93 Abb. 19; Shapiro 1992a, 64 Nr. 17; Shapiro 1989, Taf. 13 d; Shapiro 1981, 104 f. Nr. 40

M7 att.-sf. Pseudo-Panathenäische Amphora, London, British Museum 1851.0416.7

FO n. v.
H 25,4 cm
Dat. 550–500 v. Chr.
Lit. CVA London, British Museum (1) III He 4 Taf. 6, 1 b | Beck 1975, Taf. 44, 236; Shapiro 1993b, 93 Abb. 18; Shapiro 1992a, 62 Abb. 40; Walters 1893, B141

M8 att.-sf. Pseudo-Panathenäische Amphora, New York, The Metropolitan Museum of Art 89.281.89

FO n. v.
H 38,9 cm (*Dm* 27 cm)
Dat. um 540 v. Chr. | Princeton-Ma. (Bothmer)
Lit. Bothmer – Chamay 1987, 64 f. (V. Bothmer); Hadziaslani 2003, 11; Neils 2003, 155 Abb. 15; Shapiro 1992a, 62 f. Nr. 18

M9 att.-sf. Pseudo-Panathenäische Amphora, Bonn, Akademisches Kunstmuseum Inv.-Nr. n. v.

FO n. v.
H n. v.
Dat. um 530 v. Chr.
Lit. Schmölder-Veit 2004, 238 Abb. 24, 23

M10 att.-sf. Pseudo-Panathenäische Preisamphora, Oldenburg, Stadtmuseum XII.8250.2

FO Orvieto
H 40,5 cm (*Dm-F.* 11 cm / *Dm-B.* 28 cm / *Dm-Md.* 14,3 cm)
Dat. um 530/520 v. Chr.
Lit. Gilly 1978, 40 Nr. 13; Schmölder-Veit 2004, 239 Abb. 24, 26; Shapiro 1993b, 98 Abb. 25

M11 att.-rf. Kelchkrater, Paris, Musée du Louvre G103

FO Cerveteri
H 44,8 cm (*Dm* 55 cm)
Dat. 550–500 v. Chr. | Euphronios (Sign.)
Lit. ARV^2 14, 2; 1584; 1619; Beazley Addenda^2 152; Beazley, Para. 322, 2; CVA Paris, Musée du Louvre (1) III Ic 4 Taf. 4, 3. 4 | Beck 1975, Taf. 44, 234; Boardman 1975, Abb. 23; Bundrick 2005, 163 f. Abb. 97; Denoyelle 1994, 104 f. Nr. 47; Frank 1990, 97 f. Nr. 18 Taf. 4, 1. 2; Hoppin 1919, 397; Jacobsthal 1927, Taf. 46; Khalil 1969, 235 Abb. 2; Pottier 1897–1922, 154 f. Taf. 100. 101; Shapiro 1989, Taf. 20 d; Wegner 1970, 68 Abb. 40

M12 att.-sf. Halsamphora, London, British Museum 1849.0620.9

FO Nola
H 28,3 cm
Dat. 525–475 v. Chr. | Edinburgh-Ma.
Lit. CVA London, British Museum (3) II He 10 Taf. 45, 10 b | Gardiner 1910, 231 Abb. 32; Haspels 1936, 219 Nr. 64; Kurtz 1975, Taf. 7, 1; Shapiro 1993b, 97 Abb. 23; Stansbury-O'Donnell 2006, 143 Abb. 39; Walters 1893, B188

M13 att.-sf. Pelike, Gela, Museo Archeologico Regionale N124B

FO n. v.
H 33 cm (*Dm-Md.* 14,5 cm)
Dat. 525–475 v. Chr.
Lit. CVA Gela (4) 9 Taf. 5, 2; 8, 1. 2 | Delavaud-Roux 1993, 76 Nr. 5

M14 att.-sf. Pelike, New York, The Metropolitan Museum of Art 07.286.72

FO Bari
H 26,7 cm (*Dm* 14,5 cm)
Dat. 525–475 v. Chr.
Lit. Andronicos 1977b 71 Abb. 19; Beck 1975, Taf. 44, 235; Pinney – Ridgway 1979, 60 f. Nr. 27 (R. Lacy); Shapiro 1992a, 52. 71 Nr. 19; Richter – Milne 1935, Abb. 32; Wegner 1970, 70 Abb. 42

M15 att.-sf. Kalpis, München, Staatliche Antikensammlung 1732

FO Vulci
H 19,7 cm
Dat. 525–500 v. Chr. | Acheloos-Ma.
Lit. ABV 387 | Schmölder-Veit 2004, 238 Kat. 199 Abb. 24, 24

M16 att.-sf. Lekythos, Leiden, Rijksmuseum van Oudheden PC68

FO Vulci
H 20 cm (*Dm-Sch.* 8,5 cm / *Dm-F.* 5,5 cm)
Dat. 525–475 v. Chr. | Klasse von Athen 581
Lit. ABV 496, 180; CVA Leiden (2) 48 Taf. 91, 6–8

M17 att.-rf. Amphora, Neapel, Museo Archeologico Nazionale STG225

FO n. v.
H n. v.
Dat. 500–450 v. Chr. | Pan-Ma.
Lit. ARV^2 553, 32; Beazley Addenda^2 257; Beazley, Para. 388, 32 | Schmidt 2001, 285 f. Abb. 1; Wegner 1970, 72 Abb. 43

M18 att.-rf. Strickhenkelamphora, London, British Museum 1843.1103.34

FO Vulci
H 46,99 cm
Dat. 500–450 v. Chr. | Kleophrades-Ma.
Lit. ARV^2 183, 15; 1632; Beazley Addenda^2 187; Beazley, Para. 340, 15; CVA London, British Museum (3) III Ic 5 Taf. 8, 2 b. d | Anderson 1994, 195 Taf. 5; Balme – Lawall 2016, 236; Bieber 1961, 5 Abb. 9; Boardman 1975, Abb. 138; Bundrick 2005, 35–37 Abb. 21. 22; Hadziaslani 2003, 9; Kreuzer 2009, 116–124 Abb. 10. 11; Levi 1985, 160; Miller 1997, Taf. 95; Oakley 2013, 34 Abb. 6. 7; Paquette 1984, 21 Abb. IIB; Shapiro 1993b, 95–97, Abb. 21. 22; Smith 1896, E270; Wegner 1970, 32; West 1992, Abb. 25

M19 att.-sf. Panathenäische Preisamphora, St. Petersburg, Gosudarstwjenyi Ermitash 17795

FO Tanais
H 54 cm (*Dm-B.* 35 cm)
Dat. 500–450 v. Chr. | Robinson-Gruppe
Lit. ABV 410, 2; Beazley Addenda[2] 107 | Bentz 1998, 152 Taf. 81, 5179; Maas – Snyder 1989, 75 Abb. 10

M20 att.-rf. Pelike, London, British Museum 1864.1007.129

FO Kameiros
H 35,56 cm (*Dm* 17,5 cm)
Dat. 475–425 v. Chr. | Ma. von Oxford 529
Lit. ARV[2] 1119, 5 | Mannack 2001, OX.5 Taf. 41 a; Smith 1896, E354

M21 att.-rf. Pelike, Basel, Kunstmarkt Inv.-Nr. n. v.

FO n. v.
H n. v.
Dat. 475 v. Chr.
Lit. Bundrick 2005, 166 Abb. 98; West 1992, Taf. 20

M22 att.-rf. Stamnos, Vatikanstadt, Museo Gregoriano Etrusco 15

FO n. v.
H n. v.
Dat. 475–425 v. Chr. | Polygnotos-Gruppe
Lit. ARV[2] 1039, 7; 1679; Beazley Addenda[2] 319; Beazley, Para. 443, 7 | Beck 1975, Nr. 241; Matheson 1995, 207 PE10 Taf. 158

M23 att.-rf. Kolonettenkrater, Ferrara, Museo Archeologico Nazionale 2813

FO Spina
H 39 cm
Dat. 475–425 v. Chr. | Orpheus-Ma.
Lit. ARV[2] 1104, 8; 1683; CVA Ferrara (1) 16 Taf. 38, 3 | Vanhove 1992, 262 Nr. 124 (M. Devillers)

M24 att.-rf. Kelchkrater, London, British Museum 1772.0320.26 (Abb. 9)

FO Gela
H 45,72 cm (*Dm* 46,99 cm)

Dat. 475–425 v. Chr. | Polygnot-Gruppe
Lit. ARV^2 1041, 2; Beazley $Addenda^2$ 319 | Beck 1975, Nr. 240; Bundrick 2005, 169 f. Abb. 99; Giudice – Panvini 2004, 394 L46 (E. G.); Jenkins – Sloan 1996, 185 Nr. 61 Abb. 77; Kotsidu 1991, Taf. 19; Smith 1896, E460; Sparkes 1996, 51 Abb. II, 11; Thomsen 2011, 214–216 A50 Abb. 94

M25 att.-rf. Glockenkrater, Genf, Musée d'Art et d'Histoire 14987

FO n. v.
H 28 cm
Dat. 475–425 v. Chr. | Phiale-Ma.
Lit. ARV^2 1019, 78; CVA Genf (1) 24 Taf. 20, 2 | Magni 1996, 115 Taf. 17, 73; Oakley 1990, Taf. 60

M26 att.-rf. Pelike, Leiden, Rijksmuseum van Oudheden RO1160

FO Athen
H 33,8 cm (*Dm-F.* 16,4 cm / *Dm-B.* 25,8 cm / *Dm-Md.* 19,2 cm)
Dat. 450–400 v. Chr. | Kassel-Ma. / Klio-Ma.
Lit. ARV^2 1084, 16; Beazley $Addenda^2$ 327; CVA Leiden (3) 32 f. Taf. 135, 1; 136, 1–5 | Halbertsma 2014, 76 Abb. 5

M27 att.-rf. Pelike, Athen, Etnikó Archaiologicó Mouseío 1183

FO n. v.
H 36,8 cm (*Dm-Md.* 20,6–21 cm)
Dat. 450–400 v. Chr. | Ma. von Athen 1183
Lit. ARV^2 1123, 1; LIMC VI (1992) 879 Nr. 351 Taf. 586 s. v. Nike (A. Moustaka u. a.) | Bundrick 2005, 28 f. Abb. 16; Tzachou-Alexandri 1988, 316–318 Nr. 202 (E. Kakarouga-Stassinopoulou)

M28 att.-rf. Pelike, London, British Museum 1910.0615.1

FO n. v.
H 35,56 cm (*Dm* 21 cm)
Dat. 450–400 v. Chr. | Ma. von Athen 1183
Lit. ARV^2 1123, 2; LIMC VI (1992) 879 Nr. 350 Taf. 586 s. v. Nike (A. Moustaka u. a.) | Kotsidu 1991, Taf. 20; Mannack 2001, A.2 Taf. 43

M29 att.-rf. Pelike, Athen, Etnikó Archaiologicó Mouseío 1469

FO n. v.
H 28 cm (*Dm-Md.* 16,3 cm)
Dat. 440–430 v. Chr. | Kassel-Ma. / Klio-Ma.

Lit. ARV[2] 1084, 17 | Maas – Snyder 1989, 162 Abb. 12; Tzachou-Alexandri 1988, Nr. 98 (E. Kakarouga-Stassinopoulou); Vanhove 1992, 263 Nr. 125 (E. Kakarouga-Stassinopoulou)

M30 att.-rf. Pelike, München, Staatliche Antikensammlung 2471

FO Griechenland
H 14,5 cm
Dat. um 410 v. Chr. | Meidias-Ma.
Lit. ARV[2] 1324, 39; CVA München (2) 22 Abb. 1 Taf. 88, 4; 92, 8 | Schmölder-Veit 2004, 233 f. Kat. 116 Abb. 24, 15 a. b; van Hoorn 1951, Nr. 706

M31 att.-rf Pelike, verschollen, ehem. München, Staatliche Antikensammlung 1749

att.-rf.
FO Vulci
H 21 cm
Dat. n. v.
Lit. Schmölder-Veit 2004, 233 Kat. 115 Abb. 24, 14

M32 att.-rf. Oinochoe, Rom, Museo Nazionale Etrusco di Villa Giulia 5250

FO Narce
H n. v.
Dat. 450–400 v. Chr. | Alexandre-Ma. / Schuwalow-Ma.
Lit. ARV[2] 1212, 1; Beazley Addenda[2] 347 | Schmidt 2001, 288 f. Abb. 3–5

M33 att.-rf. Kolonettenkrater, Baranello, Museo Civico 86

FO n. v.
H 37 cm (*Dm-F.* 16 cm / *Dm-B.* 36,2 cm / *Dm-Md.* 30,6 cm)
Dat. 450–400 v. Chr. | Orestes-Ma. (Dareggi)
Lit. Dareggi 1977, 28 f. Nr. 22 Taf. 11 a; Kubatzki 2012, R8; Rühfel 1984, 61 Abb. 34

Siegerehrung

S1 att.-rf. Amphora (A), Paris, Musée du Louvre G42

FO Vulci
H 65 cm
Dat. 550–500 v. Chr. | Phintias

Lit. ARV² 23, 1; Beazley Addenda² 154; Beazley, Para. 323, 1; CVA Paris, Musée du Louvre (5) III Ic 18 f. Taf. 28, 5. 7 | Beck 1975, Taf. 35, 189; Boardman 1975, Abb. 41, 2; Gardiner 1930, Abb. 123; Jüthner 1968, Taf. 79 a; Lissarrague 2001, 65. 67 Abb. 53. 54; Neer 2002, 50. 107 Abb. 16, 49; Osborne 1987, 110 f. Abb. 37; Sansone 1988, Abb. 8; Tzachou-Alexandri 1988, 257 Nr. 149 (M. Denoyelle); Villard 1992, 39, Abb. 5

S2 *att.-sf. Halsamphora, Orvieto, Museo Civico 2679*

FO Orvieto
H n. v.
Dat. 550–500v. Chr. | Leagros-Gruppe / Rote-Linie-Ma.
Lit. ABV 371, 142; 600; 604, 65 | Blech 1982, 124; Holmberg 1990, Abb. 10; Kefalidou 1996, S2 Taf. 29

S3 *att.-sf. Panathenäische Preisamphora, Nafplio, Archaiologikó Museío 1*

FO n. v.
H 69 cm (*Dm-F.* 15,2 cm / *Dm-B.* 42 cm / *Dm-Md.* 15,2 cm)
Dat. 550–500 v. Chr. | Lysippides-Ma. / Mastos-Ma.
Lit. ABV 260, 27; Beazley Addenda² 67 | Bentz 1998, Taf. 13, 6051; Kefalidou 2015, Abb. 5; Kefalidou 1996, I1 Taf. 8; Tzachou-Alexandri 1988, 309 f. Nr. 197 (P. Valavanis)

S4 *att.-rf. Hydria, München, Staatliche Antikensammlung 2420*

FO Vulci
H 49,8–50 cm
Dat. 525–475 v. Chr. | Pezzino-Gruppe
Lit. ARV² 32, 3; 1621; Beazley Addenda² 157; CVA München (5) 14 f. Taf. 218, 3; 220, 1. 2 | Bazant 1985, Taf. 13, 21; Bentz 2004b, 31 Abb. 29, 38; Blümel 1936, 37 Nr. 127; Chamay 2009, Nr. 126; Decker 1995, 124 Abb. 53; Giglioli 1950, 36 Taf. 8, 3; Jüthner 1898, 44 Abb. 29; Kefalidou 2015, Abb. 3; Kefalidou 2009a, 91 Abb. 2; Kefalidou 2009b, Abb. 1; Kefalidou 1996, P35 Taf. 5; Neils 1994, 155 f. Abb. 7; Pentazou 1977, 139 Abb. 58; Sansone 1988, Abb. 2; Tzachou-Alexandri 1988, 311–313 Nr. 199 (B. Kaeser)

S5 *att.-sf. Oinochoe, London, British Museum 1864.1007.222*

FO Kameiros
H 22,1 cm
Dat. 525–475 v. Chr. | Athena-Ma.
Lit. ABV 531, 3; Beazley Addenda² 132 | Haspels 1936, 260 Nr. 135; Jüthner 1968, Taf. 30; Kefalidou 1996, P113 Taf. 54; Walters 1893, B628

S6 att.-rf. Oinochoe, Berlin, Antikensammlung 1965.5

FO n. v.
H (inkl. Hk.) 28,5 cm
Dat. 525–475 v. Chr. | Berliner-Ma.
Lit. Beazley Addenda^2 196; Beazley, Para. 345, 184 | Greifenhagen 1968, Abb. 42; Hoffmann 1971, 123 Abb. 100 a. b; Kaeser 2004b, 357 f. Abb. 34, 1; Kunze 1992, 276 Nr. 149 (L. Giuliani); Thöne 1999, Taf. 8, 2

S7 att.-rf. Psykter, New York, The Metropolitan Museum of Art 10.210.18 (Abb. 10)

FO Campagnano
H 34,6 cm (*Dm* 28 cm)
Dat. 525–475 v. Chr. | Oltos
Lit. ARV^2 54, 7; Beazley Addenda^2 163; Beazley, Para. 326 | Alexander 1925, 31 Abb. 2; Blech 1982, Abb. 25; Drougou 1975, A17; Filser 2017, 310; Giglioli 1950, 34. 36 f. Taf. 8, 1; Neils 1994, 155 Abb. 6; Patrucco 1972, 164 Abb. 73; Richter 1936, Taf. 4; Richter – Milne 1935, Abb. 87; Robertson 1975a, Taf. 71 c

S8 att.-rf. Schale, New York, The Metropolitan Museum of Art 09.221.47

FO Etrurien
H 11,8 cm (*Dm* 33,8 cm)
Dat. 525–475 v. Chr. | Euergides-Ma.
Lit. ARV^2 91, 52; Beazley Addenda^2 171 | Lissarrague 1999, 366 Abb. 7; Richter 1936, 20 f. Taf. 35

S9 att.-rf. Schale (B), Berlin, Antikensammlung F4221

FO Orvieto
H 10 cm (*Dm* 30,9 cm)
Dat. 525–475 v. Chr. | Oltos
Lit. ARV^2 61, 73; Beazley Addenda 2 165 | Alexander 1925, 14 Abb. 2; Blümel 1936, 37 Nr. 128; Gehrig u. a. 1968, 136 Taf. 70; Giglioli 1950, 38 Taf. 10, 1; Heilmeyer 1988, 107 Nr. 5; Jüthner 1898, 43 f. Abb. 27; Kaeser 2004a, 35 Abb. 3, 9; Kefalidou 1996, P5 Taf. 18; Klein 1912, 71; Peschel 1987, Nr. 8; Spivey 1996, 37 Abb. 16; Spivey 1994, 3 Abb. 2; Vanhove 1992, 405 Nr. 275 (M. Devillers)

S10 att.-rf. Schale (Frgt.), München, Staatliche Antikensammlung 8956 (Abb. 11)

FO n. v.
H n. v. (*Dm-Frgt.* 15,2 cm)

Dat. 525–475 v. Chr. | Oltos (Langlotz/CVA)
Lit. ARV[2] 65, 116; CVA München (18) 69 –71 Taf. 30, 1–4 | Bentz 2004b, 317 f. Abb. 29, 43; Kefalidou 1996, P7 Taf. 20

S11 att.-rf. Schale, München, Staatliche Antikensammlung 2623

FO Vulci
H 32,3 cm
Dat. um 510 v. Chr. | Epeleios-Ma.
Lit. ARV 151, 62; 1628 | Knauß 2004b, 90 Kat. 20 Abb. 11, 20

S12 att.-rf. Teller, Paris, Musée du Louvre G7

FO Vulci
H 2 cm (*Dm* 20 cm)
Dat. 525–475 v. Chr. | Epiktetos (Sign.)
Lit. ARV[2] 78, 97; 1623; Beazley Addenda[2] 169; CVA Paris, Musée du Louvre (10) IIIb 7 f. Taf. 12, 2–6 | Beck 1975, Taf. 48, 259; Giglioli 1950, 36 Taf. 9, 2; Hoppin 1919, 330; Kefalidou 2015, Abb. 2; Langlotz 1922, Taf. 2, 3; Paleothodoros 2009, 52 Abb. 4; Patrucco 1972, 32 Abb. 4; Perrot – Chipiez 1911–1914, 363 Abb. 8; Pottier 1897–1922, 137 Taf. 89; Schaal 1928, Abb. 6

S13 att.-rf. Halsamphora, St. Petersburg, Gosudarstwjenyi Ermitash B5576

FO Capua
H 30,8 cm (*Dm* 12,5 cm)
Dat. 500–450 v. Chr. | Douris
Lit. ARV[2] 446, 263; Beazley Addenda[2] 241; Beazley, Para. 512 | Buitron-Oliver 1995, Nr. 122 Taf. 74; Giglioli 1950, 37 Taf. 13, 1; Kefalidou 2015, Abb. 1; Kefalidou 1996, P81 Taf. 4; Lehmann 2012, 189 f. Abb. 7 a; Neils 1994, 156 Abb. 9; Pentazou 1977, 134 Abb. 56; Sansone 1988, Abb. 1; Vanhove 1992, 416 Nr. 284 (M. Devillers)

S14 att.-sf. Panathenäische Preisamphora, Neapel, Museo Archeologico Nazionale STG693

FO Ruvo
H 62,5 cm (*Dm-B.* 41 cm / *Dm-Md.* 17,2 cm)
Dat. 500–450 v. Chr. | Aigisthos-Ma.
Lit. ABV 407; CVA Neapel (1) III Hg 4 Taf. 3, 2. 4; 4, 3 | Bentz 1998, Taf. 69, 5090

S15 att.-sf. Panathenäische Preisamphora, Bologna, Museo Civico Archeologico AR11

FO Bologna
H 62 cm (*Dm-F.* 14,3 cm / *Dm-B.* 40,5 cm / *Dm-Md.* 17,5 cm)
Dat. 500-450 v. Chr. | Achilleus-Ma.
Lit. ABV 409, 1; Beazley Addenda² 106; Beazley, Para. 177; CVA Bologna (2) 3 f. Taf. 3, 1–3; 4, 1 | Bentz 1998, Taf. 75, 5163; Giglioli 1950, 44 Taf. 11, 3; Jüthner 1965, Taf. 35 b; Kefalidou 1996, P68 Taf. 51; Neils 2003, 153 Abb. 14; Oakley 1997, Taf. 153 a; 154 a; 159 a; Robertson 1992, 198 Abb. 209; Valavanis 1990, 342 Abb. 16

S16 att.-sf. Panathenäische Preisamphora, London, British Museum 1856.0715.1

FO n. v.
H 37,45 cm
Dat. um 500 v. Chr.
Lit. CVA London, British Museum (1) III He 4 Taf. 4, 3 a. b | Bentz 2004b, 316 Abb. 29, 37; Blech 1982, 123; Gardiner 1930, Abb. 20; Giglioli 1950, 34 Nr. 7; Kefalidou 1996, P31 Taf. 30; Valavanis 1990, 339 f. Abb. 15; Walters 1983, B138

S17 att.-rf. Amphora (panathenäische Form), Boston, Museum of Fine Arts 10.178

FO n. v.
H 45,4 cm (*Dm* 24 cm)
Dat. 500–450 v. Chr. | Kleophrades-Ma.
Lit. ARV² 183, 9; 1632; Beazley Addenda² 186 | Beazley 1933, Taf. 18, 4; Bianchi Bandinelli – Paribeni 1976, Nr. 361; Caskey – Beazley 1931, Taf. 5; Giglioli 1950, 40 f. Taf. 7, 2; Kefalidou 1996, P42 Taf. 24; Koch-Harnack 1983, 86 Kat. 34 Abb. 21; Neils 1994, 159 Abb. 14

S18 att.-rf. Amphora (panathenäische Form), München, Staatliche Antikensammlung 2315

FO Vulci
H 43,5 cm
Dat. um 480 v. Chr. | Ma. von Palermo 1108
Lit. ARV² 299, 2; CVA München (4) 23 Taf. 190, 4. 5; 191, 1. 2 | Bentz 2004b, 311 Abb. 29, 28 a. b; Kefalidou 1996, D7 Taf. 55; Scheibler 1994, 148 Abb. 71; Valavanis 1991, 491–493 Abb. 2 b; Wünsche 2003, 328 Kat. 206

S19 att.-rf. Amphora (panathenäische Form), München, Staatliche Antikensammlung 2314

FO Vulci
H 43,5 cm
Dat. um 480 v. Chr.
Lit. ARV 362, 14; CVA München (4) Taf. 197, 1. 2; LIMC IV (1988) 737 Nr. 64 s. v. Herakles (J. Boardman) | Bentz 2004b, 311 Kat. 157 Abb. 29, 27 b

S20 att.-rf. Schale (Frgt.), Paris, Bibliothèque Nationale, Cabinet des Médailles 532

FO n. v.
H 27 cm (*Dm* 12 cm)
Dat. 500–450 v. Chr. | Ashby-Ma.
Lit. ARV^2 455, 10; Beazley Addenda^2 243 | Filser 2017, 348 Abb. 200; Gardiner 1910, Abb. 25; Gerhard 1853, 20 Taf. 51, 3. 4; Giglioli 1950, 37 f. Taf. 13, 2; Kefalidou 1996, P52 Taf. 25; Patrucco 1972, 31 Abb. 3; Sansone 1988, Abb. 4

S21 att.-rf. Schale (B), London, British Museum 1843.1103.53

FO Vulci
H 11,8 cm (*Dm* 30,2 cm)
Dat. 500–450 v. Chr. | Douris (Hartwig/CVA)
Lit. ARV^2 432, 59; Beazley Addenda^2 237; CVA London, British Museum (9) 36 Taf. 31 a | Buitron-Oliver 1995, Nr. 105 Taf. 65; Kefalidou 1996, P51 Taf. 32; Sansone 1988, Abb. 3; Smith 1896, E52; Swaddling 1999, 91

S22 att.-rf. Schale (Frgt.), Paris, Musée du Louvre G296

FO n. v.
H n. v.
Dat. 500–450 v. Chr. | Onesimos
Lit. ARV 331, 15; Beazley Addenda^2 217 | Blech 1982, 123; Giglioli 1950, 39 Nr. 24 Taf. 10, 3; Kefalidou 1996, P13 Taf. 21; Pottier 1897–1922, 223 Taf. 134

S23 att.-rf. Lekythos, Bologna, Museo Civico Archeologico G80

FO Etrurien
H n. v.
Dat. 500–450 v. Chr. | Douris
Lit. ARV^2 446, 267; 1573; 1601; Beazley Addenda^2 241; Beazley, Para. 375 | Buitron-Oliver 1995, Nr. 53 Taf. 37; Neils 1994, 157 Abb. 12. 13

S24 att.-sf. Panathenäische Preisamphora, Triest, Civico Museo di Storia ed Arte 1405

FO n. v.
H 50,5 cm (*Dm-F.* 14 cm / *Dm-B.* 33 cm / *Dm-Md.* 15 cm)
Dat. 475–425 v. Chr.
Lit. Bentz 1998, 154 Taf. 88, 5199; Oakley 1997, M36 Taf. 171

S25 att.-rf. Pelike, Florenz, Museo Archeologico Nazionale 4021

FO n. v.
H 26,5 (*Dm-B.* 17 cm / *Dm-Md.* 13 cm)
Dat. 475–425 v. Chr.
Lit. ARV[2] 873, 1; CVA Florenz (2) 36 Taf. 31, 5; 35, 2 | Giglioli 1950, 34 f. Taf. 8, 2; Jüthner 1898, 45 Abb. 30

S26 att.-rf. Pelike, Tarent, Museo Archeologico Nazionale 52368

FO Tarent
H n. v.
Dat. 475–425 v. Chr. | Polygnot-Gruppe
Lit. ARV[2] 1040, 15; Beazley Addenda[2] 319 | Beck 1975, Taf. 48, 257

S27 att.-rf. Schale, Rom, Museo Nazionale Etrusco di Villa Giulia 5993

FO Corchiano
H n. v.
Dat. 475–425 v. Chr. | Villa Giulia-Ma.
Lit. ARV[2] 625, 102 | Blech 1982, 123; Giglioli 1950, 31 f. Taf. 6, 1

S28 att.-rf. Schale, München, Staatliche Antikensammlung 2662

FO Vulci
H n. v. (*Dm* 24,2 cm)
Dat. 475–425 v. Chr. | Ma. von München 2660
Lit. ARV[2] 784, 20; Beazley Addenda[2] 289 | Bentz 2004b, 317 Abb. 29, 39; Gossel-Raeck 1990a, 299 Abb. 49 a. b

S29 att.-rf. Schale, Paris, Privatbesitz Inv.-Nr. n. v.

FO n. v.
H n. v.
Dat. Mt. 5. Jh. v. Chr. | Tarquinia-Ma.
Lit. Sansone 1988, Abb. 6

S30 att.-rf. Schale (B), St. Petersburg, Gosudarstwjenyi Ermitash 668

FO Nola
H 8,7 cm (*Dm* 23,4 cm)
Dat. 475–425 v. Chr. | Klinik-Ma.
Lit. ARV[2] 810, 20; CVA St. Petersburg (5) 62–64 Abb. 23 Taf. 53, 1. 2; 54, 1. 2; 55, 1–4 | Giglioli 1950, 33 Nr. 3; Schwarz 1997, 127 Taf. 26 Abb. 74

S31 att.-wgr. Teller, New York, The Metropolitan Museum of Art 28.167

FO Athen
H n. v. (*Dm* ca. 13 cm)
Dat. 475–425 v. Chr. | Penthesilea-Ma.
Lit. ARV[2] 890, 175; 1673; Beazley Addenda[2] 302; LIMC VI (1992) 877 Nr. 317 Taf. 583 s. v. Nike (A. Moustaka u. a.) | Giglioli 1950, 35 Taf. 11, 1; Immerwahr 1990, Nr. 657 Taf. 29, 119; Lee 2015, 224 Abb. 7, 15; Picon 2007, 122 Abb. 134; Neils 1994, 156 Abb. 8; Robertson 1992, 164 f. Abb. 172; Shapiro 1992b, 70 f. Abb. 3, 10

S32 att.-rf. Lekythos, Paris, Bibliothèque Nationale, Cabinet des Médailles 487A

FO Sizilien
H 23,5 cm
Dat. 475–425 v. Chr. | Bowdoin-Ma.
Lit. ARV[2] 684, 153; Beazley Addenda[2] 279 | Blech 1982, 123; Giglioli 1950, 32 Taf. 12, 3; Jüthner 1898, 43; Kefalidou 2009b, Abb. 3; Kefalidou 1996, 8 Taf. 22

S33 att.-rf. Lekythos, Lausanne, Musée Olympique Inv.-Nr. n. v.

FO n. v.
H n. v.
Dat. 460/450 v. Chr.
Lit. Chamay 2009, 192 Nr. 123; Knauß 2004c, 287 Abb. 28, 2; Knauß 2004d, 368 Abb. 36, 1

S34 att.-rf. Panathenäische Preisamphora, Kopenhagen, National Museet 13812

FO n. v.
H 63,5 cm (*Dm-B.* 36,5 cm)
Dat. 425–375 v. Chr. | Kuban-Gruppe
Lit. CVA Kopenhagen, Musée National (8) 249 Taf. 318, 1 | Bentz 1998, 157 Taf. 91, 5288; Kefalidou 1996, P75 Taf. 7; Rasmussen 1995, 53

S35 att.-rf. Glockenkrater, Paris, Musée du Louvre ED151

FO n. v.
H 20,5–21 cm (*Dm* 20 cm)
Dat. 425–375 v. Chr.
Lit. CVA Paris, Musée du Louvre (5) III Id 24 Taf. 35, 7. 8 | Gardiner 1930, 145 Abb. 99; Jüthner 1965, Taf. 34; Pottier 1897–1922, Taf. 153, 2; Vanhove 1992, 403 Nr. 27 (M. Devillers)

S36 att.-rf. Glockenkrater, Wien, Kunsthistorisches Museum 1034 (Abb. 12)

FO Locri
H 32 cm (*Dm* 36,2 cm)
Dat. 425–375 v. Chr. | Nikias-Ma. (Jacobsthal/ARV^{2})
Lit. ARV^{2} 1333, 3; Beazley Addenda^{2} 365; Beazley, Para. 480 | Jüthner 1965, Abb. 8 b; Schween 1911, 102 f. mit Abb.; Vanhove 1992, 270 Nr. 133 (M. Devillers)

S37 att.-rf. Glockenkrater, Agrigent, Museo Archeologico Regionale Inv.-Nr. n. v.

FO n. v.
H 34 cm
Dat. E. 5. Jh. v. Chr.
Lit. Lehmann 2012, 189 Abb. 6

S38 att.-sf. Panathenäische Preisamphora, Alexandria, The Greco-Roman Museum 18239

FO Benghasi
H (*o. F.*) 52 cm (*Dm-B.* ca. 30 cm)
Dat. 371/370 v. Chr. (Phrasikleides) | Asteios-Gruppe
Lit. ABV 412, 2; Beazley Addenda^{2} 107 | Bentz 1998, Taf. 102, 4009; Blech 1982, 125; Maffre 2001, 26 Taf. 8, 1. 2; 9, 1; Valavanis 1990, 342 f. Abb. 17

S39 att.-sf. Panathenäische Preisamphora, Athen, Etnikó Archaiologikó Museío 20048

FO Eretria
H 70 cm
Dat. 363/362 v. Chr. (Charikleides) | Pourtalès-Ma.
Lit. Bentz 1998, Taf. 111, 4026; Kefalidou 2015, 126 Abb. 4; Lehmann 2012, 191 Abb. 9; Tzachou-Alexandri 1988, 234 Nr. 234 (P. Valavanis)

S40 *att.-sf. Panathenäische Preisamphora, Paris, Musée du Louvre MN706*

FO Benghasi
H 77 cm (*inkl. Dk.* 95,5 cm / *Dm-F.* 15,8 cm / *Dm-B.* 39 cm / *Dm-Md.* 23 cm)
Dat. 340/339 v. Chr. (Theophrastos) | Nikomachos-Serie
Lit. ABV 415, 3; Beazley Addenda[2] 108; CVA Paris, Musée du Louvre (5) Hg 7 Taf. 5, 8–14; 6, 1 | Becatti 1987, 276 Abb. 4; Bentz 2004b, 316 Abb. 29, 36; Bentz 1998, Taf. 117; 118, 4079; Kefalidou 1996, P74 Taf. 53; Lehmann 2012, 191. 193 Abb. 10; Moreno 1995, 89 f. Abb. 4, 11, 8; Robertson 1992, 288 f. Abb. 293; Schmölder-Veit 2004, 241 Abb. 24, 31; Valavanis 1990, 345 f. Abb. 21

S41 *att.-sf. Panathenäische Preisamphora, Cambridge, Fogg Museum 1925.30.124*

FO Capua
H 80 cm (*Dm* 39 cm)
Dat. 340/339 v. Chr. (Theophrastos) | Nikomachos-Serie
Lit. ABV 414, 2; 416; Beazley Addenda[2] 108; Beazley, Para. 178; CVA Hoppin and Gallatin Collections (1) 6 Taf. 6, 1. 2 | Bentz 1998, 176 Taf. 119; 120, 4081; Knauß 2004a, 51 Abb. 5, 9; Moreno 1995, 89 f. Abb. 4, 11, 7; Poliakoff 1987, 160 f. Abb. 93; Robertson 1992, 286 Abb. 289; Smith 2011, VP68 Abb. 8, 9

S42 *att.-sf. Panathenäische Preisamphora, Paris, Musée du Louvre MN705*

FO Benghasi
H 67 cm (*Dm-F.* 15,5 cm / *Dm-Md.* 17 cm)
Dat. 321/320 v. Chr. (Archippos) | Nikomachos-Serie
Lit. ABV 416, 13; Beazley Addenda[2] 108; CVA Paris, Musée du Louvre (5) III Hg 7 Taf. 6, 4–7; 11 | Bentz 1998, Taf. 132, 4113; Jüthner 1965, Taf. 78 b

S43 *att.-sf. Panathenäische Preisamphora (Frgt.), Athen, Archaiologikó Museío Keramikou PA156*

FO Athen, Kerameikos
H (*-Frgt.*) 30 cm (*B* 27,5 cm)
Dat. 400–300 v. Chr. | Ma. von Athen 12592
Lit. Bentz 1998, 196 Taf. 136, 4416; Moreno 1995, 88 Abb. 4, 11, 6; Moreno 1989, Taf. 64, 19; Tzachou-Alexandri 1988, 316 Nr. 200 (P. Valavanis); Valavanis 1990, 345 Abb. 20

Literaturverzeichnis

Adamek 1895
L. Adamek, Unsignierte Vasen des Amasis. Ein Beitrag zur griechischen Vasenkunde, Prager Studien aus dem Gebiete der classischen Alterthumswissenschaften 5 (Prag 1895)

Adelmann – Wetzel 2013
A. Adelmann – K. Wetzel, Ritualraum, in: C. Brosius – A. Michaels – P. Schrode (Hrsg.), Ritual und Ritualdynamik. Schlüsselbegriffe, Theorien, Diskussionen (Göttingen 2013) 180–187

Aktseli 1996
D. Aktseli, Altare in der archaischen und klassischen Kunst. Untersuchungen zu Typologie und Ikonographie, Internationale Archäologie 28 (Espelkamp 1996)

Albersmeier 2009
S. Albersmeier (Hrsg.), Heroes, Mortals and Myths in Ancient Greece. Ausstellungskatalog Baltimore (Baltimore 2009)

Alexander 1925
C. Alexander, Greek Athletics (New York 1925)

Alexandridou 2011
A. Alexandridou, The Early Black-Figured Pottery of Attika in Context (c. 630-570 BCE) (Leiden 2011)

Alfieri – Arias 1958
N. Alfieri – P. E. Arias, Spina. Die neuentdeckte Etruskerstadt und die griechischen Vasen ihrer Gräber (München 1958)

Alföldi 1985
A. Alföldi, Caesar in 44 v. Chr. Studien zu Caesars Monarchie und ihren Wurzeln 1, Antiquitas 16 (Bonn 1985)

Alroth 1992
B. Alroth, Changing Modes in the Representations of Cult Images, in: R. Hägg (Hrsg.), The Iconography of Greek Cult in the Archaic and Classical Period. Proceedings of the First International Seminar on Ancient Greek Cult organized by the Swedish Institute at Athens and the European Cultural Center of Delphi 16-18 November 1990, Kernos Suppl. 1 (Athen 1992) 9–46

Ambos – Weinhold 2013
C. Ambos – J. Weinhold, Rahmen und Rahmungsprozesse, in: C. Brosius – A. Michaels – P. Schrode (Hrsg.), Ritual und Ritualdynamik. Schlüsselbegriffe, Theorien, Diskussionen (Göttingen 2013) 92–99

Anderson 2003
G. Anderson, The Athenian Experiment. Building an Imagined Political Community in Ancient Attica. 508-490 B.C. (Ann Arbor 2003)

Anderson 1994
W. D. Anderson, Music and Musicians in Ancient Greece (Ithaca 1994)

André 1994
J.-M. André, Die Freizeitkultur der Antike (Stuttgart 1994)

Andreassi 1996
G. Andreassi, Jatta di Ruvo. La Famiglia, la Collezione, il Museo Nazionale (Bari 1996)

Andronicos 1977a
M. Andronicos, The Role of Athletics in the Education of the Young, in: G. A. Christopoulos – I. Douskou (Hrsg.), Athletics in Ancient Greece. Ancient Olympia and the Olympic Games (Athen 1977) 41–65

Andronicos 1977b
M. Andronicos, Panhellenic Games, in: G. A. Christopoulos – I. Douskou (Hrsg.), Athletics in Ancient Greece. Ancient Olympia and the Olympic Games (Athen 1977) 66–76

Arrouye 1992
J. Arrouye, Archäologie in der Ikonologie, in: J. Arrouye – A. Beyer (Hrsg.), Die Lesbarkeit der Kunst. Zur Geistesgegenwart der Ikonologie, Kleine Kulturwissenschaftliche Bibliothek 37 (Berlin 1992) 29–39

Assmann 2000
J. Assmann, Religion und kulturelles Gedächtnis. 10 Studien (München 2000)

Assmann 1992
J. Assmann, Das kulturelle Gedächtnis. Schrift, Erinnerung und politische Identität in frühen Hochkulturen (München 1992)

Assmann 1991
J. Assmann, Der zweidimensionale Mensch. Das Fest als Medium des kollektiven Gedächtnisses, in: J. Assmann – T. Sundermeier (Hrsg.), Das Fest und das Heilige. Religiöse Kontrapunkte zur Alltagswelt, Studien zum Verstehen fremder Religionen 1 (Gütersloh 1991) 13–30

Assmann 1988
J. Assmann, Kollektives Gedächtnis und kulturelle Identität, in: J. Assmann – T. Hölscher (Hrsg.), Kultur und Gedächtnis (Frankfurt a. M. 1988) 9–19

Bachmann-Medick 2014
D. Bachmann-Medick, Cultural Turns. Neuorientierungen in den Kulturwissenschaften [5](Hamburg 2014)

Back Danielsson 2002
I. M. Back Danielsson, (Un)masking Gender. Gold Foils (Dis)embodiments in Late Iron Age Scandinavia, in: Y. Hamilakis – M. Pluciennik – S. Tarlow (Hrsg.), Thinking through the Body. Archaeologies of Corporeality (New York 2002) 179–199

Balme – Lawall 2016
M. Balme – G. Lawall, Athenaze. An Introduction to Ancient Greek [3](Oxford 2016)

Baumann 1982
H. Baumann, Die griechische Pflanzenwelt in Mythos, Kunst und Literatur (München 1982)

Baus 1940
K. Baus, Der Kranz in Antike und Christentum. Eine religionsgeschichtliche Untersuchung mit besonderer Berücksichtigung Tertullians (Bonn 1940)

Bazant 1985
J. Bazant, Les Citoyens sur les Vases Athéniens du 6e au 4e siècle av. J.-C. (Prag 1985)

Beard 1991
M. Beard, Adopting an Approach II, in: T. Rasmussen – N. J. Spivey (Hrsg.), Looking at Greek Vases (Cambridge 1991) 12–35

Beazley 1986
J. D. Beazley, The Development of Attic Black-figure [2](Berkeley 1986)

Beazley 1949
J. D. Beazley, Potters and Painters in Ancient Athens, Proceedings of the British Academy 30 (Oxford 1949)

Beazley 1933
J. D. Beazley, Der Kleophrades Maler (Berlin 1933)

Beazley 1928
J. D. Beazley, Greek Vases in Poland (Oxford 1928)

Beazley 1912
J. D. Beazley, The Master of the Boston Pan-Krater, JHS 32, 1912, 354–369

Becatti 1987
G. Becatti, Kosmos. Studi sul Mondo Classico, StA 37 (Rom 1987)

Beck 2009
H. Beck, Ephebie. Ritual. Geschichte. Polisfest und historische Erinnerung im klassischen Griechenland, in: H. Beck (Hrsg.), Feiern und Erinnern. Geschichtsbilder im Spiegel antiker Feste, Studien zur alten Geschichte 12 (Berlin 2009) 55–82

Beck 1975
F. Beck, Album of Greek Education (Sydney 1975)

Bell 2006
C. Bell, Embodiment, in: J. Kreinath – J. Snoek – M. Stausberg (Hrsg.), Theorizing Rituals (Leiden 2006) 533–543

Bell 1992
C. Bell, Ritual Theory. Ritual Practice (New York 1992)

Belliger – Krieger 1998
A. Belliger – D. J. Krieger (Hrsg.), Ritualtheorien. Ein einführendes Handbuch (Opladen 1998)

Belting 1993
H. Belting, Bild und Kult. Eine Geschichte des Bildes vor dem Zeitalter der Kunst [2](München 1993)

Benndorf 1868
O. Benndorf (Hrsg.), Griechische und sizilische Vasenbilder (Berlin 1868)

Benndorf – Niemann 1889
O. Benndorf – G. Niemann, Das Heroon von Gjolbaschi-Trysa (Wien 1889)

Bentz 2004a
M. Bentz, Mannschaftssport, in: R. Wünsche (Hrsg.), Lockender Lorbeer. Sport und Spiele in der Antike. Ausstellungkatalog München (München 2004) 205–212

Bentz 2004b
M. Bentz, Siegespreise – Siegerehrung, in: R. Wünsche (Hrsg.), Lockender Lorbeer. Sport und Spiele in der Antike. Ausstellungkatalog München (München 2004) 304–319

Bentz 2002
M. Bentz, Sport in der klassischen Polis, in: M. Maischberger (Hrsg.), Die griechische Klassik. Idee oder Wirklichkeit. Ausstellungskatalog Berlin (Berlin 2002) 247–259

Bentz 2001
M. Bentz, Schwarzfigurige Amphoren panathenäischer Form, in: M. Bentz – N. Eschbach (Hrsg.), Panathenaika. Symposion zu den Panathenäischen Preisamphoren, Rauischholzhausen 25.11–29.11.1998 (Mainz 2001) 111–119

Bentz 1998
M. Bentz, Panathenäische Preisamphoren. Eine athenische Vasengattung und ihre Funktion vom 6.–4. Jahrhundert v. Chr., AntK Beih. 18 (Basel 1998)

Bentz – Eschbach 2001
M. Bentz – N. Eschbach (Hrsg.), Panathenaika. Symposion zu den Panathenäischen Preisamphoren, Rauischholzhausen 25.11–29.11.1998 (Mainz 2001)

Bentz – Mann 2001
M. Bentz – C. Mann, Zur Heroisierung von Athleten, in: R. von den Hoff – S. Schmidt (Hrsg.), Konstruktionen von Wirklichkeit. Bilder im Griechenland des 6. und 4. Jahrhunderts v. Chr. (Stuttgart 2001) 225–240

Bérard 1984
C. Bérard, Feste und Mysterien, in: C. Bérard – J.-P. Vernant – U. Sturzenegger (Hrsg.), Die Bilderwelt der Griechen, Kulturgeschichte der antiken Welt 31 (Mainz 1984) 155–174

Berger 1998
K. W. Berger, Tieropfer auf griechischen Vasen (Würzburg 1998)

Berger – Luckmann 2004
P. L. Berger – T. Luckmann, Die gesellschaftliche Konstruktion der Wirklichkeit. Eine Theorie der Wissenssoziologie [20](Frankfurt a. M. 2004)

Bergmann 2010
B. Bergmann, Der Kranz des Kaisers. Genese und Bedeutung einer römischen Insignie, Image & Context 6 (Berlin u. a. 2010)

Bergmann 1998
M. Bergmann, Die Strahlen der Herrscher. Theomorphes Herrscherbild und politische Symbolik im Hellenismus und in der römischen Kaiserzeit (Mainz 1998)

Bergson 1896
H. Bergson, Materie und Gedächtnis. Eine Abhandlung über die Beziehung zwischen Körper und Geist 7 (Jena 1919) [1896 im Original erschienen als „Matière et mémoire"]

Bernbeck 2003
R. Bernbeck, Die Vorstellung der Welt als Wille: Zur Identifikation von intentionellem Handeln in archäologischen Kontexten, in: M. Heinz – M. K. H. Eggert – U. Veit (Hrsg.), Zwischen Erklären und Verstehen? Beiträge zu den erkenntnistheoretischen Grundlagen archäologischer Interpretation, Tübinger Archäologische Taschenbücher 2 (Münster 2003) 201–237

Bernhard-Walcher 1992
A. Bernhard-Walcher, Alltag, Feste, Religion. Antikes Leben auf griechischen Vasen. Ausstellungskatalog Wien (Wien 1992)

Berthiaume 1998
G. Berthiaume, Les Rôles du Mageiros. Études sur la Boucherie, la Cuisine et le Sacrifice dans la Grèce Ancienne (Leiden 1998)

Berthold 2013
A. Berthold, Entwurf und Ausführung in den Artes Minores. Münz- und Gemmenkünstler des 6.-4. Jh. v. Chr. (Hamburg 2013)

Berti 1988
F. Berti (Hrsg.), Lo Specchio della Musica. Iconografia Musicale nella Ceramica Attica di Spina. Ausstellungskatalog Ferrara (Bologna 1988)

Berti – Gasparri 1989
F. Berti – C. Gasparri (Hrsg.), Dionysos. Mito e Mistero. Ausstellungskatalog Comacchio (Bologna 1989)

Berti – Guzzo 1993
F. Berti – G. Guzzo (Hrsg.), Spina. Storia di una Città tra Greci ed Etruschi. Ausstellungskatalog Ferrara (Ferrara 1993)

Bianchi Bandinelli – Paribeni 1976
R. Bianchi Bandinelli – E. Paribeni, L'Arte dell'Antichità Classica I. Grecia (Turin 1976)

Bieber 1961
M. Bieber, The History of the Greek and Roman Theater [2](Princeton 1961)

Bieber 1920
M. Bieber, Die Denkmäler zum Theaterwesen im Altertum (Berlin 1920)

Bignasca 2009
A. Bignasca, Mito e Realtà alle Origini dell'Agonismo, in: E. Dozio – C.-M. Fallani – S. Soldini (Hrsg.), Gli Atleti di Zeus. Lo Sport nell'Antichità. Ausstellungskatalog Mendrisio (Mailand 2009) 85–104

Birchall 1972
A. Birchall, Attic Horse Head Amphorae, JHS 92, 1972, 46–63

Blanas 2003
A. Blanas, Opfern und Feiern. Die Aussage der Keramik frühgriechischer Speiseopfer, in: B. Schmaltz – M. Söldner (Hrsg.), Griechische Keramik im kulturellen Kontext. Akten des Internationalen Vasen-Symposions vom 24. bis 28.9.2001 veranstaltet durch das Archäologische Institut der Christian-Albrechts-Universität zu Kiel (Münster 2003) 114–116

Blanke u. a. 2005
B. Blanke – A. Giannone – P. Vaillant, Semiotik, in: K. Sachs-Hombach (Hrsg.), Bildwissenschaft. Disziplinen, Themen, Methoden (Frankfurt a. M. 2005) 149–162

Blech 1982
M. Blech, Studien zum Kranz bei den Griechen, Religionsgeschichtliche Versuche und Vorarbeiten 38 (Berlin 1982)

Blok 2009
J. H. Blok, Citizenship in Action. „Reading" Sacrifice in Classical Athens, in: C. Mann – M. Haake – R. von den Hoff (Hrsg.), Rollenbilder in der athenischen Demokratie. Medien, Gruppen, Räume im politischen und sozialen System. Beiträge zu einem interdisziplinären Kolloquium in Freiburg i. Br., 24. bis 25. November 2006 (Wiesbaden 2009) 89–112

Blum 1913
G. Blum, Stephane, RA 21, 1913, 270–278

Blümel 1936
C. Blümel, Sport der Hellenen (Berlin 1936)

Boardman 1989
J. Boardman, Athenian Red Figure Vases. The Classical Period (London 1989)

Boardman 1977
J. Boardman, Schwarzfigurige Vasen aus Athen. Ein Handbuch (Mainz 1977)

Boardman 1975
J. Boardman, Athenian Red Figure Vases. The Archaic Period (London 1975)

Boardman 1974
J. Boardman, Athenian Black Figure Vases (London 1974)

Böhm 1994
G. Böhm (Hrsg.), Was ist ein Bild? (München 1994)

Bohnsack 2003
R. Bohnsack, Qualitative Methoden der Bildinterpretation, Zeitschrift für Erziehungswissenschaft 6, H. 2, 2003, 239–256

Böhr – Böhr 2009
E. Böhr – H.-J. Böhr, Spruce, Pine, or Fir. Which did Sinis Prefer, in: J. H. Oakley – O. Palagia (Hrsg.), Athenian Potters and Painters 2 (Oxford 2009) 18–26

Bonfante 1989
L. Bonfante, Nudity as a Costume in Classical Art, AJA 93, 1989, 543–570

Borgers 2008
O. Borgers, Religious Citizenship in Classical Athens. Men and Women in Religious Representations on Athenian Vasepainting, BABesch 83, 2008, 73–97

Boschung u. a. 2015
D. Boschung – H. A. Shapiro – F. Waschek (Hrsg.), Bodies in Transition. Dissolving the Boundaries of Embodied Knowledge, Morphomata 23 (Paderborn 2015)

Bothmer 1985
D. Bothmer, The Amasis Painter and his World (Malibu 1985)

Bothmer – Chamay 1987
D. v. Bothmer – J. Chamay, Ajax et Cassandre par le Peintre de Princeton, AK 30, 1987, 58–68

Bötticher 1853
C. Bötticher, Das Bild der Hippodameia im Hippodrom zu Olympia, AA 50, 1853, 7–13

Boulotis 1987
C. Boulotis, Nochmals zum Prozessionsfresko von Knossos. Palast und Darbringung von Prestige-Objekten, in: R. Hägg – N. Marinatos (Hrsg.), The Function of the Minoan Palaces. Proceedings of the 4. International Symposium at the Swedish Institute in Athens, 10-16 June 1984 (Göteburg 1987) 145–155

Bourdieu 1976
P. Bourdieu, Entwurf einer Theorie der Praxis. Auf der ethnologischen Grundlage der kabylischen Gesellschaft (Frankfurt a. M. 1976)

Braccesi 1988
L. Braccesi, Veder Greco. Le Necropoli di Agrigento. Ausstellungskatalog Agrigent (Rom 1988)

Brand 2002
H. Brand, Überlegungen zum Gebrauch der Phorbeia. Vom Aulos zu Zurna und Launeddas, in: E. Hickmann – A. D. Kilmer – R. Eichmann (Hrsg.), Archäologie früher Klangerzeugung und Tonordnung, Studien zur Musikarchäologie 3 (Rahden/Westf. 2002) 375–386

Brand 2000
H. Brand, Griechische Musikanten im Kult. Von der Frühzeit bis zum Beginn der Spätklassik, Würzburger Studien zur Sprache & Kultur 3 (Dettelbach 2000)

Brandenburg 1966
H. Brandenburg, Studien zur Mitra. Beiträge zur Waffen- und Trachtgeschichte der Antike, Fontes et Commentationes 4 (Aschaffenburg 1966)

Brandt 2010
J. R. Brandt, Archeologia Panathenaica III. Non-Panathenaic Panathenaia and the Panathenaia, in: D. Metzler (Hrsg.), Mazzo di Fiori. Festschrift for Herbert Hoffmann (Mainz u. a. 2010) 98–113

Brandt 2004
R. Brandt, Bilderfahrungen. Von der Wahrnehmung zum Bild, in: H. Burda – C. Maar (Hrsg.), Iconic Turn. Die neue Macht der Bilder (Köln 2004) 15–26

Bremmer 1998
J. N. Bremmer, „Religion", „Ritual" and the Opposition „Sacred vs. Profan", in: F. Graf (Hrsg.), Ansichten griechischer Rituale. Geburtstags-Symposion für Walter Burkert, Castelen bei Basel 15. bis 18. März 1996 (Stuttgart 1998) 9–32

Bremmer 1994
J. N. Bremmer, Greek Religion (Oxford 1994)

Bremmer 1966
J. N. Bremmer, Götter, Mythen und Heiligtümer im antiken Griechenland (Darmstad 1966)

Breyer 2011
T. Breyer, Attentionalität und Intentionalität. Grundzüge einer phänomenologisch-kognitionswissenschaftlichen Theorie der Aufmerksamkeit (München 2011)

Brijder 1983
H. A. G. Brijder, Siana Cups I and Komast Cups (Amsterdam 1983)

Brommer 1977
F. Brommer, Der Parthenonfries (Mainz 1977)

Bron 1988
C. Bron, Le Lieu du Comos, in: J. Christiansen – T. Melander (Hrsg.), Proceedings of the 3rd Symposium on Ancient Greek and Related Pottery. Copenhagen 31.8.-4.9.87 (Kopenhagen 1988) 71–79

Brosius u. a. 2013
C. Brosius – A. Michaels – P. Schrode, Ritualforschung heute. Ein Überblick, in: C. Brosius – A. Michaels – P. Schrode (Hrsg.), Ritual und Ritualdynamik. Schlüsselbegriffe, Theorien, Diskussionen (Göttingen 2013) 9–24

Brumfield 1981
A. C. Brumfield, The Attic Festivals of Demeter and their Relation to Agriculture Year (Salem 1981)

Brüstle 2009
C. Brüstle, Klang als performative Prägung von Räumlichkeiten, in: M. Csáky (Hrsg.), Kommunikation, Gedächtnis, Raum. Kulturwissenschaften nach dem „Spatial Turn", Beiträge der 9. Internationalen Konferenz des Forschungsprogramms „Orte des Gedächtnisses" der Kommission für Kulturwissenschaften und Theatergeschichte der Österreichischen Akademie der Wissenschaften, die vom 8. bis 10. November 2007 in Wien stattfand (Bielefeld 2009) 113–129

Buitron-Oliver 1995
D. Buitron-Oliver, Douris. A Master-Painter of Athenian Red-Figure Vases (Mainz 1995)

Bundrick 2005
S. D. Bundrick, Music and Image in Classical Athens (Cambridge 2005)

Burkard 2004
F.-P. Burkard, Normen und Rituale: Darstellung, Deutung, Umdeutung. Einige hermeneutische Überlegungen, Forum Ritualdynamik 5 (Heidelberg 2004)

Burkert 1990
W. Burkert, Antike Mysterien. Funktionen und Gehalt (München 1990)

Burkert 1987
W. Burkert, Die antike Stadt als Festgemeinschaft, in: P. Hugger (Hrsg.), Stadt und Fest. Zu Geschichte und Gegenwart europäischer Festkultur (Unterägeri 1987) 25–44

Burkert 1980
W. Burkert, Glaube und Verhalten. Zeichengehalt und Wirkungsmacht von Opferritualen. Le Sacrifice dans l'Antiquité, Entretiens sur l'Antiquité Classique 27 (Genf 1980)

Burkert 1979
W. Burkert, Structure and History in Greek Mythology (Berkeley 1979)

Burkert 1977
W. Burkert, Griechische Religion der archaischen und klassischen Epoche, Die Religion der Menschheit 15 (Stuttgart u. a. 1977)

Burkert 1972
W. Burkert, Homo Necans. Interpretationen altgriechischer Opferriten und Mythen (Berlin 1972)

Buschor 1961
E. Buschor, Der Parthenonfries (München 1961)

Buschor 1941
E. Buschor, Grab eines attischen Mädchens ^{2}(München 1941)

Caduff 2001
C. Caduff, Ritual heute. Theorien, Kontroversen, Entwürfe (Berlin 2001)

Camp 1980
J. M. Camp, Gods and Heroes in the Athenian Agora (Athen 1980)

Casey 2010
E. S. Casey, Remembering. A Phenomenological Study ^{2}(Bloomington 2010)

Caskey – Beazley 1931
L. Caskey – J. D. Beazley, Attic Vase Paintings in The Museum of Fine Arts, Boston (London 1931)

Cassirer 1923–1929
E. Cassirer, Philosophie der symbolischen Formen (Hamburg 2010) [im Original in 3 Bänden erschienen, bearb. von C. Rosenkranz: Die Sprache/1923 – Das mythische Denken/1925 – Phänomenologie der Erkenntnis/1929]

Chamay 2009
J. Chamay, La Vittoria, in: E. Dozio – C.-M. Fallani – S. Soldini (Hrsg.), Gli Atleti di Zeus. Lo Sport nell'Antichità. Ausstellungskatalog Mendrisio (Mailand 2009) 19–209

Chaniotis 2005a
A. Chaniotis, Griechische Rituale der Statusänderung und ihre Dynamik, in: M. Steinicke – S. Weinfurter (Hrsg.), Investitur und Krönungsrituale. Herrschaftseinsetzungen im kulturellen Vergleich (Köln 2005) 43–62

Chaniotis 2005b
A. Chaniotis, Akzeptanz von Herrschaft durch ritualisierte Dankbarkeit und Erinnerung, in: C. Ambos – S. Hotz – G. Schwedler – S. Weinfurter (Hrsg.), Die Welt der Rituale. Von der Antike bis heute (Darmstadt 2005) 188–204

Christopoulous – Douskou 1977
G. A. Christopoulous – I. Douskou (Hrsg.), Athletics in Ancient Greece. Ancient Olympia and the Olympic Games (Athen 1977)

Chryssoulaki 2008
S. Chryssoulaki, The Participation of Women in the Worship and Festivals of Dionysos, in: N. Kaltsas – H. A. Shapiro (Hrsg.), Worshiping Women. Ritual and Reality in Classical Athens (Athen 2008) 267–275

Clark 2008
A. Clark, Supersizing the Mind. Embodiment, Action and Cognitive Extension (Oxford 2008)

Clinton 1992
K. Clinton, Myth and Cult. The Iconography of the Eleusinian Mysteries. The Martin P. Nilsson Lectures on Greek Religion, delivered 19-21 November 1990 at the Swedish Institute at Athens (Stockholm 1992)

Cohen 1978
B. Cohen, Attic Bilingual Vases (New York 1978)

Collard 2016w
H. Collard, Montrer l'Invisible. Rituel et Présentification du Divin dans l'Imagerie Attique, Kernos Suppl. 30 (Lüttich 2016)

Connelly 2008
J. B. Connelly, Priestesses. Women in Cult. In Divine Affairs. The Greatest Part. Women and Priesthoods in Classical Athens, in: N. Kaltsas – H. A. Shapiro (Hrsg.), Worshiping Women. Ritual and Reality in Classical Athens (Athen 2008) 186–241

Connelly 2007
J. B. Connelly, Portrait of a Priestess. Women and Ritual in Ancient Greece (Princeton 2007)

Connerton 1992
P. Connerton, How Societies Remember (Cambridge 1992)

Connor 1988
W. R. Connor, „Sacred" and „Secular". Hiera kai Hosia and the Classical Athenian Concept of the State, Ancient Society 19, 1988, 161–188

Connor 1987
W. R. Connor, Tribes, Festivals and Processions. Civic Ceremonial and Political Manipulation in Archaic Greece, JHS 117, 1987, 40–50

Coulsen – Kyrieleis 1992
W. Coulsen – H. Kyrieleis (Hrsg.), Proceedings of an International Symposion on the Olympic Games 5-9 September 1988 (Athen 1992)

Cox 1970
H. Cox, Das Fest der Narren. Das Gelächter ist der Hoffnung letzte Waffe (Stuttgart 1970)

Crowther 1991
N. B. Crowther, Euexia, Eutaxia, Philoponia. Three Contests of the Greek Gymnasium, ZPE 85, 1991, 301–304

Crowther 1985
N. B. Crowther, Male „Beauty" Contests in Greece. The Euandria and Euexia, AntCl 54, 1985, 285–291

Csordas 1994
T. J. Csordas, The Sacred Self. A Cultural Phenomenology of Charismatic Healing (Berkeley 1994)

Csordas 1990
T. J. Csordas, Embodiment as a Paradigm for Anthropology, Ethos 18, H. 1, 1990, 5–47

Dareggi 1977
G. Dareggi, Ceramica Greca e Italiota nel Museo di Baranello. Quaderni dell'Istituto di Archeologia di Perugia 5 (Rom 1977)

Da Rocha Pereira 2010
M. H. da Rocha Pereira, Greek Vases in Portugal (Coimbra 2010)

Daumann 2018
N. Daumann, Sacred Landscapes and Economies in Urban Contexts. Looking at Movement towards Sanctuaries in Late Second Temple Period Jerusalem and Roman Heliopolis (unv. Diss. Aarhus Universitet 2018)

Davidson 1980
D. Davidson, Essays on Actions and Events (New York 1980)

Davison 1958
J. A. Davison, Notes on the Panathenaea, JHS 78, 1958, 23–42

De Cesare 1997
M. de Cesare, Le Statue in Immagine. Studi sulle Raffigurazioni di Statue nella Pittura Vascolare Greca (Rom 1997)

Decker 1995
W. Decker, Sport in der Antike. Vom minoischen Wettkampf bis zu den Olympischen Spielen (München 1995)

De la Genière 1988
J. de La Genière, Images Attiques et Religiosité Étrusque, in: J. Christiansen – T. Melander (Hrsg.), Proceedings of the 3rd Symposium on Ancient Greek and Related Pottery. Copenhagen 31.8-4.9.87 (Kopenhagen 1988) 161–169

Delavaud-Roux 1993
M.-H. Delavaud-Roux, Les Danses Armées en Grèce Antique (Aix-en-Provence 1993)

DeMarris 2004
E. DeMarris, The Materialization of Culture, in: E. DeMarris – C. Gosden – C. Renfrew (Hrsg.), Rethinking Materiality. The Engagement of Mind with the Material World (Cambridge 2004) 11–22

DeMarris u. a. 1996
E. DeMarris – L. J. Castillo – T. Earl, Ideology, Materialization, and Power Strategies, Current Anthropology 37, 1996, 15–31

Denoyelle 1994
M. Denoyelle, Chefs-d'œuvre de la Céramique Grecque dans les Collections du Louvre (Paris 1994)

Dentzer 1982
J.-M. Dentzer, Le Motif du Banquet Couché dans le Proche-Orient et le Monde Grec du VIIe au IVe siècle avant J.-C. (Rom 1982)

De Saussure 1916
F. de Saussure, Cours de Linguistique Générale (Paris 2000) [Nachdruck der Ausgabe von 1916]

Deubner 1933
L. Deubner, Die Bedeutung des Kranzes im klassischen Altertum, Archiv für Religionswissenschaft 30, 1933, 70–104

Deubner 1932
L. Deubner, Attische Feste (Berlin 1932)

Diehl 1964
E. Diehl, Die Hydria. Formgeschichte und Verwendung im Kult des Altertums (Mainz 1964)

Dietrich 2010
N. Dietrich, Figur ohne Raum. Bäume und Felsen in der attischen Vasenmalerei des 6. und 5. Jahrhunderts, Image & Context 7 (Berlin u. a. 2010)

Dilthey 1900
W. Dilthey, Die Entstehung der Hermeneutik (Tübingen 1900)

Dobres – Robb 2000
M.-A. Dobres – J. E. Robb (Hrsg.), Agency in Archaeology (London 2000)

Dozio 2009
E. Dozio, L'Immagine dell'Atleta nell'Antichità, in: E. Dozio – C.-M. Fallani – S. Soldini (Hrsg.), Gli Atleti di Zeus. Lo Sport nell'Antichità. Ausstellungskatalog Mendrisio (Mailand 2009) 45–64

Drougou 1975
S. Drougou, Der attische Psykter (Würzburg 1975)

DuBois – Jungaberle 2013
F. DuBois – H. Jungaberle, Erfahrungsdynamik, in: C. Brosius – A. Michaels – P. Schrode (Hrsg.), Ritual und Ritualdynamik. Schlüsselbegriffe, Theorien, Diskussionen (Göttingen 2013) 46–54

Dücker 2013
B. Dücker, Ritualisierung, in: C. Brosius – A. Michaels – P. Schrode (Hrsg.), Ritual und Ritualdynamik. Schlüsselbegriffe, Theorien, Diskussionen (Göttingen 2013) 151–158

Durand 1991
J.-L. Durand, Images Pour un Autel, in: R. Étienne – M.-T. Le Dinahet (Hrsg.), L'Espace Sacrificiel dans les Civilisations Méditerranéennes de l'Antiquité. Actes du Colloque tenu à la Maison de l'Orient, Lyon, 4-7 Juin 1988 (Paris 1991) 45–55

Durand 1989
J.-L. Durand, Ritual as Instrumentality, in: M. Detienne – J.-P. Vernant (Hrsg.), The Cuisine of Sacrifice among the Greeks (Chicago 1989) 119–128

Durand 1987
J.-L. Durand, Le Bœuf á la Ficelle, in: C. Bérard (Hrsg.), Images et Société en Grèce Ancienne. L'Iconographie Comme Méthode d'Analyse, Cahiers d'Archéologie Romande 36 (Lausanne 1987) 227–241

Durand 1986
J.-L. Durand, Sacrifice et Labour en Grèce Ancienne (Paris 1986)

Durand – Schnapp 1984
J.-L. Durand – A. Schnapp, Schlachtopfer und rituelle Jagd, in: C. Bérard – J.-P. Vernant – U. Sturzenegger (Hrsg.), Die Bilderwelt der Griechen. Schlüssel zu einer „fremden" Kultur, Kulturgeschichte der antiken Welt 31 (Mainz 1984) 73–100

Durkheim 1912
E. Durkheim, Les Formes Élémentaires de la Vie Religieuse. Le Système Totémique en Australie (Paris 1912)

Ebert 1972
J. Ebert, Griechische Epigramme auf Sieger an gymnischen und hippischen Agonen, AbHLeipzig 63 (Berlin 1972)

Eco 1992
U. Eco, Semiotik. Entwurf einer Theorie der Zeichen [2](München 1992)

Eco 1972
U. Eco, Einführung in die Semiotik (München 1972)

Edelmann 1999
M. Edelmann, Menschen auf griechischen Weihreliefs, Quellen und Forschungen zur antiken Welt 33 (München 1999)

Ehlich 1997
K. Ehlich, Religion als kommunikative Praxis, in: G. Binder – K. Ehlich (Hrsg.), Religiöse Kommunikation. Formen und Praxis vor der Neuzeit, Stätten und Formen der Kommunikation im Altertum 6 (Trier 1997) 337–355

Eichberger 2003
C. Eichberger, Zur Botanik der im Text erwähnten Bäume und Sträucher, in: H. Rühfel, Begleitet von Baum und Strauch. Griechische Vasenbilder, Würzburger Studien zur Sprache und Kultur 7 (Dettelbach 2003) 119–134

Ekroth 2009
G. Ekroth, Why (not) Paint an Altar? A Study of Where, When und Why Altars Appear on Attic Red-figure Vases, in: V. Nørskov (Hrsg.), The World of Greek Vases (Rom 2009) 89–114

Eliade 1957
M. Eliade, Heiliges und Profanes. Vom Wesen der Religion (Hamburg 1957)

Ellinghaus 2011
C. Ellinghaus, Die Parthenonskulpturen. Der Bauschmuck eines öffentlichen Monumentes der demokratischen Gesellschaft Athens zur Zeit des Perikles – Techniken in der bildenden Kunst zur Tradierung von Aussagen, Antiquitates 52 (Hamburg 2011)

Elsner 2012
J. Elsner, Material Culture and Ritual. State of the Question, in: B. D. Wescoat – R. G. Ousterhout (Hrsg.), Architecture of the Sacred. Space, Ritual, and Experience from Classical Greece to Byzantium (Cambridge 2012) 1–26

Ercoles 2014
M. Ercoles, Dressing the Citharode. A Chapter in Greek Musical and Cultic Imagery, in: M. Harlow – M.-L. Nosch (Hrsg.), Greek and Roman Textiles and Dress. An Interdisciplinary Anthology (Oxford 2014) 95–111

Evans 2010
N. A. Evans, Civic Rites. Democracy and Religion in Ancient Athens (Berkeley 2010)

Evans 2004
N. A. Evans, Feasts, Citizens, and Cultic Democracy in Classical Athens, Ancient Society 34, 2004, 1–24

Fallander – Kjellström 2010
F. Fallander – A. Kjellström (Hrsg.), Making Sense of Things. Archaeologies of Sensory Perception, Studies in Archaeology 53 (Stockholm 2010)

Fallani 2009
C.-M. Fallani, Azione Emozione. L'Agone nell'Antichità, in: E. Dozio – C.-M. Fallani – S. Soldini (Hrsg.), Gli Atleti di Zeus. Lo Sport nell'Antichità. Ausstellungskatalog Mendrisio (Mailand 2009) 25–44

Fantham 1994
E. Fantham, Women in the Classical World. Image and Text (New York 1994)

Faulkner 2012
N. Faulkner, A Visitor's Guide to the Ancient Olympics (New Haven 2012)

Fehr 2000
B. Fehr, Bildformeln und Bildtypen in der archaisch-griechischen Kunst als Ausdruck von sozialen Normen und Werten, Hephaistos 18, 2000, 103–154

Fehr 1971
B. Fehr, Orientalische und griechische Gelage, Abhandlungen zur Kunst-, Musik- und Literaturwissenschaft 94 (Bonn 1971)

Fehrle 1910
E. Fehrle, Die kultische Keuschheit im Altertum, Religionsgeschichtliche Versuche und Vorarbeiten 6 (Gießen 1910)

Felten 1971
K. F. Felten, Thanatos- und Kleophonmaler. Weißgrundige und rotfigurige Vasenmalerei der Parthenonzeit (München 1971)

Filser 2017
W. Filser, Die Elite Athens auf der attischen Luxuskeramik (Berlin u. a. 2017)

Fingerhut u. a. 2013
J. Fingerhut – R. Hufendiek – M. Wild, Einleitung, in: J. Fingerhut – R. Hufendiek – M. Wild (Hrsg.), Philosophie der Verkörperung. Grundlagentexte zu einer aktuellen Debatte (Berlin 2013) 9–102

Finley – Pleket 1976
M. I. Finley – H. W. Pleket, Die Olympischen Spiele der Antike (New York 1976)

Fischer-Lichte 2006
E. Fischer-Lichte, Wie wir uns aufführen. Reflexionen zum Aufführungsbegriff, in: L. Musner – H. Uhl (Hrsg.), Wie wir uns aufführen. Performanz als Thema der Kulturwissenschaften (Wien 2006) 15–25

Frank 1990
S. Frank, Attische Kelchkratere. Eine Untersuchung zum Zusammenspiel von Gefäßform und Bemalung (Frankfurt 1990)

Frel 1973
J. Frel, Panathenaic Prize Amphoras, Kerameikos 2 (Athen 1973)

Freud 1972
S. Freud, Totem und Tabu. Einige Übereinstimmungen im Seelenleben der Wilden und der Neurotiker (Frankfurt a. M. 1972)

Frickenhaus 1912
A. Frickenhaus, Lenäenvasen, BWPr 72 (Berlin 1912)

Frisch 1988
P. Frisch, Die Klassifikation der Paides bei den griechischen Agonen, ZPE 75, 1988, 179–185

Froning 1971
H. Froning, Dithyrambos und Vasenmalerei in Athen (Würzburg 1971)

Fuchs 2012
T. Fuchs, Das Gedächtnis des Leibes, Loccumer Pelikan 3 (Stolzenau 2012)

Fuchs 2006
T. Fuchs, Gibt es eine leibliche Persönlichkeitsstruktur? Ein phänomenologisch-psychodynamischer Ansatz, Psychodynamische Psychotherapie 5, 2006, 109–117

Furtwängler 1885
A. Furtwängler, Beschreibung der Vasen im Antiquarium 1–2 (Berlin 1885)

Gallagher 2008
S. Gallagher, Intersubjectivity in Perception, Continental Philosophy Review 41, H. 2, 2008, 163–178

Gallagher 2006
S. Gallagher, How the Body Shapes the Mind (Oxford 2006)

Gallagher – Zahavi 2012
S. Gallagher – D. Zahavi, The Phenomenological Mind ²(London 2012)

Gardiner 1930
E. N. Gardiner, Athletics of the Ancient World (Oxford 1930)

Gardiner 1912
E. N. Gardiner, Panathenaic Amphorae, JHS 32, 1912, 179–193

Gardiner 1910
E. N. Gardiner, Greek Athletic Sports and Festivals (London 1910)

Garland 1984:
R. Garland, Religious Authority in Archaic and Classical Athens, BSA 79, 1984, 75–123

Gebauer 2002
J. Gebauer, Pompe und Thysia. Attische Tieropferdarstellungen auf schwarz- und rotfigurigen Vasen, Eikon. Beiträge zur antiken Bildersprache 7 (Münster 2002)

Gebhardt 1987
W. Gebhardt, Fest, Feier und Alltag. Über die gesellschaftliche Wirklichkeit des Menschen und ihre Deutung, Europäische Hochschulschriften. Soziologie 143 (Frankfurt a. M. 1987)

Geertz 1983
C. Geertz, Dichte Beschreibung. Beiträge zum Verstehen kultureller Systeme (Frankfurt a. M. 1983)

Gehrig u. a. 1968
U. Gehrig – A. Greifenhagen – H. Kunisch, Führer durch die Antikenabteilung (Berlin 1968)

Geominy 1989
W. Geominy, Eleusinische Priester, in: H.-U. Cain – H. Gabelmann – D. Salzmann (Hrsg.), Festschrift für Nikolaus Himmelmann (Mainz 1989) 253–264

Gerhard 1853
E. Gerhard, Agonistische Vasenbilder, AZ 51, 1853, 17–22

Gerhard 1845a
E. Gerhard, Argonautenopfer des Herakles, AZ 36, 1845, 177–182

Gerhard 1845b
E. Gerhard, Opfer der Göttin Chryse, AZ 35, 1845, 162–167

Giglioli 1952
G. Q. Giglioli, La Lampadedromia in due Recentissime Pubblicazioni, ArchCl 4, 1952, 94–97

Giglioli 1951
G. Q. Giglioli, Lampadedromia, ArchCl 3, 1951, 147–162

Giglioli 1950
G. Q. Giglioli, Phyllobolia, ArchCl 2, 1950, 31–45

Gilly 1978
W. Gilly, Antike Vasen und Terrakotten. 7. vorchristliches bis 1. nachchristliches Jahrhundert. Ausstellungskatalog Oldenburg (Oldenburg 1978)

Giudice – Panvini 2004
F. Giudice – R. Panvini (Hrsg.), Ta Attika. Veder Greco a Gela Ceramiche Attiche Figurate dall'Antica Colonia (Gela 2004)

Giuliani 1998
L. Giuliani, Bilder nach Homer. Vom Nutzen und Nachteil der Lektüre für die Malerei, Quellen zur Kunst 7 (Freiburg 1998)

Goffman 1967
E. Goffman, Interaction Ritual. Essays on a Face-to-Face Behavior (New York 1967)

Golden 1998
M. Golden, Sport and Society in Ancient Greece (Cambridge 1998)

Gosden 2004
C. Gosden, Aesthetics, Intelligence and Emotions. Implications for Archaeology, in: E. DeMarris – C. Gosden – C. Renfrew (Hrsg.), Rethinking Materiality. The Engagement of Mind with the Material World (Cambridge 2004) 33–40

Gossel-Raeck 1990a
B. Gossel-Raeck, Komos. Tanz um den Krater, in: K. Vierneisel – B. Kaeser (Hrsg.), Die Kunst der Schale. Kultur des Trinkens. Ausstellungskatalog München (München 1990) 299–302

Gossel-Raeck 1990b
B. Gossel-Raeck, Wein für alle. Das Choenfest, in: K. Vierneisel – B. Kaeser (Hrsg.), Die Kunst der Schale. Kultur des Trinkens. Ausstellungskatalog München (München 1990) 442–447

Götz 1975
E. Götz, Die Gehölze der Mittelmeerländer. Ein Bestimmungsbuch nach Blattmerkmalen (Stuttgart 1975)

Graef – Langlotz 1933
B. Graef – E. Langlotz, Die antiken Vasen von der Akropolis zu Athen 2, H. 3 (Berlin 1933)

Graef – Langlotz 1925
B. Graef – E. Langlotz, Die antiken Vasen von der Akropolis zu Athen 1, H. 4 (Berlin 1925)

Graf 2004
F. Graf, Zeichenkonzeptionen in der Religion der griechischen und römischen Antike, in: R. Posner – K. Robering – T. A. Sebeok (Hrsg.), Semiotik. Ein Handbuch zu den zeichentheoretischen Grundlagen von Natur und Kultur 4 (Berlin 2004) 939–957

Graf 1996
F. Graf, Pompai in Greece. Some Considerations about Space and Ritual in the Greek Polis, in: R. Hägg (Hrsg.), The Role of Religion in the Early Greek Polis, International Seminar on Ancient Greek Cult 3 (Stockholm 1996) 55–65

Graf – Pohl 2013
T. Graf – I. Pohl, Ästhetik, in: C. Brosius – A. Michaels – P. Schrode (Hrsg.), Ritual und Ritualdynamik. Schlüsselbegriffe, Theorien, Diskussionen (Göttingen 2013) 32–38

Grandjot 1965
W. Grandjot, Reiseführer durch das Pflanzenreich der Mittelmeerländer³(Bonn 1965)

Gras 1987
M. Gras, Amphores Commerciales et Histoire Archïque, DdArch 5, H. 2, 1987, 41–50

Greifenhagen 1968
A. Greifenhagen, Griechische Götter (Berlin 1968)

Griffo 1987
P. Griffo, Il Museo Archeologico Regionale di Agrigento (Rom 1987)

Grimes 2008
R. L. Grimes, Performance Theory and the Study of Ritual, in: P. Antes – A. W. Geertz – R. R. Warne (Hrsg.), New Approaches to the Study of Religion 2 (Berlin 2008) 109–138

Grimm – Hermand 1977
R. Grimm – J. Hermand (Hrsg.), Deutsche Feiern, Athenaion Literaturwissenschaft 5 (Wiesbaden 1977)

Habermas 2001
J. Habermas, Symbolischer Ausdruck und rituelles Verhalten, in: G. Melville (Hrsg.), Institutionalität und Symbolisierung. Verstetigung kultureller Ordnungsmuster in Vergangenheit und Gegenwart (Köln 2001) 53–67

Hadziaslani 2003
C. Hadziaslani, Ton Atheneten Athlon (Athen 2003)

Halbertsma 2014
R. B. Halbertsma, Greek Vases in the Low Countries. An Assessment of Collecting Policies, in: S. Schmidt – M. Steinhart (Hrsg.), Sammeln und Erforschen. Griechische Vasen in neuzeitlichen Sammlungen, Beih. CVA 6 (München 2014) 73–81

Halbwachs 1966
M. Halbwachs, Das Gedächtnis und seine sozialen Bedingungen, Soziologische Texte 34 (Berlin 1966)

Hamilakis u. a. 2002
Y. Hamilakis – M. Pluciennik – S. Tarlow (Hrsg.), Thinking through the Body. Archaeologies of Corporeality (New York 2002)

Hamilton 1992
R. Hamilton, Choes and Anthesteria. Athenian Iconography and Ritual (Ann Arbor 1992)

Hansen 2003
S. Hansen, Archäologie zwischen Himmel und Hölle. Bausteine für eine theoretisch reflektierte Religionsarchäologie, in: M. Heinz – M. K. H. Eggert – U. Veit (Hrsg.), Zwischen Erklären und Verstehen? Beiträge zu den erkenntnistheoretischen Grundlagen archäologischer Interpretation, Tübinger Archäologische Taschenbücher 2 (Münster 2003) 113–148

Harris – Sørensen 2010
O. J. T. Harris – T. F. Sørensen, Rethinking Emotion and Material Culture, Archaeological Dialogues 17, H. 2, 2010, 145–163

Harth 2004
D. Harth, Handlungstheoretische Aspekte der Ritualdynamik, in: D. Harth – G. J. Schenk (Hrsg.), Ritualdynamik. Kulturübergreifende Studien zur Theorie und Geschichte rituellen Handelns (Heidelberg 2004) 95–113

Harth 2003
D. Harth, Leib und Gedächtnis. Über die Bedeutung rituellen Handelns für die Konstruktion und Interpretation symbolischer Ordnung, Forum Ritualdynamik 4 (Heidelberg 2003)

Harth – Michaels 2003
D. Harth – A. Michaels, Grundlagen des SFB 619 Ritualdynamik. Soziokulturelle Prozesse in historischer und kulturvergleichender Perspektive, Forum Ritualdynamik 1 (Heidelberg 2003)

Hartwig 1893
P. Hartwig, Die griechischen Meisterschalen (Stuttgart 1893)

Haspels 1936
C. H. E. Haspels, Attic Black-figured Lekythoi (Paris 1936)

Hatzivassiliou 2010
E. Hatzivassiliou, Athenian Black Figure Iconography between 510 and 475 B.C. (Rahden 2010)

Haug 2012
A. Haug, Die Entdeckung des Körpers. Körper- und Rollenbilder im Athen des 8. und 7. Jhs. v. Chr., Image & Context 10 (Berlin u. a. 2012)

Haug – Warning 1989
W. Haug – R. Warning (Hrsg.), Das Fest (München 1989)

Hausmann 1960
U. Hausmann, Griechische Weihreliefs (Berlin 1960)

Hawley 1998
R. Hawley, The Dynamics of Beauty in Classical Greece, in: D. Montserrat (Hrsg.), Changing Bodies, Changing Meanings. Studies on the Human Body in Antiquity (London 1998) 37–54

Heilmeyer 2002
M. Heilmeyer, Kränze für das griechische Symposion in klassischer Zeit, in: M. Maischberger (Hrsg.), Die griechische Klassik. Idee oder Wirklichkeit. Ausstellungskatalog Berlin (Berlin 2002) 296–299

Heilmeyer 1988
W. D. Heilmeyer, Antikenmuseum Berlin. Die ausgestellten Werke (Berlin 1988)

Hemelrijk 1974
J. M. Hemelrijk, The Gela Painter in the Allard Pierson Museum, BABesch 49, 1974, 117–158

Henn 2008
A. Henn, Introduction. Beyond Norm, Text and Dialectics. Ritual as Social Praxis, in: A. Henn – K.-P. Köpping (Hrsg.), Rituals in an Unstable World. Contingency, Hybridity, Embodiment (Frankfurt a. M. 2008) 9–30

Heydemann 1880
H. Heydemann, Satyr- und Bakchennamen (Halle 1880)

Hill 2000
E. Hill, The Embodied Sacrifice, CambrAJ 10, 2000, 317–326

Hiller 2011
S. Hiller, Palm on Altar, in: W. Gauss (Hrsg.), Our Cups Are Full. Pottery and Society in the Aegean Bronze Age. Papers Presented to Jeremy B. Rutter on the Occasion of his 65th Birthday (Oxford 2011) 104–114

Himmelmann 2005
N. Himmelmann, Grundlagen der griechischen Pflanzendarstellung (Paderborn 2005)

Himmelmann 1999
N. Himmelmann, Attische Grabreliefs (Opladen 1999)

Himmelmann 1997
N. Himmelmann, Tieropfer in der griechischen Kunst (Opladen 1997)

Himmelmann 1996
N. Himmelmann, Minima Archaeologica. Utopie und Wirklichkeit der Antike (Mainz 1996)

Himmelmann 1990
N. Himmelmann, Ideale Nacktheit in der griechischen Kunst, JdI Ergh. 26 (Berlin 1990)

Hock 1905
G. Hock, Griechische Weihegebräuche (München 1905)

Hodder 1986
I. Hodder, Reading the Past. Current Approaches to Interpretation in Archaeology (London 1986)

Hodder 1982
I. Hodder, Symbols in Action. Ethnoarchaeological Studies of Material Culture (Cambridge 1982)

Hoffmann 1980
H. Hoffmann, Knotenpunkte. Zur Bedeutungsstruktur griechischer Vasenbilder, Hephaistos 2, 1980, 127–154

Hoffmann 1971
H. Hoffmann, Collecting Greek Antiquities (New York 1971)

Hölkeskamp 2001
K.-J. Hölkeskamp, Marathon. Vom Monument zum Mythos, in: D. Papenfuß (Hrsg.), Gab es das griechische Wunder? Griechenland zwischen dem Ende des 6. und der Mitte des 5. Jahrhunderts v. Chr. Tagungsbeiträge des 16. Fachsymposions der Alexander-von-Humboldt-Stiftung, veranstaltet vom 5. bis 9. April 1999 in Freiburg im Breisgau (Mainz 2001) 329–353

Hollinshead 2012
M. B. Hollinshead, Monumental Steps and the Shaping of Ceremony, in: B. D. Wescoat – R. G. Ousterhout (Hrsg.), Architecture of the Sacred. Space, Ritual, and Experience from Classical Greece to Byzantium (Cambridge 2012) 27–65

Holmberg 1990
E. J. Holmberg, The Red-Line Painter and the Workshop of the Acheloos Painter (Jonsered 1990)

Hölscher 2010
F. Hölscher, Gods and Statues. An Approach to Archaistic Images in the Fifth Century BCE, in: J. Mylonopoulos (Hrsg.), Divine Images and Human Imaginations in Ancient Greece and Rome, Conference „Images of God – Images for Gods" at the University of Erfurt (Leiden 2010) 105–120

Hooker 1950
E. M. Hooker, The Sanctuary and Altar of Chryse in Attic Red-figure Vase-paintings of the Late Fifth and Early Forth Centuries B. C., JHS 70, 1950, 35–41

Hoppin 1919
A. Hoppin, A Handbook of Attic Red-figured Vases Signed by or Attributed to the Various Masters of the Sixth and Fifth Centuries B.C. 1 (Cambridge 1919)

Horkheimer – Adorno 1988
M. Horkheimer – T. W. Adorno, Dialektik der Aufklärung. Philosophische Fragmente (Frankfurt a. M. 1988)

Hugger 1987
P. Hugger, Stadt und Fest. Zu Geschichte und Gegenwart europäischer Festkultur (Unterägeri 1987)

Hughes-Freeland 2008
F. Hughes-Freeland, Embodied Communities. Dance Traditions and Change in Java (New York u. a. 2008)

Hurwit 1998
J. M. Hurwit, The Athenian Acropolis. History, Mythology, and Archaeology from the Neolithic Era to the Present (Cambridge 1998)

Ignatiadou – Tsigarida 2011
D. Ignatiadou – E.-M. Tsigarida, Gold Wreath and Diadems. Ausstellungskatalog Thessaloniki (Thessaloniki 2011)

Immerwahr 1990
H. R. Immerwahr, Attic Script. A Survey (Oxford 1990)

Jacobsthal 1930
P. Jacobsthal, Aktaions Tod (Marburg 1930)

Jacobsthal 1927
P. Jacobsthal, Ornamente griechischer Vasen (Berlin 1927)

Jahn 1854
O. Jahn, Beschreibung der Vasensammlung König Ludwigs in der Pinakothek zu München (München 1854)

Jameson 2014
M. H. Jameson, Cults and Rites in Archaic Greece. Essays on Religion and Society (Cambridge 2014)

Jameson 1986
M. H. Jameson, Sophocles, Antigone 1005-1022. An Illustration, in: M. Cropp (Hrsg.), Greek Tragedy and its Legacy. Essays Presented to D. J. Conacher (Calgary 1986) 61–65

Jäncke 2013
L. Jäncke, Lehrbuch Kognitive Neurowissenschaft (Bern 2013)

Jenkins – Sloan 1996
I. Jenkins – K. Sloan (Hrsg.), Vases & Volcanoes. Ausstellungskatalog London (London 1996)

Johansen 1951
K. F. Johansen, The Attic Grave-reliefs of the Classical Period. An Essay in Interpretation (Kopenhagen 1951)

Johnson 1989
M. H. Johnson, Conceptions of Agency in Archaeological Interpretation, Journal of Anthropological Archaeology 8, 1989, 189–211

Johnson – Olsen 1992
H. Johnson – B. Olsen, Hermeneutics and Archaeology. On the Philosophy of Contextual Archaeology, American Antiquity 57, H. 3, 1992, 419–436

Johnston – Jones 1978
A. Johnston – R. E. Jones, The „SOS" Amphora, BSA 73, 1978, 103–141

Joyce 2005
R. A. Joyce, Archaeology of the Body, Annual Review of Anthropology 34, 2005, 139–158

Junker 2002
K. Junker, Symposiongeschirr oder Totengefäße? Überlegungen zur Funktion attischer Vasen des 6. und 5. Jahrhunderts v. Chr., AW 45, 2002, 3–26

Jüthner 1968
J. Jüthner, Die athletischen Leibesübungen der Griechen 2. Einzelne Sportarten 1. Lauf-, Sprung- und Wurfwettbewerbe (Böhlau 1968)

Jüthner 1965
J. Jüthner, Die athletischen Leibesübungen der Griechen 1. Geschichte der Leibesübungen (Böhlau 1965)

Jüthner 1898
J. Jüthner, Siegerkranz und Siegerbinde, ÖJh 1, 1898, 42–48

Kadletz 1980
E. Kadletz, The Race and Procession of the Athenian Oscophoroi, GrRomByzSt 21, 1980, 363–371

Kaemmerling 1979
E. Kaemmerling (Hrsg.), Ikonographie und Ikonologie. Theorien, Entwicklung, Probleme, Bildende Kunst als Zeichensystem 1 (Köln 1979)

Kaeser 2004a
B. Kaeser, Die Griechen und der Sport, in: R. Wünsche (Hrsg.), Lockender Lorbeer. Sport und Spiele in der Antike. Ausstellungkatalog München (München 2004) 24–27

Kaeser 2004b
B. Kaeser, Der Sieg ist eine Göttin. Nike, in: R. Wünsche (Hrsg.), Lockender Lorbeer. Sport und Spiele in der Antike. Ausstellungkatalog München (München 2004) 357–364

Kaltsas – Shapiro 2008
N. Kaltsas – H. A. Shapiro (Hrsg.), Worshiping Women. Ritual and Reality in Classical Athens (Athen 2008)

Karagiorga-Stathakopoulou 1977
T. Karagiorga-Stathakopoulou, Other Sports and Games, in: G. A. Christopoulos – I. Douskou (Hrsg.), Athletics in Ancient Greece. Ancient Olympia and the Olympic Games (Athen 1977) 242–263

Karouzou 1963
S. Karouzou, Angeia tou Anagyrountos (Athen 1963)

Kathariou 2009
K. Kathariou, The Jena Workshop Reconsidered. Some New Thoughts on Old Finds, in: J. Oakley – O. Palagia (Hrsg.), Athenian Potters and Painters 2 (Oxford 2009) 63–72

Kavoulaki 1999
A. Kavoulaki, Processional Performances and the Democratic Polis, in: S. Goldhill – R. Osborne (Hrsg.), Performance Culture and Athenian Democracy (Cambridge 1999) 293–320

Kefalidou 2015
E. Kefalidou, El Adorno del Cuerpo, in: I. Escobar – C. Sánchez (Hrsg.), Dioses, Héroes y Atletas. La Imagen del Cuerpo en la Grecia Antigua (Madrid 2015) 121–136

Kefalidou 2009a
E. Kefalidou, The Iconography of Madness in Attic Vase Painting, in: J. Oakley – O. Palagia (Hrsg.), Athenian Potters and Painters 2 (Oxford 2009) 90–99

Kefalidou 2009b
E. Kefalidou, The Plants of Victory in Ancient Greece and Rome, in: J.-P. Morel – A. M. Mercuri (Hrsg.), Plants and Culture. Seeds of the Cultural Heritage of Europe (Bari 2009) 39–44

Kefalidou 1999
E. Kefalidou, Ceremonies of Athletic Victory in Ancient Greece. An Interpretation, Nikephoros 12, 1999, 59–119

Kefalidou 1996
E. Kefalidou, Niketes. Eikonografike Melete tou Archaiou Ellenikou Athletismou (Thessaloniki 1996)

Keller 1995
R. Keller, Zeichentheorie. Zu einer Theorie semiotischen Wissens (Tübingen u. a. 1995)

Kenzler 2007
U. Kenzler, Hoplitenehre. Ein Beitrag zur absoluten Chronologie attischer Vasen der spätarchaischen Zeit, Hephaistos 25, 2007, 179–207

Kerényi 1971
K. Kerényi, Vom Wesen des Festes, Antike Religion 2, 1971, 43–67

Keuls 1985
E. C. Keuls, The Reign of the Phallus (New York 1985)

Khalil 1969
A. K. Khalil, Musicians and Music, in: C. Roebuck (Hrsg.), The Muses at Work (Cambridge 1969) 226–249

Killet 1994
H. Killet, Zur Ikonografie der Frau auf attischen Vasen archaischer und klassischer Zeit (Berlin 1994)

Klein 1912
J. Klein, Der Kranz bei den alten Griechen. Eine religionsgeschichtliche Untersuchung auf Grund der Denkmäler (Günzburg 1912)

Klein 1898
W. Klein, Die griechischen Vasen mit Lieblingsinschriften (Leipzig 1898)

Kleine 2005
B. Kleine, Bilder tanzender Frauen in frühgriechischer und klassischer Zeit, Internationale Archäologie 89 (Rahden/Westf. 2005)

Kluck 2014
S. Kluck, Pathologien der Wirklichkeit. Ein phänomenologischer Beitrag zur Wahrnehmungstheorie und zur Ontologie der Lebenswelt, Neue Phänomenologie 23 (München 2014)

Knappett 2005
C. Knappett, Thinking through Material Culture. An Interdisciplinary Perspective (Philadelphia 2005)

Knappett 2002
C. Knappett, Photographs, Skeuomorphs and Marionettes. Some Thoughts on Mind, Agency and Object, Journal of Material Culture 7, 2002, 97–117

Knappett – Malafouris 2010
C. Knappett – L. Malafouris, Material Agency. Towards an Non-Anthropocentric Approach (New York 2010)

Knauß 2009
F. Knauß, Le Discipline, in: E. Dozio – C.-M. Fallani – S. Soldini (Hrsg.), Gli Atleti di Zeus. Lo Sport nell'Antichità. Ausstellungskatalog Mendrisio (Mailand 2009) 143–190

Knauß 2004a
F. Knauß, Die „heiligen Kranzspiele". Olympien, Pythien, Isthmien, Nemeen, in: R. Wünsche (Hrsg.), Lockender Lorbeer. Sport und Spiele in der Antike. Ausstellungkatalog München (München 2004) 44–55

Knauß 2004b
F. Knauß, Laufen, in: R. Wünsche (Hrsg.), Lockender Lorbeer. Sport und Spiele in der Antike. Ausstellungkatalog München (München 2004) 82–95

Knauß 2004c
F. Knauß, Nicht nur für Ölzweig und Ehre ..., in: R. Wünsche (Hrsg.), Lockender Lorbeer. Sport und Spiele in der Antike. Ausstellungkatalog München (München 2004) 287–303

Knauß 2004d
F. Knauß, Eros in Sport und Spiel, in: R. Wünsche (Hrsg.), Lockender Lorbeer. Sport und Spiele in der Antike. Ausstellungkatalog München (München 2004) 368–377

Knell 1969
H. Knell, Zur Götterversammlung am Parthenon-Ostfries (Stuttgart 1969)

Koch-Harnack 1983
G. Koch-Harnack, Knabenliebe und Tiergeschenke (Berlin 1983)

Köchling 1914
J. Köchling, De Coronarum Apud Antiqous Vi Atque Usu, Religionsgeschichtliche Versuche und Vorarbeiten 14, H. 2 (Gießen 1914)

Köpping – Rao 2000
K.-P. Köpping – U. Rao, Einleitung. Die „performative Wende". Leben, Ritual, Theater, in: K.-P. Köpping – U. Rao (Hrsg.), Im Rausch des Rituals. Gestaltung und Transformation der Wirklichkeit in körperlicher Performanz (Berlin 2000) 1–31

Korzus 1984
B. Korzus (Hrsg.), Griechische Vasen aus westfälischen Sammlungen. Ausstellungskatalog Münster (Münster 1984)

Kosslyn u. a. 2001
S. M. Kosslyn – G. Ganis – L. Thompson, Neural Foundations of Imagery, Nature Reviews Neuroscience 2, 2001, 635–642

Kotsidu 1991
H. Kotsidu, Die musischen Agone der Panathenäen in archaischer und klassischer Zeit. Eine historisch-archäologische Untersuchung, Quellen und Forschungen zur antiken Welt 8 (München 1991)

Kötting 1984
B. Kötting, Opfer in religionsvergleichender Sicht, FrühMitAltSt 18, 1984, 44–47

Kourou 1985
N. Kourou, Musical Procession Scenes in Early Greek Art. Their Oriental and Cypriot Models (Nikosia 1985)

Kourouniotes 1936
K. Kourouniotes, Eleusis. A Guide to the Excavations and the Museum (Athen 1936)

Kreinath u. a. 2006
J. Kreinath – J. Snoek – M. Stausberg, Ritual Studies, Ritual Theory, Theorizing Rituals. An Introductory Essay, in: J. Kreinath – J. Snoek – M. Stausberg (Hrsg.), Theorizing Rituals (Leiden 2006) xiii–xxv

Kreuzer 2009
B. Kreuzer, An Aristocrat in the Athenian Kerameikos. The Kleophrades Painter = Megakles, in: J. Oakley – O. Palagia (Hrsg.), Athenian Potters and Painters 2 (Oxford 2009) 116–124

Kreuzer 1998
B. Kreuzer, Untersuchungen zu den attischen „Pferdekopfamphoren", BABesch 73, 1998, 95–114

Kron 1989
U. Kron, Götterkronen und Priesterdiademe. Zu den griechischen Ursprüngen der sog. Büstenkronen, in: N. Basgelen (Hrsg.), Festschrift für Jale Inan (Istanbul 1989) 373–390

Kron 1976
U. Kron, Die zehn attischen Phylenheroen. Geschichte, Mythos, Kult und Darstellungen, AM Beih. 5 (Berlin 1976)

Kron 1971
U. Kron, Zum Hypogäum von Paestum, JdI 86, 1971, 117–148

Krug 1968
A. Krug, Binden in der griechischen Kunst. Untersuchungen zur Typologie (6. - 1. Jh. v. Chr.) (Hösel 1968)

Krüger u. a. 2005
O. Krüger – M. Nijhawan – E. Stavrianopoulou, „Ritual" und „Agency". Legitimation und Reflexivität ritueller Handlungsmacht, Forum Ritualdynamik 14 (Heidelberg 2005)

Kubatzki 2012
J. Kubatzki, Die Rolle der Musik in antiken griechischen Prozessionen. Ikonografische Untersuchung griechischer Gefäße mit dem Schwerpunkt im 6. und 5. Jh. v. Chr. (Diss. Humboldt-Universität Berlin 2012)

Kunisch 1997
N. Kunisch, Makron (Mainz 1997)

Kunisch 1984
N. Kunisch, Bilder griechischer Musikanten in den Kunstsammlungen der Ruhr-Universität Bochum (Bochum 1984)

Kunze 1992
M. Kunze, Die Antikensammlung im Pergamonmuseum und in Charlottenburg. Staatliche Museen zu Berlin (Berlin 1992)

Kunze-Götte 2006
E. Kunze-Götte, Myrte als Attribut und Ornament auf attischen Vasen (Kilchberg 2006)

Kurke 1993
L. Kurke, The Economy of Kudos. Cult, Performance, Politics, in: C. Dougherty – L. Kurke (Hrsg.), Cultural Poetics in Archaic Greece (Cambridge 1993) 131–163

Kurtz 1989
D. C. Kurtz (Hrsg.), Greek Vases. Lectures by J. D. Beazley (Oxford 1989)

Kurtz 1975
D. C. Kurtz, Athenian White Lekythoi (Oxford 1975)

Kyle 1993
D. G. Kyle, Athletics in Ancient Athens [2](Leiden 1993)

Lacey – Lawson 2013
S. Lacey – R. Lawson (Hrsg.), Multisensory Imagery (New York 2013)

LaFleur 1998
W. R. LaFleur, Body, in: M. C. Taylor (Hrsg.), Critical Terms for Religious Studies (Chicago 1998) 36–54

Langer – Snoek 2013
R. Langer – J. A. M. Snoek, Ritualtransfer, in: C. Brosius – A. Michaels – P. Schrode (Hrsg.), Ritual und Ritualdynamik. Schlüsselbegriffe, Theorien, Diskussionen (Göttingen 2013) 188–196

Langlotz 1932
E. Langlotz, Griechische Vasen in Würzburg (München 1932)

Langlotz 1922
E. Langlotz, Griechische Vasenbilder (Heidelberg 1922)

Latour 2005
B. Latour, Reassembling the Social. An Introduction to Actor-Network-Theory (Oxford 2005)

Laum 1914
B. Laum, Stiftungen in der griechischen und römischen Antike (Berlin 1914)

Laurens 1987
A. F. Laurens, Identification d'Hébé. Le Nom, l'un et le Multiple, in: C. Bérard (Hrsg.), Images et Société en Grèce Ancienne. L'Iconographie comme Méthode d'Analyse, Cahiers d'Archéologie Romande 36 (Lausanne 1987) 59–72

Lavin 1992
I. Lavin, Ikonographie als geisteswissenschaftliche Disziplin. „Die Ikonographie am Scheideweg", in: J. Arrouye – A. Beyer (Hrsg.), Die Lesbarkeit der Kunst. Zur Geistesgegenwart der Ikonologie, Kleine Kulturwissenschaftliche Bibliothek 37 (Berlin 1992) 11–22

Laxander 2000
H. Laxander, Individuum und Gemeinschaft im Fest. Untersuchungen zu attischen Darstellungen von Festgeschehen im 6. und 5. Jahrhundert v. Chr. (Münster 2000)

Leach 1966
E. Leach, Ritualization in Man in Relation to Conceptual and Social Development, Philosophical Transactions of the Royal Society of London 251, 1966, 403–408

Lee 2015
M. M. Lee, Body, Dress and Identity in Ancient Greece (New York 2015)

Lehmann 2012
S. Lehmann, Sieger-Binden im agonistischen und monarchischen Kontext, in: A. Lichtenberger (Hrsg.), Das Diadem hellenistischer Herrscher. Übernahme, Transformation oder Neuschöpfung eines Herrschaftszeichens?, Kolloquium vom 30.–31. Januar 2009 in Münster, Euros 1 (Bonn 2012) 181–208

Lehnstaedt 1970
K. Lehnstaedt, Prozessionsdarstellung auf attischen Vasen (Diss. Ludwig-Maximilians-Universität München 1970)

Lenz 1859
H. O. Lenz, Botanik der alten Griechen und Römer (Wiesbaden 1966) [unveränderter Neudruck der Ausgabe von 1859]

Levi 1985
P. Levi, The Foundations of Literature. Poetry and Prose from Homer to the Gospels, in: R. Browning (Hrsg.), The Greek World. Classical, Byzantine and Modern (London 1985) 153–166

Lindner 1992
R. Lindner, Waffenläufer auf Panathenäischen Preisamphoren, in: H. Froning – T. Hölscher – H. Mielsch (Hrsg.), Kotinos. Festschrift für Erika Simon (Mainz 1992) 146–150

Lippert – Podlech 1989
W. Lippert – D. Podlech, Pflanzen der Mittelmeerküsten. Die wichtigsten Blütenpflanzen und Sträucher erkennen und bestimmen (München 1989)

Lissarrague 2001
F. Lissarrague, Greek Vases. The Athenian and their Images (New York 2001)

Lissarrague 1999
F. Lissarrague, Publicity and Performance. Kalos Inscriptions in Attic Vase-painting, in: S. Golhill – R. Osborne (Hrsg.), Performance Culture and Athenian Democracy (Cambridge 1999) 359–373

Lissarrague 1995
F. Lissarrague, Un Rituel du Vin. La Libation, in: O. Murray – M. Tecuşan (Hrsg.), In Vino Veritas. Record of an International Conference on Wine and Society in the Ancient World, held in Rome from 19th to 22nd March, 1991 (London 1995) 126–144

Lissarrague 1987
F. Lissarrague, Un Flot d'Images. Une Esthétique du Banquet Grec (Paris 1987)

Lorenz 2016
K. Lorenz, Ancient Mythological Images and their Interpretation. An Introduction to Iconology, Semiotics and Image Studies in Classical Art History (Cambridge 2016)

Lucas 2012
G. Lucas, Understanding the Archaeological Record (Cambridge 2012) 124–168

Lyons u. a. 2013
C. L. Lyons – M. Bennett – C. Marconi – A. Sofroniew (Hrsg.), Sicily. Art and Invention between Greece and Rome. Ausstellungskatalog Malibu (Los Angeles 2013)

Maas – Snyder 1989
M. Maas – J. M. Snyder, Stringed Instruments of Ancient Greece (New Haven 1989)

Maffre 2001
J.-J. Maffre, Amphores Panathénaïques dé Couvertes en Cyrénaïque in: M. Bentz – N. Eschbach (Hrsg.), Panathenaika. Symposion zu den Panathenäischen Preisamphoren, Rauischholzhausen 25.11–29.11.1998 (Mainz 2001) 25–32

Magni 1996
C. Magni, Scènes de Symposion et de Comos. La Musique comme Divertissement Galant, in: E. P. Birchler (Hrsg.), La Musique et la Danse dans l'Antiquité (Genf 1996) 44 f.

Malafouris 2013
L. Malafouris, How Things Shape the Mind. A Theory of Material Engagement (Cambridge 2013)

Malagardis 1985
A. Malagardis, Deux Temps d'une Fête Athénienne sur un Skyphos Attique, AntK 28, 1985, 71–92

Malina 2000
B. J. Malina, Rituale der Lebensexklusivität. Zu einer Definition des Opfers, in: B. Janowski (Hrsg.), Opfer. Theologische und kulturelle Konzepte (Frankfurt a. M. 2000) 23–57

Mann 2009
C. Mann, Kalokagathia in der Demokratie. Überlegungen zur Medialität der politischen Kommunikation im klassischen Athen, in: C. Mann – M. Haake – R. von den Hoff (Hrsg.), Rollenbilder in der athenischen Demokratie. Medien, Gruppen, Räume im politischen und sozialen System. Beiträge zu einem interdisziplinären Kolloquium in Freiburg i. Br., 24. bis 25. November 2006 (Wiesbaden 2009) 147–170

Mann 2001
C. Mann, Athlet und Polis im archaischen und klassischen Griechenland (Göttingen 2001)

Mannack 2014
T. Mannack, Beautiful Men on Vases for the Dead, in: J. H. Oakley (Hrsg.), Athenian Potters and Painters 3 (Oxford 2014) 116–124

Mannack 2002
T. Mannack, Griechische Vasenmalerei. Eine Einführung (Darmstadt 2002)

Mannack 2001
T. Mannack, The Late Mannerists in Athenian Vase-Painting (Oxford 2001)

Marbach 2006
E. Marbach, Wie sich Bewusstsein mit Hilfe der Husserlschen Phänomenologie in die (Neuro-) Wissenschaft einbeziehen läßt, in: D. Lohmar – D. Fonfara (Hrsg.), Interdisziplinäre Perspektiven der Phänomenologie. Neue Felder der Kooperation: Cognitive Science. Neurowissenschaften, Psychologie, Soziologie, Politikwissenschaft und Religionswissenschaft (Dordrecht 2006) 203–234

Marconi 2015
C. Marconi, The Oxford Handbook of Greek Art and Architecture (New York 2015)

Marinatos 1973
S. Marinatos, Kreta, Thera und das mykenische Hellas [2](München 1973)

Martin 1973
M. Martin, Fest und Alltag. Bausteine zu einer Theorie des Festes (Stuttgart 1973)

Martzloff 2010
L. Martzloff, Bilder von Ritualen im Alten Ägypten, in: C. Ambos (Hrsg.), Bild und Ritual. Visuelle Kulturen in historischer Perspektive (Darmstadt 2010) 151–159

Masuzawa 1998
T. Masuzawa, Culture, in: M. C. Taylor (Hrsg.), Critical Terms for Religious Studies (Chicago 1998) 70–93

Matheson 2009
S. B. Matheson, Beardless, Armed, and Barefoot. Ephebes, Warriors, and Ritual on Athenian Vases, in: D. Yatromanolakis (Hrsg.), An Archaeology of Representations. Ancient Greek Vase-Painting and Contemporary Methodologies (Athen 2009) 373–413

Matheson 1995
S. B. Matheson, Polygnotos and Vase Painting in Classical Athens (Madison 1995)

Maurer 1991
M. Maurer, Feste und Feiern als historischer Forschungsgegenstand, HZ 253, 1991, 101–130

Maurizio 1998
L. Maurizio, The Panathenaic Procession. Athens' Participatory Democracy on Display?, in: D. D. Boedecker – K. A. Raaflaub (Hrsg.), Democracy, Empire, and Arts in the Fifth-Century Athens, Center for Hellenic Studies 2 (Cambridge 1998) 297–317

Mauss 1934
M. Mauss, Soziologie und Anthropologie. Gabentausch, Soziologie und Psychologie. Todesvorstellungen. Körpertechniken. Begriff der Person 1–2 (Frankfurt a. M. 1989) [1934 im Original erschienen als „Les Techniques du Corps" im „Journal de Psychologie"]

McNiven 2009
T. J. McNiven, „Things to Which We Give Service". Interactions with Sacred Images on Athenian Pottery, in: D. Yatromanolakis (Hrsg.), An Archaeology of Representations. Ancient Greek Vase-Painting and Contemporary Methodologies (Athen 2009) 298–324

Meier 1989
C. Meier, Zur Funktion der Feste in Athen im 5. Jahrhundert vor Christus, in: W. Haug – R. Warning (Hrsg.), Das Fest (München 1989) 569–591

Meier – Zotter 2013
T. Meier – A. Zotter, Ritualgegenstände und Materialität, in: C. Brosius – A. Michaels – P. Schrode (Hrsg.), Ritual und Ritualdynamik. Schlüsselbegriffe, Theorien, Diskussionen (Göttingen 2013) 135–143

Melldahl – Flemberg 1978
C. Melldahl – J. Flemberg, Eine Hydria des Theseus-Malers mit einer Opferdarstellung, in: Gustavianum Collection (Hrsg.), From the Gustavianum Collections in Uppsala 2. The Collection of Classical Antiquities. History and Studies of Selected Objects, Boreas 9 (Uppsala 1978) 57–79

Merleau-Ponty 1969
M. Merleau-Ponty, Das Kino und die neue Psychologie, in: D. Liebsch (Hrsg.), Philosophie des Films. Grundlagentexte (Paderborn 2005) 70–84 [Textsammlung, Originalaufsatz von 1969]

Merleau-Ponty 1966
M. Merleau-Ponty, Phänomenologie der Wahrnehmung (Berlin 1966)

Meskell 1996
L. Meskell, The Somatization of Archaeology. Institutions, Discourses, Corporeality, Norwegian Archaeological Review 29, H. 1, 1996, 1–16

Metzger 1965
H. Metzger, Recherches sur l'Imagerie Athénienne (Paris 1965)

Metzger 1951
H. Metzger, Les Représentations dans la Céramique Attique du IVe Siècle (Paris 1951)

Meuli 1946
K. Meuli, Opferbräuche, in: O. Gigon (Hrsg.), Phyllobolia. Für Peter von der Mühll zum 60. Geburtstag am 1. August 1945 (Basel 1946) 189–288

Meyer 2012
K. M. Meyer, Die Binde des Dionysos als Vorbild für das Königsdiadem?, in: A. Lichtenberger (Hrsg.), Das Diadem hellenistischer Herrscher. Übernahme, Transformation oder Neuschöpfung eines Herrschaftszeichens?, Kolloquium vom 30.–31. Januar 2009 in Münster, Euros 1 (Bonn 2012) 209–231

Meyer 1999
K.-H. Meyer, Die Werke der bildenden Kunst als Zeichen ihrer BetrachterInnen. Überlegungen zum Anteil der Kunstwissenschaft im Auf- und Umbau unserer Wirklichkeitskonstrukte auf der Grundlage einer konstruktivistisch erweiterten Semiotik (Hamburg 1999)

Meyer 1988
K.-H. Meyer, Das Bild ist im Betrachter. Zur Struktur- und Bedeutungskonstruktion durch den Rezipienten, Hephaistos 9, 1988, 7–41

Michaels 2003
A. Michaels, Zur Dynamik von Ritualkomplexen, Forum Ritualdynamik 3 (Heidelberg 2003)

Miczek 2010
N. Miczek, Visualität, Narrativität und Rituale. Eine Annäherung der Perspektive am Beispiel des Clusters „Gegenwärtige Westliche Esoterik", in: C. Ambos (Hrsg.), Bild und Ritual. Visuelle Kulturen in historischer Perspektive (Darmstadt 2010) 259–276

Miller 2004
S. G. Miller, Ancient Geek Athletics (London 2004)

Miller 1997
M. C. Miller, Athens and Persia in the Fifth Century BC. A Study in Cultural Receptivity (Cambridge 1997)

Miller 1989
M. C. Miller, The Ependytes in Classical Athens, Hesperia 58, 1989, 313–329

Mitchell 1992
W. J. T. Mitchell, The Pictorial Turn, Artforum, H. 3, 1992, 89–94

Möller-Titel 2019
N. Möller-Titel, Herakles- und Theseus-Darstellungen auf Campana-Reliefs. Untersuchungen zur Adaption und Tradierung zweier griechischer Helden in römischer Zeit (Hamburg 2019)

Mommsen 1898
A. Mommsen, Feste der Stadt Athen im Altertum. Geordnet nach attischem Kalender (Leipzig 1898)

Mommsen 1864
A. Mommsen, Heortologie. Antiquarische Untersuchungen über die städtischen Feste der Athener (Leipzig 1864)

MonInst 1869/1873
MonInst 9 (Rom 1869/1873)

Moraw 1998
S. Moraw, Die Mänade in der attischen Vasenmalerei des 6. und 5. Jahrhunderts v. Chr. (Mainz 1998)

Moreno 1995
P. Moreno, Opere di Lisippo, in: P. Moreno (Hrsg.), Lisippo. L'Arte e la Fortuna (1995) 46–288

Moreno 1989
P. Moreno, Lysippic Types. Painting into Sculpture, in: N. Basgelen – M. Lugal (Hrsg.), Festschrift für Jale Inan (Istanbul 1989) 145–152

Morris 1993
I. Morris, Poetics of Power. The Interpretation of Ritual Action in Archaic Greece, in: C. Dougherty – L. Kurke (Hrsg.), Cultural Poetics in Archaic Greece (Cambridge 1993) 15–45

Morris 1938–1939
C. W. Morris, Grundlagen der Zeichentheorie. Ästhetik und Zeichentheorie (München 1972) [Originaltitel: Foundations of the Theory of Signs (1938) / Esthetics and the Theory of Signs (1939) übers. von R. Posner]

MuM 1958
MuM. Kunstwerke der Antike. Skulpturen, Bronzen, Terrakotten, Keramik, Goldschmuck. Auktionskatalog Basel 29. November 1958 (Basel 1958)

Murr 1890
J. Murr, Die Pflanzenwelt in der griechischen Mythologie (Innsbruck 1890)

Murray – Tecuşan 1995
O. Murray – M. Tecuşan (Hrsg.), In Vino Veritas (London 1995)

Mylonopoulos 2015
I. Mylonopoulos, Buildings, Images, and Rituals in the Greek World, in: E. Marconi (Hrsg.), The Oxford Handbook of Greek and Roman Art and Architecture (Oxford 2015) 326–351

Mylonopoulos 2006
I. Mylonopoulos, Greek Sanctuaries as Places of Communication through Rituals, in: E. Stavrianopoulou (Hrsg.), Ritual and Communication in the Graece-Roman World, Kernos Suppl. 16 (Lüttich 2006) 69–110

Mylonopoulos – Roeder 2006
I. Mylonopoulos – H. Roeder, Archäologische Wissenschaften und Ritualforschung. Einführende Überlegungen zu einem ambivalenten Verhältnis, in: I. Mylonopoulos – H. Roeder (Hrsg.), Archäologie und Ritual. Auf der Suche nach der rituellen Handlung in den antiken Kulturen Ägyptens und Griechenland (Wien 2006) 9–21

Naiden 2013
S. Naiden, Smoke Signals for the Gods. Ancient Greek Sacrifice from the Archaic through Roman Periods (Oxford 2013)

Neer 2002
R. T. Neer, Style and Politics in Athenian Vase-Painting. The Craft of Democracy, ca. 530-460 B.C.E. (Cambridge 2002)

Neils 2003
J. Neils, Children in Geek Religion, in: J. Neils – J. H. Oakley (Hrsg.), Coming of Age in Ancient Greece. Images of Childhood from the Classical Past (New Haven 2003) 139–162

Neils 2001
J. Neils, The Parthenon Frieze (Cambridge 2001)

Neils 2000
J. Neils, Others within the Other. An Intimate Look at Hetairai and Maenads, in: B. Cohen (Hrsg.), Not the Classical Ideal. Athens and the Construction of the Other in Greek Art (Leiden 2000) 203–226

Neils 1996
J. Neils, Pride, Pomp, and Circumstances, in: J. Neils (Hrsg.), Worshipping Athena. Panathenaia and Parthenon (Wisconsin 1996) 177–197

Neils 1994
J. Neils, The Panathenaia and Kleistenic Ideology, in: W. D. Coulsen (Hrsg.), The Archaeology of Athens and Attica under the Democracy. Proceeding of an International Conference celebrating 2500 years since the Birth of Democracy in Greece, held at the American School of Classical Studies at Athens, December 4-6.1992 (Oxford 1994) 151–160

Neils 1992a
J. Neils, The Panathenaia. An Introduction, in: J. Neils (Hrsg.), Goddess and Polis. The Panathenaic Festival in Ancient Athens (Princeton 1992) 13–27

Neils 1992b
J. Neils, Panathenaic Amphoras. Their Meaning, Makers, and Markets, in: J. Neils (Hrsg.), Goddess and Polis. The Panathenaic Festival in Ancient Athens (Princeton 1992) 29–52

Neils 1992c
J. Neils, Catalogue of the Exhibition, in: J. Neils (Hrsg.), Goddess and Polis. The Panathenaic Festival in Ancient Athens (Princeton 1992) 143–19

Neils – Oakley 2003
J. Neils – J. H. Oakley (Hrsg.), Coming of Age in Ancient Greece. Images of Childhood from the Classical Past (New Haven 2003)

Neumann-Hartmann 2009
A. Neumann-Hartmann, The Dedication of Victory Crowns and the Performance of Epinikian Odes, BICS 52, 2009, 1–13

Nielsen 2002
I. Nielsen, Cultic Theatre and Ritual Drama. A Study in Ritual Development and Religious Interchange between East and West in Antiquity (Aarhus 2002)

Nilsson 1916
M. P. Nilsson, Die Prozessionstypen im griechischen Kult. Mit einem Anhang über die dionysischen Prozessionen in Athen, JdI 31, 1916, 309–339

Nilsson 1906
M. P. Nilsson, Griechische Feste von religiöser Bedeutung. Mit Ausschluss der Attischen (Leipzig 1906)

Nilsson Stutz 2003
L. Nilsson Stutz, Embodied Rituals & Ritualized Bodys. Tracing Ritual Practice in Late Mesolithic Burials, Acta Archaeologica Lundensia 46 (Stockholm 2003)

Noë 2006
A. Noë, Action in Perception (Massachusetts 2006)

Nordquist 1992
G. C. Nordquist, Instrumental Music in Representations of Greek Cult, in: R. Hägg (Hrsg.), The Iconography of Greek Cult in the Archaic and Classical Period. Proceedings of the First International Seminar on Ancient Geek Cult organized by the Swedish Institute at Athens and the European Cultural Center of Delphi 16-18 November 1990, Kernos Suppl. 1 (Athen 1992) 143–168

Oakley 2013
J. Oakley, The Greek Vase. Art of the Story Teller (London 2013)

Oakley 1997
J. H. Oakley, The Achilles Painter (Mainz 1997)

Oakley 1990
J. H. Oakley, The Phiale Painter, Kerameus 8 (Mainz 1990)

Oenbrink 1997
W. Oenbrink, Das Bild im Bilde (Frankfurt 1997)

Osborne 2012
R. Osborne, Cult and Ritual. The Greek World, in: S. Alcock – R. Osborne (Hrsg.), Classical Archaeology ²(Malden 2012) 246–262

Osborne 2011
R. Osborne, The History Written on the Classical Greek Body (Cambridge 2011)

Osborne 1987
R. Osborne, Classical Landscape with Figures. The Ancient Greek City and its Countryside (London 1987)

Pala 2012
E. Pala, Acropoli di Atene. Un Microcosmo della Produzione e Distribuzione della Ceramica Attica (Rom 2012)

Paleothodoros 2009
D. Paleothodoros, Archaeological Context and Iconographic Analysis. Case Studies from Greece and Etruria, in: V. Nørskov (Hrsg.), The World of Greek Vases (Rom 2009) 45–62

Panofsky 1955
E. Panofsky, Meaning in the Visual Arts. Papers in and on Art History (New York 1955)

Paquette 1984
D. Paquette, L'Instrument de Musique dans la Céramique de la Grèce Antique (Paris 1984)

Paribeni 1996
E. Paribeni, La Collezione Casuccini. Ceramica Attica, Ceramica Etrusca, Ceramica Falisca (Rom 1996)

Parisinou 2000
E. Parisinou, The Light of the Gods. The Role of Light in Archaic und Classical Greece Culture (London 2000)

Parke 1987
H. W. Parke, Athenische Feste, Kulturgeschichte der antiken Welt 38 (Mainz 1987)

Parker 2005
R. Parker, Polytheism and Society at Athens (Oxford 2005)

Patay-Horváth 2009
A. Patay-Horváth, Hair or Wreath? Metal Attachments on Marble Heads in Architectural Sculpture, in: P. Schultz – R. von den Hoff (Hrsg.), Structure, Image, Ornament. Architectural Sculpture on the Greek World. Proceedings of an International Conference held at the American School of Classical Studies 27-28 Novembre 2004 (Oxford 2009) 87–94

Patrucco 1972
R. Patrucco, Lo Sport nella Grecia Antica (Florenz 1972)

Peirce 1993
S. Peirce, Death, Revelry, and Thysia, ClAnt 12, H. 2, 1993, 219–266

Peirce 1865–1913
C. S. Peirce, Semiotische Schriften 1–3 (1865–1913) [hrsg. und übers. v. C. Kloesel (Frankfurt a. M. 1986–1993)]

Pellegrini 191
G. Pellegrini, Catalogo dei Vasi Greci Dipinti della Necropoli Felsinee (Bologna 1912)

Pentazou 1977
M. Pentazou, Honours Conferred on the Victors, in: G. A. Christopoulos – I. Douskou (Hrsg.), Athletics in Ancient Greece. Ancient Olympia and the Olympic Games (Athen 1977) 242–263

Perrot – Chipiez 1911–1914
G. Perrot – C. Chipiez, Histoire de l'Art dans l'Antiquité 9–10 (Paris 1911–1914)

Peschel 1987
I. Peschel, Die Hetäre bei Symposion und Komos in der attisch-rotfigurigen Vasenmalerei des 6.-4. Jahrh. v. Chr., Europäische Hochschulschriften. Archäologie 13 (Frankfurt a. M. 1987)

Petermandl 1997
W. Petermandl, Überlegungen zu den Altersklassen bei den griechischen Agonen, Nikephoros 10, 1997, 135–147

Petzold 2007
K. Petzold, Soziologische Theorien in der Archäologie. Konzepte, Probleme, Möglichkeiten (Saarbrücken 2007)

Pfisterer-Haas 1990
S. Pfisterer-Haas, Wein beim Opfer, in: K. Vierneisel – B. Kaeser (Hrsg.), Die Kunst der Schale. Kultur des Trinkens. Ausstellungskatalog München (München 1990) 429–435

Pickard-Cambridge 1953
A. Pickard-Cambridge, The Dramatic Festivals of Athens (Oxford 1953)

Picon 2007
C. A. Picon (Hrsg.), Art of the Classical World in the Metropolitan Museum of Art. Greece, Cyprus, Etruria, Rome (New York 2007)

Pieper 1963a
J. Pieper, Über das Phänomen des Festes (Köln 1963)

Pieper 1963b
J. Pieper, Zustimmung der Welt. Eine Theorie des Festes (München 1963)

Pinney – Ridgway 1979
G. F. Pinney – B. S. Ridgway, Aspects of Ancient Greece. Ausstellungskatalog Allentown (Allentown 1979)

Pochat 2001
G. Pochat, Symboltheorien und Weisen der Welterzeugung, in: G. Melville (Hrsg.), Institutionalität und Symbolisierung. Verstetigung kultureller Ordnungsmuster in Vergangenheit und Gegenwart (Köln 2001) 77–94

Podemann Sørensen 2008
J. Podemann Sørensen, A Theory of Ritual, in: A. H. Rasmussen – S. W. Rasmussen (Hrsg.) Rituals, Resources and Identity in the Ancient Graeco-Roman World. The BOMOS-Conferences 2002-2005, AnalRom Suppl. 40 (Rom 2008) 13–22

Podemann Sørensen 1993
J. Podemann Sørensen, Ritualistics. A New Discipline in the History of Religions, in: T. Ahlbäck (Hrsg.), The Problem of Ritual. Based on Papers Read at the Symposium on Religious Rites held at Åbo, Finland, on the 13th-16th of August 1991, Scripta Instituti Donneriani 15 (Stockholm 1993) 9–25

Poliakoff 1987
M. B. Poliakoff, Combat Sports in the Ancient World. Competition, Violence and Culture (Yale 1987)

Polignac 1995
F. de Polignac, Cults, Territory, and the Origins of the Greek City State (Chicago 1995)

Polit 2013
K. Polit, Verkörperung, in: C. Brosius – A. Michaels – P. Schrode (Hrsg.), Ritual und Ritualdynamik. Schlüsselbegriffe, Theorien, Diskussionen (Göttingen 2013) 21–221

Pottier 1897–1922
E. Pottier, Vases Antiques du Louvre (Paris 1897–1922)

Prange 1989
M. Prange, Der Niobidenmaler und seine Werkstatt. Untersuchungen zu einer Vasenwerkstatt frühklassischer Zeit (Frankfurt 1989)

Price 2008
S. Price, Memory and Ancient Greece, in: A. H. Rasmussen – S. W. Rasmussen (Hrsg.), Rituals, Resources and Identity in the Ancient Graeco-Roman World. The BOMOS-Conferences 2002-2005, AnalRom Suppl. 40 (Rom 2008) 167–177

Price 1999
S. Price, Religions of the Ancient Greeks (Cambridge 1999)

Pringsheim 1905
H. Pringsheim, Archäologische Beiträge zur Geschichte des eleusinischen Kults (München 1905)

Prohl 2003
I. Prohl, Vom Ritual zur Performanz. Neuere Forschungen und Perspektiven, in: C. Metzner-Nebelsick (Hrsg.), Rituale in der Vorgeschichte, Antike und Gegenwart. Studien zur Vorderasiatischen, Prähistorischen und Klassischen Archäologie, Ägyptologie, Alten Geschichte, Theologie und Religionswissenschaft. Interdisziplinäre Tagung vom 1. - 2. Februar 2002 an der Freien Universität Berlin (Rahden 2003) 201–210

Raaflaub 1998
K. A. Raaflaub, The Transformation of Athens in the Fifth Century, in: D. D. Boedecker – K. A. Raaflaub (Hrsg.), Democracy, Empire, and Arts in the Fifth-Century Athens, Center for Hellenic Studies 2 (Cambridge 1998) 15–41

Radke 1983
G. Radke, Rez. zu M. Blech, Studien zum Kranz bei den Griechen, Religionsgeschichtliche Versuche und Vorarbeiten 38 (Berlin 1982), Gnomon 55, 1983, 252–253

Raschke 1984
W. J. Raschke (Hrsg.), The Archaeology of the Olympics. The Olympics and other Festivals in Antiquity (Los Angeles 1984)

Rasmussen 2008
A. H. Rasmussen, Priest and Ritual in Ancient Greek Cult, in: A. H. Rasmussen – S. W. Rasmussen (Hrsg.), Rituals, Resources and Identity in the Ancient Graeco-Roman World. The BOMOS-Conferences 2002-2005, AnalRom Suppl. 40 (Rom 2008) 71–80

Rasmussen 1995
B. B. Rasmussen, Guides to the National Museum. The Collection of Near Eastern and Classical Antiquities (Kopenhagen 1995)

Raubitschek 1949
A. E. Raubitschek, Dedications from the Athenian Acropolis (Cambridge 1949)

Rebay-Salisbury 2013
K. Rebay-Salisbury, Phänomenologie und Landschaft. Der menschliche Körper in Bewegung, in: R. Karl – J. Leskovar (Hrsg.), Interpretierte Eisenzeiten. Fallstudien, Methoden, Theorie, Tagungsberichte der 5. Linzer Gespräche zur interpretativen Eisenzeitenarchäologie, Studien zur Kulturgeschichte von Oberösterreich 37 (Linz 2013) 1–10

Reeder 1995
E. D. Reeder, Pandora. Frauen im klassischen Griechenland (Baltimore 1995)

Rehberg 2001
K.-S. Rehberg, Weltrepräsentanz und Verkörperung, in: G. Melville (Hrsg.), Institutionalität und Symbolisierung. Verstetigung kultureller Ordnungsmuster in Vergangenheit und Gegenwart (Köln 2001) 3–49

Reisner u. a. 1924
G. A. Reisner – C. S. Fisher – D. G. Lyon, Harvard Excavations at Samaria (Cambridge 1924)

Renfrew 1984
C. Renfrew, Approaches to Social Archaeology (Cambridge 1984)

Renfrew 1982
C. Renfrew, Towards an Archaeology of Mind. An Inaugural Lecture (Cambridge 1982)

Renfrew – Zubrow 1994
C. Renfrew – E. B. W. Zubrow (Hrsg.), The Ancient Mind. Elements of Cognitive Archaeology (New York 1994)

Reusser 2003
C. Reusser, Vasen für Etrurien (Zürich 2003)

Richter 1936
G. Richter, Red-figured Athenian Vases in the Metropolitan Museum of Art (New Haven 1936)

Richter – Milne 1935
G. Richter – M. Milne, Shapes and Names of Athenian Vases (New York 1935)

Ritter 1965
H.-W. Ritter, Diadem und Königsherrschaft, Vestigia 7 (München 1965)

Rizza 1959–1960
G. Rizza, Una Nuova Pelike a Figure Tosse e lo „Splanchnoptes“ di Styppax, ASAtene 37–38 (1959–1960)

Robb 1998
J. E. Robb, The Archaeology of Symbols, Annual Review of Anthropology 27, 1998, 329–346

Robert 1919
C. Robert, Archäologische Hermeneutik. Anleitung zur Deutung klassischer Bildwerke (Berlin 1919)

Robertson 1992
C. M. Robertson, The Art of Vase-Painting in Classical Athens (Cambridge 1992)

Robertson 1987
M. Robertson, Greek, Etruscan and Roman Vases in the Lady Lever Art Gallery, Port Sunlight (Liverpool 1987)

Robertson 1975a
M. Robertson, History of Greek Art (Cambridge 1975)

Robertson 1975b
M. Robertson, The Parthenon Frieze (London 1975)

Röhricht 2011
F. Röhricht, Leibgedächtnis und Körper-Ich. Zwei zentrale Bezugspunkte in der störungsspezifischen körperorientierten Psychotherapie, Psychologie in Österreich 4, 2011, 239–248

Rosenzweig 2004
R. Rosenzweig, Worshipping Aphrodite. Art and Cult in Classical Athens (Ann Arbor 2004)

Rotroff 1977
S. I. Rotroff, The Parthenon Frieze and the Sacrifice to Athena, AJA 81, 1977, 379–382

Roumpi 2011
A. Roumpi, The Killing of Bousiris. The Vase-Painter's Idea of the Musicians in the Service of an Egyptian King, Imago Musicae 24, 2011, 23–41

Rühfel 2003
H. Rühfel, Begleitet von Baum und Strauch. Griechische Vasenbilder, Würzburger Studien zur Sprache und Kultur 7 (Dettelbach 2003)

Rühfel 1984
H. Rühfel, Kinderleben im Klassischen Athen (Mainz 1984)

Rumpf 1928
A. Rumpf, Die Religion der Griechen (Leipzig 1928)

Rupp 1991
D. W. Rupp, Blazing Altars. The Depiction of Altars in Attic Vase Painting, in: R. Étienne – M.-T. Le Dinahet (Hrsg.), L'Espace Sacrificiel dans les Civilisations Méditerranéennes de l'Antiquité. Actes du Colloque tenu à la Maison de l'Orient, Lyon, 4-7 Juin 1988 (Paris 1991) 56–62

Sachs-Hombach 2010
K. Sachs-Hombach, Bildwissenschaft und Ritualforschung, in: C. Ambos (Hrsg.), Bild und Ritual. Visuelle Kulturen in historischer Perspektive (Darmstadt 2010) 279–287

Sachs-Hombach 2003
K. Sachs-Hombach, Das Bild als kommunikatives Medium. Elemente einer allgemeinen Bildwissenschaft (Köln 2003)

Samter 1910
E. Samter, Familienfeste der Griechen und Römer (Berlin 1910)

Sansone 1988
D. Sansone, Greek Athletics and the Genesis of Sport (Berkeley 1988)

Sax 2013
W. S. Sax, Agency, in: C. Brosius – A. Michaels – P. Schrode (Hrsg.), Ritual und Ritualdynamik. Schlüsselbegriffe, Theorien, Diskussionen (Göttingen 2013) 25–31

Sax 2006
W. S. Sax, Agency, in: J. Kreinath – J. Snoek – M. Stausberg (Hrsg.), Theorizing Rituals (Leiden 2006) 473–481

Scanlon 1983
T. F. Scanlon, The Vocabulary of Competition. Agón and Aethlos. Greek Terms for Contest, Arete 1, H. 1, 1983, 147–162

Schaal 1928
H. Schaal, Griechische Vasen 2. Rotfigurig, Bilderhefte zur Kunst- und Kulturgeschichte des Altertums 5 (Bielefeld 1928)

Schäfer 1997
A. Schäfer, Unterhaltung beim griechischen Symposion. Darbietungen, Spiele und Wettkämpfe von homerischer bis in spätklassischer Zeit (Mainz 1997)

Schefold – Giuliani 1978
K. Schefold – L. Giuliani, Götter- und Heldensagen der Griechen in der spätarchaischen Kunst (München 1978)

Schefold – Jung 1988
K. Schefold – F. Jung, Die Urkönige, Perseus, Bellerophon, Herakles und Theseus in der klassischen und hellenistischen Kunst (München 1988)

Scheibler 1995
I. Scheibler, Griechische Töpferkunst. Herstellung, Handel und Gebrauch der antiken Tongefäße [2](München 1995)

Scheibler 1994
I. Scheibler, Griechische Malerei der Antike (München 1994)

Scheibler 1987
I. Scheibler, Bild und Gefäß. Zur ikonographischen und funktionalen Bedeutung der attischen Bildfeldamphoren, JdI 102, 1987, 57–118

Schelp 1975
J. Schelp, Das Kanoun. Der griechische Opferkorb, Beiträge zur Archäologie 8 (Würzburg 1975)

Schindler – Rößler 1997
W. Schindler – D. Rößler, Zeichenkonzeptionen im Alltagsleben der griechischen und römischen Antike, in: R. Posner – K. Robering – T. A. Sebeok (Hrsg.), Semiotik. Ein Handbuch zu den zeichentheoretischen Grundlagen von Natur und Kultur (Berlin 1997) 958–983

Schmidt 2009
S. Schmidt, Hermeneutik der Bilder, in: S. Schmidt – J. H. Oakley (Hrsg.), Hermeneutik der Bilder. Beiträge zur Ikonographie und Interpretation griechischer Vasenmalerei, CVA Beih. 4 (München 2009) 9–14

Schmidt 2005
S. Schmidt, Rhetorische Bilder auf attischen Vasen. Visuelle Kommunikation im 5. Jh. v. Chr. (Reimer 2005)

Schmidt 2003
M. Schmidt, Mißtrauischer Umgang mit Bildern: Bemerkungen zur Theorie in der Klassischen Archäologie, im besonderen in der Ikonographie, in: M. Heinz – M. K. H. Eggert – U. Veit (Hrsg.), Zwischen Erklären und Verstehen? Beiträge zu den erkenntnistheoretischen Grundlagen archäologischer Interpretation, Tübinger Archäologische Taschenbücher 2 (Münster 2003) 67–77

Schmidt 2001
S. Schmidt, Die Athener und die Musen. Die Konstruktion von Bildern zum Thema Musik im 5. Jahrhundert v. Chr., in: R. von den Hoff – S. Schmidt (Hrsg.), Konstruktionen von Wirklichkeit. Bilder im Griechenland des 6. und 4. Jahrhunderts v. Chr. (Stuttgart 2001) 281–297

Schmitt Pantel 1992
P. Schmitt Pantel, La Cité au Banquet. Histoire des Repas Publics dans les Cités Grecques (Rom 1992)

Schmölder-Veit 2004
A. Schmölder-Veit, Wettstreit um die Gunst der Musen, in: R. Wünsche (Hrsg.), Lockender Lorbeer. Sport und Spiele in der Antike. Ausstellungkatalog München (München 2004) 225–241

Schmölder-Veit 2003
A. Schmölder-Veit, Herakles tötet den ägyptischen König Busiris, in: R. Wünsche (Hrsg.), Herakles, Herkules. Ausstellungskatalog München (München 2003) 174–177

Schneider u. a. 1979
L. Schneider – B. Fehr – K.-H. Meyer, Zeichen. Kommunikation. Interaktion. Zur Bedeutung von Zeichen-, Kommunikations-, und Interaktionstheorie für die klassische Archäologie, Hephaistos 1, 1979, 7–41

Schollmeyer 2012
P. Schollmeyer, Einführung in die antike Ikonographie (Darmstadt 2012)

Schöne 1987
A. Schöne, Der Thiasos. Eine ikonographische Untersuchung über das Gefolge des Dionysos in der attischen Vasenmalerei des 6. und 5. Jhs. v. Chr. (Göteborg 1987)

Schönfelder – Schönfelder 2014
I. Schönfelder – P. Schönfelder, Was blüht am Mittelmeer? (Stuttgart 2014)

Schönheit 2019
L. Schönheit, Das Possenspiel in Darstellungen unteritalischer Keramik. Eine Studie zu Tradition, Innovation und Akkulturation (Diss. Universität Hamburg 2019)

Schreiber 2012
T. Schreiber, Die funktionale Binde, in: A. Lichtenberger (Hrsg.), Das Diadem der hellenistischen Herrscher. Übernahme, Transformation oder Neuschöpfung eines Herrschaftszeichens?, Kolloquium vom 30.–31. Januar 2009 in Münster, Euros 1 (Bonn 2012) 233–247

Schröder 1927
B. Schröder, Der Sport im Altertum (Berlin 1927)

Schultz 1988
U. Schultz, Das Fest. Eine Kulturgeschichte von der Antike bis zur Gegenwart (München 1988)

Schwarz 1997
G. Schwarz, Komostänzer in Graz. Eine archäologische Spurensuche, in: G. Erath (Hrsg,), Komos. Festschrift für Thori Lorenz zum 65. Geburtstag (Wien 1997) 125–128

Schwedler 2005
G. Schwedler, Rituale als Ausdruck von Herrschaft, in: C. Ambos – S. Hotz – G. Schwedler – S. Weinfurter (Hrsg.), Die Welt der Rituale. Von der Antike bis heute (Darmstadt 2005) 172–175

Schween 1911
P. G. H. Schween, Die Epistaten des Agons und der Palaestra in Literatur und Kunst (Kiel 1911)

Seifert 2015
M. Seifert, Das Fehlen der Bilder. Attische Jungensozialisation in demos und polis, in: S. Faust – M. Seifert – L. Ziemer (Hrsg.), Antike, Kultur, Geschichte. Festschrift für Inge Nielsen zum 65. Geburtstag, Gateways 2 (Aachen 2015) 239–255

Seifert 2011
M. Seifert, Dazugehören: Kinder in Kulten und Festen von Oikos und Phratrie. Bildanalysen zu attischen Sozialisationsstufen des 6. bis 4. Jahrhunderts v. Chr. (Stuttgart 2011)

Seifert 2008a
M. Seifert, Einleitung, in: M. Seifert (Hrsg.), Komplexe Bilder, HASB 5 (Berlin 2008) 8–11

Seifert 2008b
M. Seifert, Choes, Anthesteria und die Sozialisationsstufen der Phratrien, in: M. Seifert (Hrsg.), Komplexe Bilder, HASB 5 (Berlin 2008) 85–100

Settis 1996
S. Settis (Hrsg.), I Greci. Storia Cultura Arte Società 2. Una storia greca 1. Formazione fino al VI secolo a. C. (Turin 1996)

Shapiro 2009
H. A. Shapiro, Topographies of Cult and Athenian Civic Identity on Two Masterpieces of Attic Red-Figure, in: J. Oakley – O. Palagia (Hrsg.), Athenian Potters and Painters 2 (Oxford 2009) 261–269

Shapiro 1996
H. A. Shapiro, Athena, Apollo, and the Religious Propaganda of the Athenian Empire, in: P. Hellström – B. Alroth (Hrsg.), Religion and Power in the Ancient Greek World. Proceedings of the Uppsala Symposium 1993 (Uppsala 1996) 101–113

Shapiro 1993a
H. A. Shapiro, Personifications in Greek Art. The Representation of Abstract Concepts 600-400 BC (Zürich 1993)

Shapiro 1993b
H. A. Shapiro, Hipparchos and the Rhapsodes, in: C. Dougherty – L. Kurke (Hrsg.), Cultural Poetics in Archaic Greece (Cambridge 1993) 92–107

Shapiro 1992a
H. A. Shapiro, Mousikoi Agones. Music and Poetry at the Panathenaia, in: J. Neils (Hrsg.), Goddess and Polis. The Panathenaic Festival in Ancient Athens (Princeton 1992) 53–75

Shapiro 1992b
H. A. Shapiro, Eros in Live, Pederasty and Pornography in Greece, in: A. Richlin (Hrsg.), Pornography and Representation in Greece and Rome (Oxford 1992) 53–72

Shapiro 1989
H. A. Shapiro, Art and Cult under the Tyrants in Athens (Mainz 1989)

Shapiro 1981
H. A. Shapiro, Art, Myth and Culture. Greek Vases from Southern Collections (New Orleans 1981)

Simon 1983
E. Simon, Festivals of Attica. An Archaeological Commentary (London 1983)

Simon 1969
E. Simon, Die Götter der Griechen (München 1969)

Smith 2014
T. J. Smith, Guess Who's Coming to Dinner? Red-figure Komasts and the Performance Culture of Athens, in: J. H. Oakley (Hrsg.), Athenian Potters and Painters 3 (Oxford 2014) 232–241

Smith 2011
A. C. Smith, Polis and Personification in Classical Athenian Art (Leiden 2011)

Smith 1896
C. H. Smith, Catalogue of the Greek and Etruscan Vases in the British Museum 3. Vases of the Finest Period (London 1896)

Snoek 2006
J. A. M. Snoek, Defining Rituals, in: J. Kreinath – J. Snoek – M. Stausberg (Hrsg.), Theorizing Rituals (Leiden 2006) 3–14

Soeffner 1992
H.-G. Soeffner, Die Ordnung der Rituale. Die Auslegung des Alltags [2](Frankfurt a. M. 1992)

Sourvinou-Inwood 1985
C. Sourvinou-Inwood, Altars with Palm-Trees. Palm-Trees and Parthenoi, BALond 32, 1985, 125–146

Sparkes 2011
B. A. Sparkes, Greek Art [2](Cambridge 2011)

Sparkes 1996
B. A. Sparkes, The Red and the Black (London 1996)

Spivey 1996
N. J. Spivey, Understanding Greek Sculpture. Ancient Meanings, Modern Readings (London 1996)

Spivey 1994
N. J. Spivey, Euandria Kalos Kagathos and the Chippendales. The Cult of Beauty on Classical Greece, ApolloLond 140, 1994, 3–5

Splitter 2009
R. Splitter, La Vita nella Palestra, in: E. Dozio – C.-M. Fallani – S. Soldini (Hrsg.), Gli Atleti di Zeus. Lo Sport nell'Antichità. Ausstellungskatalog Mendrisio (Mailand 2009) 123–142

Stafford 2004
B. M. Stafford, Neuronale Ästhetik – Auf dem Weg zu einer kognitiven Bildgeschichte, in: C. Maar – H. Burda (Hrsg.), Iconic Turn. Die neue Macht der Bilder (Köln 2004) 103–126

Stamouli 2005
S. Stamouli, Die Bedeutung des Heiligtums und die Athener Feste bei Thukydides, Thetis 11–12, 2005, 65–77

Stansbury-O'Donnell 2015
M. D. Stansbury-O'Donnell, A History of Greek Art (Oxford 2015)

Stansbury-O'Donnell 2006
M. D. Stansbury-O'Donnell, Vase Painting, Gender and Social Identity in Archaic Athens (Cambridge 2006)

Stavrianopoulou 2005
E. Stavrianopoulou, Die Würde des Priesters in unantastbar!, in: C. Ambos – S. Hotz – G. Schwedler – S. Weinfurter (Hrsg.), Die Welt der Rituale. Von der Antike bis heute (Darmstadt 2005) 226–232

Steiner 2009
A. Steiner, Reading Greek Vases (Cambridge 2009)

Swaddling 1999
J. Swaddling, The Ancient Olympic Games ²(Austin 1999)

Sweet 1987
W. E. Sweet, Sport and Recreation in Ancient Greece. A Source Book with Translations (Oxford 1987)

Swidler 1986
A. Swidler, Culture in Action. Symbols and Strategies, American Sociological Review 51, H. 2, 1986, 273–286

Tarlow 2012
S. Tarlow, The Archaeology of Emotion and Affect, Annual Review of Anthropology 41, 2012, 169–185

Tarlow 2000
S. Tarlow, Emotion in Archaeology, Current Anthropology 41, H. 5, 2000, 713–746

Teichert 2006
D. Teichert, Einführung in die Philosophie des Geistes (Darmstadt 2006)

Theisen 2009
U. Theisen, Parthenos, Nymphe, Gyne. Weibliche Trachtikonographie als Bedeutungsträger im 5. Jahrhundert v. Chr. in Griechenland (Göttingen 2009)

Thompson 1936
H. A. Thompson, Pnyx and Thesmophorion, Hesperia 5, 1936, 151–200

Thomsen 2011
A. Thomsen, Die Wirkung der Götter. Bilder mit Flügelfiguren auf griechischen Vasen des 6. und 5. Jahrhunderts v. Chr., Image & Context 9 (Berlin u. a. 2011)

Thöne 1999
C. Thöne, Ikonographische Studien zu Nike im 5. Jh. v. Chr. Untersuchungen zu Wirkungsweise und Wesensart, Archäologie und Geschichte 8 (Heidelberg 1999)

Tilley 1994
C. Y. Tilley, A Phenomenology of Landscape. Places, Paths and Monuments (Oxford 1994)

Tiverios 2008
M. Tiverios, Demeter. Women of Athens in the Worship of Demeter. Iconographic Evidence from Archaic and Classical Times, in: N. Kaltsas – H. A. Shapiro (Hrsg.), Worshiping Women. Ritual and Reality in Classical Athens (Athen 2008) 124–161

Tölle 1964
R. Tölle, Frühgriechische Reigentänze (Hamburg 1964)

Tölle-Kastenbein 1977
R. Tölle-Kastenbein, Zur Mitra in klassischer Zeit, RA, 1977, 23–36

Topper 2012
K. Topper, The Imagery of the Athenian Symposium (Cambridge 2012)

Torelli 2001
M. Torelli, The Etruscans. Ausstellungskatalog Venedig (London 2001)

Tschacher – Storch 2012
W. Tschacher – M. Storch, Die Bedeutung von Embodiment für Psychologie und Psychotherapie, Psychotherapie 17, H. 2, 2012, 259–267

Trias de Arribas 1967–1968
G. Trias de Arribas, Ceramicas Griegas de la Peninsula Iberica (Valencia 1967–1968)

Turner 1989
V. Turner, Das Ritual. Struktur und Anti-Struktur (Frankfurt a. M. 1989)

Turner 1982
V. Turner, From Ritual to Theater. The Human Seriousness of Play (New York 1982)

Tzachou-Alexandri 1988
O. Tzachou-Alexandri, Mind and Body. Athletic Contests in Ancient Greece (Athen 1988)

Ulf 1997
C. Ulf, Überlegungen zur Funktion überregionaler Feste im archaischen Griechenland, in: W. Eder (Hrsg.), Volk und Verfassung im vorhellenistischen Griechenland. Beiträge auf dem Symposium zu Ehren von Karl-Wilhelm Welwei in Bochum, 1.–2. März 1996 (Bochum 1997) 37–62

Valavanis 1991
P. Valavanis, Prozessionen von Panathenäensiegern auf der Akropolis, AA 35, H. 4, 1991, 487–498

Valavanis 1990
P. Valavanis, La Proclamation des Vainqueurs aux Panathénées. À Propos d'Amphores Panathénaïques de Praisos, BCH 114, 1990, 325–359

Van den Boom 2009
H. van den Boom, Der Herd als Stelle des Rituals, in: S. Grunwald (Hrsg.), Artefact. Festschrift für Sabine Rieckhoff zum 65. Geburtstag (Bonn 2009) 233–244

Van Dyke 2013
R. M. van Dyke, Phenomenology in Archaeology (New York 2013)

Van Dyke 2003
R. M. van Dyke (Hrsg.), Archaeologies of Memory (Blackwell 2003)

Van Gennep 1909
A. van Gennep, Übergangsriten [3](Frankfurt a. M. 2005) [im Original 1909 als „Les Rites de Passage. Études Systématique des Rites" erschienen]

Van Hoorn 1951
G. van Hoorn, Choes and Anthesteria (Leiden 1951)

Van Hoorn 1924
G. van Hoorn, De Fakkelloop, MededRom 4, 1924, 1–12

Vanhove 1992
D. Vanhove (Hrsg.), Le Sport dans la Grèce Antique. Du Jeu a la Compétition, 23 Janvier - 19 Avril 1992 (Brüssel 1992) [= D. Vanhove (Hrsg.), El Deporte en la Grecia Antigua. La Génesis del Olimpismo, 12 de Mayo - 9 de Agosto de 1992 (Barcelona 1992)]

Van Looy 1992
H. van Looy, Vale más una Corona que un Premio, in: D. Vanhove (Hrsg.), El Deporte en la Grecia Antigua. La Génesis del Olimpismo. Ausstellungskatalog Barcelona (Barcelona 1992) 125–129

Van Straten 2011
F. T. van Straten, Passing the Torch, in: P. M. M. G. Akkermans – B. S. Düring – A. Wossik (Hrsg.), Correlates of Complexity. Essays in Archaeology and Assyriology Dedicated to Diederik J. W. Meijer in Honour of his 65th Birthday (Leiden 2011) 201–210

Van Straten 1995
F. T. van Straten, Hierà kalá. Images of Animal Sacrifice in Archaic and Classical Greece (Leiden 1995)

Van Straten 1988
F. T. van Straten, The God's Portion in Greek Sacrificial Representations. Is that doing nicely?, in: R. Hägg (Hrsg.), Early Greek Cult Practice. Proceedings of the Fifth International Symposium at the Swedish Institute at Athens, 26-29 June, 1986 (Göteburg 1988) 51–67

Van Straten 1987
F. T. van Straten, Greek Sacrificial Representations: Livestock Prices and Religious Mentality, in: T. Linders – G. Nordquist (Hrsg.), Gifts to the Gods. Proceedings of the Uppsala Symposium 1985 (Uppsala 1987) 159–170

Vernant 1991
J.-P. Vernant, Mortals and Immortals. Collected Essays (Princeton 1991)

Vickers 1978
M. J. Vickers, Greek Symposia (London 1978)

Villard 1992
F. Villard, Les Athlètes d'Euphronios, in: M. Denoyelle (Hrsg.), Euphronios Peintre. Actes de la Journée d'Etude Organisée par l'Ecole du Louvre et le Département des Antiquités Grecques, Étrusques et Romaines du Musée du Louvre, 10 Octobre 1990, Rencontres de l'Ecole du Louvre (Paris 1992)

Villard 1971
F. Villard, Painting and Pottery, in: J. Charbonneaux – R. Martin – F. Villard (Hrsg.), Archaic Greek Art. 620–480 BC (London 1971) 29–106. 295–356

Vollkommer 1988
R. Vollkommer, Herakles in the Art of Classical Greece (Oxford 1988)

Vollmann 2009
S. Vollmann, Der Parthenonfries in der modernen Forschung (Saarbrücken 2009)

Von den Hoff 2001
R. von den Hoff, Die Posen des Siegers. Die Konstruktion von Überlegenheit in attischen Theseusbildern des 5. Jahrhunderts v. Chr., in: R. von den Hoff – S. Schmidt (Hrsg.), Konstruktionen von Wirklichkeit. Bilder im Griechenland des 6. und 4. Jahrhunderts v. Chr. (Stuttgart 2001) 73–88

Von den Hoff – Schmidt 2001
R. von den Hoff – S. Schmidt, Bilder und Konstruktion. Ein interdisziplinäres Konzept für die Altertumswissenschaften, in: R. von den Hoff – S. Schmidt (Hrsg.), Konstruktionen von Wirklichkeit. Bilder im Griechenland des 6. und 4. Jahrhunderts v. Chr. (Stuttgart 2001) 11–26

Von Scheliha 1987
R. von Scheliha, Vom Wettkampf der Dichter. Der musische Agon bei den Griechen, Castrum Peregrini 36 (Amsterdam 1987)

Vos 1963
M. F. Vos, Scythian Archers in Archaic Attic Vase-painting (Groningen 1963)

Wagner-Durand 2015
E. Wagner-Durand, Mehr als (Ab-)Bilder! Bildwahrnehmungen in der ersten Hälfte des ersten vorchristlichen Jahrtausends in Mesopotamien, Visual Past 2, 2015, 347–388

Walsdorf 2013
H. Walsdorf, Performanz, in: C. Brosius – A. Michaels – P. Schrode (Hrsg.), Ritual und Ritualdynamik. Schlüsselbegriffe, Theorien, Diskussionen (Göttingen 2013) 85–91

Walters 1911
H. B. Walters, Vases Recently Acquired by the British Museum, JHS 31, 1911, 1–20

Walters 1893
H. B. Walters, Black-figured Vases, Catalogue of the Greek an Etruscan Vases in the British Museum 2 (London 1893)

Wannagat 2001
D. Wannagat, „Eurymedon Eimi". Zeichen ethnischer, sozialer und physischer Differenz in der Vasenmalerei des 5. Jahrhunderts v. Chr., in: R. von den Hoff – S. Schmidt (Hrsg.), Konstruktionen von Wirklichkeit. Bilder im Griechenland des 6. und 4. Jahrhunderts v. Chr. (Stuttgart 2001) 51–71

Warden 2011
P. G. Warden, The Temple is a Living Thing. Fragmentation, Enchainment and Reversal of Ritual at the Acropolis Sanctuary of Poggia Colla, JRA Suppl. 81, 2011, 55–67

Warden 2009
P. G. Warden, Remains of the Ritual at the Sanctuary of Poggia Colla, in: M. Gleba – H. Becker (Hrsg.), Votives, Places and Rituals in Etruscan Religion. Studies in Honor of Jean Macintosh Turfa (Leiden 2009) 107–121

Webster 1972
T. B. L. Webster, Potter and Patron in Classical Athens (London 1972)

Wegner 1970
M. Wegner, Griechenland, Musikgeschichte in Bildern 2 ²(Leipzig 1970)

Weiler 1981
I. Weiler, Der Sport bei den Völkern der alten Welt (Darmstadt 1981)

West 1992
M. L. West, Ancient Greek Music (Oxford 1992)

White 1992
R. White, Beyond Art. Toward an Understanding of the Origins of Material Representation in Europe, Annual Revue Anthropology 21, 1992, 537–564

Wiemer 2009
H.-U. Wiemer, Neue Feste – neue Geschichtsbilder? Zur Erinnerungsfunktion städtischer Feste im Hellenismus, in: H. Beck (Hrsg.), Feiern und Erinnern. Geschichtsbilder im Spiegel antiker Feste, Studien zur alten Geschichte 12 (Berlin 2009) 83–108

Wirth 2002
U. Wirth (Hrsg.), Performanz. Zwischen Sprachphilosophie und Kulturwissenschaften (Frankfurt a. M. 2002)

Wrede 1986
H. Wrede, Die antike Herme, Trierer Beiträge zur Altertumskunde 1 (Mainz 1986)

Wulf 2006
C. Wulf, Das Soziale als Ritual. Mimesis, Performativität, Gemeinschaft. Die Berliner Ritualstudie, in: L. Musner – H. Uhl (Hrsg.), Wie wir uns aufführen. Performanz als Thema der Kulturwissenschaften (Wien 2006) 43–57

Wünsche 2003
R. Wünsche, Herakles. Patron der Sportler, in: R. Wünsche (Hrsg.), Herakles, Herkules. Ausstellungskatalog München (München 2003) 328–354

Younger 1967
J. G. Younger, Bronze Age Representations of Aegean Bull-Leaping, AJA 80, 1967, 125–137

Zaidman – Schmitt Pantel 1994
L. B. Zaidman – P. Schmitt Panel, Die Religion der Griechen. Kult und Mythos (München 1994)

Zaminer 1989
F. Zaminer, Musik im archaischen und klassischen Griechenland, in: F. Zaminer – A. Riethmüller (Hrsg.), Die Musik des Altertums (Laaber 1989) 113–206

Zimbardo 1995
P. G. Zimbardo, Psychologie [6](Berlin 1995)

Zinserling 1977
V. Zinserling, Zum Problem von Alltagsdarstellungen auf attischen Vasen, in: M. Kunze (Hrsg.), Beiträge zum antiken Realismus. Aufsätze einer Arbeitstagung der Winckelmann-Gesellschaft im Okt. 1973 in Rostock (Berlin 1977) 39–56

Zschätzsch 2002
A. Zschätzsch, Verwendung und Bedeutung griechischer Musikinstrumente in Mythos und Kult, Internationale Archäologie 73 (Rahden/Westf. 2002)

Abbildungsnachweis

Abb. 1, 2: Fotografie/Ausschnitt © ANTIKENSAMMLUNG, STAATLICHE MUSEEN ZU BERLIN – PREUSSISCHER KULTURBESITZ, Johannes Laurentius

Abb. 3: Fotografie/Ausschnitt © bpk / DeA Picture Library / A. Dagli Orti

Abb. 4: Fotografie/Ausschnitt © bpk / RMN – Grand Palais / Les frères Chuzeville

Abb. 5: Fotografie/Ausschnitt © bpk / DeA Picture Library / G. Nimatallah

Abb. 6: Fotografie/Ausschnitt CC0 1.0 Rogers Fund, 1941

Abb. 7: Fotografie/Ausschnitt CC0 1.0 Fletchers Fund, 1956

Abb. 8, 9: Fotografie/Ausschnitt © The Trustees of the British Museum

Abb. 10: Fotografie/Ausschnitt CC0 1.0 Rogers Fund, 1910

Abb. 11: Fotografie © Staatliche Antikensammlungen und Glyptothek München, Renate Kühling

Abb. 12: Fotografie/Ausschnitt © KHM-Museumsverband

Abb. 13 – 24: Lioba Tempel

Über die Autorin

LIOBA TEMPEL studierte im Anschluss an ein FSJ Kultur am *Museum August Kestner* (Hannover) Klassische Archäologie und Historische Musikwissenschaften an der *Universität Hamburg* mit einem Abschlussstipendium der Ditze-Stiftung. Ihr Promotionsstudium absolvierte sie als Stipendiatin der *Universität Hamburg* nach dem HmbNFG und wirkte währenddessen an diversen Forschungsprojekten und Exkursionen mit. Anschließend erhielt sie einen Lehrauftrag an der *Universität Hamburg*, nahm an verschiedenen Grabungskampagnen teil und ist zurzeit im Datenmanagement tätig.